KB151303

상담사례 공부하기

Studying counseling cases

강숙정·이장호·손영미

머리말

이 책은 11년 전 9분의 공저로 출간했던 "전문가 9인＋상담사례공부하기, 그리고"의 후속 신판이다.

구, '상담사례 공부하기'는 이장호 교수님과 한겨레심리상담센터 구성원(고문, 소장, 전문위원, 인턴, 공개사례발표자)들을 주축으로 사례제공 및 크로스 논평, 소감 및 교정 작업 등이 이루어져 그 토대가 마련되었고, 이후 이장호 교수님의 제자이자 학회 상담심리전문가 분들이 사례제공 및 논평에 적극 협조하면서 2년간 수차례의 교정과 검토 작업을 거쳐 완성되었다.

이후 10년의 세월이 지나 시대적 요구에 따른 새로운 사례교체 필요성으로 개정 작업이 논의될 즈음, 이장호 교수님은 안타깝게도 유명을 달리하셨고, 이 교수님 퇴직 후 20여 년의 세월을 교수님께 배우고 익히며 곁을 지켰던 본 저자는, 함께 쓴 선생님의 출판 과제들을 새롭게 정리하는 데 미력하나마 힘을 보태야 했으며, 여러 과정을 거쳐 9개의 새로운 사례(주 지도)와 논평, 소감 등을 직·간접으로 제공, 주도함으로써 어렵게 신판이 세상에 나오게 되었다.

본 저서의 제목은 2007년 구 '상담사례공부하기'를 펴내시고 퇴직 후에도 후학을 위해 상담심리학 저술 활동에 매진하였던 이장호 교수님의 뜻을 기리기 위해 그대로 사용하였고, 돌아가신 이 교수님을 공저자로 포함시키면서 이 교수님의 기존 사례 1개와 이론을 그대로 수록하였다. 또 한분의 공저자는 한겨레심리상담센터에서 12년을 본 저자와 함께 해온 후배 상담전문가로서 현재 교수로 재직중이며 2개의 본인 사례제공과 4개의 논평을 제공한 기여도로 공저자에 포함되었다.

이번 '상담사례 공부하기'는 다음 4가지 범주의 내용 및 취지를 담은 복합적 목적으로 기획되었다.

첫째로, 최근의 한국 현실을 반영한 실 사례들을 통해 국내의 상담사례 추세를 제대로 공부할 수 있는 지침서와 같은 한국 전문상담 사례집을 만들고자 기획되었다.

둘째로, 현장에서 오랜 경력을 가진 전문가들의 상담방식을 관찰, 모델링하고 또 다른 특성을 지닌 타 전문가의 크로싱 논평뿐만 아니라 상담사례를 처음 접하는 상담전공 대학생이나 대학원생의 소감을 수록, 경청함으로써 한 가지 사례에 대한 다각도의 관점과 시선에 대해 배울 수 있는 기회를 제공하고자 하였다.

셋째로, 상담사례를 공부하는 데는 사례보고서의 작성 절차를 익혀야 하고 스승인 슈퍼바이저의 논평을 이해하면서도 주요증상 및 문제별 상담 접근의 윤곽을 학습할 필요가 있다. 이 필요성에 부응하는 내용을 제4부에서 요약적으로 제시하고 있다.

넷째로, 이 책에는 본 저자가 오래전 개발한 자연생태학적 상담접근 사례가 포함되어 있다. 자연생태학적 상담의 핵심은 상담자가 사각의 콘크리트 공간에서 대화만으로 내담자를 연속해 도우며 소진되는 모델이 아니라 상담자와 내담자가 함께 움직여나가며 동시에 건강해지는 상담모델로서, 상담자와 내담자의 자연친화적 상호 교류에 따른 심신회복과 성장적 대화의 선순환으로 심리내적인 힘(셀프파워)을 배양하는 데 목표를 두고 있다. 본 저자는 이 책에 일부 사례를 발표함으로써 정신의 신토불이를 강조하고 한국 상담에 발전적 논의를 제공하고자 하였다.

이번 신판에서는 최근 한국사회에서 이슈가 되고 있는 다문화 이주민 상담 사례, 미혼모 사례, 한부모 가정 사례, 취업준비생, 직장인 사례 등이 수록되어 있으며, 소천하신 이장호 교수님의 사례를 제외하고는 모두 최신 사례들이다. 이들 9개의 새로운 사례자료 제공과 논평, 소감을 달아주신 상담전문가 및 실습상담자 선생님들께, 그리고 자신의 상담을 등재할 수 있도록 허락해 준 내담자분들께 진심으로 감사의 말씀을 전하며, 집단상담의 기초: 원리와 실제 2판에 이어 본서의 신판 간행에 적극적으로 힘써 주신 박영사 관계자 분들께 깊은 감사를 드린다.

2018년 4월
공저자 대표 강숙정 올림

차례

PART 01 1급 전문가 사례

PART 02 2급 상담자심리사 취득을 위한 실습 상담자 사례

PART 03 공개사례 발표 지도

PART

01

1급 전문가 사례

Chapter 01

청소년사례

"엄마는 항상 저런 식이다"

상담심리전문가: 이장호(전 서울대 명예교수)

01
상담의 배경

상담자가 본 사례를 접하게 된 것은 서울 시내에 개인 상담 연구실을 마련한 후, 서울 시내 모 여고 교사의 요청으로 이루어졌다. 본 사례를 의뢰해온 상담교사는 내담자가 자신의 담임학급의 문제학생이며, 학교 상담실에서 지도하기 어려운 '불량' 행동이 지속되기 때문에 본 상담자에게 의뢰한다고 했다.

이 상담은 10회 전후의 유료 '계약 상담'으로 하되, 부모 동의하에 내담자(학생)가 매주 본 상담자의 개인 상담실로 와야 한다는 조건 등이 양해되었음을 통보해 왔다. 이에 따라, 상담자는 내담자의 집으로 전화를 걸어 학생의 문제에 대한 부모 측(어머니)의 의견을 듣고 면담일자를 약속했다.

02
내담자의 문제와 가족관계

이상의 사전 협의 및 면담약속 과정에서 학생의 어머니와 담임교사가 표현한 내담자의 문제는 다음과 같이 집약되었다.

• 내담자 어머니의 표현

성격과 행동 — 부모에게 반항적, 신경질이 많다.

학교성적 — 최하위다. 내신등급은 아예 포기했다.

상담에 대한 기대 — 공부보다 사람이 좀 되었으면 싶다.

• 담임교사의 표현

머리는 나쁘지 않으나 성적은 바닥이다. 성격이 방종하고, 불량 망나니임. 교칙위반 다반사. '좋은 선생님(상담자)을 만나보도록' 권했을 때 내담자는 달가 워 하지 않는 반응이었고, 어머니의 '열성' 때문에 찾아가기는 할 것임. "그러나 선생님(상담자)도 상담하기는 어려울 것으로 예상됨."

1차 면담(접수면접) 및 내담자 어머니와의 면담에서 확인된 가족관계는 다음 과 같다.

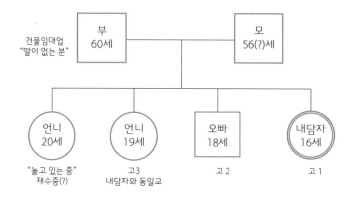

03

상담과정의 개요

상담의 기본과정은 어머니와 같이 내방하여 내담자와 함께 면담한 접수면 접(1987년 11월)부터 상담의 종결 후 담임교사와의 면담(1988년 3월)까지 약 4개 월간에 걸쳐 진행되었다. 이 기간중 내담자와의 개별상담면접은 10회, 전화를 통한 연락·협의 12회, 어머니와의 면담 4회, 담임교사와의 면담 1회가 이루어 졌다.

이후부터 6개월간의 추수지도 기간중에 5회의 전화 통화, 1회의 내담자 면대, 2회의 서신상담이 있었고 상담종결 6개월째인 9월에 추수면접을 실시할 예정이었다.

■ 상담활동 일람표

	내담자 면접	전화 연락(일자)	부모·담임 면담	비 고
정규상담: (3개월)		1회 담임→상담자 (87.11.3)		
11.12	접수면접	〈내〉→〈상〉(11. 18)		어머니 합석, 상담계약서 서명
18	1회	〈상〉→〈내〉(11. 25)		
25	2	〈상〉→담임(11. 27) 〈상〉→〈내〉(12. 1)		내·가족 측의 반응을 확인
12. 2	3	〈상〉→내담자 어머니(12. 7)		어머니와의 비정기 무료 면담을 제안
8	4		12. 9 어머니(1차)	
16	5	〈상〉→〈내〉오빠(12. 18)		
26	6			
30	7			88. 1. 4 〈내〉로부터의 연하장 접수
1. 6	(면담불발*)	(88. 1. 5)〈상〉→〈내〉언니 〈내〉→〈상〉(1. 6) (1. 8)〈상〉→〈내〉(집)	어머니 면담(2차) (1. 6)	〈상〉의 외출중 〈내〉가 약속시 간 전 2분 기다리다가 감
1. 13	8회			
2. 3	9	(2. 10)〈상〉→〈내〉(학원) 〈내〉→어머니〈상〉(2. 20)	어머니 면담(3차) (2. 21)	종결을 앞두고 면접일자의 간격 을 늘리기로 〈내〉와 합의
2. 24	10			면접 후 점심을 같이함
추수지도: (6개월)		〈상〉→〈내〉어머니(3. 9)	어머니 면담(4차)(3. 3) 담임 면담(3. 8)	담임교사가 〈상〉의 연구실 내방, 상담 성과를 치하
		(3. 16)〈상〉→〈내〉언니 (3. 23)〈내〉모→〈상〉		
5. 14	〈내〉가 〈상〉의 연구실 예방	(3. 31)〈상〉→〈내〉어머니		"스승의 날이기에―" 선물전달
5. 21	〈상〉이 〈내〉에게 상담 성격의 서신우송	〈내〉→〈상〉(집)(5. 27)		연극초대권 동봉
7. 26	〈상〉이 〈내〉에게 상담 성격의 서신우송	〈상〉→〈내〉(7. 25)		상담종결 6개월인 9월 중에 재회(추수면접)할 것을 제의
9월초	면접(추수)			

04

접수면접과 '상호실천 계약서'

접수면접은 내담자와 내담자 어머니가 합석한 가운데 상담에 관한 기본적 안내(오리엔테이션)로부터 시작되었다. 상담에 대한 안내에서는 다음 사항을 강조했다.

❶ 담임교사로부터 사전 지식을 얻고 왔어도 10회의 계약 상담을 할 것인지의 여부는 내담자 스스로 확정할 것.

❷ 상담자는 내담자-어머니 간 또는 학생-교사 간의 관계에서 중립적 입장임.

❸ 상담의 내용 중 내담자가 동의한 사항에 한해서 관계자(모, 담임 등)에게 알리거나 협의함.

상담에 대한 안내설명 이후의 접수면접은 내담자에 대해서 갖는 가족(어머니) 측의 염려, 내담자의 장점, 내담자의 성장배경 중의 특징적 사항, 기타 상담에 대한 내담자의 의견 등을 상담자가 묻고 확인하는 식으로 진행되었다. 이것들의 내용과 상담자가 관찰한 내담자 및 내담자 모친의 면접 중 행동양식은 다음과 같이 요약될 수 있다.

(1) 내담자 어머니의 염려, 관심사: "딸이 학교생활을 성실히 하는 것"

[−, ?]¹⁾ · 안경을 유별난 것으로 하고 다닌다.
　　　　　 · 머리모양(파마), 입는 옷도 모양을 너무 낸다.
　　　　　 · 반발적 언행…[?] 엄마인 나에게 그렇다.
[−, ?] · 하루 2, 3회 정도로 그 남자친구(지난 봄 심성훈련에서 만난 고교중퇴생)에게 전화를 하고, 최근 그 아이의 고모집에서 두 쌍이

---

1) [−, ?] : 괄호 속은 상담자 개입반응으로서, '−'는 수용 및 이해반응이고 '?'는 탐색반응 및 질문이다. '−, ?'는 이해반응 후 질문의 경우이다. 예컨대, "~하셨단 말이군요. 그 때의 느낌은 어떠했습니까?" 이다. [?] 는 상담자의 질문반응이다.

동숙을 한 다음에 전화를 해왔다.

[−, ?] ·교제까지는 이해하나 너무 빈번히 외출을 한다. 공부는 기대도 안 한다.

[−, ?] ·(장점이라면?) 언니 등 주변 인물로부터 판단력이 있다는 말을 듣는다.

　　　　·[?] 외출시 늦으면 집에 전화를 한다.

　　　　·[?] 국민학교 6학년 때 6.25 관련 웅변대회에 참가, 원고 골격을 본인이 작성했다.

[−, ?] ·복장 등을 본인에게 맡기고 싶고 그렇게 이해도 하지만, 학교에서 문제시한다.

　　　　·[?] 담임은 이해적이나 타교사들이 문제시 할 것이다.

　　　　·[?] 부모의 책임이기도 하다. 부모로서 교육방침 차원에서 곤란하다.

[−, ?] ·딸의 남자친구 부모님이 최근 딸의 학교를 찾아간 적이 있고, 내가 그 부모를 만나기도 했다.

　　　　·[?] 딸 때문에 자기네 아들이 대입공부를 못한다고 했다.

　　　　·[?] 나는 기다려 보자고만 말하고 있다.

• 면접중 내담자 어머니의 행동특성

열심히 이야기 함. 약속시간 30분 전부터 현관 수위실에서 대기했고("처음 오는 길이라 늦지 않기 위해서"), 면접중의 이야기를 자기중심적으로 이끌어 가는 경향이 있었음. 교양과 체면을 중시하는 듯한 인상이었고, 정서적으로 다소 각성(흥분)되어 있다는 추측을 하게 함. 수수한 옷차림. 평균 신장에 비교적 여윈 체격.

(2) 내담자(학생)의 의견 및 반응

[−, ?] 엄마는 항상 저런 식이다.

[−, ?] 아무리 사랑이라도 간섭, 참견은 싫다.

[−, ?] 예, 전혀 이해를 못한다. 더 할 말이 없다.

[−, ?] (다음에 혼자 만날 때−) 그때 이야기하겠다.

• 면접중 내담자의 행동특성

어머니의 이야기 중 가끔 고개를 가로 젓거나 비웃음의 표정을 지음. 언어 유창성이 높을 듯싶으나 반응의 횟수·내용·깊이 등에 있어서 극히 제한됨. 성격은 외향적이고 고집스러울 것이라는 추측을 갖게 함. 상담자가 자기를 이해 또는 지지해줄 수 있는 인물로 기대하는 듯했음. 평균보다 작은 키에 다소 체중이 있는 귀여운 용모에 속함.

(3) 상호실천 계약서의 작성

이상의 내용이 진행된 후 상담자의 제안에 의해 상호실천 계약서를 작성했다. 계약서의 목적을 설명해 주고, 내담자와 내담자 어머니가 상호간의 기대사항 중 실천할 수 있다고 믿는 항목 2개씩을 계약서의 주요 내용으로 하는데 합의했다. 이 과정에서 어머니는 내담자가 운동화로 등교하고 외출시에만 구두를 신기를 원했고, 내담자는 이를 자기에게 맡기기를 주장했다. 이 문제는 어머니가 내담자에게 새 운동화와 구두를 동시에 구입해 주는 조건으로 양자가 합의, 해결하도록 권했다. 이 계약서는 내담자가 정기상담(10주 예정)을 받기로 스스로 결정, 상담자에게 통보하는 때부터 발효하고 내용의 수정 및 조정은 상담자를 포함한 3자의 합의에 의해서 하기로 했다. 계약서의 내용은 다음과 같다.

(4) 기타 참고사항

내담자는 막내로 출생, 영아기에 다른 자녀들과 달리 부모들이 함께 내담자의 기저귀를 갈아 줄 정도로 정성을 들였다고 했다. 당시 내담자의 아버지는 큰 사업을 하다가 부도수표 사건이 있어서 회장직을 내놓고 피신생활을 하는 중이었다. 작년 봄 언니가 다녀온 공개 심성계발훈련을 내담자가 참가했는데, 거기서 현재의 남자친구를 만났고, 그 후부터 내담자의 태도가 "확 달라졌다." 고 했다.

상호실천 계약서

계약일 : **** .11. 12.

실천자 갑(어머니)

(1) 어머니는 딸의 외출시 귀가시간을 현재의 저녁 9시에서 10시까지로 양해한다.

(2) 어머니는 딸의 안경, 머리모양, 옷(복장) 등에 대해서 딸에게 일임한다.

실천자 을(딸)

(1) 딸은 앞으로 6개월 동안 학교수업에 결석하지 않는다. 단, 어머니에게 사전 연락이 된 1일 정도의 결석은 양해될 수 있다.

(2) 딸은 '어머니를 위해서' 매일 약 30분간의 설거지를 도와준다. 단, 특별한 사정 등이 있어서 못하게 될 경우 사전 또는 사후 양해하에 1주 1일 정도까지는 실천하지 않아도 무방하다.

위의 사항을 서로 실천할 것에 합의함.

****. 11. 12

실천자 갑(어머니): _____(서명)

실천자 을(딸): _____(서명)

증인(상담자): _____(서명)

상담면접의 요약[1)

(1) 1회 면접

[−, ?] 그저 그렇게 지냈어요. [계약실천 −, ?] 잘 지키지 않아요. [−, ?] 엄마보다 오빠가 —, 10시까지 귀가(허용)시간이 연장된 것을 오빠가 모르고 있어요…. [−, ?] 아버지는 연세가 높고 좀처럼 말씀이 없어요. [−, ?] 지난번

---

1) 내담자가 녹음을 반대했기 때문에 요약은 면접 후 상담자의 기록에 의거함.

(11월 1일) 외박 후 오빠에게 뺨맞고 엎드려뻗쳐 식으로 몽둥이로 맞았어요. [─] 예, 보기도 싫고 무서워요. [?] 초등학교까지는 서로 친했으나 중학교부터는 사이가 멀어지고 요즈음은 이야기도 안 해요. [─, ?] 그렇게 되어요. 언니하고는 이야기가 돼요.…… [─, ?] 집에선 답답해요. 나가고 싶고, 돈 벌고 싶기도 하구요. 친구 중 돈 버는 애가 있는데 나도 그렇게 하구 싶어요. 나중엔 후회할지 몰라도…[─, ?]…[?] (답답할 때는) 주로 잠자요. 음악을 듣기도 하고─ [?] 팝송과 가요예요.[?] 이종환의 시간을 들어요. [─, ?] 이정석을 좋아해요. 노래는 '사랑하기 때문에' ─ ……[─, ?] 10회 정도는 같은 요일·시간에 오겠어요 [─, ?] (스스로의 결정 여부). 그래요. [?] 네, 그래요. [─, ?] (담임 교사를) 오늘 만났는데 '오늘 상담하러 가는 날이지?'라고 물으시데요.……[─] 7시 이후에 선생님 댁에 전화할 수 있을 거예요.

상담자의 요청에 의해 내담자가 이 날의 이야기를 요약하고, 지지적 언급을 해준 후 면접을 끝냄.

• 1회 면접에서의 주요 상담 노력

예상대로 내담자가 상담자의 선도 반응 없이는 스스로 말하지 않았기 때문에 이해적 반응 및 탐색적 질문을 포함한 상담자의 주도적 노력2)에 의해 대화가 진행되었다.

1회 면접중 상담적 노력은 ① 오빠로부터 구타당한 후의 자존심의 상처 및 혐오감 등의 감정 토로, ② 가수 이정석의 노랫말 '아픈 만큼 커가고…'를 비유 자료로 한 성장과정의 의미에 대한 교육적 설명, ③ 상담자와의 유대 형성을 강화하고 귀가시간의 준수를 확인하기 위해 상담자에게 전화를 걸도록 한 것 등으로 집약될 수 있다.

1회 면접 후 상담의 진행계획으로서 상담자가 기록해 둔 것은 다음과 같다. ① 계약서 사본을 만들어 내담자와 어머니에게 보내는 것, ② 내담자와 오빠의 대화관계를 형성키 위한 역할연습의 도입 필요성, ③ 내담자가 집에서 느낀다는 '권태감'의 구체적 목록의 작성 후 행동 수정적 방법의 활용가능성, ④ 집에

---

2) [-] 이해 또 반영적 언급의 표시
   [-, ?] 내담자의 말에 대한 이해 반응 후, 탐색적 구체화를 위한 질문
   … 내담자의 침묵, 무반응; …… 요약 기술에서 생략된 대화부분의 표시

서의 모녀관계의 개선 및 내담자 어머니 자신의 정신건강을 위해 어머니와의 개별상담(격주 또는 월례)을 제안하는 일 등.

(2) 초기 상담과정(2, 3, 4회)의 요약

1회 면접 후 4일째인 일요일 저녁 친구와 같이 연극구경을 하고 그 친구 집에서 자려고 했으나, 새벽 1시경 어머니가 그 집으로 찾아가 내담자를 데려온 사건이 있었음. 내담자는 연극구경 도중 집의 어머니에게 전화를 걸어 늦게 귀가할 것을 허락 받고자 했으나 "하루종일 돌아다니다 또 ―" 하는 식의 신경질적 반응에 화가 나서 연극 후 친구 집에 갔다고. 어머니에 대한 사과성 표현의 요령과 오빠와의 기본대화를 역할연습을 통해 학습시키고 집에 가서 시도해 볼 것을 '숙제'로 줌.

수업태도는 나아지고 있다고 믿으나 설거지 약속은 잘 지켜지지 않는다고. "(상담 받으러) 오는 것 싫지는 않으나 무슨 말을 해야 하는지 ―" 모르겠다고 함.

2회 면접 후 내담자와의 통화에서 내담자가 어머니와의 대화는 시도했으나 '컨디션이 나빠 보이는' 오빠와는 안 했음을 확인하고, 나머지 숙제도 시도해 볼 때까지 면접의 연기 가능성을 시사. 내담자가 '오늘 해볼게요.'라고 함.

3회 면접은 약 15분으로 단축. 오빠와의 의사소통시도 약속을 이행치 않았으므로 ―. '가서 해보고 연락드리겠다.'고 내담자와 상담자간의 신의, 자기자신과의 약속이기도 함을 강조하고 유자차를 대접하고 비교적 꽉 잡은 악수로 격려의 뜻을 전달하면서 작별. 어머니와의 별도 상담을 위한 전화통화에서, "왜 그런지 딸이 상담실에 오기를 꺼려한다."고 또 딸이 불량한 남자친구를 새로 사귄 듯하다고 어머니가 걱정함(상담자는 숙제의 이행 여부에 관계없이 예정 면담일에 오도록 하라고 부탁함).

• 4회 면접

[―] 그런대로 (숙제를) 해 보았다. [―, ?] '나를 생각해 주는 것은 이해하지만…' 식으로 말을 (오빠에게) 걸었다. [―, ?] (귀가시간의 연장건에 대해서는) "생각해 보겠다"고 하더라. [?] (11월 초 외박 후 구타당한 건에 대해서는) 그건 얘기하지 않았다. [―, ?] 내가 홀가분해졌다. [―, ?] (상대방의 반응) 그저 그렇다. [?] 설거지는 해주고 있으나 몇 번 못했다 ― 피곤해서 자는 바람

에…… [−, ?] (별도 면담 예정인 어머니에게 상담자가 전해주었으면 싶은 것) 엄마가 나의 자존심을 상하게 한다. [−] 내가 사귀는 친구는 무조건 나쁘게 보고…. 그 전 남자친구에게서 (말다툼 후) 전화가 와도 안 만나주고 있는데도, 엄마가 그쪽 부모와 연락을 한다. [−] 남자친구에게서 전화가 오기만 하면 꼬치꼬치 캐묻고, 넘겨짚는 식의 말을 하시는데 아주 싫다. [−, ?] (어머니의 마음이) "이해도 안 가요. 싫어요!" [−]…[−, ?] "이해는 가지만, 자존심 상해서 싫어요" [−] "엄마는 극성파예요… 싫어요", "내 앞은 내가 가릴 줄 알잖아요!" [−] "예. 그래요" [−, ?]… ……[−, ?] 아침에 화장실 같은 데서 오빠와 만났을 때 간단한 인사말을— 참 괴롭다. 이때껏 안 하던 것을 하려니—. 우리 식구 모두가 그렇다. [−]

(3) 상담과정의 중반기

• 5회 면접

실천하기로 계약한 설거지는 대체로 하고 있다. 수업은 지난 한 달 동안 빠진 적이 없고 복장에 관한 지적을 받지 않았다. "오빠와 그런대로 잘 지내고 있다…" 그동안 제가 담임선생님을 많이 속상하게 했을 것이다. 선생님께 카드를 보내겠다.

"제가 좀 변하는 것 같아요. 옛날 같으면 학교시험 때 수업 후 놀러 다니고 그랬는데. 요즈음은 집에 돌아가서 책을 뒤적이게 돼요. 공부는 제대로 안했어도 말이에요. 그리고 방학 때 학원에 나가려는 생각 같은 것은 전에는 꿈도 꾸지 않던 것이죠."

외출했다가 귀가하는 시간이 (계약상) 10시가 아닌 9시로 자꾸 되고 있다. 집에서 그렇게 만들고 있다. (계약과 다름이) 불만이다.

이 밖에 새 남자친구와의 관계, 사진학원 또는 미술학원을 다니거나 아르바이트 및 며칠간의 여행 등 겨울방학중의 계획에 관해 이야기함.

• 6회 면접

상담 날짜에 맞추기 위해 가족여행을 하루 앞당겨 귀경했다. ㄱ대 부근 분식점에서 오후 3시간 동안 아르바이트를 한다. 어머니는 미술학원을 권하나 나는 사진학원을 가고 싶다.

어머니에게 용돈 문제를 거론 안 했다. 아침 인사와 선생님이 권하신 일기

쓰기를 못 하고 있다. 설거지 해주는 것을 빠뜨릴 때가 있다.

이 밖에 성탄절을 어떻게 보낼 것인지, 그전 남자친구와 새 남자친구와의 연락관계, 지금까지의 상담과정에 대한 소감 등을 이야기하게 함.

• 7회 면접

성탄절을 집에서 보냈다.

아르바이트 하고 있는 것에 대해 어머니와 오빠가 싫어한다. 어머니를 따로 만날 때 아르바이트에 대한 이해, 등록할 사진학원에 대한 수소문, 용돈의 증액 문제를 거론해 주었으면 좋겠다. 방학중에 할 계획이 많은데……. "공부 좀 해야겠죠?" 영어공부는 필요할 것이다.

어머니가 단순해지고 '감정적'이 되어가는 듯하다.

선생님이 말하는 가족상담은 부모님께서 찬성하면 나로선 괜찮다.

지난번 학기말 시험을 잘 못쳤다. 담임 선생님께 카드를 쓰기는 했는데 부치지 못했다.

이 밖에 설거지 약속을 못 지켰을 때의 사전 사후에 양해를 구하도록 하는 것, 아르바이트 경험의 의미, 지난 6개월 동안의 '즐거운 일'과 '신경질 났던 일'에 관한 이야기 등을 함.

• 8회 면접

아르바이트를 2주 만에 끝냈다. 신체적 피로보다 아버지의 반대 등 정신적 부담 때문이었다. 아르바이트 월급을 받아 친구 빚 갚고 엄마에게 팬티를 선물로 사주고도 수천원이 남았다. 답답해서 꼭 ㄷ시의 친구한테로 여행을 가고 싶은데, 학교 소집일이 있고 세 과목의 시험 때문에 못 떠났다. 아버지는 오빠를, 엄마는 나를 더 생각해 주는 듯하다. 오빠는 우리 집에서 머리가 제일 좋다. 전에는 집에서 포기했던 아들인데 요즈음엔 성적도 오르고 있다. 엄마는 "너와 네 오빠 때문에 못 살아!"라고 말씀하시는데, 엄마까지 우리 세 사람이 제일 고집이 세서 부딪치는 경우가 많다.

(정월 초하루에 오빠로부터 구타당함) 온풍 스팀기의 코드를 뺄 때 오빠가 독서실에 갈 시간을 맞추어 놓은 시계까지 꺼졌는데 오빠가 "누가 그랬느냐?"고 해서 "내가 그랬다."고 대꾸하면서 시작되었다. "다시 한 번 그러면 —" 하길래

"그러면 날 죽이겠네."라고 대꾸했다. "니가 오빠한테 반말이냐?" 하면서 두세 대를 맞았다. 아버지 방으로 호소하러 갔는데 그 앞에서 또 맞았다. 아버지는 나중에 "내 앞에서 ㅈ(내담자, 이하 동일)을 때린 것은 나를 때린 것이나 다름없어. 분명 나쁜 짓이나, 내가 또 그 애를 때릴 수는 없었다."고 말씀하셨다. 그런 말씀은 나에겐 하나도 위로가 안 됐다. 집을 뛰쳐나오고 싶었다. 외출나간 엄마에게 급히 전화를 해서 1시간 이상 기다리는 동안 마음이 가라 앉았다. "제가 참았죠." 요즈음은 오빠와 다시 이야기도 안 한다.

이 밖에 이번 구타와 지난 11월 초의 사건에서 ㅈ의 행동 차이, 사진학원의 등록건, 새해의 포부 그리고 상담계약 종결을 앞둔 면접일정의 연장 조정 등에 관해서 이야기 함. 이 기간중 상담자가 소개한 사람의 주선으로 사진학원에 나가기 시작했다.

• 9회 면접

(처음으로 15분 늦게 도착, 다소 침울한 표정) 사진학원은 중간에 입학해서 따라가기 힘들어 며칠 쉬었다가 2월 초의 새 과정부터 다시 나가기 시작했다. 오늘 개학했고 시험을 쳤으나 그저 그렇게 쳤다. "관심이 없으니까요." 엄마와 오늘도 다투었다. 약속을 안 지키신다. 귀가 시간을(계약서대로) 지키고 대체로 7, 8시에 귀가하는 데도 "너무 자주 외출한다."고 꾸중하시고, 방과 후의 복장은 간섭 않기로 했는데 "무슨 옷이 그 모양이야."는 식으로 간섭하신다. "괴로워요!" 학교갈 때 내 옷의 색깔까지 신경쓰시니 — . 저의 머리모양 정도는 다른 학생들도 있다. 매니큐어는 다 지웠다.

오빠는 학교 그만두고 검정고시를 하겠다고 해서 아버지 엄마가 반대하시니까 친구 집에서 자는 식으로 2일째 가출 상태이다. 그렇다 — . 작년의 내 모습과 같다.

(상담의 종결건) 엄마가 "네 의견이 어떠냐?"고 해서 앞으로 어려운 일이 있을 때 다시 하기로 했다고 했더니 아무 말이 없으셨다.

이 밖에 오빠와의 경쟁심리의 가능성, 어머니의 계약사항 위반에 대한 이해 및 대처방식 등을 언급. 그리고 상담자로서는 상담이 최소한 몇 회 정도 연장될 필요를 느끼나 내담자와 어머니의 의견을 존중, 언제고 ㅈ이 필요시 다시 재개

될 수 있음을 알리고, 다음의 10회의 면접 이후에도 상담자를 부모 다음의 가까운 어른으로 알고 전화연락(면접일인 수요일로 지정)하도록 제안하는 등의 종결 준비작업의 내용이 진행됨.

(4) 종결 면접(10회)의 요약

…지난 토요일(2. 21) 외박 후 귀가해서 엄마에게 야단 맞았다. "학교를 다니려면 다니고 말려면 말아라!"고 했다. (이런 반응을 자제키로 한 상담자와의 약속을 지키지 못함) "전 앞으로 외박 안 해요. 잘못했어요."라고 말했다. 선생님(상담자)과의 통화에서 엄마가 "속상해서 한숨도 못 잤다." 함은 거짓이고 과장이다. 아버지와 오빠 때문에 말다툼이 있었다. 엄마는 집에 안 들어가고 밖에서 잠자는 자식 때문에 잠을 못 잤을 리가 없다. 아버지와 오빠에 대한 화풀이를 나에게 하는 경향이 있다. 오빠는 자기 자신이 가출했었기 때문인지 이번 나의 외박에 대해서 아무런 말이 없었다.

(상담이 끝나가는 것과) 나의 외박은 관계가 없다. 친구의 하숙하는 또 다른 친구 집에서 9시경까지 놀다 보니 나만 빠져나올 수 없었다. 집에 못 들어간다고 언니한테 전화했고, 다음 날 아침엔 엄마에게 전화했다. 사전의 허락은 엄마로부터의 '원천봉쇄' 때문에 안 되고 해서 미리 말할 수 없다. 그 날도 그 친구와의 저녁 약속이 예상돼서 학원의 저녁 수업 대신 아침 수업을 받으러 간다고 하니까 "어디 가니?", "왜 — ?"식으로 엄마로부터 꼬치꼬치 간섭당했기 때문에 아침부터 기분 잡쳤다. 그 날 저녁에 (엄마가 생각한 것처럼) 디스코에는 안 갔다. 그저 친구집에서 수다떨고 놀다 보니 늦고 말았다.

…… 상담은 예정대로 끝내고 문제가 있으면 다시 오기로 하겠다. "제가 스스로 하는 것 아니니까요." 선생님과는 대화를 하고 답답한 것을 토로하는 기회로 안다. 그리고 엄마와의 관계를 개선하도록 지원해 주시는 것으로 안다. … "선생님 때문이 아니라, 변화해도 내가 하는 것이죠." 엄마와 집 식구들은 "무슨 이야기했니?"라고 자꾸 묻기는 해도 내 기대와는 다르다. 나의 변화나 선생님이 꾸짖어 줄 것을 바랐던 것 같다.

엄마도 답답증을 풀어야 할 사람이다. 엄마와 같이 세 사람이 만나는 것은 반대한다.

이 밖에 이 시점에서의 종결의 의미, 상담과정의 소득 및 미흡했던 점, 상담자에 대한 건의 등에 관해서 이야기를 나눈 후 상담자가 내담자에게 점심을 사주고 작별.

(5) 내담자 어머니와의 개인면접

• 1회 면담(12. 9)

어머니에게 내담자의 심리적 위상 ― 중학교로부터 고등학교로의 진학, 공개 심성계발훈련 후부터의 남자친구 교제, 막내딸로서의 성장배경, 오빠와의 대립관계를 포함한 가족관계 그리고 청소년기적 충동성과 주체성 추구의 행동 등 ― 을 설명해 주고 어머니의 의견을 듣다. "내 앞은 내가 꾸려갈 수 있다."는 딸의 주장에 대한 어머니의 염려를 이해해 주면서 딸의 그러한 희망(자기주도성의 발휘)을 수용하도록 노력할 것을 권유.

내담자의 문제행동의 개선 또는 바람직한 성장의 촉진을 위해 상담자와 어머니가 2, 3주마다 회합(면담)을 갖되, 우선 다음의 사항을 어머니가 집에서 고려하거나 실행키로 합의했다.

· 새 남자친구와 과거의 남자친구 관계를 포함한 내담자의 이성교제에 대해서 앞으로 3개월간 수용적 관망자세를 취한다.
· '충동적 행동을 예방하고 성장적 경험으로 보다 승화시키기 위해' 내담자가 희망하는 방학중의 아르바이트 계획을 긍정적으로 대한다.
· 내담자에게 주는 용돈을 '고정급'과 '필요급'으로 구분하며, 고정급의 증액을 고려한다.

참고 사항   11. 27. 담임교사와의 통화에서 내담자의 어머니는, "상담자 선생님을 소개해 주어 고맙다. 의지할 곳이 생겨서 안심이다. ㅈ을 버린 아이로 생각했고 고등학교 졸업도 포기 상태였다."고 했고, '상호실천계약'에 따라 ㅈ의 행동을 간섭하지 않겠다고 함.

• 2회 면담(1. 6)

ㅈ이 뚜렷한 변화는 없으나 좋아지고 있는 것 같다. [?] 노력을 한다. 귀가시간을 지키는 경향이고, 신통하게도 성탄 전날 저녁에 집에 있었다. [―, ?] 그것에 특별히 격려하는 반응을 할 필요가 없었다. [―, ?] 설거지는 "언니가

하고 있는데 네가 거들어 주는 시늉이라도 —' 했더니 반항하던 옛날과는 달리 발딱 일어나서 부엌으로 갔다. 상담자 선생님에게 계약의무를 잘 실천 안 했음을 알리지 말라는 부탁도 했다. [—] 그렇다. 마음은 순진하고 착하다고 본다.

……[—] 요즘 손가락 몇 개에 매니큐어를 했더군요 — "선생님 아셨어요?" [—] (머뭇거리면서 ㅈ이 오빠에게 맞은 사건을 이야기하고) 서로 고집을 부리고 신경질을 부리다가 주먹이 날라간 것 같다. 제가 외출중이었는데 제가 간 곳에 전화를 걸어 "못살겠다"고 호소했다. ㅈ의 오빠가 성격이 급하다. 요즈음 4시까지 학원에 있다가 집에 와서 저녁 먹고 잠을 잔 후 10시경에 독서실에 가서 밤을 샌다. [—] 그렇다. 다른 식구들과 생활하는 시간이 정반대이다.……(가족상담의 가능성에 대한 답을 피하면서) 그렇지 않아도— 딸애 얘기가 "싫다, 챙피할 것"이라고 했다. [—] 더 생각해 보기로 하겠다.……

[—] ㅈ이 나를 감상적이라고 보는 이유는 그 애 앞에서 눈물을 흘린 적이 있기 때문일 것이다.

[—] 속상하고 화났는데 말을 잇지 못하고…[—] 버스 칸에서 그런 생각을 하면 남이 보는 앞에서도 또 눈물이 나온 적이 있다. "마음이 약해지는 듯하다."…[—]… (상담 면접의 연장에 관해서) (선생님이) "ㅈ과 상의해 보시지요." 나로서는 당장 큰 변화가 없어도 상담을 더 하는 것이 좋다고 본다.…

"저로선 선생님과의 대화가 많이 도움이 된다." [—, ?] 반성도 되고, [—] ㅈ을 대할 때 두 마디 할 것을 한마디로 말한다든가 — [—, ?] (좀 더 이해적으로 된다는 뜻?) "글쎄요."

방학중 ㅈ의 아르바이트 관심을 상쇄하고 대학진학을 준비하는 방책으로 사진학원에 등록시키기로 합의하고, 상담자가 소개하는 사람을 어머니가 ㅈ과 같이 만나 보기로 함. 어머니와의 면담을 무료로 할 것이라는 상담자의 제안에 구체적 반응이 없음.

이 밖에 ㅈ이 계약사항을 소홀히 할 경우에 어머니의 대처방식, ㅈ이 느끼는 자신의 변화, 어머니에 대한 의지심, ㅈ의 형제 및 아버지와의 관계 등이 이야기됨.

• 3회 면담(1. 21)
ㅈ이 사진학원에서 늦게 돌아온 적이 있고, 별 재미를 느끼는 것 같지 않다

고. "학원경비는 무조건 대주겠다." ㅌ시의 친구집에 여행가는 것을 아버지가 말렸다." 저는 가만히 있었고, 떠나는 날 말씀드리려고 했더니— "…

자기 할 일은 실천 안하고 요구만 한다. 설거지는 안 하는 날이 하는 날보다 많다. "그냥 놔두면, TV를 다 보고 내가 하겠다."식이다. 복장과 머리는 개학이 되면 나아지리라고 본다. "분명히 나아지고 있는 듯해요." (2월로 10회를 한 후 상담이 끝나는 것이 미흡할 텐데) "그것은 선생님의 시사 때문이 아닌가요?"… "(연장하도록) ㅈ에게 이야기하겠어요."

어머니는 투자액(상담료)에 비해 ㅈ의 변화가 만족스럽지 않다고 보는 인상이며, 자신의 영향력의 감소, 자기를 포함한 식구들의 책임이 의식됨에 따른 부담 등으로 상담의 연장 및 가족상담에 대해 유보적인 것으로 판단되었다. 상담자는 우선 3, 4회 정도로 ㅈ과 면접이 연장되기를 희망하면서, ㅈ에게 지금이 중요한 '정착기'임을 강조하고 연장 여부는 스스로의 의사를 존중키로 합의했다.

• 4회 학부모면담(3. 3)
ㅈ과의 총 10회의 상담결과에 대한 의견을 교환. 어머니가 생각하는 상담효과는 ① 과거와는 달리 '해야 겠다'는 생각이 높아졌고, ② 대학진학에 대한 계획(생각)이 있고, ③ 어머니와의 관계가 덜 저항적이며 '어머니의 비위를 맞추려 한다'는 것 등으로 집약되었다. 상담을 연장하기보다 종결을 하고 문제가 있을 때 재개하기로 합의. 상담자로서는 이 종결을 '잠정적인 것'으로 본다는 점과 "전처럼 걱정을 하지 않아도 결코 안심은 말도록" 당부하면서, 앞으로 2주 간격으로 문안 전화 형식의 상호연락을 취하기로 제안함.

담임교사의 내방 면담 3. 8

87년 말 ㅈ의 어머니를 학교에서 만났을 때 상담과정에 대해 대단한 고마움과 만족감을 표시했다. 어머니 자신의 태도 변화에 감명을 받을 정도—. 즉 짜증이 없어 보였고, 전에는 감사 표시를 거의 하지 않는 형으로 기억된다. (내담자가) 2월 말 현재까지는 학교에서 문제를 일으키지 않았다—. 반항적인 표정과 행동이 많이 없어졌고 수업태도도 전보다 집중하는 듯한 인상이다. "상담을 선생님께 의뢰한 결과로 저 자신이 유능한 교사라는 평을 듣게 되었어요" 제일 골치 아픈 문제학생의 담임으로 ㅈ이 그만해지도록 지도했다는 뜻이다.

상담자는 ㅈ과의 상담종결이 다소 불안정한 종결이었고 가족 상담에의 권유가 성사되지 못했음을 밝혔고, 3월부터 타학교로의 전근이 예정된 담임교사도 이에 대한 이해를 같이함.

06

상담과정의 종합 및 추수지도

(1) 10회 상담과정의 종합

총 10회의 상담과정과 종결의 시점에서 발견된 결과로서는 ① 외출시에는 저녁 10시 이전에 귀가, ② 등교시 대체로 요란하지 않은 복장을 착용, ③ 여자친구들의 외출 권유에 불응하는 횟수의 증가 및 남자친구와의 교제 중단, ④ 방학 중 대학진학(사진예술 분야)을 위한 사진학원 수강, ⑤ 어머니의 입장 및 심정에 대한 이해폭의 상대적인 확대 등을 꼽을 수 있겠다.

1회 면접에서 작성했던 '실천계약서'의 내용에 따라 상담의 성과를 보면, 6개월간 결석하지 않는다'는 사항은 100% 실천되었으나 어머니를 위한 설거지 봉사는 59% 정도밖에 실천되지 않은 셈이다. 이 두 번째 실천사항에 있어서는 내담자가 방학 중 2주간의 아르바이트를 했고 사진학원에 다녔다는 점을 감안한다면 대체로 무난한 수준의 성과로 볼 수도 있을 것이다. 요컨대, 내담자의 가족 측(어머니)이 상담으로 예방 또는 교정되어야 할 것으로 기대한 것들은 학교를 포기한 남자친구와의 교제 중단, 상담을 시작하기 전에 있던 학교에서의 '불량행동'(19××. 6월─수업중 잡담으로 교사로부터 뺨을 맞음 : 10월─교문에서 상급생과 상소리로 언쟁)의 예방, 저녁 외출 후 귀가시간의 준수 등이었다. 가족 측이 '위기적' 수준으로 보았던 내담자의 이 문제행동들이 해소된 것이 1차적 성과일 것이다. 그리고 친구집에서의 외박(1회)은 있었으나 6개월 이상 수업을 결석하지 않았고 대학진학의 준비에 관심을 두게 된 것 등은 본 상담의 2차적 성과이다. 고등학교 졸업조차 '난망'으로 보였던 상담 전 상태에 비추어보면 이 2차적 성과가 보다 의미있는 결과일지도 모른다.

그러나 내담자는 가족으로부터의 거리감, 어머니 및 오빠 관계의 불안정성, 고집스런 개성 및 외부 지향적 관심을 바탕으로 한 충동성 등 때문에 언제고 다시 '문제행동'을 일으킬 잠재적 가능성이 있다고 보아야 할 것이다. 이런 점에서 상담자는 면접의 연장과 가족상담의 필요성을 느꼈고 차선책으로서 평균 이상의 추수지도가 뒤따라야 할 것으로 보았다.

(2) 내담자에 대한 추수지도

추수지도는 월 1회 이상의 전화연락 및 종결 6개월째의 추수면접의 예정 등을 근간으로 하고 있다. 이러한 추수지도는 학교 상황이 아닌 유료상담에서는 쌍방간에 실천 동기가 약화될 우려가 있고, 상담효과의 정착 및 근본적 해결이 아닌 불안정 상태의 지속을 조장할지도 모른다. '언제고 문제가 있을 때 다시 상담한다.'는 종결시의 합의도 상담자 쪽의 별도의 관심이 투여되지 않는 한 실현되지 않을 것으로 보인다. 종결 후 6개월까지의 추수지도 내용과 관련자료는 다음과 같다.

(3. 9.) 상담자가 내담자 집에 전화 : 내담자 부재로 어머니와 통화, ㅈ과 같은 청소년기 자녀 지도에서 어머니의 입장의 중요성과 노고를 언급하면서 ㅈ에게 자율성의 폭을 주면서 계속 사랑해 주기를 당부.

어머니 자신의 심정 이해와 행동의 지도방법 협의를 위한 면담을 다음 주로 제안. (이 계획은 내담자의 '집안사정이 생겨서'라는 이유로 연기를 통보해 옴[계속 보류상태])

(3. 16.) 상담자가 내담자 집에 전화 : 어머니 및 내담자의 부재로 언니와 통화, 전화했음을 ㅈ에게 전하도록 요청.

(3. 23.) 내담자 어머니가 상담연구실로 전화 : ㅈ이 다른 두 학생과 학교 화장실 근처에서 담배를 피우다 적발됨으로써, 학생 징계위의 결정에 따라 '퇴학조치가 마땅하나 자퇴하여 타학교로의 전학을 권고' 받았음을 말하면서, "이 교수님에게 상담을 받아도 소용없다!"는 심정을 토로. 상담자는 전학 권고의 응락에 앞서 새 담임교사와 학생 주임교사 등을 만나 뵙고 보다 교육적인 면에서의 대책을 협의하도록 권고하고 그 결과를 상담자에게 알려주도록 요청.

(3. 31) 상담자가 어머니에게 전화 : ㅈ의 흡연사건에 대한 징계조치로 1주일간 정학을 받았음을 확인, 정학 기간 중 수업은 받지 못했으나 등교는 했다고. 사진학원에 다니면서도 눈화장을 해서 "다니지 말라!", "용서 못해, 다니려면 집을 나가서 다니라"는 꾸짖음에 ㅈ이 "그렇게 하겠다!"는 식으로 응수해 왔다고. 상담자는 어머니의 실망적 분노에 대한 이해를 표시하면서 부모쪽에서 먼저 자식을 포기하는 결과의 인상을 주지 않도록 노력할 것과 앞으로 다소간의 속상할 ㅈ의 행동이 있을 것에 대한 각오를 갖도록 당부. ㅈ은 어머니가 "왜 상담자 선생님에게 전화

했느냐"는 항의를 했다고. 며칠간의 냉각 상태 후 ㅈ과의 상담 재개 가능성 등을 고려 후 연락을 주도록 권고.

(5. 14) 내담자가 예고 없이 상담연구실로 내방 : 당시 다른 내담자와의 면담 때문에 ㅈ과의 면접이 이루어지지 않음. "스승의 날 인사를 드리려 —" 왔다면서 인삼차 상자를 선물로 주고 감.

(5. 21.) 상담자가 서신상담 성격의 편지를 내담자에 우송 : 고교생 딸을 둔 가정의 이야기를 소재로 한 연극("표류하는 너를 위하여") 초대권 2매 동봉, 연극 관람 후 답신을 하도록 권고.

(5. 27.) 내담자가 상담자 집에 전화(상담자 부재중) : 연극 초대권의 입수를 확인하고, 상담자와 같은 시간대의 공연을 관람할 수 있을지의 여부를 문의하기 위해 전화를 했다고.

(7. 26.) 상담자가 내담자에게 서신 : 1회 면접시 작성했던 '실천계약서'의 사본 2매(ㅈ과 어머니 회상 참고용)를 동봉하면서, 상담종결 6개월째인 8월 24일경에 상담실에서 재회할 것을 제의.

(8. 24.) 추수면접 : 상담 성과의 유지 정도를 확인하고 내담자에게 점심을 사주면서 격려.

(3) 상담과정에 대한 상담자의 사후 소감

본 사례의 처리과정을 회고해 보면서, 상담자는 상담자 자신의 작업기록 및 상담계획을 충분히 실천하지 못했음을 발견한다. 그 중에서도 '실천계약서' 내용의 구체성 결여 및 계약서 사본의 송달 지연, 불충분한 역할연습 후의 숙제부과, 타상담전문가와의 자문성격의 사례 협의를 못한 점 등이 부각되고 있다.

우선 실천계약서에 관해서 말하면, 부모와의 관계에서 상호기대에 따른 실천과정을 촉진하는 유력한 방법(수단)으로서 도입된 것이었다. 그러나 계약서의 내용이 내담자와 그의 어머니가 상호합의한 것이었지만, 어머니의 입장에서는 내담자의 귀가시간이 저녁 10시까지라는 사실에 내심으로는 납득하지 않았던 것 같다. 즉, 상담자로서는 11시 이후에 귀가하거나 외박을 하던 당시의 문제를 단계적으로 해결하는 하나의 절차로서 우선 도저히 실현되지 않고 있던 '9시 이전 귀가령'을 1시간 연장하도록 조정시킨 것인데, 어머니는 3자 회동에서 그렇게 양해는 했어도 그 시간이 너무 늦다는 일반적 통념에 사로잡혀 있었던 것이다. 그래서 내담자가 불평했던 것처럼 어머니가 귀가시간에 대한 합의를 저버리고 계속 '압력'을 가했을 것이다. 또한 내담자(실천자 을)가 실천할 것으로 합의된 '매일 약 30분간의 설거지 도움'은 가족성원임을 일깨워줘야 하겠다는 어머니쪽의 강경한 주장을 반영한 것이었지만, 사실은 '매일'이 아닌 1주 3일 이상으로 완화하고 시간도 '가급적 저녁 식사 후'로 명시하는 것이 보다 실천되기 용이했을 것이다. 그리고 타자된 계약서 사본의 송달이 지연된 것은 조수가 없는 개인 상담실에서의 바쁜 상담자의 일과 때문이기도 했지만 분명 상담자의 불찰이었을 것이다.

두 번째로 피력하고 싶은 사후 소감으로는 역시 10회 면접으로는 불완전한 종결의 사례임에 비추어, 가족상담으로 연결되지 못한 아쉬움이다. 물론 10회 '계약' 회기 훨씬 이전부터 내담자의 어머니와의 개별면담(4회)에서 가족상담(상담자가 내담자 가정으로 출장하여 하거나, 적어도 내담자 – 어머니 – 상담자의 3인 복수면담)의 가능성을 제안했을 때 어머니가 소극적이거나 양가적인 태도로 일관한 배경이 있었다. 이러한 어머니의 태도를 상담자가 보다 적극적으로 설득하거나 적어도 내담자와의 개인상담을 5, 6회 정도 더 연장시키지 못한 것은, '그만큼 권유해서 안 들으면 할 수 없다, 스스로 다시 올 때까지 기다릴 수밖에 ―'라는 상담자의 평상시 견해(다소 권위적인?)가 작용했을지도 모르겠다. 부모쪽에서 선뜻 응하지 않은 이유의 하나로는, 문제의 책임 중 상당부분이 자기(어른들)쪽으로 돌려짐을 의식하기 시작한 데서 불안과 저항이 느껴졌기 때문으로 상담자는 이해하였다.

끝으로 이 사례에서의 추수지도 및 면접 외 지도활동에 관한 것이다. 3개월간의 정규상담과정(4회의 무료 부모쪽 면담 포함), 이후 6개월간의 추수지도 기간 중의 관심유지와 추수면접이 있었다. 비록, 가족적 위기로 부각되어 상담에 의뢰된 기본 동기인 '며칠씩의 외박, 무단결석 및 부모에 대한 극히 반항적인 태도'는 거의 해소됨으로써 상담의 1차적 성과는 달성되었다고 보더라도 변화과정의 공고화를 위한 연장상담이나 가족상담이 실현되지 않은 상황에서는, 이 사례에서의 추수지도만으로서는 결코 문제의 재발 가능성을 완전히 불식시킬 수 없는 것이다. 내담자가 상담종료 후 1년 반 동안 1회의 연하장과 2회의 문안전화를 통해 상담자와의 유대를 나타냈으나, 상담자는 바쁜 일정탓으로 생각해 두었던 생일카드의 발송이나 그 이후의 추적 확인을 실천에 옮기지 못하고 말았다. 아마도 보조인원이 갖추어진 본격적인 상담소에서는 이와 같은 연장 추수지도 과정이 가능했을 것이다.

대학생 소감

배운점은 학교에서나 사회에서 불량아라 지적당하는 청소년 내담자도 상담을 통해서 변화를 도모할 수 있으며 포기하지 않고 지속적인 관심과 사랑을 필요로 한다는 것을 배웠습니다.

그리고 상담이 끝났다고 끝이 아니며 지속적인 관심이 필요한 내담자에게는 추수지도와 같은 방법으로 지도를 더 해주는 상담자의 배려도 배웠습니다.

의문점은 축어록에서 상담자선생님이 자신의 대화 언급이 드러나지 않게 (축약하여) 적은 까닭이 무엇인지 궁금합니다. 녹음이 불가능했기 때문인지 다른 비밀보장에 관련된 질문인지 아니면 상담자 선생님의 개인적인 기록 방식을 위해서인지 궁금합니다. 그리고 상호실천계약서를 통해서 내담자가 많은 노력을 한 것을 느꼈는데, 상호실천계약서는 어떤 내담자에게 필요하며 이 내담자에게 상호실천계약서를 이행한 정확한 이유가 궁금합니다. 또한 오빠와의 관계에서 단순히 대화관계를 위한 역할연습만이 최선에 방법인가요? 구타나 그런 부분에서는 상담자가 조언해주거나 언급해주어야 할 부분은 없는지요?

내담자의 어머니를 통해 들은 내담자의 장점부분들이 있는데 상담과정 중에 진로부분에서 이런 것을 언급해줄 필요는 없나요? 내담자가 사진과 미술학원을 스스로 선택한 것인지 그렇다면 이유가 무엇인지 궁금합니다.

이 청소년 내담자의 변화된 모습을 보면 갑자기 크게 변화되지는 않지만 학교선생님과 어머니도 걱정하던 부분을 상담자가 상담적 대화와 지속적인 관심과 이해를 통해서 짧은 기간에 내담자를 많이 변화시켰다는 생각이 듭니다.

상담자의 축어록 형식 때문에 이해가 가지 않는 부분과 질문 및 표현사항들의 내용이 궁금하였습니다. 이런 것이 상세히 나왔다면 반응법이나 질문법 등을 공부하는데 더 도움이 되었을 것 같습니다.

추수지도에 보면 흡연과 같은 문제 행동이 남아 있는데 유료상담이여서 그런지 아직 행동수정단계에서 끝나 버린 것 같아서 아쉬웠습니다. 상담이 100%로 학생을 변화시킬 수 있다고 하지는 못한다 하더라도 학생에게 선택권을 주어서 부모님이 조금 더 협조를 해주었다면 어땠을까? 하는 생각도 듭니다.

또한 오빠의 폭력이라든지 가족과의 잦은 말다툼의 모습에서 언어적, 대화적 표현이 부족해 보이는 가족에게 가족상담 또는 표현훈련(감수성훈련?) 같은 것이 필요하지는 않았을까? 하는 생각도 많이 듭니다.

작성자: 송민경(S 대학교 대학생)

대학원생 소감

　　본 상담사례를 읽고 가장 기억에 남았던 부분은 [상호실천 계약서]를 예시하여 보여준 부분이었다. 어머니와 자녀의 관계개선을 위한 내용들을 상담자를 증인으로 하는 정식의 계약서로 만들며 발효시기까지 정하여 이행하도록 하는 부분을 보며, 청소년 내담자에게 특히 계약서의 형식을 빌리는 것도 도움이 될 수 있겠구나 하는 생각이 들었다. 보통 내담자에게 실천과제를 줄 때 이후 이행과정의 탐색과 이행한 것, 그렇지 않은 것들은 논의하면서 실천과제의 내용을 조금씩 수정하는 방식으로 진행하는 데 큰 틀은 같이 하면서도 계약서의 형식을 빌린다는 것이 흥미로웠다.

　　또한 상담자의 사후소감 부분에서도 배울 점이 많았던 것 같다. 상담자는 내담자와의 상담내용을 정리하고 아쉬운 내용을 덧붙이는 것을 넘어서서, 구체적으로 상담 당시 실패라고 생각되는 것들이 왜 실패로 발견되었는지에 대해서 조목조목 분석하고 있다. 또한 어떻게 했어야 했는지에 대해서도 계약내용의 세부적인 사항까지 이야기하고 있는데, 이러한 상담자의 사후 분석이 꾸준히 이루어진다면 이후 다른 내담자를 만날 때 훌륭한 자원이 될 수 있을 것 같다. 사례를 읽으며 지금까지 종결된 상담들에 대해서 다시 한번 생각해 보는 기회가 되었다.

　　　　　　　　작성자: 이현주(2급 상담심리사, H 대학교 대학원 상담심리전공)

상담사례에 대한 전문가 논평

이 사례는 행동수정 상담기법을 적용하여 상담교사와 부모의 권유로 내방한 고등학생 내담자에게 부모와 협의한 '상호실천계약서'를 통하여 학교생활을 지속하고 부모-자녀 사이의 갈등을 줄이는 것을 목표로 진행되었다. 짧은 상담기간과 비자발적인 내담자임을 감안할 때 학교 결석 빈도의 감소, 늦은 귀가 행위의 감소, 적절한 복장의 착용 등 측면에서 상담의 긍정적인 효과를 확인할 수 있다.

아쉬운 점은 첫 접수면접에서 상담계약서를 체결하는 부분은 자칫 비자발적으로 내방한 내담자에게 권위적인 느낌을 줄 수 있고, 내담자의 계약실행 의지를 약화시킬 수 있으리라는 예측을 가능케 한다. 내담자가 상담소에 오게 된 현실조건을 어떻게 지각하고 있는지를 충분히 다루는 것이 상담자와의 라포형성과 내담자의 상담 동기부여에 의미가 있을 것이라 생각한다. 내담자 부모가 막내로 태어난 내담자에게 정성을 많이 들였다고 말하지만 실제 상담과정에서 나타난 가족상호작용으로 미루어 볼 때 내담자는 가족으로부터 안전한 심리적, 정서적 지지를 받지 못하는 것으로 알 수 있다. 그 외에 내담자 오빠의 검정고시 문제를 둘러싼 문제해결양식을 살펴보면 이 가족구성원들의 의사소통방식이 제대로 이루어지고 있지 않음을 예측할 수 있다. 따라서 내담자의 표면화된 문제행동에 상담목표를 국한시킨 상담이 내담자의 근본적인 문제해결에 얼마나 효율적일지는 생각해 보아야 할 부분이다.

논평자: 최송미 박사

상담사례에 대한 전문가 논평

상담자는 사례기록에 매우 공을 들였고 사실의 정확성을 기하려 노력하였다. 내담자와 어머니와의 초기 면담과정 및 행동특성을 상세히 기록하고 상담일정표와 상호실천계약서 작성과정이 빠짐없이 철저히 기술된 것은, 상담자가 내담자와 내담자의 인간적 환경을 이해하기 위해 주도면밀한 관찰에 주의를 기울였다는 것이고, 후학들에게 정확한 사례기술의 본보기를 보여주려는 긍정적 시도로 돋보였다.

상호실천 계약서의 작성에서 상호간의 기대 사항 중 실천할 수 있는 항목 2개씩을 계약서의 주요내용으로 한 것도 상담결과에 대체적으로 유효하게 작용했으며, 과제 수행의 약속을 안 지킨 내담자에게 15분 상담만 하고 끝냄으로써 약속을 강조한 것은 얼핏 매정해 보이면서도 내담자가 이후의 자기책임과 습관에 대해서 생각해 볼 수 있는 기회를 갖게 한 것 같아, 상담과 교육이 병행되어야 하는 청소년 상담에 있어서 필요한 부분으로 작용하지 않았나 싶다.

또한 6개월 간의 추수 지도에 따른 9번의 접촉도 상담자로서 내담자에 대한 관리와 책임을 다하려 노력한 모습으로 많은 상담자들이 배워야 할 점으로 보여진다.

그러나 본 사례는 상담과정의 상담자 반응을 모두 삭제, 단순 기호로만 표시함으로써 상담사례를 공부하는 독자들에게 중요한 상담자 언어반응 양식을 공부하고 배울 수 없어 아쉬움을 남겼다. 특히 오빠의 폭력에 대한 마음 추스림의 과정을 생생하게 읽을 수 없고, 상담히 솔직하고 자주적인("내 앞은 내가 가릴 줄 알잖아요", "선생님 때문이 아니라, 변화해도 내가 하는 것이죠") 청소년 내담자의 장점이 상담자와 어떻게 나누어지고, 이해되고 지지, 격려 되었는지를 알 수 없었다. 다소 목표지향적이고 경직된 계약이행, 행동 수정이나 교정에 더하여, 좀 더 안전하고 따뜻한 상담 분위기 조성으로 상담동기를 부여하고, 상담자가 원했던 연장상담과 가족상담이 이루어졌다면 좋았을 것 같은 아쉬움이 남는다.

논평자: 강숙정 박사(한국상담심리학회 1급 상담심리사)

Chapter 02

한국이주민 청소년사례

"자연 상담이 좋아요"

상담심리전문가: 강숙정(한겨레심리상담연구소 소장)

01
사례 개요

이 사례는 한국이주민 청소년에 대한 특수사례이다. 시간이 지날수록 한국이주민 수가 늘어나고 있고 이들에 대한 상담의 필요성이 의무화 되고 있는 시점에서 타 상담자들이 한국에 이주해 온 탈북민의 심리적 현실에 대한 이해를 갖고 더 적합한 접근법을 모색하는 데 도움을 주고자 어려가지 어려움에도 불구하고 이 사례를 수록하였다

이 사례는 종합사회복지관으로부터 사회복지 차원에서 많은 내담자들에게 혜택을 주고자 1인당 6회기라는 미흡한 조건에서 다급한 문제들을 해결하기 위해 이루어진 단기상담 사례로, 위기상황에서 긴 시간을 할애하기 힘든 내담자들에게 어떤 도움을 줄 수 있을까에 대해 함께 고민해 볼 수 있는 사례이다. 또한 부모(보호자, 양육자)의 협조나 케어를 전혀 받을 수 없는 청소년 상담에서 상담자가 어떻게 모성양육과 지도, 상담을 건강하게 실천해 낼 수 있는가의 문제를 논의해 볼만한 사례이다.

본 사례에서 적용된 기법은 본 상담자가 2009년부터 개발, 연구해 온 자연생태학적 심리상담의 한 형태로, 상담이 이루어지는 물리적 공간은 콘크리트 건물의 밀폐된 사각형 구조의 상담실이 아닌 강변, 공원, 산책로, 서점, 카페 등의 다양한 자연친화적 공간을 활용되었으며 본 상담자가 20여 년에 걸쳐 주로 시행해 왔던 온 중장기 상담의 기법과는 차이가 있음을 밝힌다.

02

내담자의 인적사항 및 가족사항

(1) 내담자 인적사항

전철민(가명): 18세, 중학교 남학생. 한국에 이주한 지 1년 이내.

(2) 가족사항

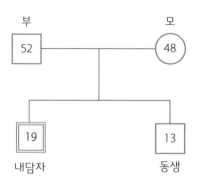

부: 52세, 중졸, 한국이주 과정에서 발각되어 본국으로 환송됨. 성격이 다혈
   질이고 화가 나면 무섭게 폭력적이 됨. 아버지로부터 자주 맞은 기억을
   갖고 있는 내담자는 현재 아버지는 잘 생각이 안 나는 의미 없는 사람이
   라고 말함.

모: 48세, 중졸, 무직, 한국이주에 성공하여 아들 둘과 함께 삼. 밤낮없이 ○○
   에 빠져 사느라 자녀를 챙기지 않음. 내담자와 한집에 살기는 하나, 모
   자간 갈등이 심각하여 한집에 살면서 말을 하지 않고 지냄. 모는 내담자
   가 어렸을 때 내담자를 보고 심하게 악담을 하거나 심하게 매질을 하고
   온갖 집안일을 시켜서 내담자의 손이 아직도 거칠고 내담자는 자신의
   모가 친모가 아닌 것 같다고 말함. 연계된 복지관에서 여러 차례 부모상
   담을 권유했으나 거절하여 만나지 못하고 연락이 안 된다고 함.

남동생: 13세, 내담자의 모가 동생만 예뻐하여 내담자는 동생을 싫어함. 동
   생이 태어났을 때 내담자에 대한 구박이 심했고, 야단을 많이 맞고 폭
   언, 구타에 노출되어 여전히 동생과 사이가 안 좋은 상태.

03

상담신청경위 및 이전상담 경험

본 상담은 내담자가 거주하고 있는 지역의 종합사회복지관으로부터 의뢰됨. 본 내담자는 이전에 복지관 내 직원에게 상담을 받았으나 라포 형성이 어렵고 비자발적 내담자의 태도로 상담이 제대로 이루어지지 않아, 외부 상담전문기관으로 단기 전문상담이 의뢰되었음.

04

내담자의 주 호소문제

1. 막힌 공간이 답답해요.
2. 공부에만 집중할 수 있었으면 좋겠어요.

05

행동관찰

키는 평균보다 약간 작고 몸집은 살짝 여윈 편으로 얼굴 표정과 눈빛은 나이보다 다소 어른스럽고 다부져 보임. 대화를 할 때 거침이 없고, 때로 나이 든 사람의 생각과 언어로 초연한 태도를 보임(실제 나이는 18세이나 한국에서는 중학생으로 편입한 상태임).

06
내담자 문제의 이해 및 내담자 자원

(1) 내담자 문제의 이해(사례개념화)

내담자는 어릴 때부터 다혈질적이고 폭력적인 아버지와 남편에게 매를 맞는 무력한 어머니 밑에서 어린 시절을 보내며 만성적인 불안에 시달렸고, 내담자의 어머니는 남편에게 당한 심리적 스트레스로 우울증상을 보이며 맏자식인 내담자를 따뜻하게 품어주지 못하고 방치하거나 폭언과 폭력으로 통제하려고 함으로써 내담자의 정서 불안을 더 가중시키는 결과를 초래하였다. 내담자는 맞는 어머니의 심정에 내사되어 어머니 편에 서서 노심초사하며 부모님을 중재하려고 애를 썼으나 극단의 감정에 처해있는 부모는 자녀가 자기편이 아니라 느낄 때 자녀를 모질게 혼을 내면서 부모의 미움을 더 사게 되는 억울함을 당하게 되고, 상대적으로 강한 부모 밑에서 이를 억누르는 가운데 적체된 내부의 불안과 화, 공포가 강한 공격성으로 사춘기 이후 엄마에게 표출되면서 모자 관계가 심각한 갈등 국면으로 전환되었다. 한국이주 당시 아버지가 본국으로 환송되어 이별을 하면서 아버지에 대한 측은함과 성장사의 무섭고 싫은 혼란스러운 감정이 아버지 생각을 떠올리기 싫은 회피감정으로 작동되었고 어린 날 부부의 자녀 방치와 비돌봄, 폭언, 폭력의 노출학습(모델학습)이 억눌렸던 정서와 함께 뒤늦게 표출되면서 내담자는 순간 해방감과 시원함을 느끼게 되어, 바른 의사표현 방식을 익히지 못한 채 부정적인 감정폭발의 습관을 형성하였다. 자국탈출 이주과정에서 다양한 인간관계를 건강하게 접하거나 회복시킬 기회를 갖지 못하고 한국사회에 입국하였으나 다행히 대한민국 사회에서 시행하는 다양한 치료 프로그램에 접하게 되고 사회 각계 전문가 선생님들의 다양한 도움과 돌봄을 받으며 조금씩 안정된 정서를 회복해 가고 있다. 내담자는 어린 시절 잘못된 양육으로 세상에 대한 깊은 불신과 불안을 지닌 채로, 한국이주 후에도 24시간 ○○에만 몰두되어 자녀양육에 소홀한 어머니와 살면서, 한국이주 과정에서의 험난한 여정, 자본주의의 낯선 문화와 환경에서의 학교 적응, 그리고 이주민에 대한 선입견을 가진 또래 학생들 사이에서 원만한 인간관계를 형성해야 하는 어려움에 처해 있다. 사회문화 현실생활 적응에 상당한 시간을 필요로 하는 내담자는, 주어진 단기 상담에서, 이주배경 청소년의 심리사회적 현실을 고려한 자연스러운 상담접근을 통해 위기정서를 안정화하고, 한국이주 과정의 고통을 감내하고 버티어낸 자신의 강한 힘을 긍정하며, 자신의 강점과 자원을 발견하여 공부에 더 잘 집중 할 수 있도록 신속하고 전문적인 도움을 줄 필요가 있다.

(2) 내담자의 자원

나이에 비해 성숙하다, 상황파악이 빠르다, 솔직하다, 인지적 통찰 능력이 있다, 생활력이 있다, 인내심이 있다, 죽도록 힘든 생활을 버티어낸 힘이 있다, 공부를 잘 하려는 욕구가 있다, 노력한다, 미래에 성공해서 잘 살고자 하는 의지가 있다, 발전 변화의 속도가 빠르다, 말을 잘한다, 상담자를 좋아한다, 약속을 잘 지킨다, 활동적이다, 새로운 것을 알고자 하는 호기심이 있다, 감정 표현을 잘 한다, 혼자서 다 한다, 독립심이 강하다, 인간관계에서 잘 보이려고 무리하지 않는다, 알뜰하다, 선하다, 베풀 줄 안다.

07
상담목표 및 전략

상담목표 1. 상황적 불안과 대인 불신감을 완화하여 정서안정과 집중력을 꾀한다
전략: 답답한 콘크리트 공간이 아닌 자연에서 걷기, 대화하기, 자연(햇빛, 강물, 새, 눈, 나무 등)과 소통하기 → 자연에 접하여 기분 좋은 체험을 하며 무의식적 정서 발산을 돕는다 → 어린 날 자연에서 놀 때처럼 즐겁게 마음을 환기시킬 공간과 방법이 주변에 현존하고 있음을 확인, 현실에서 정기적으로 활용토록 한다 → 습관화된 생각과 감정에서 벗어나 운동 신체 감각을 활성화하는 습관을 들여 심신의 조화를 기하고 지금 여기에서 평화로운 시간을 느끼고 창조할 수 있음을 자각한다 → 자연의 일부인 내담자가 자연현상에서 배울 수 있도록 조력하고, 문제가 되는 모자갈등을 자연 속에서 표출할 수 있도록 도와 고통스런 삶에 처한 내담자의 심정을 공감적으로 자연스럽게 이해한다 → 감정을 정화하면서 상담자와의 대화가 편안함을 경험하고, 이를 일반 관계의 편안함으로 확장 경험시켜, 상처로 인한 대인관계의 거리감과 불신감, 두려움을 완화한다 → 심리적 만족감과 안정화로 원하는 공부에 좀 더 집중할 수 있다.

상담목표 2. 이주배경 청소년 내담자의 자존심을 회복하여 학습증진을 위한 동기를 부여한다

전략: 내담자의 습관적인 부정적 자기언어를 현실적인 긍정적 자기언어로 다 바꾸어 주고("한국이주 후 가식적으로 행동한다, 나는 가식적인 사람이다" → 삶을 위한 적응이고 노력이다, 상담장면에서 솔직하다 등) 죽음을 무릅쓴 탈북행동 자체에 대해, 그것이 삶을 향한 강력한 의지며, 도전정신이며, 용기와 담력, 배짱, 종합적 문제해결력 등이 검증된 것임을 지속적으로 현실화시키고 탈북민의 독특한 강점과 자원에 주목한다. 또한 내담자의 빠른 학습 성취도, 사회문화 적응유연성, 의지력과 결단력 강함을 스스로 알아차리고 이것이 실제적인 내담자의 강점 강화, 자존감 증진과 공부에 대한 자신감, 학습 동기부여로 연결될 수 있도록 한다.

08
상담진행 회기별 요약

■ 1회기: 상담구조화와 심리검사 안내(심리검사는 머리가 아프다며 거부함)

첫 인사와 상담 신청서를 기록하고 상담에 대한 안내를 하려 하자, 거침없는 말투로 건물이 너무 높고 사무실이 많고 꽉 막힌 공간이 답답하다면서 상담실에 오기까지의 과정에 대한 불만을 터뜨림. 상담실에 오기 싫은데 다른 사람에 의해 여기에 오게 되었다 생각하면 마음이 참 불편하겠다고 상담자가 이해 반응을 보이자 상담자에게 자신을 어렵게 생각하지 말고 편하게 대하라고 지시함. 이전 상담 경험에 대해 묻자 상담의 필요성 없음을 언급하고, 별로 도움 안 되었다 왜 했는지 모르겠다고 시니컬한 표현을 하며 계속 상담 장소에 대한 불편감을 호소함. 크고 복잡한 건물 내부에 너무 깊숙이 자리한 공간에서 뭔가 조사를 당할 것 같다는 답답함에 대해 토로하면서 상담자가 묻는 말에 모르겠다고 표현함. 상담에 임하는 내담자의 반응에 대해 거리낌 없는 솔직함에 대해 긍정의 놀라움과 상담자가 받은 부정적 영향에 대해 언급하자 집중을 하며 관심을 기울임. 내담자가 생각하는 상담이란 무엇인지에 대해 들어보고 잘못 이해한 내용을 수정, 보완해 주며, 왜 탈북 청소년들에게 이런 과정이 필요한지에 대해 동기부여를 함. 상담자 소개와 내담자 역할 구조화를 시행하고, 기본적인

사항들에 대해 안내함(심리검사는 내담자가 거부함). 아주 작은 것이라도 도움을 받으면 좋겠다 싶은 것에 대해 언급하자 내담자는 우선적으로 상담 장소를 넓게 트인 밖으로 정하자는 것(그래야 답답함이 없어지고 속이 시원하겠다는 것)과 다른 것에 신경 쓰지 않고 공부를 잘 할 수 있었으면 좋겠다는 것을 이야기하였고, 상담자는 내담자 주변에서 따로 도와주시는 선생님들이(방과 후에 복지관을 통해 선정된 과외 선생님들, 멘토 선생님들이 따로 있음) 있음을 확인하고, 그 선생님들과의 관계를 탐색한 후 '밖에서의 상담을 통한 마음환기'와 '공부에 집중할 수 있는 마음 상태를 만들기'(복잡한 마음들을 정리하기)를 일단 상담목표로 합의함. 다음 시간에는 밖에서 상담을 하기로 정하고 상담실 근처에 있는 전철역(백화점과 연결되어 있어 복잡함)에 나가서 오는 길을 마중하기로 하고 마무리함

■ 2회기

약속한 시간에 전철역에서 메시지를 주고받으며 만남. 얇은 겉옷에 양말을 안 신고 나와서 추워함. 따뜻한 곳에 들어가 몸을 녹이기로 하고 차를 마시며 잠시 일주일간의 이야기를 들음. 특별한 일은 없었다며 잠이 잘 오지 않는다는 이야기를 함. 잠이 안 오는 전후 사안들을 살펴보고 오랜 시간에 걸쳐 습관화된 불면에 대한 해소 방안으로, 자기 전 잠 오는 음식 먹기와 족욕, 잠오는 스트레칭, 낮에 낮잠 안 자고 햇빛 30분 이상 쬐고 운동하기, 아침에 시간 맞추어(자명종) 일어나기 등을 실천하면서 조금씩 수정해 나가기로 함. 우선 이전에 약속한 것처럼 가끔씩 경변, 공원, 산책로 등에서 상담을 하기로 했던 부문에 대해 다시 확인하고 장소 등에 대한 계획을 세움. 날씨나 컨디션에 따라 실내에서 상담을 할 수 있다는 것에 합의하고 오늘은 날씨가 너무 추워서 전철역에 붙어 있는 백화점과 교보문고 등에서 생활 현장을 학습하면서 상담을 하기로 함. 양말을 안 신고 온 ○○가 추워하는 것 같아 두꺼운 양말을 사서 화장실에서 신게 하고, 백화점 안을 걸으면서 이야기를 나눔. 전철과 연결된 백화점 통로를 걸어가다가 CGV 영화관 앞 만남의 자리에 걸터앉아 상담자가 자연스럽게 이야기를 꺼냄.

(평소에 선생님도 상담실이 답답하게 느껴진 적이 있어. 상담자가 늘 장시간 실내에 앉아서 상담을 받으러온 사람에게 대화로만 도움을 주는 위치에서 벗어나 내담자와 상담자가 다 건강해지는 상담이 없을까 고민을 했었거든) 상담자가 종일 앉아있는 상태로 얘기만 듣느라 건강이 안 좋아진다는 것과 자연

생태학적 상담을 개발 연구한 다양한 이유들을 알려주자 내담자가 눈을 반짝이며 매우 좋아하는 표정을 지음. (**선생님은 별칭이 23년 전부터 자연이고 자연 상담을 동의해 주는 내담자에게 자연 상담을 실천해 오고 있는데, 마침 ○○이가 밖에 나가서 상담을 했으면 좋겠다고 해서 내심 반가웠어**) 환하게 웃음 (**산책로를 걸으면서 할 수도 있고, 공원에서 할 수도 있고, 여기서 한 5분 떨어진 강가에서 할 수도 있는데, 그러려면 옷을 많이 입고 와야 하는데… 그 날 그 날 가고 싶은 장소를 정하면 어떨까? ○○이는 어떤 장소를 좋아해?**) 오늘 같은 날은 추워서 넓은 실내에 사람이 많은 곳도 좋아요. 여기처럼 활발하게 북적이고 화려하고 구경할 것도 많고, 여기 그전에 과외 선생님하고 한번 와 본 적이 있는데 좋았다고 함. 영화는 친구들과 한번 보았다고 해서 상담자는 단짝 친구가 있나 물어보았고 아직은 없다고 함. 부모님에 대해 묻자 엄마가 싫다고 함. 그리고 엄마 얘긴 하기도 싫다고 함. (**그래 싫으면 나중에, 하고 싶어지면 해. 지금 나이에 어릴 때처럼 엄마만 좋아하는 것도 좀 그렇지. ○○이 때는 보통 친구들이 더 좋은 거 아닌가?**) 선생님도 그랬어요? (**응 나도 어느 정도 크니까 엄마 잔소리 싫어지고 자동적으로 거리를 두게 되더라고… 친구들 하고만 놀게 되고**) 주변 애들도 그런 거 같긴 한데. 안 그런 애들도 있고. (**다양하지. 그런데 친구들과는 잘 지내고?**) 학교에서 친구들과 지내는 이야기를 하면서 다 같이 어울리기는 하는데 주로 혼자 지내는 이야기를 함. 이해가 안 되는 애들도 많고 귀찮고 공유할 것도 없고 시선도 싫고 이것저것 신경 쓰고 싶지 않아서 그냥 혼자 지내는 게 가장 편하다고 함. (**그래 어울리는 게 정 불편하면 너무 조급하게 에너지 소모할 것 없어. 일단 공부 열심히 해서 나중에 맘에 드는 친구들을 쏙쏙 골라서 만나면 되지 뭐, 할 수 있잖아. 지난번 나한테 말하는 거 보니까 필요하면 용기 있게 하고 싶은 말 다 하고, 잘 할 거 같은데?**). 하하 그랬어요? 하하하 그렇긴 해요. 근데 저는 친구들이 그렇게 좋진 않아요. 가깝지도 않고 멀지도 않게 적당히 하다가 거리를 두는 것 같아요. 혼자 있는 게 편하고 아주 왕따 안 당할 정도만 해요. (**와… 능력이 있네. 그렇게 하면 되는 거지 뭐, 적절히 적응 잘하네**) 가식적으로 하죠. 속 다르고 겉 다르게. (**그게 왜 가식적이야. 그럼 사회에서 싫은 사람한테 너 싫다고 꽉꽉 말해야 되나? 아직은 익숙지 않으니까, 그냥 적당히 배려해서 서로 불편하지 않게 하는 거지. 왜 자신에 대해 그렇게 부정적으로 말해?**) 그래요? 난 마음에 안 들어도 그냥 웃으니까. (**막 하하하… 이렇게?**) 아니요. 그냥 미소? (**에이, 여기 온지 얼마 되지도**

않았는데 그 정도로 하면 딱 알맞게 하는 거야) 그래도 난 내가 자꾸 가식적으로 느껴져요. (그래? 그건 사람을 대할 때 진실해야 된다는 생각이 강한 건데… 뭐 그럴만한 이유라도 있나?) 딱히 그런 건 아닌데… (음… 난 반대로 느껴지던데?) 왜요?

상담자는 ○○이를 처음 본 인상과 가식과 적응의 차이점을 알려주고 상담자가 본 ○○이는 그렇지 않다는 점과 자신에게 쓰는 습관적인 부정적인 말을 가능한 상담에서 현실적으로 바꾸어 보도록 조력함. 선생님은 뭘 좋아하냐, 어떤 음식을 좋아하냐고 해서 한식이 좋다고 하니 나는 ○○를 안 먹는다. ○○가 싫다 그래서 사람들하고 잘 안 맞는다 같이 먹을 것이 없다라고 함. 선생님도 ○○를 좋아하진 않는다. 나이가 드니 여기 저기 아프고, 성인병 때문에 좀 가린다고 하자 서로 잘 맞는다고 함. 5분 정도 걸어서 ○○문고에 들어가서 이야기를 나눔. '선생님 덕분에 이런 곳에도 와보고' 하며 많은 책에 놀라워 함. 이제 혼자서도 와서 책을 골라 보는 법, 공짜로 보는 법, 편안하게 앉아서 보는 곳 등을 알려주고 전체 매장을 둘러봄. 서점 안의 카페에 들어가서 다시 이야기 나눔

최근에 꿈을 많이 꾼다. (내용은?) 이런저런… 내용 (왜 그런 꿈이 꾸어졌을까? 이유가 있을 것 같은데 꿈에서 스트레스를 풀려고 하나, 그걸 이해하면 좋을 것 같은데) 그래요? (그럼 다 필요하니까 꿈도 꾸고 기억도 되는 거지. 꿈을 잘 이해하면 자신의 마음도 잘 이해할 수 있어) 내담자는 자신의 꿈에 대해 관심을 보이며 꿈의 제조자가 자신이라는 사실을 알려주자 고무됨. 최근에 이상한 생각이 들어요. 며칠 밤을 공부하느라 두 시간도 못자고 시험을 보러 가는데 갑자기 옛날 생각이 계속 떠올라서 시험을 못보고 말았어요. 이상하게 아버지 생각은 전혀 안 나고 다른 생각들만 떠올라서… 아니 그래도 내 아버지인데 왜 생각이 안 나지? (생각이 안 날 만하니까 안 나는 거 아닌가?) 엄마가 아버지 애기만 하면 운 이야기를 함. 지난 상담 후 집에 가서 꿈을 꾸었는데. 고향친구 집에를 가고 있더라구요. 너무 생생하게 마치 현실처럼 느껴졌어요. 그 장면을 상세히 이야기함. 내담자에게 자유연상을 시키고 자기 연상에 의미를 부여 함.

과거를 생각하면 힘들다 엄마는 어려서부터 계속 일을 시켰다. 장작패기, 집안의 궂은 일은 다 도맡아 하고. 상담자에게 손을 보여줌. 매우 거칠게 느껴짐. 요즘 엄마와 이야기를 안 한다. 밥도 각자 차려먹고. 한집에 있어도 따로 따로

산다. 엄마가 곁에 오려고 하면 싫다. 머리로는 아는데 어른이니까 어른이 잘못했다고 하니까 받아주어야 하는데 그냥 싫다. 다른 가족들한테도 모두 사과를 받았는데 그냥 알았다고 하고 마음은 여전히 안 간다. 사과했으니 잘 지내자고 했는데… 실상 내 마음은 불편하다. 지금도 고모가 집에 오면 야, 누구야 하면서 안아주려고 하면 나도 그냥 가식적으로 네, 고모 하면서 안긴다. 그때 말한 가식적인 것이 그것이다. 선생님이 자신에게 왜 그런 말을 쓰느냐 그냥 사회적 상황에서 적절하게 받아주는 건데 그랬을 때 놀랐다. 나는 늘 그런 내가 못 마땅했는데… 자신에 대한 평가를 잘 못하는 건 아닌가 말씀하셨을 때 자꾸 생각이 났다. 나를 어떻게 대접해 왔나. 그런데도 자꾸 나에게 안 좋은 말을 쓰는 것 같다. 그리고 상대에게 끝없이 화를 낸다. 진짜 용서를 못하는 거 같다. (아직 준비가 안 된 모양이다. 화난 자신의 마음을 더 유지시키고 존중해 주고 싶은 거 아닌가?) 그런가? 사실 친구들한테도 적당히 대하는 게 많다. 상담자는 계속 내담자의 그럴 수밖에 없는 행동과 감정의 당위성을 타당화시켜 줌. 가끔 살인의 충동이 느껴진다. (그럴 정도로 힘들었던 거지) 현재 화를 내거나 행동으로 표출하지 않고 있는 그대로의 마음을 언어로 잘 표현하고 있는 것의 중요성 읽어줌. 시간이 되어 다음 약속을 하고 내담자는 그곳에서 책을 읽고 가겠다고 해서 가는 길을 다시 한 번 확인 시켜주고 다음 상담을 위해 서점을 나옴.

■ 3회기

(상1) 오늘은 오는 데 얼마 걸렸어?

(내1) 잘 찾아왔어요. 한 30분 정도.

(상2) 빨리 왔네. 난 길치라서 다시 올 때 또 헤매게 되더라구.

(내2) 그래요? 나도 길치긴 한데 그래도 또 한 번 갔던 길은 제대로 잘 찾아오더라고요.

(상3) 아 역시 나보다 낫네.

(내3) 하하하

(상4) 지난 시간에 OO문고에서 얼마나 있다가 왔어? (오래) 그랬구나.

(내4) 책도 읽고…

(상5) 어떤 책? 좋아하는 책 있어?

(내5) 내가 예전에 OOOO를 읽다가 못 읽은 게 있어서

(상6) 0000?

(내6) 네 그걸 조금 읽고 학교과제에 대한 책을 찾다가 000라는 (그래) 거기에 대한 책을 읽고 독후감을 쓰려고 하는데 그게 참 어렵더라구요. (책 내용이? 글 쓰는 게?) 내용이 난 잘 이해가 잘 안 되고 자꾸 어렵더라구요. 예전 학교에서 조금이라도 들어봤으면 그런데 참 생소한 이름이고 그래서 저게 도대체 뭔 소리지? 시험 볼 때 무조건 외워서 해야 해요. 안 배워서…

(상7) 아… 그쪽에서 안 배워서. 안 배운 게 많아?

(내7) 다 처음이죠 한국사도 국어 내용도 영어도 모든 게 다 낯설고 한번이라도 들어본 적이 없어서. 그래서 이것저것 찾아보다가 갔죠.

(상8) 그래도 적응하기 위해 과제든 뭐든 무언가를 해 보려고 도움이 될 만한 걸 찾아봤네. 그래 윤리가, 요새 윤리가 어렵다고 하던데. 나도 어릴 때에 도덕이라는 과목으로 학교에서 배우긴 했는데 요새는 용어도 바뀌고. 뭐든 점점 더 어려워지고 새로워지고 더욱 힘들어지는 건 있는 것 같애. 갈수록 학생들이 참 힘들게 공부하는 것 같아. 혹시 대학에 가고 싶은 학과가 있어?

(내8) 사회복지사… (아 사회복지사) 내가 할 수 있는 것 중에 가장 적당한…

(상9) 그래 네가 가까이서 가장 많이 접할 수 있는

(내9) 이게 그중 괜찮은 거 같아서

(상10) 사람을 도와주는 거라

(내10) 도와주는 걸 좋아하진 않는데

(상11) 아 진짜? (하하하)

(내11) 근데 지금의 능력에는 그중 그게 할 만할 수 있겠다 싶어서… 아직 몰라요 지금은 점수가 조금씩 올라가는 중이라 (아…) 아무것도 몰라서 중학교 샘들은 나에게 간호사를 하면 돈을 많이 벌고 괜찮다 하는데

(상12) 안정적이긴 한데… 좀 고단하지.

(내12) 근데 지금은 점수가 안 돼서… 그건 좀 미루어 두고 나중에 다시 점수가 올라가면 이 점수면 갈 만하겠다 하면 가려구요. 간호사, 약사… 안 되면 복지사

(상13) 들어보니 다 아픈 사람 돕거나 (그 봉사하는 거) 그래, 그런 방향은 확실해 보이네.

(내13) 사실 공무원도 되고 싶었는데 경쟁이 높고 아직은 사회복지사가 적당한 것 같아요. 내 점수에 맞는 거로는… 난 아직 5등급 정도?

(상14) 음… 사실 지금은 다 새로운 것들을 접하는 거고, 남들보다 엄청 늦게 접하고 배워 가야 하는 입장이니까. 여기서 공부해 온 학생들은 00보다 다 10년 이상 연습을 했을 거 아니야. 그런데 이제 막 새로 시작을 해서 공부를 한 게 1년도 안 됐는데 5등급이면 잘 하는 거지. (한 5, 6등급?) 암튼, 9등급에서 그 사이에 5, 6등급을 받은 거는 기본능력은 있고도 남은 건데? 습득력이 빠른 거지.

(내14) 네 조금씩 올라가요. 올라가고 있어요. 점수가 올라가면서 뒤에 있는 애들이 많아지긴 해요.

(상15) 그 정도 속도면 내가 보기에는 분명히 발전성이 있는 건데. 확실히 기본 능력이 있어. 연습이 더 필요한 거지.

(내15) 그런 말씀을 해주는 분들이 가끔 있어 내가 웃고 사는 거 같아요. (웃음)

(상16) 기분 좋으라고 하는 건 정말 아니고, 실제로 능력이 있어. 얘길 해보면 알 수 있잖아. 사실 이렇게 자유롭고 편하게 이야기하는 능력도 참 중요한 능력이거든. 말을 잘 하는 능력도 여러 가지와 관련이 있어. 뭐, 지능이나 사회성 하고도. 사회적 적응력, 언어능력, 기술을 습득하는 기본 능력이 또래보다는 월등히 높을 거라고 예측이 돼. 혹시 본인은 그런 생각 안 해봤어? 내가 하면 될 수 있다. 이런 생각을 좀 하지?

(내16) 일단 생각을 해보죠. 어떻게 보면 내심 생각을 하니까 내가 이렇게 노력을 하는 거 아닌가 생각이 들기도 하네요..

(상17) 그렇지, 그렇지.

(내17) 첨에 내가 항상 200등 안에만 있으면 어떡하지? 그렇게 생각을 하니까 아무것도 못 하겠더라구요. 그래 왜 한강에 가는지 이해가 가더라구요. 그러다가 그래 죽을 각오로 하는거야 하고 나면 조금씩 오르고 어떻게 되더라구요..

(상18) 음… 다 듣진 않았지만 어떻게 보면 아무것도 없이 그냥 나는 잘 할 수 있어 이게 아니라. 좌절도 하고 실망도 하고 나락으로 떨어졌다가 그걸 딛고 다시 올라왔다는 거네. 고생을 해가면서 회복이 된 거네. 계속 안 좋은 기분으로 있을 수도 있는데 어떻게 스스로 생각을 바꾸었을까? 한순간 생각이 바뀐 계기가 있어?

(내18) 복수하고 싶은 생각이요.

(상19) 아… 복수. 복수를 하려면 내가 딛고 일어서야겠다. 어느 순간에 그렇게 물러설 수는 없다 복수를 해야 되겠다?

(내19) 네 바탕에는 깔려있어요. 고모가 먼저 와 있었다고 했잖아요. 고모 애들도 먼저 와 있었고. 한국 애들이 다니는 일반학교 가면 힘들다고 하더라구요. 왜 거기서 온 애들이 많이 다니는 학교가 있잖아요? (00학교?) 네. 근데 거기서 고모 아이가 00도 하고 그랬대요. 그쪽에서 온 애들이 공부를 잘 안 해요 사실 거의 다 안 해요.

(상20) 나서 자란 데랑 똑같지 않으니까. 다 새로운데 바로 공부에 몰두하기가 쉽진 않지. 상황이…

(내20) 공부를 포기하는 애들도 많고. 학교 분위기가 첨엔 거의 공부를 안 하는 분위기 (생략) 근데 나는 첨부터 00 애들이 다니는 학교를 가고 싶지 않았거든요. 가면 분명히 나도 또 그런 분위기에서 공부가 잘 안 될 것 같고… 다들 잘 하는 곳에서 못해도 그게 더 낫겠다는 생각이 들어서.

(상21) 어… 그래서 스스로 딴 곳으로 간 거야?

(내21) 개인의 선택으로 가라고 했어요. 가라고 했는데. 그런데 애들이 tv나 드라마 보면 왕따 무시를 당하고 그러잖아요. 그런데 나는 그런 게 어디 있니? 그럼 가만 있어? 그래도 어른들은 계속 견디지 못 할 거라구 계속 계속 반대했어요. 그런데도 내가 선택해서 갔죠.

(상22) 야, 대단한 용기와 선택이야.

(내22) 이제 오기가 들더라구요. 견디지 못할게 뭐 있어? 그렇게 어느 순간에 그대로 물러설 없다. 죽지 않고 사는 거다. (야… 배짱이) 밥만 잘 먹으면. (아…) 그런 게 있잖아요. 무시 당하고 왕따당하는… 그런데서 견디지 못하는 것들만 어른들이 막 계속해서 얘기를 하면…

(상23) 반발심이 들지만, 어쨌든 살짝 고민은 됐겠네. 힘들어질까봐.

(내23) 아니 그런 게 어디 있어? 그런 생각으로 오기가 생기더라구요. 내가 하기 나름이지 죽기밖에 더해?

(상24) 와…

(내24) 독하게 맘먹으면, 이런 생각 가지면 못할 게 없어요.

(상25) 어떤 반대나 도전에 상당히 강해진다는 거네. 용감해지고 강해지고. 그리고 뭐가 두려우랴, 뭐가 무섭냐, 뭐든지 맘먹으면 할 수 있게 되는 거지 그 까짓게 죽으려고 생각하면 뭐든 못해?

(내25) 네. 그런 생각을 하니까 어떤 땐 내가 누굴 죽여도 된다 그런 생각이 들더라구요. (응? 누굴?) 그런 게 있어요. (음…) 그래서 내가 일반학교를 가게 됐는데. 고모가 야, 네 까짓 게 어떻게 며칠이나 일반학교에서 배우고 견딜 수 있나 보자.

(상26) 말을 왜 그렇게 하실까?

(내26) 딴 애도 전에 이틀을 못겼었는데. 그 고모 자식은 중국에서 중학교, 고등학교 다 배웠거든요. 그런데 나는 중학교도 못 나왔으니까 그런 니가 어떻게 배우고 따라가겠냐 비교를 하죠.

(상27) 고모가 자극을 준거네

(내27) 나를 원래부터 무시를 했어요. 네가 우리 보고 잘 사나 보자

(상28) 그래도 고모인데… 너무 말씀을…

(내28) 사람이 막 죽이고 싶을 정도로 막…

(상29) 자극이 돼서. 오기가 생기게… 아까 말한 복수심 같은 것도.

(내29) 그냥 부정적인 것이 있고, 이렇게 딱 지나가는 말처럼 하면서 가슴에 콱 박히는 부정적인 말을 하는데

(상30) 완전히 콕콕 박히게…

(내30) 네. 그리고 그 애랑 나랑 같이 엘리베이터를 타고 가는데… 그 애가 네가 일반학교 가서 어디 한 주를 버티나 보자고 그런 쪽 지나가는 말로 하는데 나는 그게 지금까지 기억에 생생하고… 그래서 내가 두고 보자 다니면 어쩔 건데?

(상31) 그래서 큰 자극이 된 거네.

(내31) 그래서 내가 무작정 일반 중학교를 가고… 중학교를 막 졸업하고 졸업장을 받는 순간에 그 고모랑 그 애의 말소리가 탁 생각이 나더라고요. 들리더라구요.

(상32) 참 통쾌했겠다.

(내32) 그런데 이렇게 졸업장을 받고 보니까 뭐 딱히 그 사람들한테 달리 할 건 없더라고요

(상33) 나한테 잘 한 거지. 대단한거야. 그래도 난 해냈어. 그래 난 해냈어.

(내33) 내가 잘했다 생각이 들더라구요. 사실 우리 엄마도 가지 말라고 먼저 와서 사는 고모 말을 들으라 네까짓 게 뭐냐고 막 그래가지고 그때부터 엄마랑도 사이가 안 좋아졌거든요.

(상34) 그렇지 않아도 상처받아서 아픈데 엄마도 내 편이 안 되고.

(내34) 그때부터 나는 계속 싫다고 하는데 계속 강요하는 거예요. 그때부터 점점점 비틀어지면서 사이가 안 좋아요. 아주 본래부터 내가 고모한테 좋은 감정이 없는데… 같이 그러고…졸업식 날에도 엄마가 안 왔어요.

(상35) 오시지 말라고 한 거야, 스스로 안 오신거야?

(내35) 내가 미리 말도 안 했고 바로 전에는 얘길 했어요. 그래도 뭐 엄마니까 아침에 문자를 했거든요. 그런데 뭐 자긴 바빠서 어딜 간다고.

(상36) 아 미리 얘기 안 했다고 화가 나셨나.

(내36) 어, 몰라요 엄마는 나한테 아예 관심이 없어요. 사실 내가 상급학교 가는 것도 모르고 있거든요 00에 미쳐서 (물어 보시지도 않고?) 네

(상37) 혹시 아들이 무서워서 눈치를 보시나.

(내37) 아니 절대 아니에요 뭐 좋게 생각하면 아빠도 아직 생사모르고 오지도 못했고 딴데 신경을 쓰느라 그런 거고 나쁘게 말하면 나한테 아예 관심이 없는 거죠. 그렇게 해서 내가 학교도 공부를 빡세게 하는 학교를 갔거든요

(상38) 어려운 도전을 계속 하는 거네.

(내38) 그래도 어쨌든 죽지 않고 살았잖아요.

(상39) 참… 대단하네. 어떻게든 내가 노력하고 움직이고 더 강해지고 해야겠구나 라는 생각들을 많이 했네. 그런거 보면 참 주변 사람들이 00이를 그동안 제대로 못 알아 본 거네.

(내39) 하하 중학교 때 공부를 해보니 공부를 하는 애들 속에 있어야 나도 공부를 하더라구요. 공부를 안 하는 보통 학교보다… 대학을 목표로 하는 공부를 12시까지 시키는 학교를 갔거든요. 아무리 내가 공부를 아직 못한다고 해도 그 밑에서 있는 것이 더 못하는 애들 하고 있는 것보다는 낫겠다는 생각을 했거든요.

(상40) 세상에… 그런 생각까지

(상40) 머리가 좋은 애들이 오는데… 잘하는데 이런 데를 생각해서 갔거든요 쉽진 않더라구요. (웃음)

(상41) 쉽진 않지.

(상41) 영어도 첨엔 다 쪼르륵 한 줄로 찍고 그랬는데 이제 조금씩 풀고 더 맞았거든요.

(상42) 그러니까 조금씩 조금씩 나아지고 발전하는 것에 희망이 생기는 거네. 사실 그 상황에서는 못 하는 게 당연한 건데.

(내42) 근데 영어도 모르고 수학도 모르고 그랬는데 하니까 한 문제 한 문제 되더라구요. 가까운 사람들이 아휴, 재는 왜 이렇게 독종이야? 독해? 이렇게는 말해요. 이런 말들만 주로하고

<독종이라는 말을 들었을 때 느낌을 정리해주고 다른 언어로 재정의해 줌>

(중략)

(상43) 순하고 착하다 이런 얘기는 못들어 봤고? 혹시 그렇게 얘기해 주었던 사람은 없어?

(내43) 글쎄요. 기억이 있었으면 기억이 나겠죠? 근데 도저히 기억이 안 나네요. 하하 나는

어렸을 때부터 누군가를 죽일 팔자고 (무슨 팔자?) 가족을 잡아먹을 팔자…

(상44) 와 아 뭐 그런 말을 하는 사람이 있어?

(내44) 그리고 뭐 팔자도 사납고 고생도 많이 하는 애고, 일도 많이 하는 애고…

(상45) 에구… 그건 진짜 들어선 안 될 소린데… 그 말을 혹여라도 들었다면 그건 절대 받지 말고 그 사람에게 따져야겠다. 어린애에게 그렇게 말한 사람은 정말 잘못한 거야. 그 말이 생생하게 기억나? (당연하죠) 자주 들었어? 한 사람이 그랬어? 여러 사람이 그랬어?

(내45) (머뭇거리며 조그맣게…) 한 사람… 가까운

(상46) 아… 그건 그 사람이 뭔가 화가 났거나 마음 황폐해져 있거나 남을 공격하고 싶거나 하는 상황에서 00이와 아무 상관없는 얘기를 한 거 같아. 정말 00이의 인생과는 아무 상관이 없는 얘기를… 근데 누가 그런 얘길 한 건지 참 궁금하네. 그런 말도 안 되는 얘길… 어떤 상황에서 했는지 정말 궁금하다.

(내46) 내가 초등학교 1~2학년? 아주 어릴 때 어떤 어른이… 아는 어른이

(상47) 아직도 성장과정에 있는 어린아이한테… 아무리 화가 나도 너무 하셨네. 아무리 나랑 상관이 없는 애기라도 들으면 기분이 나쁘고. 마음이 여릴 때는 휩쓸리지. 정말 말도 안 되는 황당무계한 소린데도. 너무 자극을 받으면 그게 마음속에 남아서 자꾸 떠오르게 돼

(내47) 자꾸 떠올라요.

(상48) 자꾸 떠오르면, 그건 나와 상관없는 얘기고, 내가 들을 얘기가 아니라는 것, 상대방이 정신이 나가서 엄청난 잘못을 하고 실수한 것이라는 걸 명백히 할 필요가 있어. 그러니까 자꾸 떠올라서 현재 내 마음이 휩쓸리는 영향을 준다면 철저히 차단을 해야 할 것 같애. (그때 들은 언어들을 현실적으로 반박하고 응어리진 감정을 녹여주는 감정정화 작업을 시행한 후 유의점을 알려줌)

(상48) 그 어른도 그렇고 아까 엄마나 고모가 너에게 상처가 되는 얘기를 하셨을 때 혹시 엄마에게, 고모에게 즉시 대꾸는 했었니? 그렇게 싫어하는 말을 들었을 때…

(내49) 그냥 니들은 그런가보다 했지요 (그렇구나) 그냥 속으로만…

(상49) 음… 그게 자신에게 스트레스가 되었는데 잘 드러내거나 풀지 못해서 마음에 응어리가 많이 쌓였나봐. 오늘은 일단 응어리진 마음은 다 풀고 가는 게 좋을 거 같아서… 엄마나 고모한테도 우선 내가 그렇게 함부로 취급받을 존재가 아니란 걸 명백히 하고 가능한 머릿속에서 나에게 영향을 준말들을 다른 언어로 바꾸었으면 좋겠다는 생각이 들어. (셀프토크 시연)

(상50) 앞으로를 위해서 머릿속 나쁜 말들이 조금이라도 지워졌으면 좋겠다 싶어. 그때는 내가 너무 어리고 말하거나 대항할 수 있는 능력도 없고 그냥 얘길 듣고 가슴에 콱 박힌 채 그냥 넘어가 버렸는데 이제라도 자신이 해보고 싶었던 진짜 얘길 해보니 어때?

(내50) 시원해요.

(상51) 황당무계한 소리를 들어서 영향을 받았음에도 00이의 뿌리 속에는 자기 자신에 대한 목표, 희망, 이런 것들을 이루어내겠다는 상당히 강하고 여러 과정을 통해 더욱 단단해지면서 긍정적으로 자신을 끌고 가는 힘들이 있어. 다소 놀랍기도 하고 신기하기도 한데, 어떻게 그렇게 자신을 붙잡고 가는 힘이 강한지…

(내51) 고마워요. (약간 눈시울)

(상52) 그런 것들이 태어날 때부터 그럴 수도 있고 개발이 되었을 수도 있고…

(내52) 그렇죠. 개발이 되었지요. 그러니까 독하다고 하고…

(상53) 독한 거? 독한 게 좋은 거야.

(내53) 그런데 난 독한 게… 왠지 독하다는 말이 싫더라구요.

(상54) 그건 그렇지… 그 말을 부정으로 많이 쓰니까. 하지만 자신을 돕기 위해서… 살기 위해서… 주변과 더불어 잘 살기 위해서 자신을 돕는 독함은 충분히 멋진 일이야. 나는 독한 것이 강한 거고, 의지도 있고 인내심도 있고 포기 안하고 뚝심도 있고 이겨내는 힘도 있는 거고… 강한 게 좋다고 봐. 독하다는 게 나쁜 쪽으로만 안 쓰여지면 되는 거 아니야? 물론 예를 들어 남을 괴롭히는 데 독하다든지 남을 해코지하는 데 독하다든가 그거는 안 되겠지.

(내54) 그건 그렇죠. 근데 나는 어릴 때부터 약한 척 할 사람도 없고 어리광부릴 사람도 없고 (연습이 안 됐지) 그럴 사람이 없다고 생각이 들어요. 기대고 어리광 부리고 받아줄 사람, 나의 약한 모습을 받아줄 사람이 없으니 그건 포기하고 내려놓고 (음) 강한 척 센 척만 하면서 살았죠.

(상55) 사실 약한 모습도 있는데… 우리 안에 여러 모습이 있잖아. 강한 모습도 있고, 약한 모습도 있고 긍정도 있고 부정도 있고. 질책하고 힘든 모습들도 있고. 그런데 00에게 약한 모습은 잘 안 보이겠다. 사람들이 모르겠네. 그런데 가끔은 약한 척도 하고 기댈 수 있어야 삶이 편해져. 다른 사람들이 도와도 주고. 연습이 안 되어 그런 거니까 조금씩 연습을 해보자.

(내55) 보면 그렇더라구요. 그런데 그게 잘 안돼요. -강한 척, 센 척만 한 이야기…중략…

(상56) 가까운 사람들, 예를 들면 고모, 엄마, 삼촌들이 있지만 가까이 있다고 해서 내가 그 사람들을 다 아는 건 아니잖아. 00이 맘도 부모님도 잘 모르잖아 내 아들이 지금 어떤 생각을 가지고 어떤 마음을 가지고 정말 각고의 노력을 해가며 버티어내고 있는지. 그래도 전혀 모른다 라고 하면 약간 쓸쓸함? 섭섭함, 뭐 이런 마음이 들긴 하지. (네)
그래도 00이는 그런 감정에 사로잡히지 않고 어떻게든 살려고 노력했다는거야. 그게 중요한 거지. 음… 그리고 주변 사람들이 너무 잘해주고 걱정 없이 다 해주면 사람이 문제 해결을 잘 못하더라구.

(내56) 그래도 잘 자란 애들을 보면 그 애들도 나름대로 생각과 뭐 정신을 가지고 있던데. 굳이 이렇게 나처럼 상처를 주고 원망을 하고 이런 상황들을 만들어주지 않아도

(상57) 그냥 괜찮게 살 수도 있는데 굳이 이렇게까지 살 필요가 있나? 그렇지. 그런 생각이 들 때는 참 서럽고 힘겹지. 굳이 나처럼 안 해도 살 수 있고 생각이 있을 수도 있는데 꼭 이런 과정을 거쳐야 되나 할 때는 버겁기도 하고, 지치기도 하고 때론 힘겹기도 하고. 그렇긴 해도 00이는 여러 어려움 속에서도 꿋꿋하고. 좀 다른 데가 있는 거 같아. 내가 생각하기에는 겪은 만큼 그게 다 재산이 돼서 00이에게 돌아올 때가 있을 것 같은데? 믿어봐.

(내57) 그럴까요? 그런데 선생님, 어렸을 때 그런 말을 듣고 자꾸 이상한 일이 생기더라구요.

(상58) 어떤?

(내58) 그런 말들이 맞다고 생각이 드는 게 내 00가 나랑 한동안 같이 지내고 얼마 안 되서 죽었거든요. (저런) 그러니까 자꾸 그 말이 맞는 것 같아요.

(상59) 그 00이 몇 살에 왜 죽었는데? 00에서 같이 온 사람이야?

(내59) 아니요. 여기 오기 전에 내가 00일 때

(상60) 그전에 이미 그 사람은 죽을 위험에 처해 있던 건 아닐까? 어디가 아프거나 위험한 상황에 처해 있거나 한 사람이 아닐까?

(내60) 그냥 평범했어요. 어릴 때부터 하던 일을 쭉 했거든요 나를 따라다니면서 하던 일을 쭉 했었는데 그런 일이 한번도 없었는데 나하고 지내고 갑자기 사고로…

(상61) 사고로…

(내61) 그래서 내가 그때를 떠올리면서 아 그 말이 맞긴 한가보다 하고.

(상62) 교통사고?

(내62) 아니 00에서 일하다가 사고로…

(상63) 에구, 참 안타까운 일이기는 한데.

(내63) 그래서 안 믿으려야 안 믿을 수 없게 되더라구요.

(상64) 그랬구나… 그런 마음이 순간 들 수도 있겠어. 그런데 봐봐. 내 삶에서 내 옆에서 가까이서 수백 가지 일들이 일어날 수 있는데. 지나가다 교통사고를 목격할 수도 있고. 가까운 사람이 돌아가실 수도 있고. 옆집에서 무슨 일이 생길 수도 있고. 동네에서, 시내에서 뉴스 보면 매일 매일 내 앞에 펼쳐지는 사건들… 00이가 00년 동안 살아오면서 겪었던 무수한 일들 중에 그 일은 내가 가까이서 본 하나일 수 있다는 거지. 이거 이 사건 하나로 그때 들을 말을 딱 이렇게 연결시켜서 맞다고 가져가는 건 너무 지나치고 가혹한 결론 아닌가? 그런 생각이 갑자기 날 수는 있겠지만 (잊어버리려고 하거든요 내가 직접 죽인 것도 아니고 내가 죽으라고 한 것도 아니고) 그럼 그럼 상관 없는거야.

(내64) 그런데도 갑자기 밤에 불현듯 생각이 나더라구요.

(상65) 그게 몇 년 전 일인데?

(내65) 이제 2년

(상66) 아… 그게 긴 세월도 안 지난 얘기네.

(내66) 그런데 길가다가 인제 막 따라오는 느낌도 들고 그 사람 얼굴이 순식간에 지나가기도 하고 그 뭐랄까 그러니까 내가 정말 독해서… 팔자가 세서 나랑 같이 있어서 이런 일이 일어난 거 같은 순식간에 이런 생각이 들거든요.

(상67) 잠깐이라도 그런 생각이 들면 많이 괴로웠겠네. 그런데 예를 들어서 만약 어렸을 때에 그런 얘길 안 들었으면 그런 연결은 짓지 않아도 되는 거잖아.

(내67) 그렇지요.

(상68) 괜히 먼저 들어서 그냥 연결이 되는 거야. 하루에도 가는 사람이 얼마나 많은데 전 국민의 몇%가 매일 죽고 있어. 내가 생각하기에는 다른 생각하지 말고 그 00에 대한 건강한 이별작업, 애도작업부터 해야 할 것 같은데…

(내68) 애도작업이요?

(상69) 응. 갑작스레 가서 충분히 이별 대화를 못 했을 거 아냐? 멀리 간 사람과도 대화를 잘 하고 헤어져야 돼. 황급히 가버려서 이별 대화도 잘 못하고 헤어졌잖아. 얼마나 같이 있

었는데?

(내69) 길게 있진 않았어요. 한 세달? 남들은 이해가 안 되는데… 가끔 무섭고…

(그래서 더 그때의 감정을 정리하는 작업을 해야 되는 필요성을 설명하고 00에게 차마 그 때 다 못한 말들을 나누고 진심으로 애도작업을 할 수 있도록 조력함. 눈물을 흘림)

■ 4회기

지난번에 내가 고생을 많이 한다고 했잖아요. (그때 그 어른이 한 말?) 그런 데 진짜로 내가 편하게 살진 않거든요. (그래 한주 동안 자신의 삶을 많이 생각 해 보았나봐) 네. (그런데 그 사람 말이 맞아서 그 말 때문에 고생을 한다고 생 각하면. 자 봐… 이 세상에 자기가 고생을 안 한다고 생각하는 사람이 몇이나 될까?) 하하… 크게 웃음. (남들 보기 편하게 사는 사람도 아마 물어보면 다들 고생했다고 생각하고 자기가 제일 힘들게 살 거라고 할 걸?) 하하 그건 그렇죠. (가끔 운이 없을 때가 있어. 사실은 나도 어떤 순간에 사고로 갑자기 뼈에 금이 가고 나는 왜 이렇게 운이 없지? 지지리도 운이 없다. 이런 생각을 할 때가 있 었어. 세상에 나한테 이런 일이 생기다니) 그러니까요. 웃음. (하필이면 꼭 나 한테만 왜? 그러면서 약간 뭐 비관적이 될 수는 있을 거 같아. 그런데 그렇다 고 해서 어린 사람한테 너는 정말 재수 없는 애고… 너는 맨날 고생만 할 거고 다른 사람을 죽게 할 사람이야. 이런 말은, 정말 일고의 가치도 없이 들어서는 안 될 말이고 해서도 안 될 말이고 신경 써서도 안 될 말이고 그냥 완전히 머릿 속에서 확실하게 지워버려야 될 말이야 … 중략 … 비현실적이고 비합리적인 상대의 언어에 대항하는 언어를 찾아보게 함) 내 삶에 대해서 이러쿵저러쿵 말 하지 마세요! 당신이 그런 얘길 하면 오히려 그 말을 듣는 순간 재수 없어진다 구요! 그런 얘기 나한테 하지 마세요! 와, 속이 시원한데요. 하하. ("나는 그런 얘기 절대 안 받을 거예요. 아무리 얘기해도 난 절대로 그런 가치 없는 말에 휩 쓸리지 않아요. 절대 당신 말에 영향 받지 않을 거예요!" 그런 말은 머릿속에서 완전히 빼내서 던져 버려야 해) 그런 말을 어린애에게 하는 것은 정상이 아니 죠! (그래, 맞아 잠시 정신이 나가신 거야 정상적이지 않은 말에 절대 휩쓸리면 안 돼! 그때는 어려서 그냥 무방비 상태로 들었지만 다 자라 어른이 되어서까 지 휩쓸리면 정말 더 억울해지는 거지) 그래서 사실 내가 동생이 더 미웠던 거 같아요. (아, 그게 동생하고 관련이 있어?) -작은 소리로- 조금. 어머니가 임 신했을 때 (아) ○○를 가져오라고 해서 가져갔는데 ○○를 많이 가져갔나, 아 님 조금 가져갔나 그랬는데, 그때 (맘에 안 드셨나?) 맘에 안 든다고 "둘째가 생기면 큰애가 꼴도 뵈기 싫어진다더니 진짜 그러네" 그러더라구요. 다른 소리는 기억이 안 나는데 그 소리만 기억이 나더라구요. (너무 상처를 받았나보네) 나도 뭐 어떻게 됐는지 모르겠더라구요. 그 소리가 선명하게. 그리고 동생이 뭔 짓을 하잖아요. 나도 모르는 일인데 그러면 다들 나를 욕했거든요. (동생한테 잘못했다고?) 뭐 동생도 한 살? 걘 뭔지도 모르고 한 짓이겠죠. 내가 한 것도 아닌데 나를 막 욕하고 너 따위가 그렇지 애를 뭘 보냐? 하면서 (음) 그래서 내가 동생 때문에 밤 12시 넘어 몇 번 쫓겨난 적이 있거든요. (그랬다면 동생이 미웠겠네) 그래서 내가 동생을 몇 번 때린 적도 있어요. (억울해서, 쫓겨난 건 너무 억울한 일이잖아) 그 앤 나보다 애긴데. (엄마가 미우니까) 그냥 작은 동물 같고… (지난번 아기들이 밉다고 한 얘기가 무슨 뜻인지 알겠네. 애들을 때려주고 싶고 쥐어박고 싶고) 네. 난 조그만 애기들이 싫어요. 보통 사람들이 아기들을 다 좋아하거든요. 근데 나는 독특하게 싫어하고 그러니까 (그게 사연이 있어서) 그렇지 않은 애들하고 평범하게 아무렇지도 않게 섞이는 게 좀 그렇더라구요. 애들은 아기들을 다 좋아하는데. … 중략… 내가 다른 애들과 좀 다르구나. 그런 느낌이 들더라구요. 옛날엔 내가 왜 애기만 보면 동물 같고 싫고 그런지 몰랐었는데 이제 애기를 하면서 좀 이해가 돼요. (아) 지금도 동생이 안 좋아요. 10년이 지났는데 왜 이러는지. 그런데 가끔 쟤는 뱃속에서부터 뭔 죄가 있어서 나한테 미움을 받나. (그래 머리로는 다 알지) 어른들이 다 잘못한 건데 애까지 미운 거예요. (그럼 알긴 알지만… 나도 자식이고 나도 귀한 생명인데 세상에 귀하지 않은 생명이 어디 있어? 그런데 그렇게 차별 받는 느낌이 드니까 아무리 내 부모라도… 아니 어쩜 내 부모라서 더 원망스러울 수 있지) 나는 지금도 내 엄마가 아닌가보다 라는 생각이 들 때가 있어요. (아… 아까 얘기했듯이 그때 엄마가 제정신은 아니셨던 거 같아. 뭔가 스트레스가 정신을 못 차릴 정도로 심하거나 마음이 피폐되어 있거나 뭔가 충격을 심하게 받아서 아이를 제대로 양육할 수 없는 정서상태? 엄마 역할을 제대로 하기가 힘들었던 것 아닌가 싶어. 왜냐면 아이를 키우는 현실은 엄마의 정서상태가 정말 안정적이고 건강해도 매우 힘든 일이거든. 좀 여유가 있고, 그래야 되거든) 그러니까요. 그러면 이혼을 하든가 엄마는 왜 맨날 맞으면서 살았는지 애들 때문이라고 하는데 난 이해가 안 돼요. 아니 새끼들을 매일 그렇게 고달프게 만들면서 때리면서 나는 또 언제 맞을까 언제 또 이 집에서 쫓겨날까 하면서 나는 또 언제 그 끔찍한 일을… 서로 죽이겠다며 … 생략 … (두 분이?) 네. (싸울 때는 또 엄청

무섭게 싸우시네. 그러니 얼마나 애들이 놀라고… 부모님이 제정신이 아니셨
어. 일부러 그랬냐마는 자식한테 너무 상처를) 그러니까요. 둘이 그러면 나도
살아야 되니까. 어쨌든 아무래도 그때는 어머니가 약자니까 어머니 편이 되서
그때는 아빠에게 참 서운하게 했죠. 근데 몇 년이 지나고 보니 나만 다 미운털
이 박혔어요. … 생략 … (그런데 지금 얘길 다 들어보니… 너무 내가 지치고
너무 상처받고 힘드니까 지금 상태에서 우선은 상처받은 내가 젤 중요한 거 같
애. 우선은 나부터 살리고 회복시켜 놓고 나중에 힘이 생겨서 누군가를 도와주
거나 이해할 수 있을 거 같아. 일단 내가 어린 시절 동생에게 한 행동은 나도
모르게 밉고 싫어서 그냥 어리니까 그렇게 한 일들이고, 우선은 다른 거 돌아
볼 거 없이 현재 상처받은 나부터 세우고 살리고 그 오랜 해묵은 상처들을 해
결하는 게 급선무인거 같애. 너무너무 힘들게 살았던 거, 정말 들어서는 안 될
말을 들었던 거, 그리고 부모님이 여러 스트레스로 제정신이 아닌 상태에서 너
무 상처를 주신 거… 그 누구에게도 이해 받지 못한 나를 우선 더 챙기고 이해
해주는데 당분간은 더 전념해야 할 것 같아) 정말 그럴 거면 차라리 이혼을 하
지, 왜 나한테 그런 꼴을 다 보이면서 그렇게 했는지 다른 집은 정말 이혼해서
엄마가 데리고 나가든, 혼자 살든 걔네들은 다 잘 살기만 하는데 이혼한 건 죽
는 것도 아닌데… (응. 내가 보기에는 어머니가 독립해서 혼자 살 힘이 없어서
그런 건 아닐까? 정신적인 힘이 없어서. 맞고 사셔도 누가 옆에 있어야 되는
거지. 헤어지면 그것보다 더 나쁜 일이 생길 거라고 잘못된 예측을 하시고 두
려움을 느끼신 것 같아. 무기력하고 나약해진 사람들은 남들이 이해할 수 없는
무서움 두려움이 있어. 습관화된 감정… 익숙한 이 환경에서 벗어나면 지금보
다 더 나빠질 것이라는 예측이 드시는 거지) 여기서는 그렇게 싸우면 아예 신
고 들어갔을 걸요? (그렇지. 그러니까 그 정도로 심각하게 싸우신다는 거네. 술
먹고?) 아니요. 술 하나 안 마시고 그래요 차라리 취한 정신에 그러면 이해가
되는데 말짱한 정신에… 폭행의 정도가 정말 심했어요. 어머니 ○○에서 피가
났어요. (아휴 정말 무서웠겠다) 나도 한번 ○○가 삐끗했었거든요. (말리다
가?) 네 갑자기 몸이 탁 뒤로 젖혀지면서 허리가 뚝 꺾이더라고요. 오래 못 앉
아 있어요. 머리도 안에 출혈이 있어서 아파요. 내가 약을 한 1년인가 2년인가
먹고 좀 나아졌죠. 진짜 제 정신이 아니었나 봐요. (그래. 그러니 그 속에서 얼
마나 무섭고 싫고 아프고 억울하고 불안해서 도망치고 싶었을까) 그래서 난 집
이 싫었어요. (공포스럽고 싫겠네. 정말 집이 무서웠겠어) 그래서 나는 친구네

집에 가서 잤어요. 우리집이 있었는데도 정말 집이 싫어서 동네에서도 다 알다 보니까 우리 친구네가 더 잘 알죠. 저 때문에… 그러니까 그 엄마가 '아이고 얘 가 온갖 못 볼 걸 다보고 사네' 그 소리도 들리고 또 집에 가면 둘이 사이가 나 쁘니까 내가 아버지 밥을 해주면 어머니가 뭐라 그러고 또 내가 어머니한테 뭘 해주면 아버지는 저건 그런다 그러구. (새 중간에서 못할 짓이네) 그러니까 이 래도 저래도 나는 항상 욕만 먹고…거기는 여기 같은 밥솥이 아니라 산에서 구 공탄 펴서 가마솥 밥을 지었는데… (하, 참) 그래서 내가 군대를 가려고 했어 요. 군대 가면 한 10년은 있으니까. (차라리 그게 낫겠다 싶은 거지) 근데 가려 다가 엄마랑 ○○이 다 이쪽으로 넘어 와 가지고 길이 꽉 막혔거든요. 그래서 그냥 나도 넘어 왔죠. 한 번 죽지 두 번 죽냐 뒤에서 총을 쏘면 더 가볍게 죽을 수 있겠다 싶고 안 무섭더라구요. 나는 (응 너무 어려운 삶을 살다보니) 오히려 강물이 더 무섭더라구요. 시꺼먼데 몸이 둥둥떠서… 재밌기도 하고 무섭기도 하고… 하하 (그래도 이제 웃을 수 있네. 오늘 얘길 들어보니까 지난번에도 얘 길 들었을 때 정말 대단하다 그런 생각을 했는데 그걸 다 이렇게 몸으로 감당 하고 그래도 거기서 이렇게 무너지지 않고 기를 쓰고 버티어 온 걸 보면 기본 적으로 정신력이 강하고 힘이 있는 거 같아. 그 생명력과 강함이 정말 특별한 거 같아. 이건 정말 본인을 알아주고 잘 생각해 줘야 할 것 같아. 아 내가 그런 상황에서도 참 잘 버티어냈구나. 이겨냈구나. "나니까 이게 가능했던 것이다" 이렇게 생각을 해주었으면 좋겠어) 그건 그렇죠. (그럼~ 딴 사람 같으면 하기 힘들었을 거야 단 하루도 몇 달도 못 갔을 거야 나는 보통사람과는 다르구나. 참 괜찮은 특별한 사람이다. 그게 얼마나 귀하고 아름다운건지 충분히 이해해 주고 자신에 대한 격려를 해주어도 될 것 같아) 아 정말 내 친구들은 벌벌 떨었 어요. 낯선 곳에 철문 두드리는 것도 못 두드리고… (무섭지, 본인에게 화가 미 칠까봐) 그리고 보면 그러네요. (그래서 그렇게 강한 건 아름다운거야. 독하고 강한 건 자랑스러워할 일이고 자부심을 가져야 돼) 그러네요. 하하

■ 5회기

👤 **(상1)** 건물이 너무 복잡하고 길지?

👤 **(내1)** 완전 끝에서 끝이라서

👤 **(상2)** 며칠 동안 잘 지냈어?

👤 **(내2)** 잠만 자서…

👤 **(상3)** 잠 못 잤다고 했는데, 반가운 얘기네

👤 **(내3)** 한꺼번에 다 잤어요. 종일

👤 **(상4)** 아무 때나 푹 자면 되지 뭐, 혹시 가보고 싶은 데 있어?

👤 **(내4)** 그때 강변이 가깝고 괜찮다고 하셔서 거기 가보고 싶어요.

👤 **(상5)** 아 그래 좋다. 거기 가자. 여기서 돌아서 쭉 가면 한 5분? (5~6분 정도 길을 같이 걸으며 이야기 나눔)

👤 **(내5)** 걸으니까 좋아요. 와 바람 되게 세네. 이 겨울 냄새, 강 냄새, 바람 냄새, 풀 냄새

👤 **(상6)** 와 감수성이 풍부하구만, 허허

👤 **(내6)** 냄새에 예민해요. (신호등이 바뀜)

👤 **(상7)** 와 뛰어가자. 내가 나이가 들었잖아. 나이가 들면 감각이 다 조금씩 퇴화가 돼. 그래서 젊은 사람처럼 냄새도 예민하게 못 맡고 눈도 침침해 지고…

👤 **(내7)** 그럼 어떻게 해요?

👤 **(상8)** 자연스런 현상인데 뭐 받아들여야지 뭐. 조금씩 불편해지는 건 어쩔 수 없는 거지. 그래도 나는 내 또래 어른들에 비해서는 감수성이 높은 편이긴 해. 하하하

👤 **(내8)** 다행이네요.

👤 **(상9)** 그런데 아주 가끔 좀 슬퍼.

👤 **(내9)** 그래도 좋은 일도 있지 않나요? 점점 더 편해지는 것도 있잖아요.

👤 **(상10)** 그래 야 너 완전 다 산 사람 같다. 어떻게 그렇게 잘 알지? 누구에게 들었나? (네) 하하… 헌데 난 참 다행스러운 게 있어. 00이가 사람 있는 데를 이렇게 좋아하고 거리낌 없어 하는 건 참 좋은 거 같아. 왜냐면 이렇게 시끄럽고 사람 많은 데 싫어하는 사람도 꽤 되거든.

👤 **(내10)** 뭐 난 때에 따라서 다 괜찮아요.

👤 **(상11)** 목도리 있어? 강가에 가면 추워서 하나 갖고 왔어. 줄게.

👤 **(내11)** 아니에요. 할 일 없을 때는 사람 많은 게 좋아요.

👤 **(상12)** 때에 맞게 사람을 좋아한다는 거지. (강이 보임) 여기 강이 봄이 되면 벚꽃이 왕창 많이 피어서 너무 예뻐. 도시에 자연생태공원을 만들어서 걸으면 너무 기분이 좋아. 그런데 지금은 겨울이라 좀 황량하지.

(내12) 전 황량해도 탁 트인 자연이 좋아요. (계속 걸음)

(내13) 제가 태어난 곳이 바다예요.

(상13) 아 바다에…

(내14) 바람 겨울 바다 냄새 맡으면 기분이 좋아져요. 힐링되는 느낌… 내가 살았던 곳이 아주 추운 곳이라 이곳이 그렇게 춥게 느껴지지 않아요. 저는 학교에서 공부하다 밖에 나오면 해가 쫙 비치잖아요. 너무 좋아요. (햇빛 이야기) 여자 애들은 햇빛을 싫어하는데 난 이해가 안 되더라구요. (어 요즘 여학생들이 살 탈까봐) 잠깐 있는다고 살이 탈 정도도 아닌데. (그래 그건 좀 심하지) (상담자 골다공증 이야기… 햇빛이 중요한 점 등을 이야기 나눔)

(상14) 우린 햇빛을 둘 다 좋아해. 햇볕이 필요해. 하하하

(내15) 그리고 난 워낙 얼굴이 이상해서 타봤자…

(상15) 왜? 얼굴이 뭐가 어때서? 난 솔직히 사람 얼굴이 첨엔 확 잘 생긴 거 같다가 점점 싫증나는 거보다 볼수록 매력적으로 느껴지는 얼굴이 더 좋아. 00이도 내가 지금 몇 번 봤잖아. 볼 때마다 계속 멋져져.

(내16) 정말요?

(상16) 그럼? 그런 소리 안 들어?

(내17) 해주는 사람이 없어요. 꾸미지도 않는데…

(상17) 속으로 그렇게들 느낄 거야. 나도 사실 사람들이 첨엔 좀 아니었는데 갈수록 괜찮게 생겼다는 소릴 좀 하더라고. 하하하. 아무래도 시간이 지날수록 나아 보이는 게 훨 낫지. (음악소리 들으며 걸음)

(상18) 덕분에 나도 바람을 쐬서 넘 좋다. 집에서 운동 좀 해?

(내18) 아니요.

(상19) 좀 해야 해. 내가 아침, 저녁으로 운동을 하는데 요즈음 너무 춥고 미끄러워서 거의 못했어. 낮이 되니 따뜻하고 참 좋네. 길도 다 녹고 이 강이 00천이야 들어봤어?

(내19) 아니요.

(상20) 자 여기 강물을 자세히 봐 봐. 여기에 가을 늦게까지 고기가 정말 많이 몰려다니는 걸 보았는데, 오리랑 백조 물병아리 두루미들은 아직도 있네. 자 모자 쓰자. 햇빛이 쫙 비치니 참 좋다.

(내20) 오늘은 오랜만에 이렇게 강변에 와서 하얀 눈도 보네요.

(상21) 시내에서 한 10분 걸어서 강을 만나는 게 어디야?

(내21) 네 정말 좋아요 00강 생각이 나요. 거기서도 살았어요.

(상22) 아 그 근처에 살았어? (네) 거기 유명한 강인데 궁금하다 어떤지.

(내22) 눈이 녹질 않아요. 계속 쌓여 있고. 여기보다 계속 눈이 오고 훨씬 추워요. 그래도 비슷한 느낌이…

(상23) OO강 되게 크지?

(내23) 아니요. 그렇게 크지 않아요.

(상24) 듣기엔 크고 길 것 같은데…

(내24) 동네 바로 앞에서 보니까 그렇게 크진 않아요. 그리고 이렇게 예쁘게 해놓진 않아서

(상25) 내가 생각하기에는 추운 지역에 사는 사람들이 강인한 것 같아 뭐라 그러지 불굴의 의지랄까 강한 면모가 발달되지 않았나 싶어.

(내25) 하하하 (크게 웃음)

(상26) 나 혼자 생각이긴 한데, 따뜻하고 비옥한 땅에서 사는 사람들이 좀 느긋하고, 좀 느리고 좀 태평하다고 할까? 그런데 환경이 어려우면 더 부지런하고 강해지는 것 같애. (강가에 예쁘게 꾸며놓은 장식을 바라보며) 자 봐봐 여기가 밤이 되면 이 종이꽃 하나하나에 전부 불이 켜진다. 그래서 여기가 온통 불꽃이 되는 거야.

(내26) 와 예쁘겠네요.

(상27) 혼자 와도 좋고 둘이 와도 좋고 친구들과 같이 와도 좋고 시간 있을 때 여유 있을 때 한번 와봐 내가 가끔 혼자 있을 때, 힘들 때 가보고 싶은 곳을 만들어 두는 것도 참 좋다.

(내27) 와 꼭 와야겠어요.

(상28) 그리고 여기가 의외로 참 안전해. 빛도 밝고 공간이 뻥 뚫려 있어서. 그리고 옆에 아파트들이 쭉 늘어져 있어서 멀리서도 사람이 다보여. 이 그네 타면서 이 강을 보면 너무너무 이뻐.

(내28) 만들어진 꽃들이 너무 이쁘네요.

(상29) 오늘 하나도 안 춥네. 걱정했는데 다행이다. 저기 오리가 보이네. 난 여기서 두루미와 물병아리들 참 많이 봤다. 가끔 물가서 오리랑 얘기해. 길가에서 아기들 만나면 얘기하잖아. 그거랑 똑같아.

(내29) 근데 자연에 오니까 옛날 생각이 나네요.

(상30) 무슨 생각?

(내30) 이런저런 생각들이요. 근데 자연이 오면 나쁜 생각은 안 나는 거 같아요. (친구랑 놀던 좋은 기억들을 한참 이야기함)

(상31) 그래 그렇지. 자연하고 함께 떠오르는 건 대부분 그리움 같은 거, 가고 싶은 거, 그런 거 아닐까? 우리가 자연의 일부라서 그런가봐. 나도 여기 오면 마음이 참 편안해져.

(내31) 맞아요. 정말 그런 거 같아요. 집에 있을 때 아니 집과 비슷한 사각형 공간만 봐도 숨이 막히는데 여기선 숨도 탁 트여 쉴 수 있고 스트레스가 확 사라지는 느낌…(내담자가 하얀 눈쪽으로 뛰어감. 맨손으로 눈을 뭉쳐 오리들에게 던짐. 파다닥 오리들이 세게 도망감) 쟤들은 춥지 않나봐. 강이 얼지 않아서 물빛이 반짝이고 예뻐요.

(상32) 내가 던져 볼까? (썽 던짐) 너무 안 나가서 애들이 들은 척도 안 하네. 손을 털고 있어 가방에서 손 장갑을 꺼내 건네 줌. (손이 시렵겠다) 괜찮다고 함. 까치가 옆에 다가옴.

(내32) 까치가 아침에 오면 좋은 소식이고 저녁에 오면 나쁜 소식이라는데

(상33) 그래? 나는 몰랐네. 처음 듣는 얘긴데

(내33) 하하 아, 강아지 키우고 싶어요.

(상34) 강아지 좋지.

(내34) 근데 너무 비싸서 또 학교 가면 혼자 있게 되니까.

(상35) 그래 그것도 못 할 짓이지. 엄마는 집에 있으셔?

(내35) 집에 거의 없어요. 00에서 밤낮 없이 살아요. 얼굴을 거의 못봐요. (아… 그래서) 우리 이쪽으로 갈까요? (계속 자신이 가고 싶은 곳으로 이끌어감. 상담자: 그래 좋아 네가 가고 싶은 곳으로 안내해) –햇빛이 비치는 벤치에 앉음. 멀리 원두막을 발견하고 좋아함. 상담자는 늘 고기가 있던 곳을 손으로 가리키며 알려줌–

(상36) 얘네들이 추워지니까 어디론가 가버렸어 더 깊은 곳으로 따뜻한 쪽으로 갔나? 동물도 더 안전한 곳으로 가나봐.

(내36) 우리도 그렇죠.

(상37) 그러게 00이처럼.

(내37) 제가 어릴 적에도 원두막에서 놀았고… (어릴 적 친구와 놀았던 이야기를 서로 하면서 즐겁게 웃음. 일어나 작은 텃밭을 지나 산책로를 계속 걸어감)

(상38) 가기 전에 혹시 남은 스트레스 있으면 여기서 풀고 가

(내38) 스트레스 하나도 없어요. 하하

(상39) 너무 기분이 상쾌해서 나쁜 생각이 안 나나 보다. 안 걷다 걸으니 몸이 되게 좋아지는 것 같아.

(내39) 깨끗하고 바람도 좋고 햇빛도 따뜻하고 그러네요. 바다는 끝이 안 보이는데.

(상40) 그렇지 강을 보니까 바다가 생각나는구나. 아까 바다 근처에서 태어났다고 했지? 그러면 혹시 가족들 하고 바다에 관련되어 생각되는 거 있어? 아니면 00강의 추억 같은 거 기억나는 거 있어? (조용히 고개를 흔듦) 우린 옛날에 애기 때 발가벗고 놀았는데… 맨날 동네 애들과 멱 감고 집짓고 놀았는데…(다시 눈 뭉쳐서 던지기. 오리 수 세어보기) 이번 주에는 친구와 놀 시간도 없었겠다.

(내40) 안 놀아요. 안 맞아서.

(상41) 그래 안 맞으면 굳이 뭐… 나중에 열심히 공부해서 원하는 대학가서 시간 많아지면 니가 좋은 친구 적극적으로 선택해서 만나도 돼.

(내41) 그리고 친구들 만나면 너무 돈도 많이 써서 돈도 없구요.

(상42) 그렇구나. 엄마가 용돈 얼마줘?

(내42) 안 줘요.

(상43) 그래 그럼 어떻게 해?

(내43) 그냥 돈이 생기던데요?

(상44) 뭐 어떻게 생겨? 야 방법 좀 나한테 알려줘라 어떻게 하면 돈이 그냥 생기니?

(내44) 돈이 없잖아요. 완전 없을 때는 할머니가 얼마를 주거나 완전 돈이 떨어지면 알바를 하거든요. 하면 또 돈이 생기고 돈이 없을 때마다 알바가 철썩 붙거든요.

(상45) 야, 그렇구나.

(내45) 한 며칠하면 이십만 원 되요.

(상46) 와, 너 능력 있다.

(내46) 그거 갖고 또 몇 달 버텨요. 그거 갖고 또 다 쓰면 장학금 신청해서 자서전을 열심히 써서 몇 달 지나가요.

(상47) 그럼 엄마한테 손 안 벌리고 다 해결되는 거네. 와우

(내47) 또 옛날에는 돈이 딱 떨어져서 하나도 없었어요. 근데 아빠가 옛날에 나한테 맡긴 돈이 있었거든요. 그래서 또 그냥 그걸 다 써버렸어요.

(상48) 그래도 아빠가 아들을 위해서 언젠가 쓰라고 돈을 맡겨 놓으셨네.

(내48) 아니요. 그냥 갑자기 아빠가 우연찮게 나한테 맡긴 거죠.

(상49) 아아… 아무튼 위기마다 돈이 생기네. 내가 일을 하든 누가 주든 다 살아가게 해 주시네.

(내49) 네. 참 신기해요. 그래서 저는 돈 걱정을 많이 안 해요. 그리고 어떤 때는 내가 돈이 딱 떨어질 때 돈이 생겨서 써야 돈이 들어오는구나. 이렇게 생각해요. 돈이 있을 때는 돈이 안 들어와요.

(상50) 거 참, 신가하네. 왜 그럴까 생각해 본 적은 있어?

(내50) 모르겠어요. 늘 그러니까 나는 어떻게든 움직이면 돈이 나와요.

(상51) 아 그러니까 너는 어떤 식으로든 네가 움직이면 돈이 나오고 어떤 어려움도 해결이 되네. 이런 생각이 들겠다. 때마다 내 힘으로 살 수 있다는 게 체험을 통해 완전 훈련이 됐겠네. 참 그것도 복이다. 하여튼 살게 만들어 주시네. 혹시 하느님 믿는다고 했나?

(내51) 아니오. 난 그런 거 안 믿어요. 난 아무도 안 믿어요.

(상52) 응 그랬구나. 혹시 내가 종교관에 대해 이야기했었나?

(내52) 아니오.

(상53) (상담자의 종교관에 대해 얘기함) 그래서 어릴 때부터 우연찮게 나는 여러 종교를 접해 봤는데, 결국 다 조금씩 비슷하더라고. 사랑, 자비, 나쁜 짓 하지 말고 착하게 살라는 거… 자신이 부처님이고 하느님이라는 거 자신을 귀하게 대해야 된다는 거. 그래서 난 사실 다 믿어.

(내53) 저는요 교회를 어쩌다 다녔는데요, 엄마가 싹 없어지더라구요.

(상54) 엉 없어져? 어디로?

(내54) 아니 00만 다니고 엄마가 집에 없는 거예요. 밤이나 낮이나 00에 빠져서 한마디로 정신병자처럼 거기에 매달려 사는 거예요.

(상55) 아, 알았어. 맹신도… 그런 것 말이지? 완전 거기에 빠져서 일상생활을 안 하는…

(내55) 현실을 다 부정하구요 도대체 이게 뭐지?

(상56) 뭔가 잘못 믿으시는…

(내56) 아 그런데요. 지금도 그러세요. 지금은 더 하세요. 완전 집과 자식은 없어요.

(상57) 아이고, 그래서 일반 엄마와 다르게 자식을 돌보지 않으셨구나.

(내57) 완전 이상한 사람이 되었어요.

(상58) 에구… 거기서 또 배우게 되네. 엄마처럼 살면 안 되겠다.

(내58) 나는 죽어도 그렇게 안 살죠. 뭐예요, 가까운 사람 다 버리고 나는 그래서 지금 한 집에 있어도 따로 먹고 따로 살아요. 엄마가 하는 음식은 안 먹어요. 나는 그냥 시장 봐서 따로 먹고 살아요. 그래서 어떤 때는 종일 굶기도 해요.

(상59) 엄마가 아직도… 정말 힘들게 살았네.

(내59) 지나가는 강아지를 만지며… 아우 예뻐라.

(상60) 그래, 혼자서라도 정신을 똑바로 차리고 살아야겠네. 엄마를 보면 참 답답하겠어.

(내60) 그냥 뭐지? 신경쓰고 싶지 않아요.

(상61) 포기한 거야?

(내61) 아니요.

(상62) 그럼 짜증나?

(내62) 짜증도 안 나요.

(상63) 그럼 무시?

(내63) 네 그냥 알아서 사시라. 나는 알아서 살겠다.

(상64) 그래, 어쩌겠어. 거기에 신경 쓰고 마음 쓰는 게 낭비지… 그래 나중에 잘 돼서 그때 잘 해 드리면 되지… 지금 잘하고 있네… 신경 쓰면 에너지만 소모되고 나만 죽겠네… 꿋꿋이 혼자서 잘하고 사는 수밖에 없겠네… 일단은 날 위해서 먼저 살아야겠네. 엄마가 사는 모습이 참 이해가 안 되겠다…

(내64) 이해를 하다보면 끝이 없어요. 내가 병이 나죠. 오히려 딱 떨어져서 분리돼서 기대 안 하는 게 낫죠.

(상65) 역시 어려운 일을 겪다보면 지혜가 생기네. 하하 힘든 만큼 터득하는 지혜가 생기니까 그건 참 고마운 일이야.

(내65) 맞아요. 전 웬만한 일에는 끄떡도 안 해요. 죽겠다 마음먹으면 사실 못할 게 없더라구요.

(상66) (겨울 추위에 앙상한 가지만 드러내고 있는 나무를 바라라며) 나는 저 앙상한 나무들이 참 볼수록 신기해. 어떻게 이 추운 겨울을 버티고 몇 달을 죽어 있다가 다시 살아나는 걸까? 하 참… 00이는 어떻게 생각해?

(내66) 하하 글쎄요. 사람은 저렇게 있으면 얼어 죽을텐데…

(상67) 모두가 각자만의 삶의 비법이 숨겨져 있나봐. 난 00이만 보아도 참 신비롭고 궁금한 게 많아.

(내67) 저요?

(상68) 응

(내68) 왜요?

(상69) 어려운 고비가 많았는데도 참 굳건하고 긍정적이고 싱싱하잖아.

(내69) 하하 항상 그런 거는 아닌데… 근데, 가능한 고민 안하려고 해요.

(상70) 그게 쉬운 게 아니잖아. 안 해야겠다라고 하고 안 할 수 있는 거…

(내70) 하하 그런가요? 그래도 내가 가식 떨 때가 많아서…

(상71) 아 그 또 또 저번에 내가 가식이 아니라 적응이라고 말을 바꿔보라고 했는데…

(내71) 아 제가 적응력이 좀 강해요. 하하하

(상72) 저 나무처럼?

(내72) 아 네, 그러네요. 죽은 거 같지만 죽은 게 아닌, 오기를 품은…

(상73) 그래 그것도 참 멋있다. 그러면서 휴식을 취하고 있는, 숨고르기를 하면서 쉬고 있는…기다리고 있는?

(내73) 맞아요.

■ 6회기

　길거리 찻집에서 보기로 하고 나갔으나 점심을 안 먹었다고 하여 식당이 많은 곳을 들러보고 자기가 좋아하는 곳을 고르도록 함. 내담자가 제법 사람이 많은 쌀국수 집을 골라서 자연스럽게 중앙 자리에 착석을 함. 음식을 시키고 기본 음식이 나왔을 때 쌀국수 먹는 법을 차례로 알려 줌. 서로의 음식 취향을 나누고 내담자가 ○○를 아주 싫어하는 이유나 계기에 대해 알아봄. 아빠가 ○○를 좋아하는데 엄마가 자꾸 내가 ○○를 먹을 때 아빠를 닮았다고 미워해서 어떻게든 이쁨을 받아 볼까 싶어 안 먹었는데 이후 진짜로 싫어졌다고 함. ○○를 어렸을 때 많이 먹은 기억이 있냐고 물어봄. 어릴 때에는 ○○까지 먹어 봤다고 함. ○○를 먹었다는 건 첨 들어봤다. 맛이 어떤데? 라고 하자 어릴 때 잘 모르고 먹어서 기억이 안 나요. 먹으려고 먹은 게 아니라 다른 먹을 게 없어서… (그래, 이제 그것도 추억이 됐네. 그런데 엄마가 싫어한다고 해서 아직도 ○○를 안 먹는 건 너무 속상한 일이네. 이젠 뭐라고 하지도 않으실 텐데, 이런 사실을 엄마가 아셔?) 아니, 모를 걸요. 지난번에는 친구들과 헌혈을 갔는데 피를 빼고 집에 와서 쓰러졌어요. (그것 봐. 철분이 모자라니까) 그런데 엄마는 몰라요. 사실 관심 갖는 것도 싫어요. (그렇구나. 그러니까 스스로 자신을 더 챙겨야지. 그게 ○○를 안 먹어서 그래. 이제 ○○를 조금씩 먹어보도록 연습해야 되지 않을까? 다음에는 아주 맛있는 ○○를 조금 먹을 수 있었으면 좋겠다) 사람들은 이해가 안 될 거예요. 근데 싫어요. 어쨌든 엄마가 살아 계시잖아요. 돈도 보내고 다 하거든요. 근데 엄마는 아빠를 좋아하지도 않으면서 괜히 아프지는 않나 춥지는 않나 하면서 옆에 있는 아들이나 챙기지 계속 걱정을 하는 거예요. 그리고 우리엄마가 ○○가 있었어요. (엄마가? 아, 그래) 네. 와서 몇 달은 친하게 지내다가 (어디서 만난 사람이야?) 여기 와서 사람을 만났는데 놀러도 오고. 네, 자주 왔어요. 그 사람 때문에 내가 몇 번이나 쫓겨났어요. (왜?) 처음에는 한밤중에 물먹으러 나왔는데 쑥 들어오는 거예요. 나는 도둑인 줄 알고 소리를 지르며 신고하려고 했죠. 그러다 엄마가 나와서 뭔가 알아차리고 내가 짜증을 내면서 방으로 들어갔는데 내가 신고를 하는 줄 알고… 잠이 다 깨서 짜증이 난건데. 소란을 피운다고 나가라고. (그래서?) 오해를 했죠. 신고하러 들어간 건 줄 알고 막 들어와 난리를 치는 거예요. 그래서 더 짜증을 냈더니 나가라고 그래서 학교에 가서 잤어요. (학교? 춥지 않아? 차라리 따듯한 찜질방을 가지) 찜질방 위험한데요. 친구들이 말하는데 안 좋대요. 그래서 학교에서 잤는데 여름이어서 괜찮았어요. (상담자가 나중을 대비해 쉼터 같은 곳을 알려줌) … 중략 … (아무튼 자식 입장에서는 혼란스럽겠다. 그러니까 엄마가 해주는 밥이 먹기 싫었구나) 근데 요즘 이상하게 다가와서 밥 먹어라 뭐 이러면서 가까이 오기에 내가 며칠 전에 생전 처음으로 속마음을 얘기했어요. (뭐라고?) 아니 내 방에 있는 물건을 나한테 말도 안 하고 다 버리고 새로 사온 거예요. 내가 매일 쓰는 게 있는데… 그래서 뭐라고 했더니 쓰레기 같은걸 버려줬더니 지 까짓게 보잘 것도 없는 것이 그냥 감사하게 쓰지 그런다고 욕을 하기에 나도 말을 했지요. 엄마가 내 껄 쓰는 게 많거든요. 실제 컴퓨터도 내 학교에서 내가 가져오고 내 것도 이것저것 다 쓰는 주제에… '주제'라는 말을 했더니 욕을 하면서 치려고 하는 거예요. 나도 이제 맞고만 안 있죠. 안 맞고 버티다가 그 틈에 엄마를 죽이고 싶다고 말했거든요. (아…) 나도 처음으로 소리 소리를 질렀어요. (엄마도 놀라셨겠네. 뭔가 심각하구나 하고) 집에서 나가라는 소리 어릴 때부터 들었는데 다른 애들은 잘 안 듣는 소리인데 왜 나만 들어야 되지? 그리고 지금은 살고 있는 집이 내 몫도 합해서 산거잖아요. 지금은 나도 할 말이 있죠. 당신이 내가 싫으면 당신이 나가라. 내가 어릴 때에는 아무 능력이 없으니 쥐 죽은 듯이 뭐라고 해도 꼼짝도 못하고 살았다 그런데 이제 나한테 함부로 하지 마. 하고 싶은 말을 했어요. (그랬구나. 그동안 쌓여있던 마음이 폭발을 했네. 엄마는 뭐라고 하셔?) 약간 놀라는 기색… 그래도 계속 욕해요. 여기 와서 학교 다니더니 애들한테 못 된 것만 배웠다고 엄마에게 대든다고… (아들이 이렇게 달라져서 자기 목소리를 내고 변화되는 과정이 엄마에게 낯설 수는 있지. 그래도 서로 아무 말 안하는 것보다는 그렇게라도 싸우는 것이 관계를 위해 발전적이라고 생각이 돼) 뭐가요? (지금은 약간 불협화음이 있는 듯하지만 아들의 속마음을 어머니도 알고 현실 파악을 해야 되는 거지. 와 내 아들이 뭔가 많이 쌓였구나. 내가 예전에 한 행동들이 영향을 주는구나. 잘 못된 것일 수도 있겠구나.. 내가 내 자식에게 그렇게 하면 안 되는 거였는데 실수를 했구나 이렇게 깨닫게 되는 기회가 될 수도 있어) 아닐걸요. 절대로 안 깨달아요. (음… 모르지. 처음으로 그런 말을 들었다면 쟤가 왜 저러나, 조금이라도 생각해 보실걸? 원인을 생각할 수 있는 기회, 그런 기회가 되었을 수도… 자식도 부모에게 기회를 드리는 거야. 서로 진실할 수 있는 기회, 진짜 마음소통의 기회… 그런데 폭발을 해서 알려주면 이해를 잘 못하실 수가 있으니 내 마음을 안전한 방식으로 표현해서 자꾸 알려드릴 필요는 있어. 그냥 말 안하고 삐져 있으면 왜 저러는지 모르는 채 이해를 못 받고 넘어가는 것이 쌓이게 되니까 가능한 안전한 언어로 표현을 할 필요가 있는 거지. 긍정이든 부정이든 이번에 자신의 속 얘기를 할 수 있었다는 건 다행스런 일이야) 그런가요? (하지만 폭발이 습관이 되겠 하지마. 자주 그러면 상대에게 어떤 효과를 주냐 하면 내용은 기억이 안 나고 그 사람 행동만 그 사람 습관만 기억에 남아. 그래서 감정을 안전하게 잘 표현하는 연습을 해야 되는 거야. 사실은 엄마도 변해야 되잖아) 안 변해요 (그래도 몰라 자식이 처음으로 그렇게 했다면 생각해 보시긴 할 거야. 내 생각엔 엄마가 조금씩 돌아보실 거 같은데?) 그래선지 요즈음 더 밥 좀 사서 먹어라 어디를 가냐, 내 방에 머리를 디밀고 자꾸 들어오려고 하는데 난 싫거든요. 언제부터 그랬다고. 난 정말 싫어요. (그러면 이렇게 말씀 드려

봐. 난 그렇게 금방 금방 변하는 가벼운 존재가 아니에요. 내가 마음이 풀리려면 한참 더 시간이 필요하다구요. 기다리시라구… 내 자신도 화나 분노가 풀리는 데 시간이 걸리니까 아주 조금씩 조금씩 나도 모르게 변화가 될 거야. 기다려 봐야지. 그러면서 솔직한 심정을 안전하게 표현하는 법을 자꾸 배우고 익혀야지) 그게 참 힘들더라구요. (그렇지. 연습이 필요해. 나도 얼마나 많이 연습했는데… 그래도 ○○이는 혼자서 그 만큼의 변화를 이끌어 냈잖아? 그게 어딘데?) (나와서 2분 거리의 가까운 공원을 걸음)

그때 싸우다가 ○○그릇을 던져서 확 방안에 튀었거든요. 그런데 시간이 지나고 봤는데 그 잔여물이 문틀에 하나 말라 비틀어 걸려 있는 거예요. 하하하 (곳곳에 힘들었던 흔적들이 배어 있네. 그걸 보고 어떤 생각이 들었어?) 내가 처음으로 퍼부었구나. 대항했구나. 나도 이제 당하지 않을 수 있겠다. (아, 약간 힘이 생기는, 저항할 수 있는, 그러네. 엄마와의 갈등이 삶을 치열하게 만드네. 방법은 좀 극단적이었지만… 내 마음도 좀 전달하고 엄마도 좀 현실을 파악하게 되고, 그래서 속이 시원했어?) 네. 시원했죠. 그런데 또 한편 찝찝하기도 하고… (찝찝한 건 뭐지?) 엄마랑 내가 똑같은 방법을 썼잖아요. 폭력… (와~ 그 얘기 정말 반갑네. 처음 자신의 힘을 봤는데, 그 방법이 늘 보던 걸 내가 하는 거라 개운치 않다는 느낌… 이해가 돼. 그래서 그냥 생각없이 그 사건을 흘려보내면 안 좋은 습관이 붙는데. 내가 왜 그랬을까 자기 마음을 잘 들여다보고 자신을 잘 이해해 주면 표현 방법에도 변화가 와) 어떻게요? (○○를 던졌잖아. 그러지 않고도 나를 알리는 다른 방법이 찾아진다는 거지. 잘 생각해 보면 그때 내가 정말 하고 싶은 말이 무엇이었나… 왜 그동안 말을 못하고 살았나… 무엇이 무섭고 무엇이 두려워서 그랬나… 잘 생각해 보면 알게 되는 것들이 있어. 자 보자 ○○를 던질 때 하고 싶었던 말을 해봐) 죽이고 싶다. (그걸 다른 말로 바꾸어 봐) 죽이고 싶도록 밉다? (왜?) 나를 함부로 취급하니까 자식처럼 대하지 않으니까 쓰레기 같이 대하니까. (그때 감정은?) 화가 나요. (그래 바로 그거야~ 잘했어! 이제 그걸 잘 이어서 연결해서 표현해보자) (○○이의 핸드폰 녹음기를 틀게 하고 효과적인 마음표현 연습을 계속함) 아, 어렵다. 근데 계속 들으면 할 수도 있을 거 같아요. (감정이 산처럼 쌓이면 내가 힘들고 폭발하니 안전한 곳에서 조금씩 조금씩 김을 빼주는 것이 좋아. 오늘 얘기하면서 어땠어?) 좀 가벼워졌어요. 한 번도 못해본 말을 하니까 스트레스도 풀리고. 다른 말 연습도 선생님이 잘 했다 하니까 좋아요. (그럼~ 얘길 하다 보면 헝클어진 마음들이 조금씩 정리가 되고 그러면서 내 마음도 더 잘 이해가 되고 답답한 마음이 좀 풀리지. 암튼 ○○이가 가벼워져서 다행이야) 하하하 (걷다가 공원벤치에 걸터앉음)

(내1) 나무뿌리가 굽어서 밖에 드러나 있네요. 얘 춥겠다. 힘들어 보여. (쌓인 나뭇잎으로 덮어주려고 함).

(상1) 00이는 역시 마음이 따뜻하네. 나무에게도 힘든 게 보이나봐. (네) 음 그렇구나. 근데 꼭 그렇게 꼭 덮어줄 필요가 있을까?

(내2) 춥잖아요.

(상2) 글쎄 그건 우리 사람의 해석이지. 저 나무는 그냥 아무렇지 않게 편하게 서 있을 수도 있는데.

(내3) 아아… (잠시 침묵, 약간 눈시울이 붉어짐)

(상3) 왜? 선생님 말이 서운했어?

(내4) 아니요. 제 생각이 나서요

(상4) 어떻게?

(내5) 저도 그냥 괜찮은데 사람들이 나를 불쌍하게 보는 것 같아서요.

(상5) 그래? 어떤 때에?

(내6) 그냥 학교에서 선생님들이, 다른 애들이… 00 사람이라는 것 때문에… (눈시울 붉어짐. 다시 마음을 추스르며) 그 말이 마치 나를 인정해 주는 것처럼 들렸어요. (어깨를 도닥이며 감싸줌) 자연에서 상담을 하니까 정말 좋아요.

■ 추수 마무리 상담

이후 상담 마지막 날 보기로 약속한 영화를 보면서 영화에서 느낀 점을 서로 나누고 그동안 상담에서 느낀 점. 현재 자신에 대한 생각들… 상담에서 구체적으로 도움을 받은 사안들에 대해 나누었고, 이후 어머니와의 관계, 학교 생활 등에 대해서 어려움이 있거나 변화가 있을 때마다 향후 1년간은 한 달에 한두 번 정도 연락을 주고받기로 함.

대학원생 소감

　본 사례에서 가장 크게 도움이 되었던 부분은, 내담자와 상담자와의 치료적 관계가 어떻게 형성되어 가는지 그 과정이 고스란히 보여진다는 것이다. 특수한 상황의 내담자가 스스럼없이 자신의 환경과 겪었던 일들을 이야기해 나갈 수 있도록 알맞게 이해하여주고, 마음을 풀어주는 장면들을 읽으면서, 그저 당시의 상황을 파악하려는 '탐색'이 아닌, 내담자의 시선과 삶에 대한 존중을 목적으로 한 '들여다보기'라는 접근 방식이 어떤 것인지 느낄 수 있었다.

　또한, 내담자가 좁은 복도를 답답해하는 마음을 수용하여 상담실이 아닌 열려진 공간에서 상담이 진행되었다는 것 역시 매우 흥미로웠다. 상담실이라는 물리적인 제약 아래 내담자에게 테크니컬한 치료를 수행하는 것도 물론 중요하겠지만, 차를 마시거나 강둑을 거닐거나 혹은 영화를 함께 보는 등 공간의 제약없이 상담자와 내담자가 함께 이야기하고, 경험하는 것을 보며 어떤 내담자에게는 관계 그 자체가 치료가 될 수 있다는 것을 느꼈다. 상담실이 아닌 열린 공간, 특히 강가와 같은 공간은 여러 가지 동식물과 환경, 그로 인해 떠오르는 과거의 기억들에 대해 자연스럽게 이야기를 이어나갈 수 있도록 하는 역할을 할 뿐 아니라 동시에 청소년인 내담자에게, 상담장면의 기억을 더욱 감각적이고 인상 깊게 만들 수 있겠구나 하는 생각이 든다.

작성자: 이현주(2급 상담심리사, H 대학교 대학원 상담심리전공)

상담사례에 대한 전문가 논평

    본 사례는 탈북청소년을 대상으로 상담실 내 상담이 아닌 자연환경 속에서 환경과 사람이 함께 상호작용하면서 그 순간 자연스럽게 드는 생각과 느낌, 기억과 상처들을 이야기 나누고 느끼는 동적인 상담의 형식을 취하고 있다. 심리상담의 확장 그리고 자연생태학적 심리상담의 가능성을 보여주고 있어 상당히 의미 있는 사례이다.

    본 상담은 복지관에서 6회기로 제한하여 의뢰된 단기상담이고, 청소년상담이다. 그래서 상담자는 이러한 점을 고려하여, 내담자가 감당할 수 있을 수준에서 내담자의 부정적 감정이나 상처, 아픈 기억을 다루는 모습을 보인다. 그리고 내담자가 현재 보이는 적응적인 측면과 긍정적인 자원 그리고 강점에 더욱 주목을 하여 반영하고 부각시키고 있다.

    상담자는 내담자가 자발적으로 보고하는 아픈 상처나 말들에 대해서 공감적 이해를 하면서 감정정화가 될 수 있도록 적극적으로 개입하는 모습을 보이고 있다. 이 과정에서 내담자는 자신이 부정적인 모습이라고 생각했던 것에 대해 적응력이 있는 모습으로 재의미부여를 하게 되었다. 마음의 응어리가 되었던 상처가 되는 말들을 마음속에서 걷어내고, 그런 말들이 일고의 가치가 없음에 대해 확인을 받게 되었다. 이러한 작업은 내담자의 부적응적인 심리 및 정서도식을 변화시키는 데 매우 효과적인 개입이었다고 생각한다. 자신에 대한 부정적인 도식을 재구조화함으로써 내담자는 더욱 내적인 힘을 얻고, 좀 더 자신의 감정을 솔직하게 표현하는 모습을 보일 수 있었다고 생각된다.

    본 사례를 통해서 자연 상담이 외상경험이 있거나 밀폐되고 답답한 공간에 있는 것을 힘들어하는 내담자, 집에만 있고 신체 활동이 없는 우울한 사람이나 사고나 감정이 경직된 내담자들의 경우 매우 도움이 될 수 있겠다는 생각이 든다. 그리고 사람들이 많거나 탁 트인 공간에서 자신의 내면에 초점을 맞추는 것은 쉽지 않을 수 있기 때문에, 상담자의 자연스런 분위기 조성과 숙달된 노련함이 필요한 상담방법이라는 생각도 든다.

    그러나 자연생태학적 심리상담이라는 것이 생소해서 사례를 읽는 내내 몇 가지 궁금한 점이 올라왔다. 이 상담은 자연생태적인 환경 속에서 환경과 사람이 함께 상호작용하면서 그때 자연스럽게 드는 생각과 느낌, 기억과 상처들을 나누며 공원과 카페, 대형문고, 음식점 등에서 동적인 상담방법을 취하고 있는데, 이럴 때 사람이 없는 한적한 곳을 찾아다니는 것인지, 외부 환경에서 집중이 잘 되었는지 궁금하였고, 상담자로서 이러한 방법을 취한다고 한다면 소요시간과 비용은 어느 정도로 책정해야 할지, 자연생태학적 심리상담이 특별히 더 필요한 내담자가 있는지, 이들에게 구체적으로 어떤 도움을 줄 수 있는지, 특히 상담자도 자신의 신체상태의 어려움 등에 대해 내담자에게 자기개방을 하는데 이런 것들이 내담자에게 구체적으로 어떤 도움을 줄 수 있을지에 대해 궁금해진다.

논평자: 손영미 박사(한국상담심리학회 1급 상담심리사)

Chapter 03

완벽주의 대학생사례

❝ 바람에 흔들려서 없어져 버렸으면 좋겠어요 ❞

상담심리전문가: 손영미(건양대 교수)

01
내담자의 인적사항 및 가족사항

(1) 내담자 인적 사항

이○○(가명): 23세, 여학생, 불어불문학과 4학년, 취업준비중.

(2) 가족사항

부: 55세, 대학원졸, 10년 전 사업을 하다 실패하였으며, 현재는 수입이 일
정치 않음.
모: 55세, 대졸, 공인중개사, 현재 가족경제를 책임지고 있음
남동생: 17세. 고등학생. 뚱뚱한 편. 어릴 때 몸이 자주 아팠음

02
내담자의 주 호소문제

－ 아빠가 미워요.
－ 허무하다, 사라지고 싶다는 생각을 자주 해요.
－ 스트레스를 먹는 것으로 풀어요.

03
행동관찰

— 체격이 작고 아담한 사이즈. 전반적으로 표정이나 신체 움직임이 경직되고 긴장되어 보임. 목소리의 크기는 적당함.

04
내담자 문제의 이해

— 내담자는 초등학교 4학년까지 비교적 부유하게 성장하였으나, 갑자기 아버지의 사업실패로 경제적인 어려움에 처하게 되었다. 4학년 이후로 현재까지 어머니가 집안 경제를 책임져 왔으며, 경제적으로 아주 궁핍한 것은 아니나 빚과 이자 등으로 인해 시달림을 받고 있고, 어머니의 수입으로 그 달 그 달 생활하는 정도인 것으로 보인다. 또한 동생이 어렸을 때 아파서, 내담자는 어렸을 때부터 엄마의 정서적 관심을 받기는 어려웠으며, 오히려 어머니의 힘든 정서를 들어주고, 가족의 문제를 해결하는 것에 대한 책임감을 느끼면서 지내왔던 것으로 보인다.

— 이러한 가족환경 속에서 내담자가 자존감을 지키는 방법으로 중고등학교 때는 '다른 사람이 어떻게 나를 무시하지 않도록 할까?', '어떻게 비웃어줄까?'라는 생각을 해왔던 것으로 보이며, 다른 사람이 자신을 어떻게 보는가에 대해 많은 생각을 하게 되었다. 다른 사람이 자신을 어떻게 보는가에 대해 신경을 많이 쓰기는 했으나 대학교 때 이후부터 자신의 행동과 정서, 욕구를 지나치게 절제·통제·검열하게 된 것으로 보인다. 즉, 대학교 1학년 때 욕을 했던 자신의 모습에 대해 상당한 실망을 하였던 것과 자신과 비슷하다고 생각되는 모가 욕을 하거나 다른 사람에게 아쉬운 얘기를 하는 것과 같이 예전과는 다르게 변해가는 모습을 반복적으로 접하게 되면서 자신도 그렇게 변할지 모른다는 두려움과 불안을 갖게 되었던 것으로 보인다. 내담자는 좋지 않은 가정환경 속에서도 자

신이 변하지 않고, 더 적절하고, 세련되게, 자기절제를 해가면서, 품위를 지키면서 살아야 한다는 강한 신념을 형성하였으며, 독실한 신앙심을 기반으로 도덕적이고 옳은 삶을 살아야 한다는 신념을 지니게 되었고, 그 결과로 자신의 행동과 정서를 절제·통제·검열하게 된 것으로 보인다.

- 지나친 정서와 행동, 욕구의 절제 그리고 옳고 그름 등의 판단적 사고는 내담자의 긴장과 불안을 더욱 가중시키며, 내담자 스스로 판단할 때 적절하지 않은 행동을 했다고 생각될 경우 강도 높은 자기처벌적이고 비관적인 모습을 하는 데 영향을 미친 것으로 보인다. 또한 그것은 자신의 정서와 기본 욕구를 지속적으로 소외시키도록 하며, 자신이 절제하고 통제해도 잘 되지 않는 만족스럽지 못한 상황을 만나게 되면 낙담하고, 실망하는 마음, 허무하고, 사라지고 싶다는 마음을 느끼는 것으로 보인다.

05
상담목표 및 전략

❶ 자신의 행동에 대한 기준이 이상적이라는 것에 대해 알아차리고, 좀 더 현실적인 기준에 대해 생각한다(예: 혼자서도 품위를 지켜야 한다, 고정관념적인 사고를 하지 말아야 한다 등).
- 사고와 정서, 행동을 통제할 수밖에 없는 내담자의 심정을 공감적으로 이해한다.
- 내담자의 자기 나름대로 판단하여 규정한 생각이나 이상적 기준을 현실적으로 실현가능하거나 수용가능한 기준으로 조정한다.

❷ 내담자가 자신의 두려움과 불안을 이해하고, 자신을 지나치게 통제 및 절제하며, 도덕적인 기준에 맞추려고 하는 것이 두려움과 불안을 더욱 증가시키고, 허무함을 지속시킨다는 것에 대해 이해한다.

❸ 자신의 감정을 이해하고 스스로를 연민하는 마음을 키운다.

06
상담진행 회기별 요약

■ 1회기

　(어떤 도움을 받고 싶은가?) 요즘 스트레스를 먹는 걸로 푸는데 그걸 해결해볼까 싶어요. 그리고 요즘 아빠가 밉거든요. 저희 집이 10년 전에 사업이 안 좋아져서 아빠가 신용불량자가 되시고, 엄마가 카드빚을 갚고 했거든요. 그걸 해결하는 과정이 만족스럽지가 않아요. 그런데 이게 상담을 통해서 해결이 될까 싶기도 해요. (감정이 올라오네요) 제가 생각이 많고 감정을 억누르는 경향이 있는데… 아빠에 대해 좋게 생각하고 싶은데… 저는 엄마를 되게 좋아하는데 엄마가 아빠 때문에 힘들어 하는 모습을 보니까 그게 싫은 거 같아요. 엄마가 300만원 정도를 버시는데 그것으로 이자나 교육비를 다 해결하려면 엄마가 힘이 드시는 거예요. 아빠가 아예 돈을 벌어오지 않는 것은 아니에요. 많으면 500만원 적게는 200만원 정도를 2~3달에 한 번 정도 받아오시거든요. 생각해 보면 아빠도 피해자인데… 그래도 제 안에는 아빠가 잘못해서 이런 상황에 처해있고, 엄마를 어렵게 만들었다는 생각이 들어요. (경제적인 어려움이 있나봐요) 괴로운 게 차라리 화가 나고 미워하면 괜찮은데 나름 배운 게 있고, 받아온 게 있는데… 아빠가 좋은 분이라는 것을 알거든요. 마냥 미워하는 것도 못하겠는 거예요. (밉기만 하거나 좋으면 더 마음이 편할 텐데 서로 다른 감정이 함께 있어서 더 힘들겠어요. 두 분이 경제적인 문제 때문에 많이 싸우세요?) 네. 원래 두 분이 사이가 좋은데 이 문제에 대해서만 싸우세요. 싸울 때 아빠는 누워 계시고, 회피하시고 해요. 그래서 처음에는 "대화의 자리에 나와라"라고 말했는데… 이제는 싸우면 혼자 방에 들어와 있어요. 그런데 그게 좀 죄스러운 마음이 들어요. 엄마가 저렇게 힘들어하는데 나는 감정을 분리시킨다는 생각이 드니까 '이래도 될까? 이게 정상적인 인간의 모습일까?' 싶은 생각이 들어요. 다투기만 하면 감정이 많이 떨어지고… 어떤 문제상황이 발생할 때 제가 해결할 수 없다는 생각이 들면 허무함이 많이 들어요. 엄마아빠가 싸우는 건 제가 해결할 수 없는 문제니까 허무함이 많이 들어요. (허무함에 대해서 더 얘기해줘요) 그냥 제가 바람에 흔들려서 없어져 버렸으면 좋겠어요. 여기서 없어지면 모든 걸 못 느끼고, 벗어날 수 있으니까. (그런 감정을 자주 느끼나요?) 기저에 깔려 있는 거 같아요. 노력해서 좋은 직장을 갖고, 잘 산다는 것이 어떤 것인지 모르겠

고, 어렵고 모르겠다 그런 감정… 너무 인생이 어려워요. 사는 게 너무 어렵고, 하나하나 고민하고 좋은 사람으로 살아가고 인간답게 살아가는 게 어려워요. 그런 걸 다 안 하고 싶어서… 사라지면 좋겠다. 인생의 목적이 무엇인지 모르겠다. 내가 무엇을 위해 살아야 할까. **(그런 느낌을 느꼈던 초기 장면 기억나는 것이 있나요?)** 중학교 때 처음 없어졌으면 좋겠다고 생각했는데 그때는 죽고 싶다는 생각이었던 것 같아요. 제가 원했던 성적을 이루지 못했을 때, 그리고 강하게 느낀 게 대학교 때 와서인데, 길 가다 차에 치이면 좋겠다, 아침에 자다가 못 일어났으면 좋겠다… 대학교 1학년 여름, 제가 술을 많이 먹고, 저는 스스로가 좋은 사람이라고 생각하고 있었는데… 친구들과 술을 마시고, 많이 먹었는데 친구가 머리를 묶어주는데 제가 욕을 했다는 거예요. 그 말을 듣고 제 안에도 괴물이 있구나 했어요. 제가 쌓아왔던 이미지가 무너진 느낌이었고, 친구들이 사실 크게 느끼지 않은 것 같아요. 그런데 저는 속으로 괴로워요. 부끄럽고… 전 제가 격식있고 좋은 사람이라고 생각하면서 살았는데. 내가 비난했던 사람들과 똑같구나 라는 생각이 들었어요. 이후로는 술을 많이 안 먹어요. **(본인이 흐트러지지 않고 괜찮은 사람으로 보여지는 것이 ○○양에게는 많이 중요했었나봐요. 그 부분이 중요하게 들리고, 중요한 이유가 있었을 것 같다는 생각이 드네요. 다음 주에 이야기해요)**

■ 2회기

(어떤 얘기를 할까요?) 저희 엄마가 공인중개사를 하시는데 빚이 있으면 이자갚는 수준밖에 안 되니까. 집을 팔면 몇 천만 원이 남는대요. 그래서 집을 팔고 시골에 가서 살자는 얘기가 나왔어요. 엄마가 고민하시다가 요즘 투잡을 하세요. 아침 8시에 나가서 1시에 잠깐 집에 들어왔다가 다시 10시까지 일을 하시거든요. **(엄마에게 마음이 많이 가나 봐요)** 생각을 많이 안 하려고 했어요. 깊이 생각하지 않으려고 했고. 제가 기독교를 믿는데, 그것에 대해 회의가 들고, 우리집은 아픔만 있는 것이 아닐까. **(가족과 함께 있을 때 어떤 부분이 가장 힘들까요? 신에 대한 회의적인 생각이 든다고 하니까 더 ○○양이 힘든 부분이 무엇인가 궁금한 마음이 들어요)** 해결되지 않고 10년 넘게 경제적인 어려움이 있으니까 그게 힘들어요. 돈이 없는 것에 대해서는 괜찮아요. 그런데 빚이 있으니까 시달리는 게 너무 싫고, 이자가 밀리면 갚아야 한다는 전화도 오고… **(어떤 식으로 ○○양이 시달리고 있는 거죠?)** 제가 직접적으로 당하는 것은 많

지 않죠. 그런데 엄마 아빠가 힘들어하는 것을 보니까 힘든 거 같아요. 엄마 아빠가 좋은 점들이 많은데 그 점들이 흐려지는 것이 보이니까. 엄마가 되게 밝으신데 어려움에 시달리면서 화도 되게 많이 내시고 말도 거칠어지시고… 그게 힘들어요. **(본인이 힘든 게 있어요?)** 원래 제가 과외를 하고 했는데 요즘 취업을 준비하니까. 엄마가 과외를 하지 말라고 하고 한달에 30만원을 주시는 거예요. 지금 힘든 상황인데도 엄마의 피 같은 돈을 받아쓰는 게 힘들어요. **(엄마한테 가는 마음이 크네요. 엄마는 어떤 분이세요?)** 엄마가 아빠와 동생은 손이 되게 많이 가는데… 동생이 어렸을 때 아파가지고, 동생이 몸이 약하고, 많이 다치고. 이런 저런 사고가 많아서 엄마가 저한테 전적으로 저한테 귀를 기울여주시거나 그러지 못하셨어요. **(어렸을 때 엄마에 대해 기억나는 것이 있어요?)** 책 많이 읽어주시고, 매주 박물관이나 어디를 많이 갔던 기억이 있고, 엄마가 학구열이 높아서 그런 데 갔다 와서도 기행문 쓰고 그랬어요. 그때 엄마는 열성이 넘쳤죠. 무섭기도 하고. 화났을 때 이렇게 하면 화가 풀리는구나 하는 걸 알게 된 것은 중학교 3학년 때 엄마가 감정기복이 심하세요. 어느 시점 이후로는 엄마가 화나실 때는 너무 다르니까 또 저런다는 생각이었고, 철이 들기 전(고1, 고2)에는 저도 당하고만 있지는 않았어요. 저도 대들고. 그러면 되게 커지고 그랬는데… 철든 이후로는 엄마가 힘들고 해서 자리를 피하거나 했던 것 같아요. 엄마의 감정 쓰레기통이 되는 기분이 들 때가 있는데 그러면 너무 감정이 전이가 돼서 저도 힘이 드니까. 그것을 엄마에게 말한 적이 있는데 그때 엄마가 공감을 많이 해주시기는 했는데 답은 "어쩔 수 없다, 나도 최선을 다하고 있다"였어요. **(엄마는 ○○양에게 말하면서 풀었는데 ○○양은 어떻게 풀었어요?)** 푼 건 잘 모르겠어요. 그냥 혼자 해결했던 것 같아요. 감정이 올라오려고 하면 누르려고 평정심을 지키려고 해요.

■ 3회기

　　내담자는 최근 취업준비를 하는데 준비하면서 자신이 잘 할 수 있을까에 대한 고민을 많이 하고, 자신감이 많이 떨어져 있었는데 지난주에 관련분야에서 일하는 분들의 강연회를 다녀와서 많은 위로를 받았고, 걱정이 되는 부분을 많이 떨쳐낼 수 있었다는 것에 대해 이야기함

　　제가 일요일에 짜증이 너무 많이 났어요. 되게 사소한 건데 점심에 베이컨을 해먹으려고 베이컨 비싼데 고민하다가 사왔어요. 그런데 일요일 아침에 동

생이 베이컨을 굽고 있는 거예요. 동생이 잘 안 남겨서 당연히 다 구웠을 거라고 생각하고 화가 났어요. 근데 남겨 놓은 거예요. 그래서 민망했고, 민망한 것을 숨기고 싶어서, 베이컨을 싸서 다시 넣어놓지 않은 것에 대해 짜증을 냈고, 나한테 빌려간 전자사전을 떨어뜨릴 것처럼 놓아둬서 트집을 잡은 거예요. 그리고 교회를 갔는데 마음이 불편했어요. **(고민고민해서 산 것이어서 짜증이 올라올 수 있을 것 같은데. 어떤 점이 불편한 거예요?)** 내가 틀렸다는 것을 인정하기 싫어서 일부러 동생한테 더 그런 것 같아서 타당하진 않았던 거 같아요. 짜증을 내거나 화낸 것 자체는 이유가 있으면 그럴 수 있다고 생각하는데, 제가 저의 약점을 숨기기 위해서 저의 화내는 모습을 이용했다는 생각이 들었어요. 동생을 누르기 위해서. 그거는 제가 생각하기에는 좋은 것 같지 않아서. 동생과 제가 6살 차이가 나는데 베이컨 가지고 그런 것도 부끄럽고. **(동생하고 하는데도 부끄러워요? 정당하지 않다고 느껴가지고 불편해진 적이 종종 있어요?)** 네. 정당하지 않다고 느끼는 것은 잘 모르겠는데, 제가 생각하기에 적절하게 생각하지 못하면 많이 남는 것 같아요. **(○○양이 얘기할 때 적절하다, 적절하지 않다, 정당하다, 정당하지 않다라는 말을 종종 쓰잖아요. 이런 생각을 자주 하는 편이예요?)** 적절하다는 기준이 저만의 기준인건데 평가표가 있고, 제가 수시로 그걸 평가하는 것 같아요. 누가 나한테 기분 나쁜 행동을 했을 때 내가 이거에 대해서 적절하게 행동하는지. 적절하게 행동하는 거는 세련되고 위트 있게 넘어가면서도 내가 약하지 않다는 것을 보여주었는지. 존재감을 잘 드러냈는지 그거인거 같아요. 저는 이걸 되게 인정하기 싫은데. 아비투스라는 개념처럼 배경에서 나오는 것이 많잖아요. 행동습관이나 말하는 태도 이런 게 많은데… 저의 가정 환경은 저희 엄마아빠가 배우신 분들이고 하지만 고급스러운, 높은 계층의 생활양식은 아닌데. 저는 그렇게 하고 싶어요. **(이런 생각을 언제 했어요? 비교적 처음의 기억이 떠오르나요?)** 처음에는 세련되게 하고 싶다는 것보다는 약해보이고 싶지 않다는 생각을 했던 거 같아요. 중 3때 제가 교무실에 갔었나? 어떤 애들이 저를 약간 욕하는 것을 들었어요. 그때 제 기억에는 '나는 너네가 그렇게 할 수 있지 않다'는 것을 보여주고 싶어서, 약간 비웃었던 것 같아요. '너네가 얘기하는 것에 나는 개의치 않는다'

■ 4회기

(무슨 이야기를 할까요?) 아빠가 지병이 있어서 보험을 못 드시는데 옛날에

들어놓았던 만기가 얼마 안 남은 보험이 있는데, 돈이 없으니까 한 달에 4만원 정도 들어가는데 엄마한테 말 안 하고 해지를 한 거예요. 월 얼마를 내는 게 환경이 어려우니까. 그건 이해가 되는데 아빠가 보험을 다시 들 수 없고, 지병도 있고, 가족력을 봐도 병에 걸릴 확률이 높은데. 그래서 엄마는 화가 나시고, 아빠의 태도가 "병 걸리면 사라져 버리겠다. 피해는 주지 않겠다"고 말해서 한주 동안 가족이 힘들었어요. 저는 아빠가 일이 잘 안 되고 하는 거에 대한 불만이 많았는데. 그게 안 되는 게 '아빠가 지혜가 부족하구나' 싶은 생각이 들었어요. 아빠가 그걸 해지하고 혜택이 별로 없는 보험을 들었어요. 이전에 아빠가 이해가 안 되었을 때는 아빠와 내가 달라서 그렇다고 생각했는데 이번에는 내가 상식이고 아빠가 비상식이라는 것을 확인한 사건이예요. **(고정적인 월급은 엄마에게서 나오는 거죠? 언제부터 엄마가 책임진 거죠?)** 5학년 때부터? 중간에 3년 정도는 아빠가 고정적으로 가져온 적이 있었어요. 병원비, 학자금 모두 엄마가 책임져요. **(그럼 경제적인 걸로 많이 싸우겠네요)** 엄마는 경제적인 부분에 있어서는 여자보다 남자가 더 많이 벌어야 하고, 경제는 아빠가 책임져야 한다고 생각하는 분이예요. **(그런 생각을 하고 계시면 엄마가 더 불만이 많고, 화가 나셨겠네요)** 엄마는 다 쏟아내는 편이예요. 저한테도 그러고, 딱히 대상이 없을 때도 혼자서 풀기도 하고. 제가 엄마를 안쓰러워하는 부분이 뭐냐면 엄마가 참으려고 하시고, 잘하려고 애쓰는데 주체가 안 될 때 어떨 때는 매일 화를 낼 때도 있고, 며칠에 한번 화를 낼 때도 있는데 폭언을 하고… 마음이 많이 아픈 부분인데 엄마가 원래 욕을 안 하던 분이신데 1년 전부터는 욕도 하시고 그러세요. **(욕하는 모습이 어떻게 느껴져요? 변한 모습이네?)** 엄마도 배운 사람이고 밝은 모습을 저는 기억을 하는데 바닥의 모습이 더 강해진다고 해야 하나? 환경이 그렇게 사람을 바꾸는구나. 그런 생각이 들면서 되게 마음이 안 좋아져요. **(환경이 사람을 바꾸는구나. 이 얘기는 지난주에 말한 아비투스와 연결이 되는 거 같다)** 오늘 되게 마음이 안 좋은 일이 있었는데, 엄마도 보험값을 내는 것이 부담이 되어서 엄마 앞으로 든 보험을 해지한 거예요. 그런데 다시 생각해보니 보험을 드는 게 더 좋은 거예요. 그래서 해지한 것을 취소하겠다고 보험회사에 전화했는데, 그쪽에서 그게 안 된다고 얘기를 하는 거예요. 그래서 엄마가 울면서 사정을 하는 거예요. 그게 저는 되게 비굴해보였어요. 그게 엄마가 원래 그런 사람이 아닌 걸 저는 아는데… 엄마가 의도적으로 울고 그런 게 아니고 엄마가 눈물이 나는데 되게 마음이 안 좋았어요. 엄마가 원래 자존심 되게 강하시고, 누군가에게 아쉬운 소리하는 거 싫어하시는데. (엄마의 모습을 보면서 엄마가 얼마나 힘들면 저럴까 이해되는 모습도 있지만 저렇게 되지 말아야지 하는 마음도 있군요. 저렇게 되지 말아야지가 어떤 모습인가요?) 화가 나면 그냥 그대로 쏟아내는 거요. 엄마가 저랑 비슷한 면이 많다보니까 그럴 가능성이 저한테도 있을 수 있고, 그런데 그런 모습이 저는 너무 싫고… 보기에도 안 좋고, 원하는 결과를 얻지 못하는 거 같아요. 화를 안 내고 정제해서 얘기하는 게 원하는 결과를 얻을 수 있는데. 그렇게 쏟아내면 될 것도 안 되는 것 같아요. (스트레스 받을 때 ○○양은 어떻게 표현해요?) 계속 이어질 관계고 일회성이 아니면 표현을 해요. 저번에 학교에서 아르바이트를 했었는데 그 사람은 한번 보고 말 사람이니까 '어차피 나와 상관없는 사람이다' 내가 이 사람한테 화를 내서 벌을 줄 필요가 없고, 이 사람은 다른 상황에서 당할테니까 내가 굳이 나설 필요가 없다고 생각하고… 지속적인 관계에서는 남자친구가 '내가 너무 정리해서 말하려고 하고, 이성적으로 말하려고 하니까 그게 부자연스럽게 느껴진다'고 말한 적이 있는데, 모르겠어요. 그래서 화가 나면 피해요. 근데 이게 아빠 모습이랑 비슷한 것 같아서 그게 또 싫은 거예요. (화를 그대로 표현하는 것은 엄마 모습 같아서 싫고, 화를 잘 정리해서 얘기하면 부자연스럽다, 너같지 않다고 얘기하고… 그래서 피하면 아빠 모습 같네. 화를 낼 수도 없고, 피할 수도 없고 정리해서 얘기할 수도 없네요. ○○양은 화날 때 어떻게 하고 있어요?) 생각을 많이 해요. 결론적으로는 나는 화를 낼 필요가 없다는 생각을 해요. 일상에서 다른 사람을 만나면 화를 교묘하게 표현하려고 해요. 내가 이 사람에게 바닥을 드러내지 않으면서 이 사람은 나를 함부로 하지 못하게 어떻게 할 수 있을까 생각을 하고. (복잡하다. 지금 얘기하면서 자기 자신이 어떻게 느껴져요?) 저는 이 부분에 있어서 잘 하고 있다고 생각했는데, 힘들게 산다. 잘 모르겠어요. (○○양처럼 취업 준비하고 하면 스트레스가 안 날 수가 없다구요. 집에서 엄마 아빠가 싸우고 있고 하면 긴장감이 안 생길 수가 없잖아요. 그런 환경에서 본인이 지금 어떻게 하고 있는 것 같아요? 혹시 이미지 같은 게 그려지는 게 있어요?) 그런 게 저를 못 건드리게, 안 좋은 것들이 저한테 안 들어오게 딱 막을 만들 듯이 이 막은 내가 해야지 쳐지는 거니까. 매 순간 막을 치고 있어요. 뭔가 대안이 없는 것 같아요. 제가 그러지 않고서 잘 할 수 있는… 이게 저의 착각은 아닌 거 같은데. 사람들이 좋은 사람이라고 하고, 뭐든 잘한다고 하고, 매력적인 사람이라고 하는 게 좋고. 그게 그나마 이렇게나마 해서 살 수 있는 것 같아요.

■ 5회기

(무슨 얘기 나눌까요?) 저번 주에 제가 너무 힘든 것 같다는 얘기를 나누어서, 저에게 조금 관용을 베풀어보려고 했어요. 토요일 오전까지 계속 달리다가 토요일 오후부터 조금 시간이 남는 거예요. 그래서 잠을 잤거든요. 그런데 또 기분이 안 좋아지는 거예요. 그런데 그거는 어쩔 수 없는 거고, 쉬어야 했었던 것이라고 생각했어요. **(그 얘기를 하니까 '나는 그렇게 애를 쓸 수밖에 없었구나'라고 말했던 것이 떠오르네요. 조금이라도 약해지면 무너질지 모른다는 ○○양의 절박한 심정이 마음에 많이 남는 거 같아요)** 왜 그렇게 되었을까 생각을 해보려고 했는데 사실 잘 모르겠어요. 엄마한테 물어봤더니 엄마는 원래 그랬대요. 제 기억에는 관계에서 잘 해야 한다, 좋게 보여야 하고 그런 생각은 안 했던 거 같아요. 공부는 열심히 했던 것 같은데… 지금은 관계에 대해서 신경을 많이 쓰는 거 같아요. 제가 보여지는 거에 신경을 많이 쓰거든요. **(5학년 때를 기점으로 ○○양이 달라진 것이 있나 싶은 생각이 들어요?)** 집에 경제적인 어려움이 있으면 ○○양이 알게 모르게 영향을 받을 수 있거든요. 어땠어요?) 처음에는 인지를 잘 못했고, 엄마가 잘 신경을 못 쓰기 시작하셨고, 엄마가 가르쳤었는데, 그때부터 학원에 다녔어요. 초등학교 때 반애들 다 초대해서 식당 비싼 데 가서 생일파티 한 적도 있었고, 경제적인 면에서는 풍족하게 살았던 거 같아요. 6학년 때 A지역에서 B지역으로 이사왔어요. A지역은 교육열이 높은데 B지역은 빌라가 많고, 맞벌이가 많고, 중학교 때 가보니까 애들이 거친 애들도 있었고, 내가 생각했던 것보다 다른 것들이 많구나 했어요. '좀 다르구나'라고 생각했지 그렇게 힘들지는 않았어요. 고1 때 일반고를 갔는데 전교 30등을 해서 충격을 먹어서 공부를 열심히 했어요. 8명의 친구가 있었는데 매점 가자고 했는데도 '나 공부해야 해'라고 하면서 안 갔고, 언젠가 보니까 애들이 나를 멀리하는 것을 알았어요. 얘기하다가 내가 들어가면 얘기 안 하고. **(그때 기분은?)** 서럽고, 기분 안 좋고, 해결하고 싶어서 엄마와 함께 얘기하면서 친구들과 사이가 좋아질 방법들을 모색했고, 잘 해결되었어요.

■ 6회기

(내1) 저 이제 수료예요. 계절학기 1학점 남겨놨는데. 그래서 스포츠 들었거든요. 수상스키 해가지고. (응) 저번 주 토요일, 일요일해서 어제로 이제 수료예요. (아~) 되게 재미있었어요. 수상스키.

(상1) 아~ 그러면 이제 학점을 다 이수했어요?

(내2) 네네.

(상2) 아 그럼 졸업하는 거만 남은 거예요? (네) 마음이 어때요?

(내3) 마음이… (네) 어제는 좀 이상했어요. 수상스키 되게 재미있어가지고 막 신나 있다가. 이제 지하철 타고 오는데, '아~ 어쩌면 내 인생에 뭔가 이렇게 정규과정으로 뭔가를 배우는 게 이제 마지막일 수도 있겠구나.' 왜냐면 저는 대학원은 거의 안 갈 것 같은, 지금으로서는 절대 안 가. 나중에 나이를 먹고 나서도 사실 잘 모르겠거든요. 어떻게 될지 모르겠지만. 공부하는 거 별로 안 좋아해가지고. 그래서 되게 뭔가 마음이 이상했어요. 그리고 한편으로는 '아, 그래도 졸업을 하긴 하는구나. 다행이다. 잘했다.' 이런 생각도 들구…

(상3) 돌아오는 길에 여러 생각이 들었네요. 그리고 본인한테 잘 했다고 칭찬도 하고.

(내4) 네. (웃음) 칭찬을…

(상4) 졸업을 못할 거란 생각을 한 적이 있었어요?

(내5) 아… 그건 아닌데, 그냥 뭔가 '아~ 무사히 끝나긴 끝났구나' 하는 뭔가 한 과정이, 인생에서 어떻게 보면 고등학교 때까지는 거의 대부분의 사람들이 하는 거잖아요. 근데 대학교는 물론 지금은 많이 하지만 안 그런 사람들도 있긴 있으니깐. 그래서 뭔가 신기했어요 새삼 (으응… 그렇군요.) 아! 그리고 한편으로는 '이제 완벽한 백수가 되었다' 막 이런 생각도 들었어요. (웃음)

(상5) 그게 뭐 염려되거나 더 불안하거나 그러지는 않구요?

(내6) 그냥 개운했어요. (개운했어?) 네. (아~) 딱 집중할 수 있고.

(상6) 본인이 하고 싶어하는 게 명확하게 있어가지구. (네) 그럴 수 있겠다. 음… 진짜 (웃음) 오늘은 무슨 이야기를 나눌까요?

(내7) 음… 제가 생각을 해봤는데 어떤 얘기를 하면 좋을지. 그런데 어제 되게 기분이 안 좋았어요. 어제 밤에 그래서 너무 너무 다 별 거 아닌 거 같고. (으응) 그냥 어제 제 가족들한테 화를 냈는데 그게 그냥 저는 그 화가 제가 잘못했다고 생각하지 않거든요. 뭐 물론 제가 화를 냈다는 자체는, 그리고 그거를 좀 다듬지 않고 제 마음을 그대로 표현했다는 거는 좀 더 잘 할 수 있었겠지만. 하지만 그 화를 낸 이유 자체는 완전 타당하다고 생각했는데. 그러니깐 화를 낸 게 왜 그랬냐면…

(상7) 화를 냈어요?

(내8) 네. 아… 저 화 잘 내는데…

(상8) 왜 지난 번 얘기할 때는 화를 내면은 뭔가 자꾸 정제해서 내려고 그러고, 화를 안 내려고 그러고… (네) 그때 그랬었잖아요.

(내9) 네. 근데 가족들한테는 그렇게 잘 안 돼서.

(상9) 음~ 가족들한테 화를 좀 잘 내는 편이에요?

(내10) 막 잘 내는 거는 아니지만. 그냥 평범한 거 같은데… (으응) 다른 사람들이 내는 것만큼은 내는 것 같아요.

(상10) 으응… 어떻게 화를 내요?

(내11) 저는 짜증을 낸다는 느낌인 거 같아요.

(상11) 그렇군요. 가족들… 어제 왜 이렇게 화가 났어요?

(내12) 제가 매주 가족예배를 드리는데 어제 솔직히 드리기 싫었거든요. 왜냐면 너무 피곤하고 이틀 동안 계속 몸으로 운동을 하루 종일 하고 나서 교회도 갔다가 운동도 피곤해서. 그래서 뭐 어쨌든 약속한 거니깐 했는데 가족예배를 드릴 때마다 엄마가 과일 같은 거를 이렇게 잘라서 먹으면서 하는데 동생이 계속 과일만 먹는 거예요. 그러니깐 어쨌든 예배를 드린다는 거 자체가 저도 먹지만, 뭔가 그래서 제가 생각했는데, 나도 먹고 있고 엄마도 먹고 있고 하니깐 동생이 먹고 있는 거 자체가 잘못은 아닌 거 같고. 과일을 놓는 거 자체가 문제인 거 같다. 이렇게 생각을 했어요. 그래서…

(상12) 예배시간에 과일을 놓는 거 자체가 문제가 된다구요?

(내13) 네. 왜냐면 계속 먹게 되고. 뭘 하든 사람이 얘기를 하든 자기가 얘기를 하든 기도를 하든 사람이 다 먹고 있으니깐. 제 동생이 되게 뚱뚱해요. 그래서 제가 그게 더 보기 싫었던 거 같아요. 그래서 '쟤는 왜 하루 종일 먹을까?' 이런 생각이 또 들었고. 근데 저도 또 먹었으니깐. 걔처럼 계속 먹은 건 아니지만 어쨌든 먹었으니깐 제가 걔한테 뭐라고 할 수 있는 그 뭐랄까. 명분이 좀 떨어지는 느낌이어서 그것도 사실은 좀 기분이 나빴고. 그래서 어쨌든 계속 먹어서 거슬렸어요.

(상13) 동생을 바라보면서 기분이 계속 안 좋았네요.

(내14) 네. 그래서 이제 예배가 끝나고 나서 "이제 앞으로는 음식 안 놓았으면 좋겠다" 이렇게 얘기했는데 제가 좀 불퉁거리면서 얘기했어요. 부드럽게 "그거는 좀 안 놓으면 좋겠어" 이렇게 얘기를 한 건 아니었구. 그런데 엄마가 "처음에 과일을 가져오기 시작한 게 너였다." 그런데 솔직히 진짜 아니거든요.

(상14) 엄마가 00양이 왜 그런 말을 했는지 물어보지는 않고 너가 먼저 그랬잖아 라는 식으로 말씀하셨군요.

(내15) 네. 엄마가 보통 많이 그러시는데 저도 뭐 기억이 완벽하지는 않고 틀릴 때가 많지만 엄마는 엄마가 틀릴 거라는 생각을 전혀 안 하시는데, 사실 안 그럴 때가 되게 많아서. 이거는 비단 저와의 관계에서만 그런 게 아니고 가족들 내에서 그것 가지고 늘 문제가 많아요. (뭐 가지고?) 엄마가 기억을 잘 못하는데 엄마가 되게 맞다고 생각을 해서… (음~) 근데 뭐 사소한 거잖아요. 많이들 그러고. 그런데 어제 이제 엄마가 그러는데 분명히 과일을 제 성격상 제가 스스로 가족들한테 "우리 과일 먹자." 과일을 잘라오지 않거든요. 저는 좀 이기적이어서… 가족들이랑 제가 수고를 해서 누가 시키지도 않는데 해오지 않았는데 그래서 제 기억에도 그러지 않고 제 성격상으로 그러지도 않아서. 저는 딱 화가 났어요 거기서. 엄마가 또 내 탓을 한다. 이런 생각이 들었고. 그래서 "엄마는 또 내 탓을 하고 있잖아" 이렇게 얘기를 하고… 그리고서 사실 그리고 제 기저에는 먹는 거 자체보다는 그냥 다 불만이었던 거 같아요.

(상15) 그냥 다 불만스러웠다구요? (네) 음… 그 말이 중요하게 들리는데요. 어떤…

(내16) 아빠나 동생이나 엄마는 그러지 않는데 아빠나 동생이랑 얼굴을 맞대고 있는 거 자체가 짜증이 나고. 그리고 이제 가족예배를 어떻게 드리냐면 어떤 말씀을 성경 말씀을 읽고 거기에 대한 자기 생각이나 느낀 점들을 얘기를 하는데 보통은 이제 자기 한 주 동안

어떻게 지냈는지 얘기도 해요. 그게 맨날 똑같구. '뭔가 발전도 없는데 시간만 아깝다'라는 생각이 되게 많이 들었어요. (특히 어제?) 네. 어제 피곤해서도 그랬구. 그래서 "솔직히 드리기 싫다구. 맨날 똑같은 거 뭐하러 드리냐구." 그런데 사실 엄마한테 얘기를 하면서도 제 속에 '아~ 지금 이게 엄마랑 지금 얘기할 게 아니구 사실 내가 불만이 있는 건 아빠랑 동생인데.' 아빠랑 동생은 늘 그렇듯이 문제상황이 발생하니깐 아빠는 저기로 가버리고 동생은 방으로 들어가 버렸어요. 한마디하고. 그러니깐 제가 얘기하고 싶은 건 그 둘인데. 그 둘이 아니고. 엄마는 늘 그 둘을 대변해서 엄마랑 얘기를 하게 되는 거예요. 그런데 나는 엄마랑 싸우고 싶은 게 아닌데… 그래서 얘기를 하다가 엄마는 그냥 저한테 계속 "너는 싸가지가 없다" 이렇게…

(상16) 아빠와 동생에게 불만이 있는데 엄마랑 싸우게 되고, 결국 싸가지 없다는 말을 들었네요. 아이고 속상하겠다.

(내17) 그런데 자주 자주 듣는데. (어~ 진짜?) 제가 생각해도 제가 좀 그럴 때가 있어요.

(상17) 또 그래서 본인 싸가지가 없다고 그러네..

(내18) 네. (내담자 웃음) 그런데 나쁘다고 생각하지는 않아요. 너무 너무 마냥 착하고 자기 얘기도 못하는 것보단 낫다고 생각하는데.

(상18) 으응… 그래도 엄마가 싸가지 없다 이렇게 얘기하면은…

(내19) 네. 기분 나쁘죠.

(상19) 그 얘기는 듣고 싶지 않을 거 같아요.

(내20) 네. 저는 "나도 알고 있으니깐 그만 말해도 된다. 나도 내가 없는 거 알고 있다" 그 랬는데 아무튼 그래서 어쨌든 그러고 나서 기분이 계속 안 좋았어요. 그러니깐 내가 왜 화를 냈을까? 엄마한테 화를 내고 싶은 것도 아니고 어차피 화 내봤자 바뀌는 것도 없는데. 내가 왜 화를 냈을까? 그러면서 또 제가 되게 너무 싫어져가지고. 그런데 이제…

(상20) 본인이 왜.. 화가 날 만했으니깐 냈겠지. 음… 화가 날 만하니깐 화가 난 것 같다는 생각이 드는데 그렇게 화를 낸 자신이 싫어졌군요.

(내21) 그런데 저는 그냥 제가 낼 만하다면 하고 아니면 또 아닌데 그 자체보다는 그냥 화를 낸 게 싫어요. 그니깐…

(상21) 뭐에 그렇게 화가 났던 거예요?

(내22) 가족들에게요?

(상22) 아니 화가 났다고 해서…

(내23) 네. 어… 처음에는 동생이 과일을 먹는 모습이 거슬렸어요. 처음에 그 모습이… 계속 먹는 거에만…

(상23) 그게 어떻게 보였는데?

(내24) 되게 돼지 같다. 계속 먹네. 뭘 하든 먹는 거가 1순위인 게 딱 보이는데.

(상24) 예전에도 이렇게 먹었을 거 아니에요. (그렇죠) 그 동생이 예전에도 이렇게 먹었을 거 아니야. 그런데 예전에는 화가 안 났잖아요.

(내25) 그런데 이번 주가 특히 심했던 거 같아요. 그러니깐 이번 주가 어땠냐면 내가 아이스크림을 따로 냉동실에서 하드를 하나 들고 와서 그걸 먹으면서. 동생은 수박을 먹고 있

었어요. 그 모습이 너무 보기 싫은 거예요.

(상25) 어떻게 보였는데?

(내26) 아니 살 뺀다고 하면서… 살을 빼야 되는 상황이거든요. 그러니깐 동생이 키가 작은데 거의 한 80kg이 넘어요. 그래서 진짜 이런데… 그냥 그 모습이 되게 보기 싫었어요.

(상26) 또 한심해 보이고 그랬어? (네) 한심해 보이면 '아~ 쯧쯧' 이렇게 하고 넘어갈 수도 있는 거잖아요. (그초) 그런데 그거보다 더 다른 감정이 있었나봐요? (음~ 네) 보기 싫었다고 하는 걸 보니깐..

(내27) 그래서 '그 보기 싫은 거 어떻게 안 볼 수 있을까' 이렇게 생각을 했던 거 같아요.

(상27) 음~ 그 정도로 보기 싫었어요?

(내28) 네. 그러니깐…

(상28) 그 모습이 한심하고 또 어떻게 보였어? (음..)

(내29) 한심하고, 그냥 한심했는데… 한심하고…

(상29) 한심했어요.

(내30) 네.

(상30) 또 어제 가족에게 화가 난 다른 이유가 있나요?

(내31) 요즘 과연 신이 선한가? 이거에 대해서 고민을 하고 있는데 (어~) 근데 그거랑 그렇기 때문에 제가 그 예배라는 행위 자체에 대해서 좀 반감이… 그러니깐 처음에 하자고 한 건 저였어요. 그런데

(상31) 아~ 가족예배를?

(내32) 네. 물론 다 하고 싶어하는 마음이 있었지만 밀어부친 게 저였는데. 그래서 사실 한 달 전부터도 하고 싶지 않았어요. 이 예배시간에 나오는 얘기들도 항상 똑같고. 동생은 늘 질문을 하고 아빠는 늘 말이 없고. 말을 꺼내면 "나는 그냥 힘들다, 어떻게 할지 모르겠다, 생각이 없다" 이런 얘기밖에 없고. 엄마는 늘 "어떻게든 잘해보고 싶은데 안 된다." 그래서 늘 똑같이 반복되는 그 레파토리 같은 거예요. 그리고…

(상32) 그게 어떻게 느껴지는데? 그렇게 반복적으로…

(내33) 지겹다 그냥…

(상33) 지겹다.

(내34) 어차피 답이 없는 거 같고. '그냥 나는 여기서 그만 두고 나중에 내 가정이나 잘 꾸리고 싶다, 벗어나고 싶다' 그런 생각이었어요.

(상34) 그래요? 그런 마음들이 있구나.

(내35) 네.

(상35) 근데 음… 뭔가 지겹다, 어차피 답이 없다, 벗어나고 싶다, 똑같다, 해결하기 어렵다. 뭐 이런 거잖아요.

(내36) 네.

(상36) 00양 마음속에는.. 뭐가 문제인거예요? (음…) 그러니까 가족에 대해서 뭔가 해결이 안 나고 맨날 이 모양이고 맨날 이렇게 하고 있고 뭐 이런 느낌인가 봐요. (네) 해결하려고 해도 답이 없고. 어 그런 뭔가 못마땅한 모습인거지. (네) 그런데 지난번에 얘기할 때는 그래도 이렇게 경제적으로도 아빠가 수입이 조금 있으시기도 하고. 00양에게 직접적으로 문제가 되는 것은 무엇인가요?

(내37) 그런데 그걸 다시 생각해봤어요. 그런데 제가…

(상37) 뭐가 그렇게 못마땅한… 다시 생각해봤다니 얘기해 봐요.

(내38) 네. 그 경제적인 부분에 대해서 (으응) 저도 혼자서 생각을 해봤거든요. 왜 내가 이렇게 질문하셨듯이 왜 내가 이렇게 힘든 걸까 이런 질문 하셨잖아요. (그랬죠) 그런데 저는 되게 힘들거든요. 그래서 내가 왜 이렇게 힘든 걸까. 그리고 엄마랑 아빠가 뭔가 다툼이 일어나고 이런 모습을 보면 제가 제 생각을 잘 관찰해 봤는데 그 모습을 보면 바로 살기가 싫어져요. 그래서 (다투는 모습을 보면 살기가 싫어진다구요?) 네. 그러니깐 제가 부딪히는 제 인생에서의 어려움에서 느끼는 감정보다 더 부담되는 감정이 확 느껴지거든요. (아~) 그런데 그거를 생각해봤는데, 일단 경제적인 부분에서 제가 잘못 말씀드렸던 게 아빠가 한 달 반 정도 주기로 한 이백에서 삼백 정도를 벌어왔었는데, 근 6개월, 7개월 동안은 거의 없었던 거 같아요.

(상38) 아… 그랬구나. 그게 경제적으로 계속 힘들어요?

(내39) 네네. 그리고 엄마가 원래 하던 일을 그만두고 다른 일을 하려고 하시는데 그 과정에서 과도기적으로 수입이 없는 시기가 있어요. 아빠도 아무것도 없고 이제는 진짜 뭐가 아무것도 없는 거죠.

(상39) 그런데 지금 그런 것들이 00양한테 딱 압박감으로 와요? 경제적으로 지금 수입이 없고 그런게… (네) 지금 본인에게 바로 이렇게 영향이 와요?

(내40) 저는 사실 저한테 경제적으로 바로 압박이 오는 건 없잖아요.

(상40) 음… 본인 학원비나 그런 거는 어떻게 써요? 용돈이나 그런 거는?

(내41) 그거는 제 앞으로 생활비대출 받는 거로 했어요. (그렇군요) 원래는 엄마가 해준다고 했는데. 또 저희 엄마가 해줄 수 있는 상황이 안 되니깐. (으응) 그런 게 제가 보기에도 보이는데. 엄마는 인제 그게 싫으니깐 어떻게든 해주실려고 하셨는데… 좀 아닌 거 같아가지고. (으응) 그냥 (그랬구나) 대출받자고 했거든요. 근데 사실 그거를 또 그거 이자비를 아빠가 냈어요. (으응) 그래가지고…

(상41) 생활비 대출 받은 거를?

(내42) 네. 그래가지고 또 그것 때문에 또 이제 엄마랑 아빠랑 엄청 싸우고. (으응) 아빠랑 저도 좀 뭐랄까 이해는 하는데 제 앞으로 빚이 쌓인 거니깐. 아무튼 요즘에는 어떻게 엄마랑 아빠처럼 안 살 수 있지 이런 생각이 들어서 힘든 거 같아요. 제가 감정적으로 힘든 거는… 나는 이렇게 살고 싶지 않고 잘 살고 싶다. (으응) 왜냐면 착하고 그런 것도 좋지만 어쨌든 그것도 돈이 없으면 계속 될 수 있는 것도 아닌데… 그러면 적당히 착하고 적당히 잘 살고 싶다. 근데 그게 또 너무 어려울 것 같은 거예요. 제가 생각하기에.

(상42) 뭔가 엄마아빠와는 다르게 살고 싶다는 욕구가 느껴져요. (네) 이렇게 살고 싶지 않다는 거는 어느 부분을 얘기하는 건가요? 경제적인 부분들인가요?

(내43) 네. 막 쌀이 없는 거는 아니에요. (으응) 그런데 늘 빚에 허덕이고 돈이 없고 그러니깐…

(상43) 이렇게 엄마가 막 이렇게 빚에 허덕이고 하는 그런 모습을 바라보는 게 어려워요?

(내44) 네.

(상44) 바라보면서 무슨 생각을 하는데요? 엄마가 이렇게 빚에 허덕이거나 뭐 이렇게 또 투잡을 하고 그러잖아요. (네) 그걸 바라보면서 무슨 생각을 하는데요?

(내45) 이제는 엄마가 좀 답답해요. 그냥 엄마가 아빠를 포기하면 좋겠는데… 그러니깐 엄마는… 저는 아빠를 포기했거든요. "아빠가 매주 다음 주는 돈 받아올 수 있을거야." 이렇게 말씀을 하시는데 그렇게 그게 된 게 벌써 6개월 넘었는데. 그리고 아빠가 하는 걸 보면 안 될 것 같아요. 아빠의 뭔가 사고하는 과정이나 엄마가 싸가지 없다고 하시는 부분이 이런 부분이에요. 제가 엄마, 아빠를 이렇게 평가하고 이렇게 하는게 "너가 우리 위에 있다고 생각한다." 그런데 이거는 저는 누가 누구 위에 있는 게 아니고 생각할 수 있잖아요. 그래서 어쨌든 제가 보기엔 아빠가 사고하는 과정이나 무기력한 부분이나 그리고 대인관계에서 그냥 그냥 엄마, 아빠 친구들이랑 하는 모습만 봐도 아빠가 그렇게 매력적으로 보이지는 않거든요. 되게 서투르신 편이고… 그래서 그냥 저는 '아빠가 벌어오면 물론 좋겠지만 안 될 것 같다' 이렇게 생각을 하니깐 오히려 마음이 편해졌어요.

(상45) 그런 생각을 엄마랑 같이 얘기 나누고 그랬었어요?

(내46) 네. 근데 엄마는 포기하지 않아요. 그래서 아빠한테 더 뭐라고 하는 거예요.

(상46) 그거는 엄마하고 아빠의 선택이잖아. (그죠) 엄마 아빠는 그렇게 살기로 결정을 한 거잖아. (네) 그런데 그거를 바라보는 00양의 마음은 힘들어요?

(내47) 엄마가 너무 답답해요.

(상47) 엄마나 아빠는 그런 삶을 살기로 결정을 내리신 거예요. 포기하지 않고 그렇게 살겠다고. (네) 근데 그걸 바라보는 00양의 마음은 답답하고 (네) 그냥 그 두 사람의 인생은 그렇게 사는 거라고 그렇게 인정해주는 거는 어려워요?

(내48) 음… (한숨) 네. 근데 저도 모르겠어요. 어려운 것 같아요.

(상48) 본인이 지금 힘든 게 있어요? 그러니깐 엄마 아빠가 싸워서 계속 싸움을 말려야 되거나 뭐 이렇게 (네) 정말로 경제적으로 어려워가지고 학원비를 못 내가지고 뭘 해야 하거나 하는 어려움이 있는 거예요? 아니면 실제 부딪히는 어려움이 있는 건 아닌데 (네) 그 바라보는 마음이 힘든 거예요?

(내49) 둘 다 있는 거 같아요. (둘 다 있어요. 아~) 네. 제가 생활비 대출을 받았는데 저는 그게 어… 엄마가 물론 힘든 것도 그게 한 8정도는 되고 이 정도는.. 제가 엄마한테 "엄마 학원비가 필요해" 시험 보는 거 다 돈이잖아요. (그렇죠) "수험비 필요해" 얘기할 때 엄마가 곤란해 하는 거 자체가 너무 싫어서 그런데 그렇다고 제가 아르바이트를 간단하거를 하기 시작하긴 했는데, 그런 거를 막 과외를 점점 하거나 그런 게 제가 취업이 되면 그것도 책임감 없는 일이 되는 거구 (으응) 바로 버려야 하니깐. 그래서 생활비 대출을 받아야겠다고 생각을 하고 받은 건데. 그거를 이제 빚 갚는 데 썼잖아요. 급하니까. 그러니깐 이제 엄마 아빠의 수입에서 주셔야 하는 상황이 된 거예요. 그런데 돈이 없으니깐 제가 뭐 이게 필요해, 이거 해야 돼 하면 엄마가 어떻게든 주시긴 주시는데…

(상49) 그런데 생활비 대출을 갚아야 하는 상황이에요?

(내50) 네.

(상50) 그건 아니죠?

(내51) 제 앞으로 빌려놨으니깐.

(상51) 아~ 아버님이 빌려서 쓰셨으니깐

(내52) 네. 그렇죠. 어쨌든 제가 학원이나 시험 비용 이런 게 필요하니깐 엄마가 버는 데서 어떻게 주시긴 주시는데요..

(상52) 아~ 지금 학교에 갚아야 하는 건 아니지만… 그래도 내가 써야되는 거니깐 (네) 그걸 받아야 된다는 거죠.

(내53) 학교에는 나중에 갚는 거니깐. (그러니깐) 제 앞으로 있는 거긴 하지만 당장 갚아야 하는 거는 아니구. 그런데 이제 저는 그냥 엄마 아빠가 저한테 뭐라 하구 그러는 게 아닌데… 그냥 힘들어하시는 거예요. 저한테 주시는 걸. 그러면…

(상53) 화가 나겠다. 그거는 화날 거 같아. 왜냐면 내가 그냥 생활비 대출 받아가지고 (네) 그냥 학원비 내고 하면은 (네) 이렇게 엄마한테 돈 달라고 하지 않아도 되는데…

(내54) 애초에 제가 화 났던 부분은… 저는 이렇게 될 것 같았어요. 이렇게 (으응) 빚 갚는 데 쓸 것 같았고. (으응) 그래서 제 통장 앞으로 해 놓고 싶었는데, 엄마가 "너가 함부로 쓸 거 같으니깐 관리를 해주겠다" 이렇게 했는데 전에 엄마가 그것 때문에 화내신 적이 있었어요. 엄마는 옛날에 엄마는 할머니한테 줬대요. 과외비를. 그런데 저는 그것도 잘 이해가 안 되고… 할머니가 그 때 어려우셨기 때문에 엄마가 과외비를 줬다는데 저는 그때랑 지금이랑 다른 것 같고 상황이 그래서 이해도 안 되는데. 그래서 엄마가 그 얘기가 왜 나왔냐면 "나중에 너가 직장을 가게 되면 엄마가 돈을 관리해주겠다"고 하는데 제가 보기에는 엄마가 돈 관리를 잘 못하시거든요. (으응) 저와 엄마와 그게 있는데… 저도 잘 돈 관리를 못하고… 그게 엄마를 닮았어요. 돈 흐름을 잘 모르고… 숫자에 약하고… 근데 그래서 저는 빈 말로라도 "알았어" 이렇게 했어야 하는 건지는 모르겠지만. (으응) 저는 그냥 아닌 것 같아서 엄마도 "글쎄, 뭐 이렇게 했는데." 엄마는 전에 너가 과외비도 준 적이 한 번도 없고 마음에 담아두고 있었는데. 그게 터지신 거예요. (으응) 그래서 "너는 나를 우습게 안다." 이렇게 또 돼가지고 그래서 한참 또 그렇게 된 적이 있어 가지고 그거를 "엄마한테 안 돼 그거를 내가 관리하겠어." 이렇게… (말 못했구나) 네. 워낙 힘들어서 그때 그래가지고 그냥 무기력한 마음이 들어요. 그렇게 화난다기보다는 '맨날 똑같다.' (으응) '나라도 벗어나야겠다.' 그냥 이런 생각? (그랬구나)

(상54) 그 얘기를 들으니깐 나는 화가 날 것 같고, 짜증이 날 것 같다는 생각을 했어. 00양이 그냥 대출금 받아가지고 그거 가지고 학원비를 쓴다고 대출을 받았는데 그것마저도 이렇게 써버리고 계속 아쉬운 소리를 하는 것 같은 상황이 되는 거잖아요. (그죠) 막 짜증나고 그럴 거란 생각이 들어가지고. 그런데 지금 얘기를 들어보니깐 짜증보다 조금 더 다르게 그 '또 이랬구나. 또 이런 어떤 모습으로 흘러가는구나'라고 하는 마음이 있다고 하니깐 그 마음이 조금 더 무겁게 느껴지네요. 조금 더 무겁게 느껴지고, 그것이 몇 차례 반복되어졌던 것 같아 더 속상하고 무기력한 마음이 있었겠다 싶어.

(내55) 근데 제 남자친구는 제 남자친구가 지금 막 부자는 아닌데 잘 살거든요. 그러니깐 집도 두 채가 있고 아버지가 선생님이셔서 가지고 계속 봉급이 있고 또 그거를 계속 투자를 잘 하셔가지고 나름 넉넉하신 편인데… 저는 그게 너무 부러운 거예요. (으응) 근데 대신에 그 부모님은 남자친구한테 되게 간섭을 많이 하시고 나쁘게 말하면 간섭이고 좋게 말하면

되게 관리? 관리 맞나? 조언을 되게 많이 해주세요. 저희 부모님은 자유를 많이 주시는 편이시거든요. (으응) 그냥 "우리는 널 믿는다. 넌 잘 할거야" 이렇게 밀어주는데 그 분들은 다 하나하나 물어보고 이건 아닌 거 같아 이쪽을 제시해 주고 막 이렇게 하세요. 그런데 저는 한 1년 전만 해도 '우리집이 더 좋다, 행복해' 이렇게 생각했을 텐데. 요즘에는 '좀 귀찮고 좀 꿈을 포기한다든가 행복을 포기한다든가 이런 게 있어도 좀 그렇게 사는 거 낫기도 하다' 이런 생각이 많이 들고…

(상55) 경제적으로 편안하게?

(내56) 네. (으응) 왜냐면…

(상56) 지쳤구나. 지친 마음이 느껴진다.

(내57) 그런건가. 그냥 엄마랑 아빠가 착해도 어차피 돈이 없으면, 너무 없는 게 계속 되니깐 바뀌잖아요. 그 모습 좋았던 모습도 바뀌니깐. 그리고 수상스키 타면서 돈이 좋구나. 이런 생각을 좀 했어요. 저는 되게 그런 걸 좋아해가지고. 음… 잘 타고 재밌고. 그냥 나중에 내 자식들이랑도 이런 거 누리며 살고 싶다.

(상57) 지금 내가 느껴지는 마음은 음… 이렇게 버티고, 나는 아직도 기억나. "이렇게 버티고 있는 자신한테 애쓰고 있다라는 얘기를 해줄 수 있냐?"라고 했을 때 "그렇게 얘기해주면 너무 나약해질까봐 그렇게 못하겠다고." (네) 그러면서 막 버티고 그랬었던 모습이 떠오르거든요. 그렇게 버티고 견디고 해오다가 약간 지친 듯한 느낌이야… (음) 경제적으로 좀 넉넉한 사람들을 보면서 좀 편안하게 살고 싶다. 지쳤다. 이런 느낌이거든요. 혹시 이렇게 무슨 일 있었어요? 그렇게 버텼었는데. (네) 버텼었는데 이렇게 갑자기 지친 뭐 어떤 일이 있었어요?

(내58) 그냥 계속 똑같아서 그런 거 같아요. 근데, 음… 제가…

(상58) 그 가족예배 때 특히 그랬어요? 가족예배 때 우리 과일 먹고 하는 거는 계속 있었잖아요. 동생도 예전부터 계속 두 개씩 먹고 했었을 거예요. (내담자 웃음) 그런데 유독 그 때 (그럴 수도 있어요) 더 이렇게 한심해 보이고 더 막 똑같은 거 같고 더 막 그렇게 느꼈던 본인의 마음이 뭐예요?

(내59) 음… 왜 그랬… 음…

(상59) 본인의 힘든 감정을 배려받지 못했나?

(내60) 그거는 늘 그래요.. 그냥 저희 집에서 제가 불만을 얘기를 하면 그냥 모르겠어요. 그냥 별로 받아들여지지 않는데 그래서 (그랬구나) 그게 막 새삼스럽지는 않았어요. 그냥 또 그렇구나.

(상60) 너무 피곤하고 2~3일 동안 어찌 보면 스트레스를 풀고 온 것일 수도 있잖아요. (네 네. 되게 재밌었어요) 근데 그게 그렇게 하고 난 다음에 왜 더 화가 나지?

(내61) 음… 거기 수상스키 타러 갔을 때 가족끼리 온 사람도 한두 팀 정도 있었거든요. (으응) 되게 좋아 보이더라구요. 그러니깐 음.. 모르겠어요. 거기서 그랬나? 딱 떠오르는 건 없는 거 같아요. 왜 피곤하긴 했는데…

(상61) 피곤하면…. 본인이 피곤하면 "나 피곤해, 나 오늘 예배 못 하겠어" 얘기하고 잠을 자거나 쉴 수도 있을 텐데… (네) 그런데 그러지 못하고 앉아가지고 막 이렇게 쟨 저래서 못 마땅해 쟨 저래서 안 돼 뭐 이러고 있었던 거예요. (그죠) 그렇게 피곤하면 들어가서 쉬지.

(내62) 한 명이 안 하면 안 하는 걸로 되어 있는데, 저는 이제 막…

(상62) 한 명이 안 하면 안 한다고?

(내63) 네. 네 명이 다 모였을 때 (아~ 하게 되어 있어요?) 하는 게 의미가 있다 이렇게 해서 하는데 그래서 전에도 뭐… (그런 규칙이 있어요?) 네. (가족들이 만든 거예요?) 막 이렇게 하자 이런 거는 아니지만 묵언의… 안 그럼 계속 빠지면 누군가 계속 빠지면 하는 의미가 없으니까. 그리고 이게 공식적으로 예배를 막 그런 거 아니니깐 가족들이 모이는 의의가 있다.

(상63) 그렇구나. 그 가족예배를 하면서 "3일 동안 내가 너무 힘들어가지고 엄마 아빠 나 기운이 하나도 없어."라고 얘기를 했어요?

(내64) "피곤하니깐 깔끔하게 빨리빨리 하자"라고 얘기는 했어요. (아~) 그래서 처음부터 얘기는 하지 않았고 처음에 있다가 또 얘기가 쓸데없이 또 엄청 길어질 것 같아서 빨리 하고 쉬고 싶다. (으응) 그래서 마무리 하긴 했어요.

(상64) 그러니깐. 평상시 같았으면 그렇게 했어도 그냥 들어줬을 거 같은데 그때는 유독 마음의 여유가 별로 없었나봐요. 진짜 피곤하기도 했던 것 같고. 또 평상시와는 다르게 더 화가 나고 짜증이 나기도 했던 것 같고.

(내65) 네. 진짜 피곤했어요. 이제 그냥 빨리 자고 싶고, 버스에서도 계속 잤고.

(상65) 그럼 그런데 앉아 있는 거 자체가 곤혹이지.

(내66) 네. 저도 제가 어리석었던 거 같아요. 못한다고. 전에 다른 사람들이 못한다고 해서 이게 흐지부지 되고 하는 게 너무 싫었어요. 그래서 (어~ 가족예배가?) 네. 제가 그래서 그거에 대해서 얘기한 적이 있었고. (아~) 그런데 그거를 제가 엎는 것도 싫고.

(상66) 아~ 본인이 얘기한 거를 엎기가 싫었구나.

(내67) 네. 그랬던 거 같아요.

(상67) 본인이 얘기한 거에 책임을 지고 싶었던 거네.

(내68) 네. 그래서 어제 화를 내고. 그리고 제가 누워서 혼자 생각을 하면서 '아, 그냥 차라리 그냥 하지 말걸… 그랬으면 이렇게 화를 내지 않았을텐데…' 그런 생각도 하긴 했어요.

(상68) 짜증이 나고 화가 날 법해. 그리고 화를 낼 수도 있죠. 그런데 그렇게 하고난 다음에 또 이렇게 후회했어요?

(내69) 네.

(상69) 어떤, 후회하는 마음이 올라왔어요?

(내70) 음… 뭐 어차피 말해봤자 듣는 것도 아닌데, 말하면 서로 감정만 상하는 걸 뭐하러 말을 했을까. 그리고 어제 되게 제가 늘 사라지고 싶다는 생각을 해요. (으응) 말씀드렸던 거 같은데. 그냥 존재하고 있는 거 자체가 너무 힘들고. 뭐냐면 이것도 어떻게 보면 제 욕심인데, 저는 잘 살고 싶은데… 그러니깐 경제적으로 뿐만 아니라 도덕적으로도 잘 살고 싶은데… 그게 너무 힘들고, 힘들고 힘든 거 같으니깐 그냥 없어지고 싶다. 이런 생각을 하는데 그거를 뭐랄까, 붙들고, 그런데도 저를 붙들었던 게 그게 종교였는데… 그니깐 뭐냐면 기독교에서는 '자살하면 안 되고 하나님이 너를 사랑하고 너를 사랑해서 만들었어.' 이렇게 하니깐. 그런데 저는 요즘 잘 모르겠거든요. 하나님이 존재하는 거는 알겠지만 음… 과연 그 하나님이 정말 나를 사랑하고 진짜 선하신가? 이거는 잘 모르겠어요.

(상70) 그렇게 그런 회의감이 들어요?

(내71) 맨 처음 시작은 '왜 하나님은 우리 가정을 이런 고통 속에 이렇게 내버려둘까? 시험 속에도 은혜가 있다 이런 얘기도 있지만 그거는 어느 정도까지 얘기지. 지금 이렇게 계속 이 상황 속에서 버려두면 좋은 게 무엇이 있을까?' 저는 잘 모르겠거든요. 그래서 그런 생각을 하다가 주위를 보니깐 다 너무 힘든 거예요.

(상71) 00양 얘기 속에서 들리는 말은 내가 이렇게 힘이 드는데 그게 아무리 고통 속에서 견뎌내고 하는 것이 하나님의 뜻이 있다고 하더라도 그렇게 긴 시간 동안 이렇게 (네) 답이 안 나올 정도로 힘이 드는 곳에 나를 놔둬야 되나. (네) 라고 하는 것이네요. (네) 고통스럽다고 하는 것이 크게 들려요 나한테는…

(내72) 그래서 그렇게 생각을 하니깐 '그럼 왜 살아야 하지?' 저는 제가 살아있는 게 제가 살고 싶어서 살아있는 게 아니고 사라진다고 하면. (하나님 때문에 사는 거였어?) 네. 정확히 하나님 때문이라기보다는 어떤 진리가 있고 그 진리가 죽으면 안 된다고 하니깐 이거였는데… 그러니깐 '그러면 살 필요가 없네.' 그런 생각이 드는 거예요 어젯밤에.

(상72) 그 생각이 어젯밤에, 어젯밤에 그 생각까지 갔어요? (네) 어젯밤에 사라지고 싶다는 생각도 한 거야? (네. 어젯밤에) 어떻게 무슨 생각까지 하다가 거기까지 가게 된 거예요?

(내73) 내가 너무 싫다.

(상73) 내가 너무 싫다? (네) 어떻게 하는 내가 싫어?

(내74) 화를 참지 못했고. 화를 내는 상황이 될 거라는 예상을 하지 못했고 (으응) 그래서…

(상74) 그래서 화를 참지 못한 내가 너무 싫어요? (네) 그리고 그래서 사라지고 싶어?

(내75) 좋지 못한 모습이 보였을 때 전 좋은 사람이 되고 싶은데… (으응) 그렇게 하기 너무 어렵구나. 앞으로도 어려울 것 같고. (으응) 나는 계속 힘들 것 같고. 근데 사라지고 싶다는 생각을 원래 많이 하는데. 근데 어제가 좀 근래 들어 한 몇 년 동안 제일 심했던 거 같아요.

(상75) 그랬구나. 어제 힘들었겠다. 어우, 근데 그 마음을 어떻게 붙잡았어?

(내76) 잤어요. 그냥… (웃음) 그래서 아침이 되니깐 괜찮아졌어요.

(상76) 잘했어요. 지금 그 내가 화를 참지 못했고. (네) 그래서 내가 너무 싫고. 그리고 이런 좋지 못한 모습을 계속 할 거고. 좋은 모습으로 사는 것이 너무 어렵고. 계속 힘들다는 거네요. 그죠? (네) 그래서 좋지 못한 모습이라는 거는 계속 화를 내는 모습이라는 거예요?

(내77) 네. 그거를 비롯해서 되게 다양한… 그리고 어제는 그 생각도 되게 많이 했는데, 돈이 많은데 좀 나쁘게 사는 것이 좋을까? 아니면 돈이 별로 없는데 착하게 사는 것이 좋을까? 어떻게 보면 극단이지만… 생각을 하면 전에는 둘 중에 하나를 고르라면 확고하게 후자였거든요. '그래도 착한 게 좋아' 이거였는데… 어제는 잘 모르겠더라구요. 그래서 그것도 되게 혼란스러웠어요.

(상77) 착하다는 게 뭐예요?

(내78) 그러니깐, 착하다… 음… 어제는 그런 생각이 들었는데 좀 자기 잇속을 잘 차릴 수 있는 거? 어떻게 보면 착하다는 게, 좋은, 하… 그러게요. 애매한, 애매한, 그러니깐 제가 생각했던 거는 좀 자기 이익을 위해선 좀 양심을 포기할 수 있는…

(상78) 그런 게 착한 거예요? 양심을 포기하는 게?

(내79) 아니요, 아니요. 그게 나쁜, 착하지 않은 거… (나쁜 게.. 으응) 근데 뭐 착하 착하다고 해서…

(상79) 그러면 자기표현을 하고 자기 주장을 하는 거는 착한 게 아닌가?

(내80) 그거는 착한 거… 그러니깐 제가 얘기하는 건 뭐냐면, 저는 잘 모르지만 아직 그냥 듣거나 했을 때 돈을 벌기 위해서 직장을 들어가잖아요. 근데 들어가서 양심적인 방법으로 높은 자리에 오르기가 쉽지 않잖아요. 왜냐면 그니깐 제가 말하는 양심적인 방법이라는 건 단지 뇌물을 받지 않고 이런 것뿐만 아니라 소위 줄타기를 한다든가 이럴 때도 어떻게 보면 자기 양심을 파는 걸 수도 있잖아요. (으응) 상사한테 상사가 듣기 좋은 얘기를 해주기 위해서 알랑알랑 하는 것도. (그런 것들이 양심을 파는 거예요?) 양심이랑 자존심? 그러니깐 뭔가 (으응 뭔가 팔아야 하는 거?) 자기…

(상80) 원래 그거 되게 중요한 적응력 아니에요?

(내81) 그죠. 그런데 그것도 좀 저는 자존심이 상한다고 느껴지는 것 같아요.

(상81) 그렇구나. 그러게. 그 양심이란 얘기까지 나오는 걸 보니깐 사실 우리는 매 순간순간마다 (네) 이렇게 나를 위해서 살잖아요. (네) 매 순간순간. 그죠. 그리고 이렇게 하여튼 간 크고 작은 자기 것들을 챙기면서 산단 말이죠. (네) 그런데 그런 것들을 양심이라고 얘기하니깐 (네) 아주 작은 순간조차도 양심을 지키려고 한다면 정말 힘들겠단 싶은 생각이 들어요.

(내82) 네. 그리고 어제 생각했던 건 사실… (으응) 그런 부분보다는 어제 사실 교회 예배에서 뭐를 말했냐면, 찬양 인도하시는 분이 자기가 아는 사람이 일을 그만두고 노숙자 돕는 뭐를 하고 있다. 그런데 이제 그런 걸 생각해봤는데, 전에 같으면 '와~ 멋있다' (으응) '나도 그렇게 살고 싶다' (으응) 이런 생각을 했을 텐데. 어제는 별로 안 멋있어요. 그냥 편하게 살지. 뭐하러 그렇게… 그러니깐 제가 그런 알랑알랑… 어제 생각했던 그런 거보다는 (으응) 내가 예를 들어서 500만원을 번다고 치면 그 500백만원 중에 예전 같으면 뭐 최소한 100만원씩 돈을 나누면서 살 거야. (으응) 그리고 시간적으로도 그렇게 하면서 내가 줄 수 있는 것을 나누며 사는 게 꼭 기독교적으로가 아니더라도 사람으로서 그렇게 사는 게 맞는 거지. (으응) 근데 그런 생각을 했는데… 어제는 그게 너무 아까울 것 같은 생각이 드는 거예요. 그 무슨 의미가 있지? 어차피 다 그렇게 사는데 어차피 뭐 똑같은데… 제가 착하다고 규정했던 사람들도 사실은 착하지 않은 것 같기도 하고.

(상82) 그래서 00양이 그런 생각을 하는 게 어떻게 이해가 돼? 받아들여져? (어떤 게, 저한테?) 으응… 문제는 '100만원 기부 안 하고 싶어'라는 마음이 생겼다는 거잖아요. (네) 그런데 이게 마음이 생겼는데 그게 이렇게 '어머~ 그런 마음이 생길 수 있지'라고 바라봐져요? 아니면 '아~ 어떻게 그런 생각을 했을까'라는 생각이 들어요? 어때요? (네) 그 생각의 변화가 있는 자기 자신이 어떻게 느껴져요?

(내83) 그래서 좀 힘들었어요. (힘들었어?) 그러니깐 그렇게. 어제 생각하는 게 너무 힘들었어요. 그래서 그러니깐 뭐가 맞는지 뭐가 좋은지 (아~) 이런 생각을 하는 거 자체가 너무 힘들고…

(상83) 이야기를 듣다보니 어제는 특히 더 힘들었던 것처럼 들려요. 자신이 생각해 왔던 것들이 아닐 수도 있겠다는 생각들을 했었던 것 같고… 그래서 더 복잡하고 혼란스러웠던 것 같고…

(내84) 네.

(상84) 그런데 맞다, 안 맞다, 좋다, 안 좋다, 이런 생각 많이 해요?

(내85) 네. 근데 그게 판단이 잘 안 서서…

(상85) 그런 생각을 많이 하는군요. 그런 생각 언제부터 많이 했어요? (언제부터?) 응, 언제부터에요? 그런 생각 많이… 맞다, 틀리다, 옳다, 그르다, 좋다, 안 좋다.

(내86) 음… 원래 많이…

(상86) 그러니깐 원래 언제?

(내87) 고등학교 때도 했던 거 같아요.

(상87) 으응. 고등학교 때 했고, 그 전에는?

(내88) 그 전에는 그 전은 기억이 잘 안 나요. 저는 책, 책 때문에 그런 거 같다고 생각을 했는데…

(상88) 한번 떠올려봐요. 언제부터인지. 그런 생각을 했는지. 그러니깐 지금까지 00양 얘기를 들어보면 옳다 그르다, 좋다 안 좋다, 맞다 틀리다, 나쁘다 이런 생각이 되게 중요한 거 같아요. (음~) 예전에 나한테 그런 얘기 했던 거 같아. 본인은 항상 그거를 항상 검열을 한다고. (네) 그죠? 되게 중요한 거 같아요. 언제부터 그런 생각을 했는지 한 번 거슬러 올라가봐요.

(내89) (10초간 정적) 음~ 구체적인 사건이요?

(상89) 응. 그런 생각을 했던 장면이 떠오르는 게 있으면 떠올려봐요. 언제 고등학교 때? 중학교 때? 초등학교 때? 가능하면 더 초기 경험으로 한번 올라가볼래요?

(내90) 아주 구체적인 사건은 생각이 안 나는데요. 제가 초등학교 때도 저는 원래 책을 많이 읽었는데, 그때는 오만… 사실 지금도 오만하고 그때도 오만했어요. 그냥 애들을 보면서 '에고 바보 같애' 막 이런 생각했었거든요. 넌 너무 모르는 게 많아. 이런 생각했고. 그게 맞다, 틀리다고 볼 수 있으면 그게 그건 것 같아요.

(상90) 음… 넌 너무 모르는 게 많아. 이것이 맞다 틀리다인가요?

(내91) 그러니깐, 모르는 게…

(상91) 좋은 사람, 나쁜 사람으로 이런 생각 언제 생각했었어요?

(내92) 아… 좋은 사람, 나쁜 사람…

(상92) 좋은 행동, 나쁜 행동, 좋은 모습, 안 좋은 모습, 착한 모습, 안 착한 모습…

(내93) 음… 근데 이거 원래 하는 거 아니에요? (음) 저는, 중요한, 지금 떠오르는 사건은 중학교 때 어떤 친구가 독서실을 저랑 같이 다니는 친구였는데, 그렇게 친하지는 않았는데, 친한 척을 많이 했던 친구였어요. 그 친구, 그게 중3 때였는데 그 친구가, 제가 그때 회장이었거든요. 저희 방송, (전교회장?) 아니, 아니요. (그냥 회장?) 반에서. 그런데 이제 전교회장 나갔다가 떨어졌어요. (으응) 그런데 이제 중3 때 그, 어디였지, 아무튼 방송을 해가지고 아침 조회시간에 회장들이 거기 앞에 있고 그리고 방송에서 반을 내보내는 방송이 있었어요. 그래서 거기 가서 있었는데 그 친구랑, 2학년 때 같은 반이었고 다른 반이 됐는

데… 저랑 지금도 친한 친구가 걔랑 같은 반이었는데 걔가 막 제 욕을 했다고 저한테 얘기를 막 해줬어요. 그 저랑 아직도 친한 친구가. 근데 그 친구 얘기를 들으면서 상당히 화가 났는데, 그래서 쫓아가려고 했어요. "너가 내 욕을 했어? 왜 앞에서 말 못하고 뒤에서 그래?" 막 이렇게 얘기를 하려고 했는데 그 친구가 자기가 뭐가 되냐고. 막 그렇게 했어요. 그런데 이제 그리고선 혼자 생각을 하면서 그 욕을 하던 친구도 좋은 사람, 나쁜 사람 생각은 안 했던 거 같은데… 그 친구에 대해서는 '얜 찌질하다' 이런 생각을 했고. (찌질하다) 네. 그리고 그걸 전해준 친구에 대해서는 틀렸다고 생각했어요. 전해주지 않았다면 제가 왜냐면 그 친구가 저한테 감정만 나쁘게 하고 어떻게 하지도 못하게 한 거잖아요. (으응) 자기가 그 순간에 반대를 한 것도 아니었고 그 친구가 저에게 욕을 하는 걸. 그래서 저거는 아니야. 이렇게 생각을 했고. 앞으로 나는 안 그럴거야. 뭐 이런 생각을 한 것 같아요.

(상93) 으응. 앞으로 나는 안 그럴거야. 그래도 이때는 쫓아가려고 하고 화를 냈네?

(내94) 그건 지금도 그래요.

(상94) 으응. 화내는 모습에 대해서 '이건 안 좋은 모습인데, 아… 이렇게 유지하기 힘든데' 이런 생각 안 했네?

(내95) 아~ 그러네요. 그땐 그랬던 거 같아요. 그런데 그때도 보여줘야 된다고 생각했던 거 같은데…

(상95) 그러니깐 오히려 더 보여줘야지 생각했던 거 아니야.

(내96) 아~ 그죠.

(상96) 그때는 화가 나서 화를 자연스럽게 표현했네요. (네) 그리고 지금 친구가 틀렸다고 생각을 하긴 한 것 같아. (네) 그런데 그게 상대방에 대해서 평가를 하는 거지. 자기 자신에 대해서 (아~) 내가 틀리고 내가 맞고 이러지는 않는데?

(내97) 아~ 제 자신에 대해서…

(상97) 나는 이런 모습은 안 좋은 모습이고. 이런 모습은 좋은 모습이고. 계속 자기 자신을 보잖아. 평가하잖아요. (네) 그런데 이때에는 자기 자신을 평가하지는 않는데요. (아) 이때에는 오히려 화를 자연스럽게 표현하고 쫓아가서 막 화내려고 그러고 오히려 더 보여주려고 하고. (네) 이런 모습인데, 지금과는 다른 모습인 것 같네요.

(내98) 아~

(상98) 지금 무슨 생각이나 느낌이 올라와요?

(내99) 그러고 보니 그때는 나를 평가하지는 않았던 것 같아요.

(상99) 그럼 언제부터 자신을 맞다 틀리다라고 평가하고 했던 것 같아요?

(내100) 음… 대학교 1학년 때인거 같아요. 말씀하시는 거 들으니깐. 그것도 정확히 언제부터인지는 잘 모르겠는데, 1학년 때는 그냥 계속, 이전의 제 모습이 있잖아요. 진짜 애였을 때의 모습조차도 계속 꺼내서 '아~ 내가 그때 왜 이건, 진짜 아니었다' (아~) 이런 생각을 했는데 (그래?) 네. 근데 그게 되게 괴로워요. 계속 생각나고.

(상100) 그래? 그때 왜 그랬을까? 그때 그렇게 애기일 적 모습까지 꺼내면서 자꾸 뭘 이렇게 성찰하고 옳고 그름을 판단하고 왜 그때 그렇게 했던 거죠? 그때 어떤 마음에 변화가 있었길래… (음) 굉장히 중요한 부분인 것 같네요.

(내101) 음… 보여지는 게 중요해서 그랬던 것 같아요.

(상101) 대학교 1학년 때 그게 왜 중요했을까? 시간이 다 되가지구. (네네) 일단은 상당히 많이 중요한 부분인 것 같아요. 어… 지금 중학교 3학년 때는 그러지 않았네요. 그죠? 그렇지 않고. 오히려 그때는 내가 본때를 보여줘야 돼. 절대 날 무시하지 않게, 뭐 이런 것들도 있고, 막 그랬어. (네) 난 오히려 그때 모습이 더 씩씩해 보이고. 또 자연스러워 보이기도 해. 그리고 상대방이 잘못한 거에 대해서 '너 이런 건 틀린 행동이야'라고 판단도 하고. (네) 그런데 지금의 모습은 오로지 자기 모습만 보고 자기만 혼내고 (아~) 가두고 있는 모습이어서 화도 못내고, 화도 내면 안 되고, 자기만 계속 통제하고 있는 모습이어서. (몰랐어요) 음… 그러니깐… 왜 그렇게 됐을까. 무슨 이유가 있겠지. 그렇게 되는 데는, 이유가 있을 거 같애.

(내102) 생각해볼게요.

(상102) 다음 주에는 이거에 대해서 더 얘기를 나눴으면 좋겠어요. 그리고 아까 가족 얘기 했잖아요. (네). 3일 내내 수상스키 타고나면 녹초가 되는데, 교회도 가고, 운동도 하고, 가족예배도 하고 하면 다른 날보다 더 예민해지고 짜증날 수 있죠. (네) 그게 자연스러운 반응이라는 생각이 들어요. 일단은 몸이 피곤해서라도 짜증나고 화나고 예민해질 수 있겠다는 생각이 들어요.

(내103) 근데 저는 그게 용서가 잘 안돼요.. 그래서 그게 계속 남아있는 거 같아요.

(상103) 그러니깐 본인을 뭐 용서까지 하려고 그래. 그냥 일상적으로 짜증이 나고 화가 나는 것일 수 있는데… (응) 그런 거를 용서를 할 정도로 큰 마음을 먹어야 해?

(내104) 음… 그러네요.

(상104) 잘못했다고 비난하기 전에 자신의 피곤함, 짜증, 화나는 감정을 좀 알아줬으면 좋겠어요.

(내105) 네.

(상105) 그래요. 오늘 여기까지 하고 다음 주에 봐요.

■ 7회기

최근 들어 남자친구가 음식먹는 것이 더럽게 느껴진다. 나는 신경쓰면서 먹는데… 품위를 지키고 싶고 한데 남자친구는 그렇지 않다. 혼자 있을 때도 다른 사람과 있을 때와 똑같아야 한다는 생각을 한다. 혼자 밥먹을 때도 소리내서 먹으면 창피해요. **(욕구가 왜 그렇게 절제되어야 할 대상이 되었는가?)** 대학교 1학년 때 그 당시 과대에 밴드도 하고, 과외도 2개를 하고, 교회에서도 중요한 역할을 맡았다. 1학년 초에 학과 친구와 선배들을 불러 모았다. 그때는 내가 그렇게 영향력을 행사할 수 있는 사람이라는 것을 보여주고 싶었던 것 같다. 그런데 그때 내가 술을 마시고 취해서 정신을 잃었다. 기억이 안 나는데 사람들한테 '내가 얼마나 힘든지 아냐'고 주사를 부렸고, 친구가 머리를 묶어주려고 하는데 제가 욕을 했다고 한다. **(무슨 욕? 그건 욕도 아니다. 그건 요즘 애들 사이에서는 욕이라고 할 것도 아니다)** 그 얘기를 친구들이 해주는데 '내 안에도 괴물이 있구나'라고 생각했다. 그 이후부터 술을 거의 안 마신다. 어떻게 사는 것이 좋은 것인가에 대해 생각하였고, 종교를 열심히 믿기 시작하였다. 자신이 기억이 나는 것도 아니고, 친구들이 말한 것만 듣고, 그리고 친구들이 그렇게 부정적으로 얘기한 것도 아니고, "귀여웠으며, ○○양에게 그런 적이 있었다"며 좋은 추억처럼 얘기하는데도 ○○양에게는 괴물로 변한 모습으로 생각되었나보다. 한 마디의 욕도 절대로 하고 싶지 않았나보다. 대학교 1학년 때 친구들과 술을 마시고, 주사를 부릴 수 있으며, 많은 신입생들이 그렇게 한다는 것에 대해 이야기를 함

■ 8-9회기

아버지가 매번 월급을 가지고 온다고 하시지만 가지고 오지 않는다. 지난 주는 아버지에 대해 힘든 마음이 올라왔다. **(어떤 힘든 마음이 올라왔는가?)** '인생은 힘들어, 완벽한 가정은 없고, 행복한 가정은 없고, 다 불행하다. 살기 힘들겠다. 살기 싫다' 돈 때문에 싸우게 되면 엄마는 폭언을 하고 아빠는 침묵을 한다. 이런 상황자체가 싫고, 여기 있기 싫고, 이 얘기를 듣고 있기가 싫다. 나도 그렇게 되면 어떻게 하지 하는 마음이 들고, 행복하지 못한 가정을 꾸리지 않을까 두려움이 올라온다. (상담사는 내담자가 생각하는 행복한 가정이라는 것이 어떤 것인지에 이야기를 나누었으며, 현재 가족이 가지고 있는 긍정적인 측면을 찾아보는 시간을 가졌다. 내담자는 가족이 경제적인 문제 때문에 싸우기는 하지만 그래도 유머가 있다고 말하였다. 상담자는 상황이 어려워지면 유머를 가장 먼저 잃기 쉬운데 그것을 지키고 있는 가족의 모습에 긍정적 의미를 부여하였다. 내담자는 자신의 어렸을 때를 기억하면서 가족의 긍정적인 면을 떠올렸으며, 상담자는 나무의 이미지를 연상시키면서 내담자 가족이 현재는 경제적으로 어려운 상황에 처해있지만 가족과 내담자 자신의 뿌리는 건강하고 단단한 것 같다고 말하였다. 이에 내담자는 어린 시절 엄마가 썼던 육아일기를 봤던 것을 떠올리면서 엄마가 어린 시절 자신을 얼마나 기쁜 마음으로 정성스럽게 키웠는지에 대해 이야기하면서 눈물을 흘림)

■ 10-11회기

　　취업시험이 얼마 남지 않아서 긴장감이 올라온다. 내가 재능이 있나? 될 수 있을까? 불안한 마음이 들고, 안 될 것 같다는 생각이 자꾸 올라와 우울한 마음이 들었다. 조금만 더 열심히 할 걸 후회가 된다. 체할 것 같고, 미식거리고 숨이 막히고 손발이 하얘지고 기운이 빠질 정도였다. 지하철 타기 어려워서 집근처 도서관을 이용하고 있다. 하루 공부해야 하는 양을 정해놓고 했는데 계속 미달이 되니까 불만족스러웠다. (취업시험이 몇 주 앞으로 다가오자 내담자는 심한 긴장과 불안을 보였다. 이에 상담자는 내담자가 걱정하고, 불안해하는 부분을 구체적으로 이야기할 수 있도록 촉진하였으며, 내담자의 걱정과 불안에 대해 타당화반응을 하였다. 그리고 심상법을 활용한 긴장이완훈련을 실시하였으며, 불안을 가중시키는 사고(예: 너는 어떻게 이 시간에 그렇게 할 수 있어? 내가 될 수 있을까? 나한테는 재능이 없어 등)를 조절하기 위해 STOP기법을 연습하였다. 시험이 가까울 때 자신을 채찍질하는 것은 오히려 불안을 증가시키는 것이며, 이때는 자신을 안심시키는 반응을 연습하는 것이 더욱 도움이 된다는 것에 대해 안내하였다. 그리고 자신을 안심시키는 말들을 찾아보았다. 긴장이완훈련과 STOP기법을 활용하는 것, 자신을 안심시키는 반응 등을 지속적으로 하도록 과제를 부여하였다)

■ 12-13회기

　　(취업시험을 치른 과정과 소감에 대해 이야기를 나눔. 내담자의 주호소문제를 상기시키면서 상담시간 동안 자신에 대한 이야기를 하면서 스스로에 대해 이해된 바에 대해 이야기를 나눔) 허무하다는 생각이 완전히 사라지지는 않았지만 예전보다는 행복감이 좀 올라온 것 같다. 그리고 처음에는 상담자가 자신이 버티는 모습에 대해 힘들어 보인다고 말해서 이렇게 버티고, 절제하는 것이 옳은 것이 아닌가에 대해 생각하기도 하고, 오히려 상담하면서 더 혼란스럽고 불안해졌다. 그런데 나와 가족의 긍정적인 뿌리에 대해 생각하게 되고, 우리 가족이 잃기 쉬운 것들을 잃지 않고 가지고 있는 것을 보면서 가족을 바라보는 마음이 조금 편안해졌다. 아직도 허무하다는 생각이 완전히 사라지지는 않았다. 하지만 허무함에 대해 좀 더 이해할 수 있게 된 것 같고, 예전처럼 계속 꼬리에 꼬리를 물고 허무함 속으로 빠져들지는 않을 것 같다. (상담자는 내담자에게 자신의 허무함이나 사라지고 싶은 마음에 대해 이해된 바가 있는지에 대해 구체

적으로 물었음. 그리고 내담자의 이해된 바에 상담자의 생각(내담자가 자신과 가족에게 갖는 불안과 두려움을 다스리기 위한 전략으로 자신의 욕구와 감정을 지나치게 통제해 왔으며, 그것이 더욱 두려움, 불안감, 좌절감을 강화시켰음)을 첨가하였음. 단기상담이기 때문에 충분히 다루거나 연습하지 못한 부분에 대해 정리하고 향후 과제를 제시하면서 상담종료)

대학원생 소감

본 사례는 단기 상담임에도 불구하고 내담자에 대한 충분한 이해와 탐색을 통해 구체적인 상담 목표와 전략을 수립하여 상담을 이끌어 간 부분이 이 상담을 성공적으로 이끌어가는 데 도움이 되었다고 생각된다.

더불어 이성적이고 자기 통제가 심한 내담자에게 상담자는 "감정이 올라오는 것 같다.", "서로 다른 감정이 함께 있어서 더 힘들겠어요." "욕하는 모습을 보면 어떻게 느껴져요?", "그것 외에 다른 감정이 있었나 봐요?", "지금 이야기하면서 자신이 어떻게 느껴져요?"와 같이 내담자의 비언어적 표현이나 감정에 초점을 맞추어 피드백을 해 주었던 것이 내담자가 자신의 감정을 조금 더 구체적으로 느끼고 이해하는 데 도움이 되었다고 생각된다. 그리고 자연스럽게 이러한 감정을 느꼈던 초기 상황이나 기억에 대해서 질문함으로써 내담자가 자신의 두려움과 불안의 원인을 살펴볼 수 있도록 하는 데 효과적이었다고 생각된다.

또한 내담자는 자주 아버지와 어머니에 대해 그리고 자신에 대해 양가적인 감정이나 생각을 드러냈는데 이 부분을 스스로 인식하고 통찰할 수 있도록 내담자의 말을 잘 요약해서 피드백 해 주었고, "적절하다, 적절하지 않다, 정당하다, 정당하지 않다라는 말을 종종 쓰잖아요? 이런 생각을 자주 하는 편이예요?"와 같이 내담자가 반복해서 사용하는 표현을 미러링해 줌으로써 자신이 어떤 사고체계를 가지고 있는지 스스로 인지할 수 있도록 한 부분들 역시 상담을 성공적으로 이끄는데 효과적이었다고 생각된다.

다만, 내담자가 자기 자신에 대한 자기 처벌적 태도뿐 아니라 타인에 대한 비현실적으로 높은 도덕적 기준을 갖게 된 배경과 원인에 대해 조금 더 깊이 있는 탐색이 되지 않은 부분이 아쉬움으로 남는다. 고학력에 부유했던 부모의 양육방식이 어린 시절 정서 발달에 큰 영향을 미쳤을 텐데 부모로부터 어떤 가치관이나 신념이 내사되었고 어떤 자아상을 가지고 있으며 어떻게 형성되었는지, 또는 사업이 실패한 이후 좌절된 욕구나 억압된 분노는 구체적으로 어떤 것들이 있었는지 조금 더 탐색해 본다면 내담자의 자기 이해와 통찰에 좀 더 효과적이었을 것이라고 생각된다.

작성자: 이경화(C 대학교 대학원 졸업, 인턴실습수련생)

상담사례에 대한 전문가 논평

본 상담은 20대 대학생 사례로 아빠에 대한 미움과 허무하고, 사라지고 싶다는 생각을 자주하며, 스트레스를 먹는 것으로 푸는 것에 대해 호소하고 있다.

내담자의 표면적인 문제는 아빠에 대한 미움과 스트레스를 먹는 것으로 풀고 있다고 이야기하지만, 내면의 핵심적인 문제는 자신의 진로와 졸업 후의 여러 가지 복잡한 현실의 문제를 직면하기 힘들어서 피하고 싶고 도망하고 싶은 마음을 많이 드러내고 있는 것으로 보인다. 이러한 내담자 문제에 대한 사례개념화를 해보면, 부모님의 경제적 어려움이 자신에게도 부담이 되고 가장역할을 하는 엄마와의 정서적 분리가 되지 않는 상태에서 엄마의 정서를 받아주고 수용해 주어야 하는 역할까지 하다 보니 마음적으로 많이 힘들었을 것이다. 내담자가 초 4학년 때 아버지가 사업실패로 경제적 능력이 없어지고, 엄마가 그 역할을 대신하면서 내담자는 누구보다 어린 시절 보호받고 싶고 사랑받고 싶은 마음을 드러내 보이지 못하고 스스로 강한 사람으로 자신을 위장해 온 것으로 보인다. 내담자는 주변의 도움이나 어렵다는 이야기를 하는 것조차 용납되지 않는 상황에서 생활해 왔다. 자신을 지킨다는 것은 자신을 보호하고 사랑해야 하는데 자신의 어려운 형편을 드러내지 않기 위해서 자신의 마음을 숨기고 드러내지 않는 상황으로 포장하고 위장하면서 내면의 어려움을 전혀 돌보지 않는 상태에서 생활해 왔다. 내담자는 '자신이 스스로를 어떻게 바라보고, 자기가 원하는 삶을 어떻게 살아야 할 것인가'보다는 '타인이 나를 어떻게 볼 것인가?'에 더욱 초점이 맞추어져 있다. 그래서 자신을 포장하고 위장하고 더 깊게 역공격할 행동만 찾게 되어 건강한 소통의 관계를 하기가 더욱 어려워지게 되었다. 내담자가 타인의 눈으로 자신의 삶을 바라보고, 세상을 바라봐왔기 때문에 늘 불안하고 두려움을 느낄 수 있다. 또한 자신의 현재 욕구와 원함을 살피지 못하고 숨기고 억압하면서 정서적으로 더 많은 압박과 어려움을 받았을 것이다. 이런 어려움이 현실적으로 가중되면서 허무하다. 사라지고 싶다 등으로 표현하게 된 것으로 보인다. 상담자는 내담자의 이러한 문제를 비교적 많은 부분에서 이해하고 바라보고 있는 것으로 사료된다.

내담자에 대한 상담자 개입에 대해 살펴보자. 오랜 시간동안 자신을 포장하고 위장해왔던 내담자이기 때문에 더욱더 내담자가 자신의 진정한 욕구와 감정을 만날 수 있고 내면과 접촉할 수 있도록 돕는 것이 중요할 것으로 보인다. 전반적으로 상담자는 내담자의 욕구와 감정에 접촉하기 위해 노력을 하고 있다. 그런데 몇 가지의 상담자 언어반응은 내담자의 욕구와 감정을 더 깊이 만날 수 있는 부분을 놓치고 있다는 점에서 아쉬움이 남는다. 예를 들어 1회기에서 아빠에 대한 미움을 이야기하면서 "마냥 미워하는 것도 못 하겠어요"라고 이야기할 때 상담자는 "밉기만 하거나 좋으면 더 마음이 편할텐데 서로 다른 감정이 함께 있어서 더 힘들겠어요"라고 반응하고 있다. 내담자가 중요하게 호소하는 아빠의 미움에 대한 이야기를 들어볼 수 있는 좋은 기회로 보이는데, 상담자가 양가 감정의 어려움으로 반응함으로써 미워하는 마음을 얘기할 수 있는 기회를 놓치고 있다는 생각이 들어 아쉬웠다. 아빠에 대한 미움이 어떻게 생겼는지, 충분하게 그 미움을 이야기할 수 있도록 해야 다음에 미워하지 못하는 마음도 나올 수 있다. 양가적인 반응에 대해 한쪽의 이야기를 충분히 듣고, 또 다른 쪽의 이야기를 충분히 들어줄 때, 내담자가 자신의 감정을 더욱 잘 처리할 수 있다.

그리고 내담자 1이 수상스키를 탔고 재미있었다는 반응을 하고 있다. 내담자에게 힘들고 스트레스 되는 상황이 많은데 그래도 즐겁고 재미있는 상황이 나온 것은 중요한 의미가 있다. 그렇기 때문에 상1은 그 부분에 초점을 맞추지 않은 점이 아쉬웠으며, 즐거운 상황들을 더 충분히 들어보고 경험되는 감정과 욕구를 명료화하는 것이 도움이 되었을 것으로 생각된다. 예를 들어, "수상스키가 재미있다고 했는데 어떤 부분에서 재미있었어요. 그 이야기를 자세히 들려주세요?"와 같은 질문을 사용할 수 있다.

마지막으로, 내34가 "어차피 답이 없는 것 같고, '그냥 나는 여기서 그만 두고 나중에 내 가정이나 잘 꾸리고 싶다. 벗어나고 싶다' 그런 생각이예요."라고 말하면서 자신의 막막함과 열심히 해도 나아지지 않는 현실로 인한 좌절감을 표현하고 있다. 그때 상담자가 "그래요? 그런 마음들이 있구나!"라는 반응보다는 좀 더 적극적으로 "○○씨의 말에 ~~한 감정이 느껴져요"라고 말함으로써 내담자의 힘든 감정에 초점을 맞추어 들어가거나 "그 이야기가 의미있게 들려요"라고 선택적 주목을 하면서 내담자의 심리적 현실에 초점을 맞추어 들어갈 수 있었을 거라는 생각이 든다.

정서중심접근(Emotion-focused therapy)의 관점에서 볼 때, 상담자는 내담자의 2차 감정(사라지고 싶음, 허무함 등)을 재경험하도록 개입하기보다 나쁜 2차 감정이 유발되는 연쇄과정을 탐색하려고 하였다. 그리고 내담자가 어린 시절 그리고 현재 경험하고 있는 1차 감정(두려움, 막막함, 불안함, 힘듦, 고통스러움) 등을 경험하게 함으로써 내담자가 자신을 스스로 위로하고, 안타깝게 여기도록 하고 있다. 이러한 개입이 적절한 것으로 보이며, 내담자에게도 긍정적으로 영향을 미치고 있는 것으로 판단되는데, 내담자는 마지막 12-13회기에서 상담하면서 혼란스러움을 느낀 적도 있지만, 그 안에서 자신의 모습을 살펴가려고 애쓰고 있다고 말하고 있고, 가족을 바라보는 마음이 조금 편안해졌으며, 자신을 힘들게 하는 것도 가족이지만, 또한 자신을 버티게 하는 것도 가족이라고 말하는 것을 통해 가늠할 수 있다.

논평자: 팽혜숙 박사(한국상담심리학회 1급 상담심리사)

Chapter 04

한부모 미혼모사례

❝ 우리 아이의 엄마는 나예요 ❞

상담심리전문가: 손영미(건양대 교수)

01

내담자의 인적사항 및 가족사항

(1) 내담자 인적 사항

이영주(가명): 만 38세, 미혼모, 대졸, 3녀 1남 중 셋째, 직장인, 불교, 모자원 시설에 거주.

(2) 가족사항

이소망(가명): 만 3세, 아들, 한달가량 빨리 태어남, 잔병치레가 많음.
남자친구(아이 아빠): 내담자와 결혼을 하지는 않았으나 왕래를 함. 40대 초반, 자영업, 수입이 불안정.

(3) 원가족

부: 26년 전 사망. 군인. 출장가다 교통사고로 돌아가심. 가족 중에 내담자
　　를 가장 예뻐함. 아침밥을 자주 해줄 정도로 자상한 편이지만 체벌을 할
　　때는 무서움.
모: 70대 4형제를 손에 쥐려는 성향. 잔소리가 많음. 무직. 불교.
첫째 언니: 44세. 어린이집 원장. 엄마의 소원이 어린이집 하는 것이어서, 직
　　장다니는 첫째를 공부시켜 어린이집을 시킴. 내담자의 아들 이소망이 첫
　　째 언니의 어린이집에 다님. 현재 모와 남동생과 함께 살고 있음

둘째 언니: 42세. 스님.

남동생: 38세. 자영업. 아버지가 죽고 난 후 가장의 역할을 함. 모가 가장 좋
아하는 인물.

02
내담자의 주 호소문제

- 아이의 주양육자가 되고 싶어요.
- 감정이 불안정하고 언제 폭발할지 몰라 무서워요.
- 엄마와 싸우지 않고 이야기하고 싶어요.

03
행동관찰

키가 크고 마른 편. 짧은 머리. 목소리의 크기가 좀 큰 편이며, 말이 빠른
편. 자신의 이야기를 구체적으로 상세히 말하는 경향이 있음. 항상 상담시간보
다 20분 정도 일찍 옴. 눈을 잘 뜨지 못하고, 감고 있는 경우가 많음

04
심리검사

1) MMPI-2

L	F	K	1	2	3	4	5	6	7	8	9	0
57	61	48	62	55	56	67	60	81	63	61	55	69

[재구성임상척도] RCD: 64T, RC1: 63T, RC6: 70T, RC8: 69T

[내용척도] ANX:64T, OBS: 62T, DEP: 68T, HEA: 62T, BIZ: 62T, CYN: 62T, SOD: 68T,

FAM: 69T

[보충척도 및 성격병리] PSYC: 63T, INTR: 73T, A: 62T, ES: 30T, MT: 61T, PK: 78T, MDS: 66T, Ho: 63T, O-H: 62T

2) SCT

가족(어머니)	13. 나의 어머니는 무서운 26. 어머니와 나는 상하관계 39. 대개 어머니들이란 훌륭한 사람들 49. 나는 어머니를 좋아했지만 아직도 좋아한다.
가족(아버지)	2. 내 생각에 가끔 아버지는 좋은 아버지 19. 대개 아버지들이란 착한 분 29. 내가 바라기에 아버지는 우리 아버지 같은 사람 50. 아버지와 나는 서로 좋아한다.
가족	12. 다른 가정과 비교해서 우리 집안은 불행한 집 24. 우리 가족이 나에 대해서 별로다 36. 내가 아는 대부분의 집안은 권위적 48. 내가 어렸을 때 우리 가족은 행복한 가정
여성	10. 내가 바라는 여인상은 착한 어머니 25. 내 생각에 여자들이란 불행하다.
남성	8. 남자에 대해서 무엇보다 좋지 않게 생각하는 것은 있다. 20. 내 생각에 남자들이란 나쁜 놈 37. 완전한 남성상은 없다.
이성,결혼	23. 결혼생활에 대한 나의 생각은 결혼 별로 38. 내가 성교를 했다면 별로 47. 나의 성생활은 별로
친구	6. 내 생각에 참다운 친구는 없다. 22. 내가 싫어하는 사람은 무수히 많이 있다. 33. 내가 제일 좋아하는 사람은 아버지 45. 내가 없을 때 친구들은 없다.
권위자	3. 우리 윗사람들은 없다. 32. 윗사람이 오는 것을 보면 나는 별로.
두려움	5. 어리석게도 내가 두려워하는 것은 있다. 21. 다른 친구들이 모르는 나만의 두려움은 있다. 41. 내가 잊고 싶은 두려움은 출산 44. 때때로 두려운 생각이 나를 휩싸일 때가 있다.
죄책감	14. 무슨 일을 해서라도 잊고 싶은 것은 있다. 17. 어렸을 때 잘못했다고 느끼는 것은 없다. 27. 내가 저지른 가장 큰 잘못은 출산
자신의 능력	1. 나에게 이상한 일이 생겼을 때가 있다. 15. 내가 믿고 있는 내 능력은 있다. 35. 나의 가장 큰 결점은 착한 것 39. 행운이 나를 외면했을 때 없다.
과거	7. 내가 어렸을 때는 착한 어린이 34. 내가 다시 젊어진다면 다시 돌아가기 싫다. 46. 생생한 어린 시절의 기억은 없다.

미래	4. 나의 장래는 좋은 엄마 11. 내가 늘 원하기는 행복한 가정 16. 내가 정말 행복할 수 있으려면 없다. 18. 내가 보는 나의 앞날은 미래가 없다. 28. 언젠가 나는 죽는다.
목표	30. 나의 야망은 없다. 42. 내가 평생 가장 하고 싶은 일은 잠자고 싶다. 43. 내가 늙으면 죽는다.

3] 해석

내담자의 심리적인 어려움은 상당기간 지속된 상태로서 현 상태는 심리적으로 매우 혼란스러운 상태일 것으로 보이며, 외부의 도움을 요청하고 있는 것으로 보인다. 현재 내담자는 우울과 화, 불안 등 정서적 혼란감이 상당한 수준이며, 자신의 부정적 정서를 통제하지 못할까 두려워하는 상태이다. 원가족과 남성에 대한 분노 그리고 대인관계 피해의식도 상당한 것으로 드러나고 있다. 특히 원가족의 경우, 원가족으로부터의 사랑, 이해, 지지가 부족하고 자신은 부당한 대우를 받고 있다고 인식하는 경향이 높으며, 원가족에 대한 화와 공격성이 높은 상태이다. 이외에도 PK점수가 70T를 상회하고 있어 대인관계에서의 심각한 스트레스 경험이 있었을 것으로 추측되며, 이로 인해 대인관계에 대한 불신과 피해의식이 높아졌을 것으로 보인다.

내담자는 가족 및 타인에 대한 화와 공격성을 시니컬한 방식이나 우울함과 잠을 잘 못 자는 등과 같은 방식으로 표현되는 것으로 보인다. 이러한 어려움을 해결할 만한 내적인 자원 및 지지체계가 매우 부족하고, 자아강도도 상당히 낮아진 상황이다. 더욱이 자신의 미래나 목표에 대해 비관적이어서 현재의 심리적 어려움은 더욱 가속화될 가능성이 매우 높은 것으로 판단된다.

05
내담자 문제의 이해

- 내담자는 밀착된 대인관계 패턴을 보이고, 화와 불안 등 정서적으로 불안정한 상태를 보인다. 특히 원가족과의 관계에서 항상 문제를 일으키는 불안하고 조마조마한 막내딸로 인식되고 있다. 내담자도 원가족에 대한

불만이 많지만 자신의 생각과 감정을 정확히 자각하거나 표현하지 못하고 참고 누르다가 폭발하는 식의 감정적 대응을 해왔으며, 이에 대해 원가족으로부터 더욱 이해받지 못하게 되는 역기능적인 패턴을 반복해왔다. 이러한 문제증상의 배경에는 모와의 관계성이 주요하게 영향을 미쳤다. 즉, 부가 군인이어서 지방에서 혼자 지냈고, 내담자의 모가 5남매를 혼자서 키워야 하는 상황이었고, 주된 양육방식이 체벌과 비난이었던 것으로 보인다. 어린 시절 아이들이 질문을 하거나 모의 말을 잘 따르지 않으면 심하게 체벌을 하고(뺨을 때리거나 목을 조르고 낚아채고 할퀴는 등), 폭력적인 언어를 사용하였으며(돈만 쓰고, 똑똑하지 않고, 덜떨어지고 등), 자녀들의 작은 실수에도 자녀의 인격을 부정하는 말(애만 버리고 태만 길렀다 등)을 하는 경우가 잦았다. 모와 내담자의 감정이나 생각을 이야기해본 적이 없고, 내담자의 감정 자체를 억압하고, 통제하는 강압적인 양육방식을 보여 왔으며, 이 과정에서 내담자는 모는 두려운 대상이며, 크고 대단하며, 자신은 작고, 무기력하며, 소중하지 않은 별 볼일 없는 존재라는 생각을 내재하게 된 것으로 보인다.

— 내담자는 모와의 부정적이고 역기능적인 관계패턴에서 답답함을 느끼기도 하고, 벗어나기 위해 일탈행동을 하기도 했으나 가족들은 내담자의 이러한 행동을 오히려 더 못마땅하고, 부족한 모습으로 인식하였으며, 가족 안에서 내담자는 관리와 보호가 필요한 존재로 인식되었다. 가족 내에서 내담자의 욕구와 감정은 지속적으로 거부되고 부인되었으며, 이럴수록 내담자는 애정과 인정에 대한 욕구의 결핍이 일어나 모와의 밀착뿐만 아니라 내담자와 애정의 관계에 있는 사람들과의 밀착이 반복되었고, 그 과정에서 금전적인 문제 등 여러 곤란한 문제들이 생겼다. 이 문제들을 내담자의 가족들이 해결해주면서 다시 내담자는 가족 내에서 트러블메이커가 되고, 내담자는 가족들에게 죄책감을 가지면서 더욱 자기표현을 하지 못하게 되었으며, 사람들에 대한 불신과 피해의식은 커져간 것으로 보인다.

— 내담자가 자녀를 출산하고 난 이후 자신의 자녀임에도 불구하고 자녀를 온전히 돌보지 못하는 입장으로 지내오면서 자녀를 돌볼 수 있고 보호

할 수 있는 엄마가 되고 싶다는 욕구가 커지게 되었으나, 자신의 욕구를 정확히 자각하기 어렵고 표현하지 못하면서 이것이 가족에 대한 구체화되지 않은 화와 불만, 답답함 등의 정서적 불안정을 야기시켰으며, 이것이 내담자가 상담을 받게 된 계기가 되었다.

- 내담자는 이해력과 인지능력이 좋으며, 전문적인 능력(레시피 개발)을 보유하고 있어 경제적인 독립이 가능하다. 그리고 애기 아빠가 내담자의 양육을 도와줄 수 있고, 원가족도 내담자 자녀의 양육을 도와줄 수 있다. 이러한 점들은 내담자가 모 및 가족과 정서적·물리적으로 분리하는 데 주요한 자원이 될 것으로 판단된다.

06 상담목표 및 전략

(1) 내담자와 합의한 목표

1. 자녀양육에 대해 주도성을 갖고, 자신의 생각과 감정을 가족에게 표현한다.
2. 부모와 대립하지 않고 자신의 생각을 표현하고 싶다.
3. 아이 아빠와의 관계를 어떻게 할 것인지에 대한 생각을 정리하고 싶다.
4. 모와 분리한다.

(2) 상담자 목표

1. 내담자가 자신의 감정과 생각에 확신을 가질 수 있도록 한다.
2. 가족과 모에 대해 갖는 죄책감을 이해하고, 죄책감을 내려놓도록 돕는다.

(3) 상담전략

1. 모와의 관계에서 누적된 억울함, 화, 죄책감, 섭섭함 등의 감정을 재경험하고, 자신의 감정을 명료하게 자각하고 표현한다.
2. 내담자가 일상생활에서 느껴지는 감정을 자각하고, 그 의미를 이해할 수 있도록 한다.
3. 모와 가족들의 부정적인 말로 인해 상처받았던 자신을 위로하고, 자신을

보다 긍정적으로 네이밍할 수 있도록 한다.

07
상담진행 회기별 요약

■ 1회기

 (어떤 도움을 받고 싶은가?) 잘 참는 스타일이고, 그러다 갑자기 폭발한다. 최근에 더 예민해져서 사람들과 말하는 것도 싫고, 또 폭발할 것 같은 불안감에 시달린다. 잠을 잘 못 자고, 눈을 못 떠서 요즘은 눈을 감고 사람들과 이야기를 나눈다. (언제부터 그런가? 무슨 일이 있었는가?) 친정식구와 자녀 양육과 관련하여 계속 갈등이 있으며, 자녀의 양육자가 너무 많아서 내담자가 자신의 의견을 가족 내에서 말하기 힘든 상황이고, 그것으로 인해 화가 난다. 아이를 내 맘대로 키우지 못한다는 자책감이 든다. 엄마는 아이를 겉으로 표현하면서 사랑하면 안 된다고 하신다. 자기들은 우리 아이를 예뻐하면서 나는 하면 안 된다고 한다. 엄마, 언니, 동생이랑 같이 살다가 2년 전에 모자원으로 나왔다. 아이를 낳기까지 절에 숨어있었고, 아이를 가졌다는 말을 못 했다. 임신했을 때 아이를 입양 보내라고 하였고, 화가 나서 대꾸를 하면 너가 잘난 게 뭐 있냐고 그러고, 사람들이 집에 오면 숨어야 된다. (상담에서 원하는 바?) 내 스스로 아이를 돌보고 싶다. 사람들한테 떳떳하게 얘기하고 싶다. 엄마와 싸우지 않고 내 생각을 표현하고 싶다.

■ 2회기

 부탁받으면 거절 못하는 경향이 있다. 사람들과 친하지 않은데, 스스럼없이 오픈했던 친한 동생이 있다. (어떤 사람인가?) 똑부러지는 아이, 힘들 때 위로를 많이 해준 아이, 같이 있으면 안정이 되는 애이다. 그런데 걔가 여행 다단계를 하는데 설명회가자고 했다. 문자가 와서 자기 보너스받게 내꺼라도 들자며. (무슨 생각이 들었나?) 자기 돈 벌자고 날 끌어들인건가? 무시하자니 화가 났다. (화가 난거 같다. 결정적으로 화가 난 계기?) 밥 먹자고 해서 같이 밥 먹었는데, 자기 카드값을 메꿔달라고 하고, 나는 카드값이 얼마냐고 물어봤다. 그냥 갚아주려고 했다. 그런데 밤에 빵 터져서 그 사람에 대한 지난 3년 동안의 일들이 계속 생각이 나고, 어지럼증도 심해지고, 계속 생각하느라 잠을 잘 수가 없었다. 힘들었다. **(마음을 표현하였는가?)** 나는 딱 잘라서 얘기하지 못한다. 화내는 것도 싫고, 맞춰주는 스타일이고… 웬만한 건 다 들어주었다. **(화가 날 만하다. 좀 더 얘기해보라)** 걔가 나를 자기 뜻대로 하려고 하는 것 같고, 비웃고, 통제당한다는 느낌이다. 화를 조절하고 싶다. **(상담목표를 무엇으로 하고 싶은가?)** 아이를 잘 키우는 방법, 부모와 대립하지 않고 그 사람의 의견을 존중해주며, 나의 의견을 존중받는 방법, 남자친구와의 관계에 대해 정리하고 싶다. 그리고 내가 왜 그랬을까 밤새 되돌아보는데 그게 힘이 들고, 감정이 터질 것 같은 경우가 요즘 종종 있어서 감정을 추스리고 싶다.

■ 3회기

지난주에 상담을 하고 가면서 무반응을 해야 되겠다고 생각하고 갔는데 저녁에 ○○이 카톡을 보냈고, 나는 아무 반응을 안 하리라 생각하고 반응을 안 했는데, 아침에 보니 장문의 편지가 와있는 거예요. 반응을 안 보였어요. **(보고 난 다음에 마음은 어땠어요?)** 아침에 일어나자마자 그런 문자를 받으니까 기분은 더 우울해지는 거예요. 우울해지고… 그런데 그 아이가 심심할 때마다 톡을 계속하고 언니가 마음이 풀리면 하나 들어주든지, 이런 톡을 계속 보내는 거예요. 그렇게 일주일을 시작하니까 우울해진 거예요. 언니가 마음이 풀리면 두 계좌만 해달라구 계속 그러는 거예요. 내가 모르는 사람은 못되게 해도 상관이 없는데 내가 이 사람은 내가 짊어지고 갈 사람이라고 마음을 연 사람들은 단칼에 자르지를 못해요. **(거절하면 안 될 것 같다는 거죠?)** 내가 아는 사람이 다른 사람들한테 말 듣는 게 싫어요. 내가 피해보면 보지 다른 사람들이 말 듣는 게 싫어요. **(내가 거절을 하면 그 사람이 다른 사람한테 싫은 소리를 들을 거 같아요? 예를 들어 ○○씨의 경우를 생각해보면 ○○씨가 부탁을 했잖아요. 거절을 하고 싶은 마음이 있었지만 거절을 못했잖아요. 거절하면 무슨 일이 생길 것 같았어요?)** 거절하면 제가 알고 있었던 것을 다른 사람한테 말할 거 같았어요. **(나를 뒤에서 공격하고 약간 그런 느낌인데요)** 가족은 가족 간에 있는 것들은 나가지는 않잖아요. 그런데 애는 가족이 아니니까 우리 식구들이 모르는 것도 애한테는 얘기했으니까 그것들을 다른 사람한테 얘기할 거 같았어요. **(걱정되서 그러는 거네요. 두려운 거네요)** 약간 그런 게 있어요. **(믿음이 좀 안 가네요)** 네. 애기 낳고 돌 되기 전에 형사사건까지 가게 되는 안 좋은 일이 있었어요. 그때부터 사람들 만나지 말고, 아무것도 하지 말라고 그러는 거예요. 사람들이 다 뒤에서 언니 욕한다구… 언니가 약간 이상한 사람이고… 뒤에서 욕한다고. 그게 2014년도 12월에 그런 일이 있었어요. 2년간 활동하지 말라고, 하지말라고 그랬잖아. 거봐 내가 하지 말라는 일 하니까 이런 일 당하잖아. 계속 주입식처럼 얘기했어요. 2014년 12월에는 불안증이 심해졌어요. **(불안증에 대해 더 얘기해볼래요?)** 형사사건도 있었고, 그 아이는 모자원에서 나가고 나는 애 아빠하고 싸우고. ○○가 나가면서 2,000만원을 빌려달라고 한 거예요. 남동생한테 말해서 빌려주기로 했는데 남동생한테 갑자기 일이 생겨서 빌려줄 수 없게 된 거예요. 그랬더니 ○○가 다른 사람한테 빌릴 테니까 이자를 나더러 내라고 하는 거예요. **(○○씨가 빌렸는데 왜 영주님한테 이자를 내라고 하는 거예요?)** ○○한테 니가 내고 동생 들어오면 계산하자고 얘기했죠. "그러면 언니 내가 월세로 들어갔으니 1, 2, 3월 동안 월세를 언니가 내라. 언니가 2,000만원 빌려주기로 했는데 안 줬으니까 언니가 월세를 내라"고 하는 거예요. "생각해볼게"라고 말했어요. 알고 봤더니 월세는 9만원인데 나한테 30만원을 달라는 거예요. **(그래서 그거를 줬어요?)** 안 줬어요. **(그때 이후로 계속 돈 달라고 하는거네)** 네. 그때 이후로 계속 돈을 달라고 하는 거예요. ○○가 2월달에 여행 다단계를 하겠다고 하는 거예요. 플랜을 다 짜났더라구요. 나 들고, 우리 식구 전부 다 달고 하면 6명이잖아요. 그 계획을 세워놨더라구요. 그러면 자기가 앉아서 한 달에 들어오는 게 200인거예요. 그거를 나더러 해달라는 거예요. **(듣고만 있어도 제 가슴이 답답하니 올라오고 후끈 거리고 그래요. 제가 이러니 영주님은 얼마나 답답하니 싶어요. 전체 흐름을 제가 좀 들었어요. 이 얘기를 들으니까 ○○양하고 영주님의 관계가 더 복잡하구나. 더 복잡하고 특별한 관계구나)** 걔가 스스럼없이 다가왔기 때문에 저도 스스럼없이 오픈하고 **(다른 사람하고 달랐나봐요)** 달랐어요. 우리 아이 50일 쯤에 자기 아이를 데리고 우리 집에 와서 밥달라고 하는 거예요. 우리 아이가 태열이 좀 있었어요. 그런데 우리 아이도 스스럼없이 대하고, 베이비오일로 우리 아이 다 닦고. 그때는 저희 엄마가 아이를 만지지 못하게 할 때였거든요. 아이를 씻기지 않을 때였어요. 그런데 걔는 스스럼없이 만지고 그러니까 부러웠었어요. 저한테 되게 잘해줬어요. 자기 일처럼 도와주려고 했었고 그러니까 우리 식구도 저렇게 도와주지 않는데 그렇게 도와주니까 고마웠어요. 그런데 알고 봤더니 나를 만나고 보고서를 써서 내면 한 번에 삼만 원씩 돈을 받고 한 거예요. **(처음에 아이 낳고서 아이 어떻**

게 키워야 하는지 막막하고 그때 가족과 함께 지내는 것이 어렵고 하는 상황이어서 그때는 그 사람과 얘기하는 것이 숨통이 트이는 경험이었나봐요) 네. (그러면 그 사람한테 마음이 많이 가고 그럴 수 있겠네요. 충분히) 그런데 이제 돌이켜 보니 일 때문에 나를 만난 거였고, 나는 배려라고 생각한 거 같아요. (배려하는 마음이야 있었겠죠) 그죠, 맞아요. (그때의 초심은 배려하는 마음이 있었고 했을 것 같은데. 최근에 일어난 일련의 사건들은 제가 들어도 너무 무례하고 정도를 넘어선 거 같은 생각이 들어요) 넘어선 거라는 생각이 들기는 해요. 일단은 다음 달 둘째 주면 들어올 거예요. 걔가 받고 싶은 게 90만원인거 같아요. 카드값도 90만원이고, 생활비도 90만원이고. (주고 끝내려구요? 절대 그러지 말아요) 카드값이 없다구 얘기했구요. (그건 그 사람이 해결해야죠. 그건 그 사람한테도 안 좋고, 영주님한테도 안 좋아요. 그런데 두 사람간에 상호작용패턴이 너무 경계 없이 다 퍼주고 했었기 때문에 그 사람도 주의를 갖지 않고 무례하게 요구하는 이 상황까지 온 거 같은 생각이 들어요) 저도 그런 생각이 들어요. 경계가 없어서 그런 거 같기도 하고…

■ 4회기

○○이가 10일날 카드값을 해달라고 했는데 10일날이 되니까 바리바리 카톡이 오는 거예요. 카드값을 안 내면 자기가 지금 외국이라 카드가 정지되고. 그런 얘기가 나오는 거예요. 일단 카드값은 주지 않았어요. 선생님이 카드값을 주면 안 되는 거라고 하셨고. 내가 너한테 돈을 주면 내가 생활비가 없어, 내가 너한테 돈을 주고 나면 내가 한달 동안 살 돈이 없어 라고 말했어요. (그때 기분이 어땠어요?) 되게 시원했어요. 내가 그렇게 말하면 되는 걸 한달 내내 끙끙 알았구나. 며칠 지나고 한국에 들어와서 걔가 나한테 자꾸 전화를 해요. 그래서 걔가 왔다는 소식을 듣고 내가 습관적으로 전화를 할까봐 발신정지를 해놨어요. (돌아오고 난 다음에 만나거나 연락한 적이 없었어요?) 한번 했었어요. (그때 카드값을 안 준 거에 대한 이야기가 있었나요?) 그런 얘기는 없었어요. (그런 게 어떻게 생각되었어요?) 다른 걸 노리는구나 라고 생각했어요. 돌아오자마자 다시 ○○회사에 대해 또 얘기를 하기 시작하는 거예요. 다음달 4명 할 사람없어? 소개만 시켜줘 계속. 이렇게 얘기를 하니까 너가 나한테 카드값을 안 받으니 다른 걸로 괴롭히려고 하나부다. 싶은 생각이 들었어요. 문자에는 내가 별로 반응이 없었고.

내 마음속을 드러내지 않고 생활을 정리해야지 라는 얘기가 되게 중요한 말로 들리는데. 그게 저한테 어떤 말로 들리냐면, 그동안 내가 ○○와 내가 카드 값도 내주고 뭐도 내주고, 너무 가깝게 딱 붙어서 지냈구나. 이제 적정한 거리를 만들어야지. **(맞아요)** 하는 말로 들리고. 그렇다고 한다면 그건 정말로 필요한 일이라는 생각이 들어요. 지지해주고 싶은 마음이 들어요. **(맞아요)** 제가 느낀 게 뭐냐면 일주일에 한 번씩은 ○○이가 모자원에 들어와서 얼굴은 볼 수 있어요. 보면 왔냐하고 인사하고 안 보면 특별히 전화해야 할 이유도 없고. **(적정한 거리라는 게 어느 정도였으면 좋겠어요?)** 예전에는 한 몸이라는 느낌이었는데, 이웃집 옆옆집. 이웃집… 거리를 한 템포 늦추는 거리가 아니라 지금은 한 몸이라는 느낌인데 그 한 몸에서 분리해 나가려면 바로 옆집이면 바로 붙을 수 있어요. 그래서 옆옆집, **(옆옆집이면 어떻게 해야 하는 거예요? 예를 들면 돈을 빌려달라는거나 음식을 해주는 거나 얘기해주는 거나)** 각자의 생활은 각자의 생활이고. 만나면 얼굴 반갑고 안 보면 그냥 잘 사나보다, 그렇게 관심을 두지 않기로 했어요. 그 사람이 부탁하는 거에 대해서 옹호하거나 동조하거나 수긍하거나 그러지 않아요. **(부탁하는 거 전부 다 안 들어줄 거예요? 돈도 있고, 여행도 있고, 밥반찬도 있고, 애를 돌보는 것도 있고)** 아무것도요. (언니에게도 어린이집 원생을 안 받으면 아이를 옮기겠다고 표현하였고, 그래서 원생을 받은 것에 대해 이야기함. TV프로그램에서 미국으로 입양갔다 파양되서 시민권없이 살던 사람에 대한 이야기가 나왔고, 그것을 보면서 표현하면서 살아야겠구나 라는 생각을 했음에 대해 보고) **(지금 감정이 좀 올라오는 거 같은데… 어떤 감정이예요?)** 내가 왜 그렇게 살았을까? 빨리 깨우쳤으면 마음이 더 편해지지 않았을까? 몸 아픈 것도 좀 덜하지 않았을까? **(얘기하시는데 슬픔이 느껴져요. 자신에 대해 안쓰러워하셨구나)**

■ 5회기

(한 주 어떠셨어요?) 13년 동안 있었던 반려견이 죽었어요. 2002년도에 많은 안 좋은 일이 있어서 벗하라고 시골에서 데리고 왔어요. 동생처럼, 형제처럼, 식구처럼 지냈었죠. 많이 아팠어요. 그래서 안락사를 시켰어요. (반려견의 죽음에 대한 슬픔과 반려견과의 추억에 대해 이야기하면서 슬픈 마음을 나누었음). **(큰일을 겪으셨네요)** 단단해졌어요. **(단단해졌어요. 그게 어떤 의미예요?)** 저번 주에 갈 때 ○○한테 얘기하는 것이 걱정이 되었어요. 어떻게 얘기해야

하지, 어떻게 반응해야 하지? 전화도 계속 피했었거든요. 그런데 반려견을 보내고 나니까 13년 지낸 애도 보내는데 3년 지낸 친구 못보내겠냐 싶은 생각이 들더라구요. 3년 약간 알고 지냈다고 내가 그 사람한테 싫은 소리 못할 필요는 없겠다. 싫으면 싫다 좋으면 좋다 얘기를 해야겠다는 마음이 들더라구요. 그런데 목요일날 그 친구한테 카톡이 왔어요. 제가 월급날이 9일인데 8일날 문자가 와서 "나 살려주는 셈 치고 언니도 가입하고 4명만 가입시켜 줘. 믿을 사람 언니밖에 없다"고 하는 거예요. 부모가 잘못한 거에 아이가 미치는 영향이 많더라구요. 하고 싶지도 않았고, 계산을 해봐도 나는 몸이 너무 안 좋아서 그거에 신경쓸 여력도 없고, 눈이 더 안보여서 그거를 할 수가 없다고 답변을 보냈어요. 그랬더니 '그렇구나'라는 답변을 보내고는 연락이 없는 거예요. **(다단계처럼 영주님 밑으로 4명을 달라는 얘기지요?)** 다단계예요. **(거절을 하는 이런 것들을 예전에도 한 적이 있나요?)** 없어요. **(그러면 이런 거절 경험이 새로운 경험이네요)** 새로운 경험이예요. 다 부탁들어주는 스타일이지 거절하지 못하는 스타일이에요. 남의 똥에 주저앉아서 헤어나지 못한다고 하잖아요. 그게 제가 매일같이 당하는 스타일이에요.

■ 6회기

○○와 오늘 만나게 되었어요. 그동안 제가 연락할 이유도 없고 하지 않아야 된다고 생각해서 연락을 하지 않았어요. **(볼 거를 예상을 하고 있었잖아요.)** 월례조회를 하면 일찍 내려가는데 불안한 거예요. 그 아이를 만나게 되면 안 만난 지 한달 반 정도 되는데 그 사이에 개랑 언쟁을 하지는 않았지만 감정 간의 싸움이었잖아요. 얼굴을 보고 어떻게 해야 하나 그런 생각이 있었고. 어떤 사람이 저한테 그러더라구요. 100사람에게 똑같이 행운의 문자를 보낸다고 생각을 해라. ○○가 100사람한테 ○○을 하라고 똑같은 문자를 보낸다고 생각하라고 얘기를 하는 거예요. **(불안하다고 했는데 어떤 불안함이죠?)** 내가 마음먹은 게 흔들리지 않을까 그게 제일 걱정되었어요. 제가 ○○을 안 한다고 마음먹은 게 뭐였냐면, 제가 6명을 가입을 시켜야 하는 거예요. 그게 잘못되면 원망이 저한테 돌아오잖아요. 제가 예전 같았으면 그거 했어요. 우리 아이를 낳지 않았으면 했을 거예요. 다른 사람 원망은 한 귀로 듣고 한 귀로 흘리면 돼라고 생각하고 했을 거예요. 그런데 지금은 내가 아이를 키우는 엄마고, 나중에 이 아이의 미래를 봐서, 쟤 엄마가 저렇게 해서 어쩌구 저쩌구 원망을 듣고, 그것

이 우리 아이한테 갈까봐… 내가 아이 엄마고 내가 아이의 미래에 걸림돌이 되고 싶지는 않거든요. **(예전 같았으면 ○○씨한테 가는 마음 때문에 무엇인가를 했는데 지금은 아이 때문에 경계를 세울 수 있게 된 거네요. 아이가 복덩이네)** 엄마가 50만원, 그거 줘버리라고 말했는데 제가 그거를 주면 우리 아이한테 피해를 줄 수 있다고 그럴 수 없다고 얘기하니까, 엄마가 우리 딸래미가 이제 사람이 되가네, 그러는 거예요. **(감정이 올라오시네요. 어떤 마음이에요?)** 옛날에는, 지금도 말썽쟁이 딸인데, 어른이 된다는 게 예전에는 책임감이 별로 없었어요. 엄마한테 잔소리를 듣고 싶지 않아서. 엄마 눈을 피해서 말썽피우고, 저것이 말썽을 피우려고 저러는 거 같다고. 우리 엄마가 그러더라구요. 막내딸이 어른이 되가는 거 같다구. 이제 인정을 받는 거 같아요. 내가 아직까지 철이 없다고 생각했었거든요. ○○가 봤을 때도 철이 없다고 생각했을 거예요. 마흔살이 넘어서, 오늘 ○○를 딱 봤는데 저는 싫은 사람을 보면 대면대면 하는데 ○○ 딸이 와서 아는 척을 하니까 제가 예전의 모습처럼 친했던 모습처럼 반응을 한 거예요. 저 원래 그런 거 못하거든요. ○○가 내 눈치를 보더라구요. 제가 먼저 말을 걸었어요. 그렇게 말을 하고 나니 속이 편안했어요. 내가 너무 겁이 너무 많아서 겁먹었던 거 같아요. 당당하게 얘기하면 개도 당당하게 받아들이겠구나. **(○○씨와의 관계를 조금 살펴보면, 지금 말하는 거 보면 두 사람이 조금 편안한 거리가 생겼다는 느낌이에요. 밀착되어 있는 관계에서 어느 정도 거리를 유지하는 것이 어떻게 가능했다고 생각해요?)** 개가 한국에 있었으면 이렇게 유지가 되지 않았겠죠. 개가 마침 3주라는 시간을 외국에 나가 있었고, 개가 한국에 돌아와서도 내가 마음의 준비가 되지 않아서. **(이렇게 된 게 ○○씨가 외국에 있어서 그렇게 됐다?)** 아니요. 개가 뭐라고 해도 내 마음을 단련할 수 있는 시간이 필요했었는데 그 시간을 충분히 가졌고 내 마음의 연습을 많이 했고… **(마음의 연습이 뭐예요?)** 그 아이가 이렇게 대답하면 요렇게 대답하고, 플랜을 많이 짰어요. 맨 처음에 카드값에 대한 플랜을 짰어요. 빌려준다, 안 빌려준다, 누구한테 빌려서 빌려준다. 각 상황마다 어떤 일이 일어날 수 있는지, 내가 어떻게 얘기해야 하는지 준비했어요. **(어떻게 대화할지에 대해 시나리오를 짰다는 건데, 내 입장이나 내 생각을 충분히 주장하는 쪽으로 계획을 세운 거네요)** 제가 지금까지 살아오면서 즉흥적인 게 단점이었던 거 같아요. 어떤 사람이 이런 행동을 하면 어떤 결과가 나오는지 한 번도 생각해본 적이 없었거든요. 그런데 이번에 거절도 해보고, 이런 반응이 오면 어떻게 대처할지에 대해 연습한 거 같아요. 그동안 살면서 마흔 살이 넘으면서 즉흥으로 생각나는 대로 살았는데, 살다보니까 그게 아닌 거 같아요.

■ 7회기

(○○씨와 같은 관계의 모습이 다른 예전에도 있었나?) 있었어요. 예전에는 남자친구랑 그랬어요. 한번 마음을 열면 그 사람이 해달라는 걸 다해줘요. 그거를 6년간 했어요. 그 사람한테. 아이 갖기 전에는 돈을 잘 벌었어요. 그 사람이 저랑 만날 때 벤츠를 탔어요. 그 사람은 부산에 살았구요. 저는 서울에 살았는데 주말마다 제가 내려갔어요. 한번 빠지면 맹목적인 거예요. 내가 그 사람을 커버해야겠다는 생각을 하면 이 사람이 어디에 있든 커버해요. 2002년에 그게 병이라는 걸 알았어요. **(7년간 약물복용했던 때가 그때랑 맞물리네요).** 2002년부터 우울증약을 먹었어요. 2002년도에 저랑 아는 사람이 있었어요. 그 사람이 죽었어요. 스님이었는데 자살하셨어요. **(친한 관계였어요?)** 저희 집안 식구도 다 알고 제가 외로움을 많이 탄다고 저를 스님과 같이 살게 했어요. 그 스님이 생활비를 저한테 타서 쓰고. **(그 스님한테도 생활비를 드렸어요?)** 네. 그 스님이 호텔음식 좋아하시고, 여행다니는 거 좋아하시고 그러셨어요. 그래서 매일같이 돈 좀 있으면 돈 좀 줘봐 그러고 저는 필요한 거 드리고 그랬어요. 그렇게 3~4년간 같이 살았어요. 평일에는 스님하고 살고, 주말에는 남자친구한테 가서 살고. **(평일에는 스님한테 다해주고, 주말에는 남자친구한테 다 해주고)** 2002년도에 병이 났어요. **(무슨 병?)** 병명도 안 나오고 아프기만 하고, 무기력증 같은 병이 났어요. 계속 잠만 자고, 22시간 자고. 한 3주 정도 그렇게 하니까 스님이 아프다고 전화가 온 거예요. 스님이 3주 동안 혼자 살면서 스님도 외로움증이 많으셔서 약을 드신 거예요. 제초제 같은 거. 병원에 가서 위세척하고 돌아가시는 거 옆에서 다 지켜보고, 집안 식구 다 불러서 스님 보내드리고 그리고 나서부터 제 인생이 꼬이기 시작했죠. **(스님 보내드리고 마음이 되게, 얼마나 놀랐어요)** 되게 안 좋았는데 그 집 식구들이 저를 살인죄로 경찰서에 신고를 했어요. 집도 내 명의로 되어 있고, 스님이 저한테 빌려간 돈도 많았고, 카드빚도 많고 하니까 제가 암묵적인 살인을 했다고 해서 경찰서에서 12시간 조사받고. 그때부터 법정싸움을 1년간 하고. 알고 봤더니 스님이 저희 집 식구들 명의로 신용카드를 만들어서 카드빚이 2억 정도 나온 거예요. 그거 때문에 집안 식구는 집안식구들대로 난리가 났고. 엄마가 다 갚았어요. **(3년이나 같이 살던 스**

님이 갑자기 돌아가셨는데 그 마음을 추스르기도 전에 살인죄며 법정싸움이며, 그 마음이 얼마나 힘들었을까요) 그러면서부터 직장도 안 다니구요. 돈도 안 벌게 되구요. 그때부터 사람이 무섭더라구요. 그러면서 약을 먹게 된 거예요. 신경과에서 우울증 치료를 받았어요. 제가 죽으려고 더는 살 수가 없는 거예요. 카드값을 갚을 때마다 집안 식구들이 자꾸 뭐라 하고. 정말 살 수가 없는 거예요. (대꾸도 못할거 아니에요. 계속 너 때문에 이런 일이 생겼다고 그러고) 너 때문에 망했다고 계속 그러고. 나는 살고 싶은 마음이 없어서 계속 술을 마시고. 그때 약 먹고 상담받고. (그거를 7년이나 했어요?) 네. 약을 끊게 된 거는 뇌하수체 이상이 왔어요. 안면마비에 얼굴 움직이고, 눈 깜빡깜빡 거리고. (그때가 2009년?) 2010년 12월, (상담은 계속 받구요?) 상담은 안 받고, 약물도 끊었지요. 1년은 괜찮았어요. 그런데 2012년 되었을 때 예전의 버릇 같은 게 스물스물 올라오더라구요. 마음이 우울해지고 죽고 싶은 마음밖에 없었어요. 죽으러 다녔어요. 이렇게 죽어볼까 저렇게 죽어볼까. 그런 와중에 애들 아빠를 만났어요. (이때도 엄마랑 같이 살았을 거 아니예요?) 같이 살았어요. 그래도 엄마한테도 말을 안 했어요. 그쪽에서 대화를 해도 내가 말을 안했어요. 계속 책만 봤어요. 2012년 넘어가면서 동생이랑 싸우고, 언니랑도 싸우고. 집안식구가 마음에 안 들고. 제가 죽지 못한 거는 엄마 때문에 죽지 못한 거예요. 제가 엄마를 너무 좋아해서. 죽으러 갔다가도 엄마 생각나서 다시 돌아오고… (지금은 어때요?) 지금은 아들 위해서 살아야죠. (지금도 죽고 싶다는 생각이 드나요?) 죽고 싶다는 생각은 매일같이 있어요. 살고 싶은 마음이 별로 없는데… 그런데 내가 살아야 되는 이유는 알아요. 우리 아이가 크기 전까지는 성인이 되기 전까지는 어떻게든 지켜야 한다는 생각은 있어요. (그 얘기를 들으니까 아직까지 죽고 싶은 마음이 있고. 그 말은 아직까지 마음이 힘들고 고통스럽다는 거잖아요) 그래도 아침이 되면 풀어요. 오늘도 하루가 밝았으니까. 사람들이 잠자면 되지 하는데 잠을 잘 못자는 이유가 내가 살아온 삶이 너무 답답하고 너무 어리석고 하니까 짜증도 나고 그러는데, 이렇게 말하면 사람들이 이해를 못해요. 다 내가 잘못했다고 얘기하지 사람들은 이해 못하거든요. (한번 마음을 열면 단칼에 자를 수도 없고 그 사람을 위해 헌신을 한다고 얘기했잖아요. 저는 그것이 잘못이라고 생각하지 않아요. 나름의 이유가 있고, 그게 얼마나 절박한 마음이겠어요) 제가 애기 때부터 나는 애정결핍인거 같애 엄마… (그 얘기를 들으니까 내가 왜 이럴까에 대해 정말 많이 고민하고 생각하고 또 생각했구나 라는 걸 알 수 있겠어요. 그러면 안 된다는 걸 알면서도 하게 되잖아요) 아침이 오면 다시 아무렇지도 않게 내 원래 본모습을 감추고 아무렇지도 않게 아이 옷 입히고 밥 먹이고, 아무런 스트레스도 없다는 듯이 회사에서 일하고, 돌아와서 아이 밥 먹이고 목욕시키고 재우고. 내가 해야 할 일 다 해놓고 밤이 되면 잠을 잘 수가 없어요. 한번이라도 아무 생각 없이 머리 베개에 대고 자보는 게 소원이에요.

■ 8회기

내담자 자녀의 할머니 집에 다녀오고 난 후 배탈이 났고, 할머니한테 다녀온 일로 내담자 모와 갈등이 있었음에 대해 이야기함

엄마가 "니가 영월 안다녀왔냐, 사진 찍은 건 뭔데?"라고 하셨고. 다리가 아프다고 해서 죽기 전에 다녀온건데. 그랬더니 우리 엄마가 "백번이고 천번이고 나를 이해시키고 가야 하는데 그러지 않았으니까 짐싸들고 나가라." (그때 마음이 어떠셨어요?) 니 맘대로 하니까, 니가 그렇게 잘났으니까 매일같이 엄마는 너랑 나랑 인연없이 너 가서 살면 되지 너가 우리들한테 상처주는 거지. 내가 엄마 때문에 상처를 받는 게 아니라 내가 엄마한테 상처를 준다고 생각하시는 거예요. 모르겠어요. 엄마의 마음을. (엄마가 그렇게 말씀하셨을 때 영주님의 감정은 어떠셨어요? 지금도 감정이 올라오는데) 워낙 싫어하니까 말을 안 했어요. (난처한 상황이죠) 이쪽에서는 워낙 강경하니까 싸우고 싶지 않으니까 조용히 다녀온건데. (엄마를 속상하게 할 마음이 아니었는데) 물어보고 답하고 하는 게 싫었어요. 그래서 말 안 하고 조용히 갔다온건데, 무조건 인연 끊고 짐 싸들고 가라, 자식 없다고 생각하면 되고 호적에서 파버릴거라고 그러고. 우리 엄마 입장에서는 자기를 속였다는 것만 중요한 거예요. 백번이고 천번이고 이해시키고 가라는 말은 맞아요. 그런데 그 뒤에 일어날 일이 어떨지 뻔하니까 말 안 하고 갔다온건데 어저께는 짐 싸들고 가라고 꼬락서니 보기 싫다고. (짐 싸들고 가라는 말을 자주 하세요?) 인연 끊고, 너 좋으면 가서 살아라. (그 얘기를 듣고 어떠셨어요?) 엄마는 가볍게 얘기하지만 나한테는 큰 숙제인데. 자식 없는 셈 치면 된다고 매번 그렇게 얘기하세요. (너 필요 없다. 내치는 것처럼 들리기도 해요) (울컥함) 내치는 게 싫으니까 엄마 말 듣고 엄마가 하지 말라는 거 안 하고 그렇게 사는 건데 매번 그렇게 얘기하니까 내가 잘못했다고. 내가 잘못하는 거 아는데, 엄마는 오지 말라고 애기 목욕하고 있었는데 애기 빼라고, 당장 짐 싸들고 가라고. 무조건 자기 의견대로 되지 않으면 배제를 해요. 모든 상황

이든 모든 데에서. 가차없이 끊겠다는 식의 말을 하세요. 아이도 필요 없다고 냉정하게 말하세요. **(그때 어때요? 화가 나요? 마음이 어때요?)** 답답해요. 어 렸을 때부터 매일같이, 나 하나 죽으면 이렇게… 내가 아이한테 이런 얘기하면 안 되는데 엄마가 하늘나라 갈 것 같다. **(너무 고통스러웠군요)** 그러면 너는 누 구랑 살거냐, 그러니까 아이가 엄마가 하늘나라 가면 자기가 너무 슬플 거 같고 이모랑 산다고 하더라. **(엄마의 얘기를 듣고 겪는 과정 속에서 죽고 싶을 정도 로 고통스러웠군요)** 아이 아빠도 나랑 연결되는 거고 엄마도 나랑 연결된 거고, 내가 죽고 나면 애기가 불쌍하니까 그럴 수도 없고. 내가 왜 그럴 수밖에 없었 는지 말하고 싶어도 자기 말만 하고 다 됐다고 그러니까 나도 좋게 좋게 성내 지 않고 얘기하려고 하는데 그게 안 돼요. **(엄마는 내 말을 들을 준비가 안 되 어 있고)** 엄마가 보기에는 나쁜 사람이고 나쁜 놈이고 그래도 애 아버지가 친 부니까 해코지는 하지 않을 거 아니에요. 의붓애비 만들 수도 있어요. 그런데 아빠가 아이를 찾아요. 아빠를 찾고, 아빠를 보고 싶어 해요. 근데 옆에 있는 할 머니가 아빠 싫어한다고 아빠 얘기하지 말라고 하면 옆에 있는 사람은 마음이 찢어져요. **(내 속마음은 갈등이 많고 슬픈데 그걸 얘기를 못하고, 여기 의견도 들어줘야 하고 저기 의견도 들어줘야 하고)** 엄마가 짐 싸들고 나가라고 한다 하니 빨리 우리들이 합치면 그런 일이 없을 거다, 세월이 지나게 되면 왕래하게 된다. 저는 아직까지 제 마음을 몰라요. **(울컥함)** 살아야 하는 건지 말아야 하 는 건지 부모의 말을 따라야 하는 건지 애 아빠의 말을 따라야 하는 건지 아직 까지 제 마음이 결정이 되지 않았어요. 그런데 주위 사람들이 이렇게 해라, 아 니다 이렇게 하라 그러고… 이 사람 의견을 따라주면 이 사람이 뭐라 하고. 저 사람 의견을 따라주면 저 사람이 뭐라 하고… 저만 중간에 서서 이러지도 못하 고 저러지도 못하고 저만 정신이 없는 거예요. 어느 정도 마음에 안정이 돼서 살길을 살아야겠다. 이렇게 있으면 안 되겠다, 마음 다잡고 여름 지나고 나면 회사 다니는 것도 애랑 시간 많이 보내는 곳으로 옮기고 해야겠다고 했는데. 갑 자기 이런 일이 터지고 나니까. **(엄마는 엄마대로 그 사람 정리하고 내 말 들으 라 하고 애 아빠는 우리가 같이 살면 해결될 거라고 하고 중간에서 어떻게 해 야 할지 모르겠고 내 마음을 모르겠다고 이야기 했어요. 그런데 이런 생각이 들기는 해요. 엄마가 짐 싸들고 나가라는 말에 죽겠다는 감정까지 갔잖아요. 삶을 놓고 싶다는 감정은 아주 힘든 감정이잖아요. 엄마의 말을 전혀 내치지 못하고 고스란히 받아서 고통스러워하는 영주님이 보였어요)**

■ 9회기

일요일에 냉풍기가 왔어요. 그래서 집을 시원하게 해놓았어요. 토요일날 모자원에 가서 청소를 다했어요. 월요일날 집에 전화를 했는데 남동생이 전화를 받았어요. 예전 같았으면 남동생도 엄마편 들면서 뭐라고 했을 텐데 이번에는 그렇지 않더라구요. 언니도 더운데 어떡하니 내가 애 데리고 키즈카페갈까, 그러고 예전처럼 공격하지는 않더라구요. 엄마랑은 아직까지 대화하지 않았어요. 어차피 대화를 한다고 해도 계속 악순환처럼 돌아갈거 같고, 제 마음이 아직까지 정해지지도 않고 해서… (자연스럽게 풀어지긴 하겠지만 예전과 비슷한 방식으로 풀고 싶지는 않고) 아이 아빠한테 얘기를 했더니 같은 방식대로 한다면 또다시 엉켜지니까 이번에는 풀어버리는 게 어떠냐고 하더라구요. 같이 살면 맨처음에는 안 보겠다고 하겠지만 나중에는 풀릴거다, 그러는 거예요. **(그 얘기 듣고 어떠셨어요?)** 아직 같이 살지 생각해본 적도 없고, 내가 애 아빠랑 살면 가족을 버려야 하는 거고 나한테 생각할 시간을 충분히 달라고 했어요. 일단은 모든 사람들한테 생각할 시간을 충분히 달라고 하고 생각하는 중이예요. **(그 얘기가 많이 반갑구요. 생각하는 거를 저랑 같이 생각하면 좋겠어요)** 네. **(생각을 한다는 거는 엄마한테 애 아빠에 대해서 정리된 마음을 얘기하고 그런 건가요?)** 그렇죠. **(예상되는 분란도 있고, 걱정되는 부분도 있어요?)** 엄마가 싫어하고 하니까. **(본인 마음은 어때요?)** 저 마음은, 안 보고 싶지는 않아요. 아이가 같이 사는 걸 원해요. 왜 따로 사냐고 그러니까, 내 마음의 2/3는 아이니까 아이가 같이 살기를 원해요. **(아빠로서의 남자친구는 어때요?)** 지금까지 같이 양육을 해본 적이 없어서 같이 살면 의견충돌이 많아질 거예요. 가치관이 다르고, 고집이 되게 세요. **(애 아빠는 성격이 어때요?)** 불의를 보면 못 참고, 약간 똘끼가 있어요. 자기가 생각한 게 정상이에요. 남이랑 말하는 거 좋아하고. 가족 관계에서 봐도 저희 엄마와 트러블이 난 게 그쪽 집 형제들이 아이 아빠가 돈을 못 벌어서 약간 무시하는 경향이 있었어요. (애 아빠 쪽에서 내담자를 오해한 사건이 있어서 내담자를 탐탁지 않게 여겼던 일들에 대해 이야기하였음. 이런 일들을 내담자의 엄마가 듣게 되면서 애 아빠를 싫어하게 되었고, 아이 낳을 때 돈을 못 벌어서 애 병원비를 못 대서 엄마가 더욱 싫어하게 되었음에 대해 이야기함. 애 아빠는 이러한 일련의 사건에서 내담자의 엄마를 만나 설명 및 설득하는 것을 한 번도 하지 않고, 회피해 왔음) **(애 아빠가 장모님과의 관계를 해결하려는 노력이 좀 더 필요한 거 같아요. 아이 아빠가 아이를 주기적으로**

만나고 하는 건 아이한테도 중요하기 때문에 할 수 있으면 좋아요. 그거를 위해서라도 아이 아빠가 친정엄마와의 관계를 좀 더 적극적으로 해결하려는 시도가 필요한 거 같아요. 그리고 아이 아빠의 역할도 있지만 남편으로서 같이 사는 것은 별개의 문제인거 같아요. 같이 안 살아도 아빠의 역할은 할 수 있거든요. 그 부분은 이야기를 더 해야 할 거 같아요)

■ 10회기

(사이버대학 아동심리학과에 4년 전액 등록금 면제로 합격되었음. 1명 뽑는 것인데 합격되어 기쁜 마음을 표현함) 오늘 월요일에 합격발표가 났어요. (기분이 어떠셨어요?) 기분이 되게 좋았어요. 자랑하고 싶고, 되게 되게 기분이 좋았어요. 캡처해서 동생한테 보냈어요. 4년 등록금 면제다. 그랬더니 하는 말이 목표를 잡았으니까 끝까지 해보라고 그래요. (격려를 해주네요) 요즘에는 엄마랑 사이가 안 좋아서 그렇지 다른 식구들하고는 괜찮아요. (엄마도 얘기 듣고서 직접 전화는 안 했지만 뿌듯하시겠네요) 대학교 등록금 면제라고 하는데. (지금 얘기하는데 감정이 올라와요. 어떤 마음이에요?) 그냥 그래요. 자랑하고 싶고, 엄마도 보고 싶고. (엄마한테 자랑하고 싶어요?) 엄마랑 만날 기회가 있었어요. 아이를 데리러 갔는데 엄마가 나와 있는 거예요. 그런데 아직까지 내 마음이 다 잡아지지 않고, 정리가 되지 않아서 만나고 싶지 않았어요. (오늘은 어떤 이야기를 나누고 싶어요?) 지난주에 ○○가 아르바이트 하는 카페에 와서 잠깐 메뉴 좀 봐달라고 해서 카페에 갔거든요. ○○ 딸과 우리 아들을 데리고 갔거든요. 일하러 간 게 아니고 놀러간 거거든요. 그런데 카페 주인이 일하러 왔으면서 애들 데리고 왔다고 뭐라고 하는 거예요. (사전에 부탁을 받고 간 것이 아닌데 주인이 그렇게 얘기하면 당황스러웠겠네요) 주인이 자기를 만나기 힘든 사람이니까 만난 김에 얘기하자며… 주먹밥, 피자, 마른 안주 등 하고 싶은 게 많은 거예요. 저는 간소화를 해야 합니다. 1인 체계이기 때문에 3분 안에 모든 음식이 나갈 수 있게 간소화해야 합니다 라고 말했더니 아니래요. 나한테 필요한 게 뭐냐고 하니 매뉴얼이래요. 매뉴얼을 씻는다, 다듬는다 등 세세하게 적어주기를 원하는 거예요. 주인의 의도는 낮에는 브런치 밤에는 술을 팔고 싶은 거예요. 미혼모 엄마들을 쓰거든요. 자신은 마담을 하고 싶고 미혼모 엄마들을 저임금에 쓰려고 하는 게 보이는 거예요. 그래서 화가 났어요. 지금은 결혼해서 아니지만 자기도 미혼모 당사자였거든요. (사장의 어떤 제스처나 말로 파악하신

거예요?) 간소화해야 합니다 라고 했는데도 말을 듣지 않아요. 1인 체계라면서 5품하는 거는 죽으라는 것이다, 음식 만들면서 서빙까지 다 하면 하기 어렵다고 말했거든요. 그래도 듣지를 않아요. (전문성을 받아들이지 않네요) 밤에 아이가 코피를 흘려서 병원에 입원했거든요. 우리 아이는 혈소판 수치가 낮아서 하루 이틀은 무균실에 들어가야 하거든요. 내가 매뉴얼을 자원봉사 차원에서 해주려고 했는데 해주고 싶지 않은 거예요. 해줄 필요가 없잖아요. 그래서 전화해서 아이 때문에 매뉴얼을 만들 수 없다고 말했어요. (해주고 싶지 않은 마음은?) 말을 해도 듣지를 않는다. 매뉴얼 하나에 천만원을 받기도 하는데 내가 그거를 주고 싶지 않았다. (그분도 예의가 없네요. 전문가가 얘기하고, 부탁을 하는 입장이면 수긍을 하는 것이 필요한데… 자존심이 상했을 거 같아요. 욱했을 거 같아요) 맞아요. 욱했어요. 그래서 나 간다하고 나왔고 속으로도 욕을 하고 했어요. (조언을 들을 만한 자세가 안 되어 있었네요. 욱하고 올라올 수 있는데 그거를 어떻게 추스렸어요?) 추스린 거는 우리 아이를 재워놓고, 옷을 개면서 빌어먹을, 속으로 욕이란 욕을 다하면서. 하는 말이 멸치를 통영에서 가져온다고 멸치를 통영에서 가져오면 뭐하냐고 맛볼 줄을 모르는데, 욕을 욕을 하면서 옷을 다 갠 거예요. 그랬더니 새벽 1시인가 2시쯤이 되었는데 이런 제 자신이 웃긴 거예요. 별거 아닌 여자 때문에 옷을 개면서 욕을 하고 있는 제가 웃긴 거예요. 예전 같았으면 다음 날 가서 싸웠어요. 그런데 이런 나를 보면서 위축되었구나 라는 생각이 들더라구요. (옷을 개는 게 위축되었다고 생각되었어요?) ○○가 자기 입장이 난처해진다고 해서 참은 거예요. 아니었으면 달려갔을 거예요. (빨래를 개면서 막 욕을 하면서 화를 추스르는 모습을 위축되었다고 표현해서 저는 놀라는 마음이 들었어요. 왜냐면 저는 얘기를 들으면서 너무 자연스럽다 그런 상황에서 화가 나는 것도 자연스럽고 화가 나서 혼자 욕을 하면서 푸는 것도 자연스럽고 그랬거든요) 예전 같았으면 전문성이 떨어진다고 했으면 위약금을 몇백을 물고 말거든요. (확인해보고 싶은 마음이 드는 게 그때 했던 행동들이 당당하고 위축되지 않은 행동이고 이번에 했던 게 위축되고 안 좋은 행동인가요?) 예전에는 다시는 안 본다며 위약금물고 두 번 다시 안 해준다고 하거든요. 친구들이 너가 사람이 되가는 거냐 위축되는 거냐고 해요. (어떻게 느껴져요?) 위축되는 거 같기도 해요. 옷 개면서 욕하면서 이렇게 한 적이 한 번도 없어서 이것이 정서조절을 잘 하는 것인지 잘 모르겠어요. (머리채를 잡거나 밤새 생각을 하거나 폭언을 하거나 하는 것이 정서조절을 잘 하는 것은 아니고, 자신의 감정을 폭발시키거나 나를 괴롭히는 것이다. 옷을 개면서 적절하게 자신의 화난 감정을 표현하는 것을 보면서 화가 나고 자존심이 상했을 텐데 적절하게 잘 다루었구나 라는 생각이 들었다는 말을 하면서 마무리)

■ 11회기

　모에 대한 이야기를 나눔. **(부모님은 어떤 분?)** 군인이시고, 어릴 때는 지방에 사셔서 떨어져 지냈고, 우리는 서울에서 엄마와 4남매가 생활하였다. 아빠는 4남매 중 나를 가장 많이 예뻐해주셨다. 엄마는 무섭고, 강하신 분이다. 여장부 스타일. 성격되게 강하고, 정도 많고, 여리고 그렇다. 엄마는 절에 자주 가서서 근처 이모나 동네 아줌마들이 돌봐주었고, 4남매가 집에서 주로 놀았다. 45년째 한 동네에서 살고 있다. **(어린 시절 기억은?)** 밤 되면 엄마는 철야기도를 가셨고, 엄마가 하지 말라는 건 한 적이 없다. 엄마는 무섭다. 엄마와 아빠는 자주 싸웠는데, 엄마가 목매달아 죽겠다며 실제 끈으로 목을 조르는 장면을 자주 보였고, 아이들은 그때 무서워서 꼼짝도 못하는 상황. 엄마는 우리가 잘못하거나 했을 때도 너 죽고 나 죽자며 우리의 목을 조르거나 뺨을 때리거나 폭력을 행사하는 경우가 잦았다. 낚아채고, 귀싸대기를 때리고… 왜 왜 왜 라고 세 마디만 물어보면 귀싸대기가 날아왔다. 작년에도 뺨을 맞았다. 엄마는 나에게 '애만 버리고 태만 길렀다', 돈만 쓰고 똑똑하지 않고, 덜 떨어지고, 이용당한다는 식의 말을 많이 했고, 그 말이 상처가 되었다. (상담자는 그때의 내담자의 감정을 접촉하려고 하였음. 그러나 내담자가 감정을 접촉하려고 시도하는 순간에도 자주 이야기를 길게 말함으로써 감정접촉을 잘 하지 못하였음)

■ 12회기

　(한주 어떻게 지내셨는가?) 사람 들이는 것도 싫고, 내가 모르는 사람과 눈 맞추는 것도 잘 안 되고. 모자원에 살면서 내가 다른 사람과 다른가 하는 생각을 하게 되었어요. **(무슨 일이 있었나?)** 모자원에 누가 오면 하루 전에 얘기해야 하거든요 그래서 청소도우미가 올 때 얘기했는데 복지사 선생님이 나와서 다 얘기 안 해도 된다고 그러더라구요. 원래 얘기해야 하는데 다른 사람들은 안 하거든요. **(그게 규칙인데, 불편한 마음이 올라왔나봐요. 무슨 생각이 들었나요?)** 내가 너무 별난가? 내가 너무 남한테 싫은 소리를 듣고 싶지 않아서. 말할 거 다 말하고 오픈하고 살면 되는 건데 내가 너무 별나게 사는 건가 라는 생각

이 들었어요. 예전에 한 엄마가 선생님한테 쏘아붙이는 거를 봤어요. 그래서 내가 뭘 그렇게 따다다 거리냐고 말했어요. 선생님한테 못되게 한 게 열받아서. 옆집 엄마들을 보면 애들 놔두고 나가고, 재우고 나이트 가고 그러는데… 그걸 보면 미쳤구나, 아이를 기르려고 이혼했으면서 한심하다 왜 저럴까 라는 생각이 들어요. (그리고 또?) 내가 저런 사람들과 같은 취급을 받으며 이곳에 있어야 하나? 라는 생각도 들어요. 문을 다 열어놔야 하는데 현관문을 열어놓으면 지나가는 사람들이 쳐다보고 하는 게 싫어서 현관문을 안 열어놓거든요. 환기를 시켜야 해서 후드를 계속 틀어놓는데, 전기세가 많이 나오니까 모자원 선생님들이 영주 씨네가 전기료가 탑이야 라고 말하고. 거기 엄마들은 전후 사정을 모르잖아요. (그게 언짢으신거예요?) 내가 쓰든 말든 자기네들이 내는 것도 아닌데. 내 아들이 장난감 사고 싶다고 해서 내 돈 가지고 내가 쓰는데 언니네는 장난감을 많이 사준다는 둥… (거기 있는 엄마들이 부럽기도 하겠어요) 부러워할 수도 있고 한데, 저는 아이 위주로 사는 사람이니까, 부러워할 수도 있는데… 우리 아이가 생수로 보리차를 끓여먹어요. 남동생이 생수를 한달에 한번 배송을 시키거든요. 티슈, 물 그런 거는 다른 집보다 많아요. 그러니까 다른 엄마들이 부러울 수도 있어요. 다른 집 엄마가 그러더라구요 "언니 너무 별나게 사는 것도 그래. 언니 다른 사람들하고 왕래도 하면서 살아야지 독불장군처럼 혼자 살면 안 돼" 그러는거예요. 나 혼자 살지는 않아. 그 엄마가 그러더라구요. "사람들이 언니랑 아이에 대해서 말이 많아. 다른 집은 직장다니기도 힘들고 그러는데 언니네는 언니네 엄마가 어린이집하니까 언제든지 맡길 수 있고." 나 나름대로 고통이 있어 하고 말았는데 월요일날 그 얘기를 듣고 나니까 마음이 되게, 내가 너무 독불장군처럼 사나? 나는 평범하게 산다고 했는데 별나게 사나? (그런 생각이 들었군요. 감정이 어떠셨어요?) 절이 싫으면 중이 떠난다고 내가 떠나면 되겠지. (그러면 속상한 마음이네요) 약간 오해받는 느낌, 오해받은 거를 내가 일일이 다니면서 말할 필요는 없잖아요. 내가 여기 기한 채워서 나가면 되지 그 생각이 들었어요. (오해받는 느낌이에요? 뭐에 대해 오해받는 거 같아요?) 저는 뭐든지 아이 위주로, 아이가 하고 싶은 거 해주는 건데. 내 삶이, 내가 모자원에 사는데 언니는 풍요롭게 사는데 왜 여기서 살아? 살 필요없잖아?라고 말하는 거 같아요. (언니는 우리와 처지가 다르잖아 라고 말하는 것 같네요. 아까 영주님이 같은 취급을 받고 싶지 않다고 말한 거랑 욕구가 딱 맞는 거 같은데요. 그 사람들이 영주님이 자기들과 다르다고 얘기하는거니까) (웃음) 그런데 그래도 기분이 나쁜 거예요. 같이 어울리기는 싫은데 그 사람들이 나에 대해서 얘기하면 싫은 거죠. 내가 스스로 아직까지 정리가 안 되서 왔다갔다 하는 거 같아요. (**저는 그런 느낌보다는 그런 취급을 받고 싶지 않다는 거는 내 자존감을 더 지키고 싶다 그런 거고. 지금 속상하다는 거는 사람들과 주고받고 하는 거에 대한 욕구가 있는데 그러지 못해서 속상하다는 것 같아요**) 다른 집 엄마한테 주고 하면 사람들이 자꾸 달라붙어요. 언니 뭐 있어요? 그러고 당연하다는 듯이 와서 달라고 하고. 달라붙는 거에 대한 게 싫은 게 있어요. ○○가 너무 달라붙고 그래서 그게 너무 싫은 거예요. 요 근래 ○○와 몇 번 만났더니 본색을 드러내는 거예요. 내가 한번 밥을 사면 자기가 한번 사기도 하고 그래야 하는데 자기 딸한테 이모가 택시비도 내고 장난감도 사줄거야 라고 그러는거예요. 사람들과 어울리고 싶기는 한데 또 달라붙고 그러는 게 싫고. (**경계를 짓고 싶은 마음도 있지만 또 맏언니라서 그런가 챙기는 마음도 느껴지고. 달라붙는 게 싫기는 하지만 달라붙지만 않으면 가까이 지내고 싶은 마음도 느껴지고. 그런 마음이 드는 게 자연스러운 거 같아요**)

■ 13회기

(모기향 알러지가 있는데, 지난주에 모기향 중독이 되어서 온몸이 마비되고 죽을 것 같다는 고통과 두려움을 느끼는 상황에 대해 이야기함). 병원에서 해독주사를 맞고 왔다. 진짜로 죽는 줄 알았어요. 웬만해선 죽음이 두렵지 않은데 진짜로 죽을 것 같았어요. (울컥함) 애기한테 엄마가 죽을 것 같으니까. 진짜로 죽을 것 같았어요. 엄마가 죽으면 할머니랑 살아야 한다. (**두려움이 밀려왔군요. 누구한테 연락을 했어요?**) 아무한테도 안 했어요. (**혼자서 많이 아프고 두려웠을 텐데 왜 아무한테도 연락을 안했어요? 감기만 걸려도 너무 힘들고 외로운데**) 진짜로 내가 자고 눈을 못 뜰 거 같으니까 아이한테 미리 말을 해놔야 우리 엄마가 하늘나라 간다 했으니까 갔구나 라고 받아들일 거 같았어요. 하늘나라 가면 할머니랑 살아야 하니까. 아이가 엄마 하늘나라 가지 말라며… (**지금도 얘기하면서 감정이 올라와요**) 2년 전에 만났던, 5년 전에 만났던, 예전의 사람들이 꿈속에서 나타나고, 다 나타나니까 죽을 거를 내가 참 미련하게 살았구나. 죽을 때가 되었는데 아무한테도 연락할 데가 없는 거예요. 가족들한테도 연락할 수 없고 아무한테도 애를 부탁한다고 연락할 수가 없는 거예요. 애 아버지한테 전화해서 나 아프다고 말하니 그렇게 몸관리하라고 했더니 안 한다고 그리

고… 엄마한테 전화할 수도 없는 거구. 내 자신이 너무 한스러운 거예요.(**주변에 의지할 사람이 없다고 느껴졌구나**) 나 진짜로 죽을 거 같았어요. (몸이 괜찮아지고 난 후 엄마에게 간장게장을 해주려고 언니에게 전화를 했던 에피소드에 대해 이야기함) (**목요일날 죽을 고비를 넘기고 난 다음에 엄마에게 간장게장을 해주겠다고 생각을 했는데 그 마음은 뭔가요?**) 가족이 내가 몸이 안 좋다는 건 알아요. 그런데 모기향에 중독되었다는 건 몰라요. 아직 애기의 친권이나 양육권은 제가 다 가지고 있으니까. 엄마랑 화해를 해야 되겠다. 내가 잘못을 했건 안 했건 남남처럼 살 수는 없잖아요. (**엄마가 그리웠어요?**) 그립진 않았어요. 엄마가 보고 싶거나 가족들이 그립진 않아요. (**죽음에 대해서 경험을 했고 두려웠고, 그리고 외로웠고, 영주님 마음이 살펴져요**) 외롭다기보다는 내가 죽고 나면 우리 아이는 누가 관리해주나. 그게 제일 컸어요. (**죽으면 안 되겠어요. 애를 맡길 데가 없네. 무조건 살아야겠어요**)

■ 14회기

상담사가 한 주간 있었던 일들에 대해 묻자 내담자는 자녀를 어린이집에 데려다주면서 엄마 얼굴을 봤고, 이후 마음이 편하지 않았음에 대해 이야기함

(상1) 저는 이제 그, 궁금해져요. 이렇게 이제 엄마와의 불화가 있었고, 그리고 이제 그, 불화가 있은 다음에 한 몇 주 동안 어, 그거에 대한 얘기를 할 거라고 생각했는데, 얘기를 안 하시더라구요. (네.) 그래서…

(내1) 그러니까, 잠정적인 거부였어요. (어?) 그런데 지금도 우리 엄마랑 (웃음) 얘기.

(상2) 무슨 거부?

(내2) (웃음) 잠정적인 거부요. 내가 엄마랑 얘기한다는 그 자체가 되게 두려워요.

(상3) 어… 두려운 마음이 들어요? (네) 무슨 생각이, 어떤 생각이 스쳐 지나가는데요? 어떤 일이 예상이 되세요?

(내3) 그러니까, 엄마는 표면적인… 자기가 싫은 거? 자기, 자기주장을 계속 하실 거란 말이에요. 똑같은, 반복되는 일상이 또 될 거예요. 그러니까. "나는 소망이 애비랑 사는 게 싫다. 소망이 애비랑 살려면, 너도 오지 말고 애들 보내지 마라. 너네, 너 살지 못하게 하진 않을 거다. 하지만, 나는 소망이 애비랑 사는 게 싫으니까 너도 안 오고 나도 안 왔으면 좋겠다." 그게 우리 엄마의 주장이실 거예요. 그리고 바뀌지를 않아요. 고집이 되게 세세요.(3초 침묵)

(상4) 음… 그래요?

(내4) 네, 고집이 되게 세서, 그런데 저는 그때도 말했던 건데 소망이 애비랑 살고 싶은 마음도 없고요. 어떻게, 그러니까…

(상5) 그런데 엄마가 이런 얘기를 할 건데 왜 두려우세요?

(내5) (2초 침묵) 그거가 말이 안 통해요.

(상6) 이런 얘기를 할 때 말이 안 통하면 답답하잖아요.

(내6) 네

(상7) 그런데 두렵다고 하시니까.

(내7) 그러니까 말이 안 통한 건 둘째 치고, 그냥, 지금까지 엄마랑 대화를 했을 때, 무조건 엄마가 하는 말 듣기만 해야 돼요. 내가 거기서 반박을 하거나 (2초 침묵) 반박을 하거나, 뭘 이렇게, 말을 하거나 뭐라고 얘기를 하면, 거기에서 되게 역정을 되게 많이 내세요. 역정을 되게 막 막, 물 갖고 오라고 그러고 목 잡고 막 이렇게, 막 넘어간다 그러고 막, 과도하게 쇼를 하시고 막 이러니까, 전 그게 싫거든요.

(상8) 그게 싫은 거예요, 두려운 거예요?

(내8) 두려운 것도 있고 싫은 거도 있어요.

(상9) 두려운 건 뭐가 두렵고, 싫은 건 뭐가 싫어요?

(내9) 그런 게, 그러면 이제… 그러니까 매일 같이 그렇게 말씀하시면, 남동생한테 알릴까…

(상10) 응?

(내10) 남동생한테 알려서 이게 한 번 문제를, 대대적으로 한 번 크게 만들어 볼까. 그러니까 저는 집안 식구들이 아는 건 상관이 없어요. 그런데 그거를 말을 하기 시작하면, 남동생은 "누나가 편한 대로 해. 그런데 지금까지 애비 노릇을 안 했는데 애비랑 사는 건 좀 그렇지 않아?" 그러니까 집안 식구들은 소망이가 애비랑 사는 걸 다 반대해요. 그러니까, 반대하는 이유가, 딸래미가 가거나 누나가 가서 힘들 거라고 해서 반대하는 걸 거라고 생각을 하는데, 그런 것도 있지만, (2초 침묵) 뺏기고 싶지 않은 거예요.

(상11) 음, 그래요. 그런데 엄마 역정을 내고, 뒷목을 잡고, 쇼를 한다고 말씀했어요. 그때 두려운 마음과 싫은 마음이 올라온다고 했죠? 두려운 마음에 대해서 이제 남동생한테 알리고 그리고 문제를 크게 만들까? 뭐 이런 얘기를 하셨는데, 뭐 어떤 것이 두려운 거예요? 두려운 상황이 있어요?

(내11) 두려운 상황은 없어요. 그러니까, 그게 제일 싫어요. 그러니까, 소망이가 엄마랑 할머니랑, 나랑 엄마랑 얘기를 하면 목소리가 둘이 커요. 그러니까, 둘이 그냥 말할 때도 큰데, 화가 나면 언성이 더 높잖아요. 그러니까 지금 엄마랑 말하는 톤이 아이 때문에 두 옥타브 내린 상태예요. 지금 말하는 것도 잔잔히 말하는 건데 엄마랑 화가 나면 이 옥타브를 내린 거에서 더 올라간단 말이에요. 데시벨이 더 커지겠죠. 그러면 아이가 귀를 막고, 자긴 시끄럽다고 소리지르고… 그러니까 예전에는 애기니깐 그냥 무시하고 넘어갔는데, 그런 모습을 보여야 되잖아요. 엄마랑 그러니까 할머니랑 대립하는 관계를 계속 보여야 되잖아요. 그런데 그거를 며칠이 지나서 "할머니랑 싸우면 안 돼. 할머니랑 싸우면 나쁜 사람이야." 그 얘기를 나한테 와서 해요. 아이가. 그런데 아이가 어렸을 때는 그거를 무시를 했는데, 이제는 조금 크고 자기 의견이 생기니까, 그거를 무시를 못 하겠더라구요. 그러니까 "엄마도 할머니 말 안 들으니까 나도 엄마 말 안 들어." 그 얘기를 해요. 그 쪼끄만 게. 그러니까 그게 두려운 거예요.

(상12) 그랬구나. 소망이의 그 말이 두려운 거예요? (네). 엄마랑 언성을 높이는 걸 소망이에게 보이고 싶지 않은 거네요.

(내12) 그렇죠.

(상13) 응. 혹시 아까 두렵다고 얘기 했는데, 엄마는 계속 자기 주장만 할 것이고 소망이가 애비랑 살면은 나랑은, 나는 안 왔으면 좋겠고 다신 안 볼 거다, 라고 얘기를 하면, 거기에 대해서 내가 반박하거나 말을 하고 나면 더 막 화를 낼 거고, 더 막 역정을 낼 거고 한다 했어요. 그런 것과 관련해서 떠오르는 장면이 있어요?

(내13) 떠오르는 장면…

(상14) 엄마가 그렇게 내가 뭔가 반박하거나 말하면 더 역정내고 하면서 했었던 것, 조금 이렇게, 뭐 대학교, 중학교, 고등학교 (음… 대학교…) 좀 더 어렸을 때?

(내14) 중학교 때도 뭐 말하면, 그러니까 한 번이라도 잘못했, 무조건 잘못, 때리거나 그러면 잘못했다고, 안 그러겠다고 그렇게 용서 빌고. 그렇게, 그러니까 마음에서 우러나서 용서를 빈 적은 한 번도 없었어요. (으응… 그래요.) 그냥 때리고 맞고 싶지 않고 혼나고 싶지 않으니까 잘못했다고. (그래요.) 그렇지만,

(상15) 그 장면 떠오르는 거 있어요?

(내15) (3초 침묵) 떠오르는 건… (네) 많죠. (웃음).

(상16) 그래요. 그러면 그 중에서 한 가지만 좀 마음에 많이 좀 남아있었던 장면 하나만 떠올려 볼까요?

(내16) 음… (눈을 감는다. 3초 침묵)

(상17) 지금 눈을 감으셨으니까, 그 어떤 상황이 좀 이렇게 이미지처럼 떠오르나요?

(내17) 저희 집이 가게를 했어요. (네) 문방구를 했었는데. 문방구를 좀, 언니가 문방구를 하다가 제가 문방구를 보게 돼서 그, 문방구에 가 있는데 엄마가 왔어요. 엄마가 왔는데, 서랍에 돈이 없어진 거예요. 서랍에 돈이 없어졌는데, 제가 가져갔다고. (네) 와 가지고, 와 가지고 때리고,

(상18) 그때 어때요? 그, 엄마가 왔을 때, 그때 영주님은 어디에서 어떻게 하고 있었어요?

(내18) 그냥…

(상19) 어디에 있어요?

(내19) 가게 앉아 있는 소파있는 데 앉아있었구요.

(상20) 앉아 있어… 뭐하고 있었어요?

(내20) 그냥, 라디오 듣고 있었어요. 라디오 듣고 있었는데, 엄마가

(상21) 그때는 몇 살이에요?

(내21) 19살?

(상22) 19살. 어떤 옷 입고 있었어요? (그냥) 주변에 무슨 냄새가 나고?

(내22) 뭐, 겨울이어서, 난로 피고 있었고, 그 다음에 뭐, 그냥 가만히, 라디오 듣고 있었던 거 같아요.

(상23) 마음은 어땠어요?

(내23) 그냥, 마음은, 불안하지도 않고 그냥 평온하지도 않고, 그냥. 무덤덤한 그런 상태였는데…

(상24) 음… 주변에는 뭐가 있어요?

(내24) 차들 다니고, 밖에는 차 다니고, 그냥, 문방구에는 저만 있었고.

(상25) 음음. 그래요. 그런데?

(내25) 그런데 갑자기 문이 열리더니, 엄마 들어와서.

(상26) 엄마 어떻게 들어와요?

(내26) 그냥 막… (2초 침묵) 뭐, 외투 하나 입고 와 가지고, 돈 봉투 내놓으라고, 돈 내놓으라고.

(상27) 얼굴 표정이 어때요?

(내27) 화가 되게 많이 나 있고, 울그락불그락하면서, 그 긴 손톱으로 때리고, 뭐, 멱살 잡고, 흔들고, 내놓으라고 하고.

(상28) 그래요. 응.

(내28) 다 손톱, 엄마 손톱 부러지고, 엄마 손톱에서 피나고, 뭐 몸에는 손톱 자국 다 나고…

(상29) 응… 내 몸에.

(내29) 내 몸에 손톱 자국 다 나고.

(상30) 어떻게 하고 있었어요, 본인은?

(내30) 그냥 잘못했다고, 안 그랬, 나 안 가져갔다고. 그러고 집에다 전화해서 서랍 다시 열어보니, 서랍 안쪽에 돈봉투 나왔고.

(상31) 그러니까. 그 장면 조금 더, 조금 더 그… 엄마가 그렇게 때리고 본인은 어떤 마음이었어요?

(내31) 그냥…

(상32) 너무 무섭고…

(내32) 그냥, 저기 뭐냐, 돈봉투가 없어져서 내가 또 범인이라고 생각하나보다. 매일 같이 나쁜 일만 (웃음) 있으면 내가 가져갔다고 하니까.

(상33) 으응… 엄마는 날 믿지도 못하고 있어. 근데 이렇게 막 때려요. 억울하고, 무섭고, 피하고 싶고. 응, 엄마 얼굴 바라보고 있어요?

(내33) 바라보진 못해요.

(상34) 어떻게 하고 있어요?

(내34) 그냥…

(상35) 숙이고 있…

(내35) 고개 숙이고…

(상36) 고개 숙이고 있어요? 어, 그리고 손은?

(내36) 그냥 가만히 있는 것 같아요. (울먹임) 가만히.

(상37) 엄마 손 막지도 않고? 내 몸을 막지도 않고?

(내37) 막지도 않고, 그냥 가만히 있어요.

(상38) 그냥 가만히 있어? 가만히 앉아 있어요?

(내38) 가만히 앉아 있어요. (눈물) 엄마는 앉아 있고, 저는 서 있고.

(상39) 그래요. (내담자 눈물, 5초 침묵) 그렇게 하고 있어요.

(내39) 그러니까 집에 나 돈 안 가져갔다고, 돈 안 가져갔다고…

(상40) 아무리 그렇게 얘길 해도 엄마가 듣지도 않아. 아, 자기 생각만 계속 (내담자 훌쩍이는 소리) 얘기를 해.

(내40) 계속 자기 거만 얘기하고. (으응) 왜 가져갔냐고. (으응) 달라고 하면 주는데 왜 가져 갔냐고.

(상41) 으응. 내가 아니라고 얘기해도.

(내41) 안 가져갔는데, 안 가져갔다고 얘기해도… 다, 음, 음 내가 가져가, 네가 왔다 간 다음에 없어졌다고. 내놓으라고. 그 돈이 어떤 돈인지 아냐고. (훌쩍임) 안 가져갔다고 서랍에 열어 보라고. 언니한테 다시 어, 문방구 전화로 전화해서. (그랬구나) 그래서 뒤에서 나왔다고. (그랬구나) 알았다고. 너가 안 가져갔네? 그러고 그냥 택시 타고 엄마는 가고. 나는,

(상42) 혼자 어떻게 하고 있어요?

(내42) 집에서 그 문방구에서 (2초 침묵) 문방구에서 (어떻게 하고 있어요?) 그 엄마가 와서 어지른 거 정리하고,

(상43) 정리하고 있어요? 그때 어떤 마음이에요?

(내43) 그냥, 또 바람이 또 지나가, 집에 가면 또 혼나겠구나. 집에 가면 더 혼나겠구나. 그런 생각. (눈물)(6초 침묵)

(상44) 그랬구나. 그래요, 아까, 아까, 엄마가 막 때렸, 엄마가 막 때리고 할퀴고 하고 이랬 었다고 했죠? 본인은 막 계속 맞고 있고… (훌쩍임)

(내44) 딸래미 맞은 건 중요하지 않았어요. (그러니까) 그런데,

(상45) 그래서 잠깐만요. 그, 그 장면이 지금 떠올라요. 그 장면에, 응? 그 장면에 (훌쩍 임) 30대 후반의 영주님이 한 번 들어가 볼까요? (내담자 훌쩍임)(5초 침묵) 어, 지금 들 어갔어요? 그 장면에, 어디에 있어요?

(내45) 그냥 옆에 서 있어요.

(상46) 어디, 누구 옆에?

(내46) 그냥 제 옆에 서 있어요.

(상47) 어, 서 있어요? 어. 서있어요. (내담자 계속 훌쩍임) (5초 침묵) 혹시 엄마, 엄마를 보면서 하고 싶은 말 있어요? 하고 싶은 말이나 행동 아무거나 해도 돼요.

(내47) 없어요. (훌쩍임) 하고 싶지 않아요. (응?) 어차피 한다 해서 받아 줄 사람 아니기 때문에요.

(상48) 으으음, 계속 그 어린 아이가⋯ 그 어린 아이가 계속 맞는 거를 가만 놔둘 거예요?

(내48) 그러니까 (울먹임, 눈물) 제가 대신 맞고 다니더라도 엄마한테 대립하고 싶지 않고, 대들고 싶지 않아요.

(상49) 아⋯ 어떻게 하고 싶어요? 그 상황에서?

(내49) 그냥⋯ (2초 침묵) 그냥, 그냥 얘 때리지 말고 나 때리라고. (눈물) (응응) 그러니까,

(상50) 엄마한테 한 마디만 해봐요. 엄마한테.

(내50) 말한다고 해서 들어줄 사람이 아니어서. 말 한다고 해서 들어줄 사람이 아니에요. (그래요) 한 번도 들어준 적은 없어요.

(상51) 한 번도 들어준 적이 없어요.

(내51) 그러니까 어렸을 때부터. 중학교 다니고, 고등학교 다니면서 내가 힘들다고. (으응~ 그랬구나.) 나 좀 봐달라고 해도⋯ (그랬구나) 엄마는 도와주지 않았어요. 한 번도. (그랬구나) (훌쩍임) 관심 받으려고 말썽부리고 해도, 엄마는 매일 같이 혼내기만 했지, 사랑한다고, 예뻐한다고, 예쁘다고 그런 거 거의 안했어요. 한 번도⋯ (훌쩍임)

(상52) 그래서, 그래서. 소용이 없을 것 같아요. (없어요.) 얘기해봤자, 들을 거 아니, 듣지 않을 것 같고.

(내52) 어차피 엄마, 말은 들어주는 척은 하겠죠. 하지만 자기 의견대로 하기 때문에, 제 의견은 들어주지 않아요.

(상53) 그래서 지금 그 안에서 어떻게 하고 싶어요?

(내53) 그냥, 그 자리를 떠나고 싶어요. 나, 나 데리고, 열아홉살 나 데리고. 나가고 싶어요. 우리 엄마는 그냥 두고. 그냥 저만 데리고 나가고 싶어요.

(상54) 그래. 음, 그럼 그 아이가, 혹시 지금 영주님한테 바라는 게 있을까요?

(내54) (2초 침묵) 없어요. 그냥, 그곳을 나가고 싶어요..

(상55) 응, 그럼 데리고 나오세요. 데리고 나와서, 제일 편안한 장소로 데리고 가볼까요? (내담자 훌쩍임) (침묵 3초) 있으면 제일 마음이 편안하고, 응? (2초 침묵) 좀, 마음이 편안하고, 따뜻하고.

(내55) 따뜻한, 세상은, 따뜻한 곳은 없어요. 제가 이 나이가 되도록 세상은 따뜻한 곳은 하나도 없었어요.

(상56) 그럼 한 번 만들어 봐요. 상상으로. 그 아이 열아홉살 영주님과 같이, 둘만 있을 만

한 공간이에요. (내담자 훌쩍임) (5초 침묵) 아지트도 괜찮고, 숲 속도 괜찮고, 해변가도 괜찮고. (내담자 훌쩍임) (7초 침묵) 어떻게 하고 있어요?

(내56) (3초 침묵) 남산에, 남산에 가면, 그, 남산 타워 올라가기 전에 이렇게 뒷길로 올라가는 길에 가면, 벤치가 있어요. 거기 앉아있어요.

(상57) 으응… 그래요. 음. 둘이 어떻게 하고 있어요?

(내57) 그냥 멍하니 벤치에 앉, 가만히 앉아서 먼 산만 바라보고 있어요.

(상58) 혹시 해주고 싶은 거 있으면 해주셔도 돼요.

(내58) 너가 잘못한 거 아니야. 그냥 엄마 성격이 모나서, 엄마 성격이 별나서 그런 거지 너가 잘못한 건 아니야.

(상59) 그렇죠. 넌 한 번도 잘못한 적 없어.

(내59) 너가 잘못한 건 없고, 그냥, 엄마가 별나서, 다른 엄마들보다 그냥, 자기 생각이 많고, 그냥, 자기가 짊어져야 할 짐이 너무 많다고 해서, 그냥 우리들한테 그러는 거니까. 너네들, 너한테 그런 거니까. 그냥, 그냥 원래 그런 사람이니까. 그렇게 너 잘못한 건 없어.

(상60) 응. 너 잘못한 거 하나도 없어.

(내60) 너 잘못한 건 없으니까. 그냥, 이… 이 고비만 넘으면 될 거라고 생각하고, 그냥 조금만… 어, 가만히 있으면 될 것 같아. (5초 침묵) (훌쩍임)

(상61) 그리구 또 어떻게 해주고 싶어요?

(내61) 그냥… 등 톡톡톡톡 두드려 주고, (두드려… 응) 그냥 꼭 안아주고 싶어요.

(상62) 그동안 많이 아팠지? 응? (2초 침묵) 많이 아팠지? 응? (3초 침묵) 그렇게 많이 원하고 바라고 해도… (4초 침묵)

(내62) (훌쩍임) 그러니까…

(상63) 내가 안아줄게.

(내63) (2초 침묵)(훌쩍임) 사람들은 제가 왜 그러는지 이해를 못해요. 그러니까, 지금도 집안 식구들은 제가 왜 안 하는, 그러니까 집안 식구들이 평상적으로 하지 않는 일들만, 그러니까, 괴행이라, 기인이라고, 뭐 이렇게 기, 이상한 행동들. 사람들이 하지 않는 행동들. 그런 것들만 하고 다니는 사람이라고 해서. 저를 약간, 우리 엄마가 하는 말이 있어요. 걸어다니는 핵폭탄이라고. 언제 터질지 모르는 핵폭탄이라고. 매일 같이 어렸을 때부터 그러고 살았어요. 그래서 스무살이 돼서…

(상64) 행동이 뭔가 좀 이렇게… 문제일으키는 것 같은 행동들을 몇 가지 했는데, 그 행동들의 밑에는, 응? 밑에는, (3초 침묵)

(내64) 그러니까, 벗어나고 싶었어요. (으음) 스무살이 되었을 때부터 벗어나고 싶었어요.

(상65) 뭐에서부터요?

(내65) 엄마한테서 벗어나고 싶었어요.

(상66) 엄마의 뭐에 대해서?

(내66) 그러니까, 엄마의 독선과 엄마의 그 고집과, 엄마의 그… (으음) 그런 것들을 벗어나고 싶었어요.

(상67) 엄마의 고집과 엄마의 독선에서. 내가 그걸 무조건 따르는 것이 아니라, 거기에 내 주장을 하고 내 표현을 하고. 응? 그렇게 하고 싶었던 거예요?

(내67) 그렇게 하고 싶어서 벗어도 나봤구요. 도망도 가봤구요. 가출도 해봤고, 그러니까 다른 사람들 사춘기에 하는 걸 전 스무살 넘어서 했었거든요. 스무살 넘어서 가출도 해봤었구요. 뭐, 그런데 매번 돌아오는 거는 질타와, 구박과, 사람들의 왜 그랬니? 그런, 그런 것뿐이 없었어요. 그래서 친척들이든 누구든 가출하고 들어오면 잘 돌아왔다, 얘기해주고 그냥, 힘들었구나 그렇게 얘기해주는 사람은 아무도 없었어요. 그냥, 사는 데 불편하진 않았니? 그냥, 매일 같이. 제가 빨간 머리도 해봤구요. 노란 머리도 해봤구요. 다 해봤는데. 미용실 가서도 일도 해보고. 머리도 빨간색으로 물들여보고 자고 일어났더니 검정머리로 물들여 놓구요. 찢어진 청바지 입고 싶어서 비싼 찢어진 청바지 (웃음) 사다놓으면 다음날 되면 세탁소 가서 꿰매져 있구요. 정숙하지 못하다고 찢어진 청바지를 입어 본 적이 없구요. 그 다음에, 옷도 엄마가 사준 거, 엄마가 사준 거 그러니까, 엄마가 사다 준 옷. 그런 옷. 그러니까 정숙하다는 뭐, 그러니까 엄마 스타일에 맞는 옷들. 그런 옷들만 입어야 됐구요.

(상68) 그래요. 우리 영주님은 어떤 옷을 입고 싶어요? 엄마한테 반대되는 것 말고… (네) 엄마, 그것 말고 진짜 영주님이 입고 싶은 옷은 뭐예요?

(내68) 저는 원래 무채색을 되게 좋아해요. 그러니까 검정색, 회색, 흰색? 이런 옷들 되게 좋아하는데, 저희 엄마는 그러니까 나이가 드셨는지 총 자연색, 총 천연색 같은 그런 옷들 있잖아요. 빨간색, 노란색, 빨주노초파남보 이런 색깔. 그런 색깔을 입으라고 말씀하세요. 아이를 기르는데 환하게 입어야 된다고. 그런데 저는 환한 색을 원하질 않아요. 그러니까, 예전에는, 힙합바지 같은 거 입고 다니면, 동네 먼지들 다 쓴다고, 말을 하고. 그러니까, 엄마한테 손 벌리지 않고 내 자립적으로 돈을 벌면, 돈을 벌어서 돈을 쓰면, 우리 엄마 생각은 그런 게 있대요, 있…으시더라구요. 우리 딸래미 돈을 갖고 있으면 버는 족족 다 써. 모으지를 않아. 그래서 매일 같이 저한테 돈 달라 하시고. 그러니까 돈 달라고 했을 때 돈을 주면, 그 날은 편안한 날이에요. 그런데 다른 사람 옷 사준다고 (웃음) 돈 달라 했는데 내가 그 사람 옷을 왜 사 줘야 되는데? 만약에 반박을 하면 그거에 대해서 또 이제… (2초 침묵)

(상69) 어떤 얘기가 들려?

(내69) 질타하시고.

(상70) 질타라는 게 어떤 말이에요?

(내70) 뭐 화내시고.

(상71) 어떤 뉘앙스의 말들, 어떤 말들을 하세요? 화를 낼 때?

(내71) (크고 강하게) 아 됐다고! 안 줘도 된다고! 너 돈 아니었어도 살 수, 또 안 사면 되지 뭐 그것 같은 걸로 신경질 내냐고.

(상72) 그런데. 그렇게 얘기를 하면 왜?

(내72) 그러면, 아, 주면 되잖아. 뭐 그런 걸 갖고 그래. 내가 지금 갖고 있는 돈이 없어서 그래.

(상73) 음, 그래요. 그렇게 말을 하기 전에, 엄마한테 그 얘기를 들으면은 어떤 생각들이

드세요?

(내73) 그냥 돈 버는 기계 같았어요. 그러니까, 스물 아홉살부터 돈을 벌기 시작해서,

(상74) 돈 버는 기계 같았으면은, 되게 이렇게 화가 날 법도 한데. 응? 엄마가 됐다고! 어, 안 줘도 돼, 뭐 이렇게 얘기를 하고 나면 그때 순간 스쳐 지나가는 생각이 돈 버는 기계. 또?

(내74) 돈 버는 기계 같았고, (으응) 돈 버는 기계였어요. (으응) 그러니까, 월급을 받아도,

(상75) 안절부절 하는 것 같은데. 음…

(내75) 월급을 받아도 저는 한 번도 월급 통장에 있는 돈을 제가 마음대로 써 본 적이 없어요. 만약에 150만원을 받으면, 엄마한테 150만원을 다 갖다줘요. 150만원을 갖다주면, 거기에 엄마가 적금 넣을 거, 엄마 용돈, 엄마 뭐 쓸 거, 다 나눠요. 그리고 나 용돈을 주는데,

(상76) 그런데 왜 또 돈을 달라고 그래.

(내76) 용돈을 줘요. 15만원이든 30만원이든 뭐, 이번 달은 적금을 넣어서 용돈은 뭐, 10만원뿐이 못 줘. 그렇게 얘기하세요. 그렇게 얘기하고 그 다음에 돈이 없으니까. 돈이 없으니까 뭐, 매일 같이 뭐 사달라 하고, 뭐 하고 하면 그 돈으로 용돈 안에서 다 써야 되는 거죠. 그런데 매일 같이 돈은 뭐, 받으니까. 더 생기니까. 요런 거 말고도, 뭐, 뭐, 뭐, 부수적으로 생기는 돈들이 있으니까.

(상77) 그런데 아까, 그 얘기하실 때, 엄마가, 돈, 돈 달라고 이렇게 얘기할 때 없다고 얘기하면 아 됐어! 하면서 이렇게, 화를 내시거나 이렇게 하시잖아요? 그럴 때 그 영주님 반응이 뭐 알았어. 내가 돈이 없어서 그래. 뭐 얘기하는 그 반응이, 제가 듣기에는 아 좀 약간 좀, 뭐 안절부절한다? 뭐 약간 좀,

(내77) 안 주면 (맞춰준다? 뭐 이런 느낌인데.) 화낼 걸 아니까. 화낼 걸 아니까.

(상78) 화를 내면 어떤데요?

(내78) 화를 내면…

(상79) 응, 화를 내면?

(내79) 그러니까, 화를 내면…

(상80) 화를 내면 무슨 일이 생겨요?

(내80) 화를 내면 신경질 내고요.

(상81) 신경질 내고? 어, 신경질 내면요?

(내81) 매일 같이 하는 말이 있어요. 박씨네 종자들이 뭐, 썩을 놈의 종자들부터 시작해가지고, 그… (2초 침묵) 악담 아닌 악담 같은, 내, 내가 미쳐서 무슨, 저 놈의 자식들의 종으로 팔려 와 가지고, 하는 악담 아닌 악담들을 그, 30년, 40년 넘게 들었어요. 그런데 그, 하는 뉘앙스, 톤들이 있어요. 그런 뉘앙스들이 있어요. 그 악담으로 넋두리같은 그런 말들이 있는데 전 그런 소리가 되게 싫어요.

(상82) 그런 얘기를 들으면 어때요?

(내82) 기분 되게 나빠요.

(상83) 그러니까. 어떻게?

(내83) 기분 나쁘고, 반, 그런 말 좀 안 하면 안 돼? 그렇게 얘기하면 니네들이 잘 하는데 그런 말 하냐고. 니네들이 못 하니까 그런 말 하지. 그러니까,

(상84) 그런 말이 어떻게 들리는 거예요?

(내84) 비방 같고, 비, 그…

(상85) 비난?

(내85) 비난 같고 그래요.

(상86) 비난하는구나.

(내86) 비아냥거리는 뭐 이런 것, 그런, 그런 것들. 그러니까 너네들은 못 해. 나만 할 수 있는 거야. (어… 너네들은 못해) 너네들은 어차피 뭐,

(상87) 썩은 놈의 자식들이야?

(내87) 썩을 놈의 자식들이 아니고, 내가 태만, 자식은 안 기르고, 애는 갖다 버리고 태만 길렀나보다고. 배알이가 없는 것 같이 얘기한다고. 매일 같이 자식들을 자기 손아귀에 넣고 자기마음대로, 인간 조종하듯이 매일 같이, 아바타처럼 자랐거든요. (응) 그러니까 자기가 이거 하지 마라. 겨울이면 스케이트장 못가고, 스키장 못가고. 여름이면 수영장 못가요. 여름이면 수영장에 물에 빠져 죽는다고 그러고 수영장 못가고. 겨울이면 스케이트장 물에 빠져서 무슨, 무, 물에 빠진다고 못가고.

(상88) 엄마는 그러는구나. 엄마는, 엄마가 얘기를 하고 거기에 대해서 말을 안 듣거나, 요구를 들어주지 않으면, 더 심하게 화를 내고 신경질 내고, 박씨네 종자들은 썩은 놈의 것이고 이런 식의 어떤, 아주 그, 극심한 비난을 하고 어, 듣기 싫은 (그, 그 비난…) 말들을 계속 하고

(내88) 비난이랑 뭐 이런 것들 많이 하니까, (으응) 그리고, 또…

(상89) 그러면은 그런 얘기들 다 듣게 되고.

(내89) 다 듣게 되고, 아이를 낳아서도, 아이를 낳아서도, 숨겼던 이유가 그것 때문… 아이 유산시키라고 얘기하고 막 이래서. 뭐, 아이 떼자고 해서… 아이를 낳고, 아이가 돌아올 때 됐는데… 음, (3초 침묵, 훌쩍임) 아이 이제, 병원에서 미역국을 많이 먹어야 젖이 많이 나오니까. 미역국을 많이 먹으라고. 그래서, 아무 생각 없이(2초 침묵) 그냥, 그 미역국이 (웃으면서 눈물) 필요해서. (훌쩍임, 눈물) 엄마 미역국, 병원에서 미역국을 많이 먹어야 젖이 많이 나온대. (눈물) 그 말 한 마디 했어요. (눈물) 엄마한테 전화해서, 미역 좀 끓여다 줘. 그 말 한 마디 했는데, 말을 싸가지 없게 했대요. (훌쩍임, 눈물) 애기 낳은 게 무슨 큰 벼슬한 거냐고. 집에 들어오지 말라고, 집에 오지 말라고. 퇴원해서 데리고도 오지 말라고. (훌쩍임, 4초 침묵) 갈 데가 없었어요.

(상90) 그 말은 정말 너무나도 섭섭하고 가슴 아프게 들리네요.

(내90) (흐느낌) 갈 데가 없었어요. (응. 그러니까) 애기 아버지도 데리고 갈 수 있는 집이 있는 것도 아니고.

(상91) 오죽했으면 엄마를 찾았겠어. 응?

(내91) 갈 데가 없었는데 오지 말라고, 데리고 오지 말라고. (흐느낌) 너, 너 알았으니까 애 데려다가 갔다, 애 태어나서 애 낳은 지 7일 만에 엄마한테 가서 내가 말 잘못했다고, 잘못했다고 죄송하다고. 그렇게 말해도 네가 애 낳은 거 말한 거, 애 낳아서 애 낳은 게 자랑이냐고, 벼슬했냐고. 누가 낳으라는 애 낳아서 그러냐고. 매일 같이 그렇게 애기 100일 동안 그렇게 살았어요. (흐느낌)

(상92) 그 정말, 정말 어머니는, 그 때, 그 때 어머니는 너무 잘못하신 거예요. 정말 갈 데 없고, 의지할 데 없고, (내담자 흐느낌) 그렇게 벗어나려고 했던 엄마한테 갈 데가 없어서 갔는데, 그런 그런 아, 자식한테, 어? 그런 악담을 하고. 그런 모진 말을 하고. 엄마 정말 너무 잘못하신 것 같아.

(내92) 그래도 참았어요. 갈 데가 없었으니까.

(상93) 어, 어, 정말 그 얘기는, 정말 엄마의 그 말은 너무 속상한 말이네요.

(내93) 말을 생각 없이 한다고.

(상94) 어, 어떻게 진짜 그런 얘기를 해.

(내94) 벼슬 하느냐고. 그런데 아직까지도 그거 생각하면…

(상95) 응, 어때요?

(내95) (3초 침묵) 내가, 아이일 낳으려고, 언니네 집에 있었는데, 아이일 낳으려고 한 12월이나 2월 정도면 낳을 아이일 거 같아서, 나왔었어요. 짐 싸 가지고 내가 입고 있는 옷 대충 몇 개 챙기고, 그 다음에, 자고 간 거 그거 하며, 뭐라 할까봐. 내가 잔 자리 이불이나 그런 거 세탁기에 다 넣어 놓고 다 빨고 그러고 나왔었어요. 나왔는데, 전화가 오니까, 전화가 와서 나한테 하는 말이… 엄마 죽는다고, 그래서 응급실에 가서 막, 죽는다고 산다고 해서, 그래서 들어갔어요. 그래서 들어가서, (그때 엄마한테 가고 나서 절에 가게 된거군요) 네. 절에서 그냥, 사람들 있어도, 사람들, 사람들 오면 방에 있고, 그러니까 배는 불렀으니까 사람들한테 산달이 다 될 때까지는 절에 있었어요. 절에 있어도, (3초 침묵) 사람들 많이 오면 배 나온 거 보이기 싫으니까 사람들 올 때, 갈 때까지 방에 들어가 있었고. 그 다음에 애 낳고 들어와서 애 낳고 있어도 엄마 전화 통화한다고 애 데리고 거실에 나와서 애 들쳐 업고 계속 있었어요. (에휴, 음) 그러니까 애기 우는 소리도 못 내고, 사람 들어오면, 방에 들어가서 숨어 있어야 되고. 그게 싫어서 나오자고 온 거였는데.

(상96) 그렇게 정말로, 정말로 외롭고, 외롭고 힘겹게 아이를 갖고 아이를 뱃속에서 키우고, 그 아이를 낳았어요.

(내96) 근데 그 생각이, 100일 안에, 100일, 100일 몸조리하고, 그 다음에 100일 지나면 아이 데리고 가서 살아라. 그런데, 엄마가 애기 아버지 오는 걸 싫어했어요. 그리고 그 때 애기 아빠가 담배도 끊고 그런다고 막 밖에도 안 다니고 그래서.

(상97) 잠깐만요. 지금 마음이 어때요?

(내97) 마음이…

(상98) 지금 감정이 어때요?

(내98) 불편해요.

(상99) 그게 어떤 걸까요?

(내99) 그냥… 예전에 있었던 일 떠올리니까. 엄마가 나한테 했던 말들을…

(상100) 엄마가 했던 말들을 떠올리니까 불편한 마음이 올라오는 군요. (네) 혹시 그때 엄마가 나한테 했던 말들에 있어서, 엄마가 나한테 했던 말들 중에 지금도 그렇게 마음 속에 남아있는 말들이 있어요?

(내100) 네가 무슨 벼슬한 줄 아냐고. 미혼모가, 미혼모가 자랑이냐고.

(상101) 응… 네가 (벼슬했냐고), 네가 무슨 벼슬한 줄 아냐고. 그 말 했죠, 응? 그 말을, 다른 말로 한 번 바꿔볼까요? (내담자 훌쩍임) 네가 지금 무슨, 네가, 네가 무슨 벼슬한 줄 아냐고. 이 얘기를 엄마가 얘기했을 때, 뭐라고 얘기해주고 싶어요? 야 네가 무슨 벼슬한 줄 아냐? 미혼모가 무슨 자랑이냐?

(내101) (훌쩍임) 그러니까 지금 와서는, 저희 엄마가 하는 말이 네 엄마가 똑똑하니까 니를 호적에 올렸지 안 그럼 다 호적에 올리지도 못했다고 얘기를 하는데.

(상102) 호적에도 못, 호적에도 못 올릴 자식이야. 응? 이 얘기를, 뭐라고 해주고 싶어요?

(내102) 매일 매일 같이 그렇게 얘기해요. 그렇게 얘기하는데… 그냥.

(상103) 니가 무슨 벼슬한 줄 아냐. 응?

(내103) 어저께, 저번에 싸울 때 그랬어요. 호적에서 파 버린다고. 그런데 호적, 호적은 없어요. 호주제는 폐지가 돼서. 호적은 없어서. 나는 엄마의 호적에 올려져 있지 않고, 호주가 없어요. 호주제가 폐지된 지가 2002년인가 2000년도에 폐지됐는데. 호주제는 없으니까 상관은 없고.

(상104) 그러니까요. (침묵 2초) 한 번 얘기해봐 주세요. 니가 무슨 벼슬한 줄 아냐? 미혼모가 무슨 벼슬이냐? 뭐라고, 뭐라고 얘기할 거예요?

(내104) 그러니까 비혼이, 미혼, 비혼을 해서 아이를 낳았다는 건 죄는 아니에요. 그거는 정당한 일이에요. 그러니까 내가, 아, 그러니까 나라에도 하나의 생명체를 냈고, 나라에 일꾼을 할 수 있는 사람 만들었기 때문에 그건 죄라고 생각하진 않아요.

(상105) 그럼요. 그럼 미혼모가 무슨 죄인이냐고? 응?

(내105) 그 미혼모가 죄인은 아니지만 내가 엄마 때문에 피해 본 거는 너무 많다고. 내가 살고 싶지 않다고 얘기한 것도 나지만, 그래도 애 아버지니까 만나게 해주는 건 당연한 이치였고, 이치였기 때문에, 그리고 애 아버지의 엄마인, 그 애한테 할머니죠. 할머니가, 올해 안에 죽을 것 같고 죽기 전에 애 한 번 보자고 해서 갔다 온 게 그건 잘못은 아니라고 생각해요.

(상106) 그럼. 그건 사람으로서의 도리다.

(내106) 그러니까 잘못은 아니라고 생각은 하는데, 우리 엄마가 말하는 요지는 그래요. 잘못은 아니지만 그래도 너가 나한테 설득을 하고, 양해를 구하고 가야 되는데 넌 설득도 안 하고 양해도 구하지도 않았다. 그게 우리 엄마의 말하는 요지거든요. 그런데 설득을 안 하고, 양해를 안 한 건 나의 잘못이라고 생각을 해요.

(상107) 왜 내가 설득을 하고 내가 왜 양해를 구해야 되는데요?

(내107) 설득을 하고 양, 그러니까 엄마가 싫어하니까, 애, 뭐, 말하는 게...

(상108) 내가 성인인데. 내가 내 가정 꾸리고. 어?

(내108) (2초 침묵) 그러니까 무조건 (침묵 4초) 그러니까, 자기, 아직도 내가 결혼을 안 했기 때문에 결혼을 안 하고 자기 그늘에 있다고 생각을 하는 거겠죠. 그러니까 아이도…

(상109) 그건 엄마 생각이고.

(내109) 그건 엄마 생각인데 그거는, 엄… 그러니까 집안 식구들이 다 맞춰주고 있으니까 그거에 대해서, 뭐든지 자식에 대한 거는 내가 생각한 대로, 내가 하고 싶은 대로 다 해야 된다고 생각하는 사람. 자식들은 다 맞춰야 된다고 생각하시는 것 같았어요. 좀 맞춰야 된다고 생각하시는 게, 맞는 것 같고요.

(상110) 그러니 엄마가 그렇게 화를 내는 군요. (네) 저는요. 아까, 아까, 아이를 낳고 그리고 병원에서 엄마한테 미역국 끓여 달라고 전화를 했었을 때, 음, 정말로, 정말로, 갈 곳 없고, 정말로 너무, 너무 싫은데도 이 상황이 그때가 (내담자 눈물) 되면 엄마 밖에 생각이 안 나죠? 엄마 보고 싶고, 엄마한테 부탁하고 싶고. 그래서 전화를 했는데, 어? 전화를 했는데 그렇게 못, 그렇게 마음 아픈 말을 들어서, 정말 너무 속상하고. 그 얘기는 정말로 지금, 지금도 이, 남는 거 있으면 엄마한테 제일 먼저 갖다 주려고 하는 영주 씨가 들어서는 정말 안 되는 말인 거 같아요. 너무 속상한 말이에요. 어휴, 그리고 그런 모진 말을 들었음에도 불구하고, 오직 아이 하나, 아이 하나 낳고, 아이 하나 포기하지 않고, 아이 하나 낳고 아이 하나를 키우겠다고, 엄마 옆에서 응, 그렇게 이렇게, 참고 견딘 거잖아요. (내담자 훌쩍임) 그런 영주님의 그, 아이를 향한 그 특별한 마음들이 다시 한 번 더 느껴져요. 어, 느껴지고. 영주님은 그때 자기 자신이 떠오르니까, 그때 어때요? 해주고 싶은 말 있어요? 자기 자신한테? 어? (침묵 3초) 참 많이 외로웠을 것 같애. 어?

(내110) (훌쩍임) 외로운 것보다, 그냥… 담, 갈 데가 없고, 암담했어요. 그러니까.

(상111) 암담했고, 무서웠고, 암담했구나. 의지할 사람 없고.

(내111) 그러니까, 음… 저도 삼십대 후반에 미혼모가 될 줄은 몰랐거든요. 그러니까 아이를 생기려고 생긴 게 아니라, 아이도 대기, 그러니까 서른 몇 살에 불임 판정을 받았어요. 아이를 못 낳을 줄 알았어요.

(상112) 아, 그래요? 그러면 정말 기쁨이네요. 아이를…

(내112) 그러니까, 제가, 자궁에 종, 그러니까 근종들이 되게 많아요. 그 질 있는 쪽에도 근종이 있고 그래서 아이가 내려오지를 못해요. 그래서 제왕절개해서 아이가, 근종이 있는 거 그러니까, 아이가 가졌을 거라고는 생각을 못했던 게, 근종들이 되게 큰 근종이 있어서 아이를 갖지 못해서 (그랬구나) 불임 판정을 받은 게, 삼십대 초반에…

(상113) 기적이네요.

(내113) 그러니까 아이가 생길 수 있는 몸이 아니에요. 그리고 제가 심장도 약하고 막 이래서. 그, 아이를 가질 수 없는 몸이었는데, 아이를 그래도 우연치 않게, 예전에 어렸을 때 어디, 우리 엄마가 절에 다녔으니까. 점 보는 집에 가서 본 적이 있었는데, 그, 제가 초등학교 3학년인가 그때 기억에, 그 무당인지 박수인지 그 분이 저한테 그랬어요. 쟤는 평생 애 못 낳을 거라고. 애 못 낳는 몸이라고. 그렇게 얘기해서 그게 어렸을 때 초등학교 3학년 머릿속에 이렇게, 심겨 있었어요. (아휴…) 나는 평생 애 낳지, 못 낳는 사람인가보다. 그렇게 심어 있었어요. 그래서 서른 살 때 불임 판정 받았을 때도 아, 나 어렸을 때 어떤 보살

인지, 박수가 애 못 낳는다 했으니까 불임 판정을 받아도 당연하겠지. 그리고, 난소가 별로 좋지 않아서, 난소암이라고 한 번 또 받아봐서 그게 오진이긴 했지만 그래도 난소암 판정도 받아 본 적도 있었고 그래서. 아 맞다, 아이가 생겼을 거라고는 6개월, 5개월이 되도록, 아이가 생겼을 거라고는 생각, 그러니까 생리불순이 너무 심해서 생리를 안 하나 보다.

(상114) 아이고, 그랬구나.

(내114) 그래서, 그 7개월 됐을 때, 병원 간다고 몰래 빠져나가서 병원에 가 봤더니, 임신이 됐다고 얘기하던, 그때는 아무것도…

(상115) 그렇게 귀한 아들인데 그렇게…

(내115) 아무것도 검사도 못했어요. 검사는 못했는데, 그, 여, 아니, 미, 미숙아 검사들 막 해야 된다고 하잖아요. 선천적 장애든지. 검사 한 번도 못 해봤어요. 그리고 병원을 몇 번 안 가 봐서 그리고, 동네에서 병원, 산부인과를 가면, 소문날까 봐, 저어기 동탄까지 병원을 다녔어요.

(상116) 그랬구나.

(내116) 그러니까 동네, 아침에 일어나서 동탄에, (아이고, 아이고) 두 시간 넘게 동탄 가서 진료 받고, 그리고 생각보다 아이가 한 달 반 정도 빨리 태어났기 때문에, 제가 그, 아이를 태어난다고 말, (2초 침묵) 시기가, 그러니까 집안 식구들이 알고, 아 그러니까, 아이가, 그러니까 언니는, 대립이 있었던 게 집안 식구들이랑 대립이 있는, 아이를 가진 걸 알고, 아이를 낳자마자 바로 입양을 보내라고 그랬어요. 아이를 낳자마자 입양 보내라 해서 그걸로 우리 언니가 되게, (2초 침묵) 되게 집요해요. 그러니까 그거를 확답을 받을 때까지 애기, 애기 어떻게 할 거냐, 계속 매일 같이 그래서, 일주일동안 해서, 아이 때문에.

(상117) 버티기 어려웠죠?

(내117) 네. 버티기 어려워서, 지금도 그것 때문에 매일 같이 싸우고, 우리 언니가 그냥 말, 그냥 함부로 말하고. 막 그렇게 얘기해서 그것 때문에, 되게 속상하고, 그런데, 매일 같이 언니랑 싸우면, 엄마는 언니 편만 들더라구요. 언니 편만, 그래서, 같이 사니까 그런가 보다. 그리고 이제…

(상118) 그 애가 어떤 아이인데. 아이를 대하는 마음이 영주님과 다른 가족들이 아주 다른 거였네요.

(내118) 그런 거 같아요. 우리 엄마는 매일 같이 아이 기르는데, 아이가 조금만 아프면 병원가고, 아이가 조금만 아프면 병원 입원시키고. 그게 마음에 안 드신대요. 그러니까 저는 아이가 어렸을 때부터 많이 아팠고, 그래서 병원에 가서 입원치료 하고 그러는 건데.

(상119) 마음에 안 들어도…

(내119) 그게 마음에 안 든다고, 그러니까, 돈도 많이 못 버는 년이 매일 같이 가서 1인실에 턱턱 갖다 누워, 눕혀 놓고, 병원비는 어떻게 할 거냐. 병원비, 엄마한테 받은 것도 많아요. 엄마한테 도움 받은 것도 있고, 갚은 것도 있구요. 안 갚은 것도 있겠지만.

(상120) 그래. 그런데, 지금 아이를 갖고, 아이를, 평생 동안 아이를 임신하지 못 할 거라고 생각을 하고 지내다가, 아주 축복처럼 아이를 갖게 됐어요. 응. 근데 그것도 모르고 있다가 7개월 돼서 알고. 그리고 그걸 숨어서 이렇게, 임신이 아닌 척 이렇게, 막 숨어 있다가 또 아이 낳고. 또 그걸 또 입양하거나, 없애라고 하는 거를 또 이렇게 견디고 버티고 뭐 그러면서 아이를 키우고 있어요. 그런 자신이, 그런 자신이, 창피하지 않죠?

(내120) 창피하지는 않아요. 그런…

(상121) 그런 자신이 어때요? 그 누가 누가 나한테 엄마나 누가 얘기를 해요. 너는, 너는 그런 자식 너 창피한 자식이야, 이렇게 얘기를 하고. 너는 정말 그, 무슨 무슨, 뭐, 이렇게, 아까 뭐라고 했죠? 뭐… (상담기록지를 넘겨 봄) 하여튼 썩은 놈의 종자고 뭐 이런 식의 얘기를 해요. 어우, 뭐라고 얘기를 해주고 싶어요? 본인이 어떤 사람이에요, 도대체? 어?
(내121) 저는…

(상122) 나는 그런 사람이 아니야!

(내122) 나는 썩을 놈의 종자가 아닌데요.

(상123) 그죠, 내가 어떤 사람인데요.

(내123) 나는 썩을 놈의 종자가 아니고,

(상124) 그럼 어떤 사람인데요?

(내124) 우리나라를 이끌어 갈 일꾼을 낳은 사람이고.

(상125) 그럼요.

(내125) 대단한, 엄마는 미혼, 그러니까, 미혼모, 그러니까 비혼이, 그러니까 미혼이 아니죠. 비혼이죠. 비혼이 나쁜 건 아니에요. 우리, 그러니까 세계적으로 추세가 결혼 안 하고 애 낳는 것도 많구요.
(상126) 그럼요. 나는 정말 책임감을 갖고 내 안에서 자라는 싹을, 새싹을…

(내126) 미혼모들이 돌팔매를 맞는 게, 아이를 낳고 입양 보내거나 뭐, 아이를 기르질 못해서 뭐, 그렇게 하는 엄마들도 있겠지만, 그거, 그렇지 않은 엄마들도 많아요. 아이들 직접 기르고, 뭐, 다시 해서 하는 엄마들도 많은데. 그냥 미혼모. 그러니까 간음해서 아이를 낳아서 어쩔 수 없이 아이를 기르는 사람이라고 생각하는 사람들이 우리나라에 너무 많더라구요. 그러니까.

(상127) 내가 아이를 가진 것도 나의 선택이었고, 내가 아이를 낳은 것도 나의 선택이고. 내가 아이를 입양 보내지 않은 거도 나의 선택이고. 그럼 앞으로 내가 어떻게 키우고, 그리고 앞으로 내가 어떤 삶을 꾸려갈지를 결정하는 것도 어?
(내127) 그러니까 나의 선택은 (결국에는) 나의 선택이에요. (나의 선택이에요, 응~) 뭐, 나라에서 도와주는 거, 나라에서 하는 거는 국가의 의무고요.

(상128) 도와줄 수는 있지만 결국에는,

(내128) 결국, 결과는 제가 책임지는 거구요. (그렇죠.) 그 다음에 아이를,

(상129) 그리고 본인이 책임질 수 있죠?

(내129) 있어요.

(상130) 어… 나는 그런 사람이야. 나는 내가 이렇게 어렵게 힘든 와중에도 내가 책임진, 내가 결정내린 거 내가 책임질 수 있는 그런 사람이야. 그런 강단이 있는 사람이야.
(내130) 그러니까, 내 아이는 내가 기를 수 있구요. 내가 아이를 케어할 수 있구요. (으응)

그러니까 아이가 아무리 장난을 치고, 개차반으로 소리를 지르고 아이가 장애인이 되든 뭐든 아프든 하든, 엄마가 있어야, 뭐든 권리가 저한테 있구요. 친권이든 (웃음) 양육권이든 (그러니까) 모두 나한테 있기 때문에, 내 아이에요. 내 아이지만, 내가 만약에 불의의 사고를 당해서, 뭐, 불의의 사고를, 내가 많이 아프거나 그랬을 때는 뭐, 나의 친권을 갖고 있는 저희 엄마나, 남동생이 친권을 갖겠죠. 그래서 요즘에는 그런 생각도 들어요. 나이가, 내가 친권을 했을 때, 내가 만약의 불의의 사고를 입거나 그랬을 때, 제3에 있는 양육자가 기를 수 있을 수 있는 법이 만들어져야 되지 않을까. 요즘엔 그런 생각이 들어요.

(상131) 왜 자꾸 본인이 죽는 얘기를 자꾸 해요. (웃음) 본인이 죽고, 불의의 사고로 죽, (웃음) 그러니까 그게, 그런 말들이, 우리 영주님이 얼마나, 자신의 건강에 대해서 이렇게, 걱정을 하고 있는지를 말해주는 거 같아요.

(내131) 그러니까 죽고 싶은 마음이 많았어요. 아기 낳기 전에는 내가 이러고 살아야 될 이유가 없다. 죽어야지. 그런 마음이 되게 많았어요. 그런데, 엄마랑 대립을 하다보면, 음… 엄마 때문에 막 우울해지거나, 그러면, 음… 저희집 식구들이 다 우울증들이 좀 있어요. 언니도 있고…

(상132) 엄마랑 대립하는데 왜 우울해져요?

(내132) 엄마랑 대립하면,

(상133) 어떤 생각이 드는데 우울해져요? 나쁜 사람 같애?

(내133) 아니 나쁜 사람 같지는 않구요. 그냥, 하찮은, 쓸모없는 인간 같아요.

(상134) 내가? 대립하는 내가?

(내134) 네.

(상135) 따르는 내가 아니고? 엄마가 얘기하면 막 예… 하면서 절절 기면서 하는 내가 하찮은 게 아니라, 오히려 대립하는 내가 하찮아 보여요?

(내135) 아니, 그, 우리 엄마랑 싸우는 그 자체가 하찮은 인간처럼 느껴져요. 그러니까 우리 엄마가 월등한 사람이고 (웃음)

(상136) 허, 이렇게 강한 사람한테 대드는 게 하찮은 사람이에요? (내담자 웃음) 그렇죠? 이렇게 막 이렇게, 지난, 지난 60년 동안 한 번도 져 본 적이 없는 사람한테, 이 대드는데 이게 하찮아? 어? 어떻게 그런 게 하찮을 수가 있어요?

(내136) (웃음) 어— 하찮은 사람 같아요. 그러니까 제가 그, 그런 주입식으로 많이, 어렸을 때부터 그렇게 주입을 받고 자랐기 때문에 우리 엄마는 월등(웃음)하고 우리 엄마는 똑똑하고, 우리 엄마는 막, 뭐 그런 사람처럼 우리 엄마는 뭐, 다른 사람보다 능력적으로 발달되고, 그런 거 같구요. 저희는 우리 엄마 말을 뭐, 그러니까 사람이라는 게, 말하는 게 못 알아들을 수 있잖아요. 야, 저기 가서 저것 좀 갖고 와 봐. 저기 가서 저거 가져와를 어떤 걸 갖고 오는지 어떻게 알아요. 엄마 뭐 갖고 오라고? 물어보면, 말할 때 제대로 안 듣고 그러니까, 우리 엄마가 말한 건 저기 가서 저거 갖고 와. 그게, 뭘 갖고 오라고 얘기한 건 아니잖아요. 그러니까 다시 재차 말할 때 똑똑히 단단히 알아듣지 않다. 저거라는 내가 이렇게 봤을 때 만약에 도라지를 까고 있었어. 저기 가서 저거 갖고 와 하면 소쿠리를 갖고 오라는 소리, 도라지를 까고 있으니까. 담아놓을 소쿠리를 갖고 오라는 소린데, 야 저거 가서 저거 갖고 와. 못알아들으면 되게 (웃음) 하찮은 인간처럼. 뭐라 하시니까.

(상137) 그거를, 지금 저한테 얘기할 때는 이미 알고, 머리로는 알고 있어요. 그건 엄마가

말을 잘못한 거지 내가 물어보는 게 잘못한 게 아니다. 나는 물어보는 게 오히려 더, 그 지혜로운 방법이다 라는 거를 머리로는 알고 있는데.

(내137) 그러니까 (내 마음은) 그렇게 해서, 요즘에서는 그렇게, 뭘 갖고 오라는 건지 제대로 얘기해 줘야지 저기 가서 저걸 어떤 건지 어떻게 알고 갖고 와 그랬더니, 보면 모르냐고.

(상138) 응, 그러니까 내 마음은 습관적으로, 습관적으로 내가 너무 이렇게 나약하고, 어? 내가 지금 싸울 수 없는 상대랑 지금 싸우고 있다는 그런 느낌이 있나봐요.

(내138) 그런 거 같아요. 그래서

(상139) 어떻게 해야지 그 느낌에서 이렇게 그 느낌을 바꿀 수 있을까요?

(내139) 그런데…

(상140) 사실은 정말로 이렇게 60년 내내 한 번도 져 본 적 없는 사람하고 이렇게 이제, 이제서야 겨우 맞장을 뜨는 건데. 옛날에는 맞장도 (웃음) 못 떴는데 이제서야 맞장을 뜨는 건데 이러, 이런 사람이 하찮으면 도대체 어?

(내140) 그러니까? 뭐라고 그럴까? 맞장을 뜬다고 생각을 해본 적 없고, 그냥 지금까지 모든 사람들이 엄마, 그러니까 (침묵 2초) 엄마는, 내가 알고 느끼는 엄마는, 자식들은 자기한테 말에 무조건 복종을 해야 되고, 음, 엄마 그러니까 사건, 오늘 밖에 나가서 무슨 일이 있었고 뭐가 있어서 이렇게 됐어요. 돈을 얼마 벌었고 뭐 이렇게 다 일일이 다 보고를 해야 돼요. 안 하는 사람은 나쁜 사람이구요. (웃음)

(상141) 그러니까 그런 엄마의 생각이 그, 바르지 않다는 것을 알잖아요?

(내141) 네.

(상142) 아는데. 그런데 왜 그렇게 하지 않는 자기 자신이 하찮다고 생각해?

(내142) 그러니까 매일 같이 하찮은 뭐 어쩌구 저쩌구 매일 같이…

(상143) 그러니까, 그건 엄마가 주는 말이잖아요. 엄마가… 엄마가 영주님의 마음속에 박아놓은 그 말을 내놔요. 저한테 주고 가요. (둘 다 웃음) 내놔요. (책상을 두 번 두드린다) 어? 어?

(내143) (웃음) 그런데 요즘은 엄마랑 한 달 넘게… 한 달이 넘었구나. 한 달 조금 넘는 한, 한 달 20일 정도, 엄마랑 아무런 대화도 없고, 그러니까 전화도 안 하고. 옛날에는 매일 같이 뭐야 어쩌구 저쩌구 이래서 전화하고 막 이거 뭐 있는데 갖다 줄까? 뭐 이렇게 얘기했는데. 전화도 안 하고. 뭐, 마음은 편해요. 엄마가 보려고 노력도 안 하고, 그런데 마음은 편한데.

(상144) 그럼에도 불구하고 마음속에 우울함이 잡고 있다 (있어요) 라고 하는 거는, 그런데 그 우울함에 대한 것들을 오늘 좀 얘기했는데. 그 우울함이라고 하는 것은 내가 이렇게, 내가 하찮다. 라고 하는 거라는 거잖아요. 그렇죠?

(내144) 네. 그러니까 하찮다고 생각되는 게. 뭐라고 얘기해야지 쉽게 이해, 그러니까 우리 엄마한테는 그냥 내놓을 것 없는 자식들이잖아요. 다른 사람들한테 뭐, 다른 사람 자식들 보면 판사…

(상145) 왜 내놓을 게 없어? (웃음. 노트 위를 두드림) 아 왜 판사랑 비교해? 그러면 판사, 판사 없는 자식들은 다 내놓을 게 없게 (웃음)

(내145) 아니, 우리 엄마는…

(상146) 아니, 그 몇 십 대 일의 그거, 장학금을 타고 경쟁률을 뚫고서 들어갔잖아요. (웃음) 진짜 사이버대, 요즘에 심리학과 경쟁률 무지하게 쎄서 들어가기 어려운데 거기를 한명 뽑는 데 들어갔지?

(내146) 그런데 그거는 우리 엄마는, 그냥 너 그거 하면 다 들어가잖아.

(상147) 그건 엄마 기준이고. 월수 지금 월수, 다른 사람은 지금 돈 100만원 벌기 힘들어 죽겠는데 월수 뭐 쪼끔만 뭐 해주면은 1,000만원씩 들어온다 하지?

(내147) (웃음) 그러니까, 돈 많이 버는 거는, 돈 많이 벌어서 모았다가 주면 되는데. 안 주고 매일 같이 그러니까 저는…

(상148) 엄마는 감사해야 돼요. 세상이 이렇게 말 잘 듣는 딸, 딸들이 어딨어? 어? 요즘 애들 같았어 봐. 벌써 (웃음) 난리가 났지. 그런데 이렇게 말 잘 듣지, 똑똑하지, 어? 제 앞가림 다 하고 있지. 이런 딸들이 어디 있다고, 아들, 아들 딸들이.

(내148) 그런데 제 앞가림은 아들은 한다고 생각을 해요. 아들은 한다고 생각은 하는데, 음…저희 엄마가 여자는 별로 안 좋아해요.

(상149) 그러니까. 엄마의 생각이 그런 거죠. 상담시간이 다 되었네요. 오늘 함께 이야기를 나누면서 영주님의 슬픔과 아픔이 많이 느껴져서 저도 많이 슬펐어요. 그리고 후반부에 나누었던 엄마와 대립될 때 느끼는 우울함과 하찮은 느낌이 중요하게 느껴져요. 다음시간에 이것에 대해 더 이야기해봤으면 해요. 오늘 상담을 하면서 자신에 대해 좀 더 이해되거나 느껴진 점이 있으면 말하고 정리할까요?

(내149) 이번 추석에는 집에 안 가려구요. (웃음) 그냥 추석에 되기 전에 이제 보낼 선물들만, 문 앞에다 갖다 놓으면, 언니 편에, 어린이집에 앞에 갖다 주고, 그 다음에 추석에는 안 가려구요. 나를 좀, 더 생각할 수 있는 시간을 더 갖고, 그 다음에 마음을 더 단단히 먹은 다음에, 엄마한테 가서 얘기하자고 얘기하는 게 훨씬 더 나을 것 같으니까, 조금만 더 마음을 단단히 먹도록 노력을 해가자.

(상150) 그런 생각이 드셨어요? 오늘 영주님이 자신에게 해주었던 말들을 스스로에게 해주었으면 해요. 그리고 정말 내가 엄마한테 하고 싶은 말이 뭔지를 찾아보면 좋겠어요. 담 주에 그 부분에 대해 좀 더 이야기를 나누죠.

대학원생 소감

사례를 접하며 내담자가 겪었을 그 정서적 힘듦에 대해 '공감하며 들어주는 것'이 구체적으로 어떤 과정으로 이루어졌는지가 잘 드러나 있어 크게 도움이 되었다.

본 사례의 내담자는 모의 주된 양육방식인 체벌과 비난으로 자신의 감정을 쉽게 드러내거나 표현하기 어려웠을 것이다. 이러한 상황에서, 내담자의 당시 감정을 의식화시키는 것이 상담장면에서 매우 중요한 과제로 보인다. 이 사례에서는 내담자를 당시 상황으로 돌아가게 하여 당시의 내담자 감정을 느끼게 하고 표현하게 하여 그동안 무의식 속에서 가지고 있었던 억압된 감정을 해소시키는 과정이 생생히 드러나 있어, 상담자가 어떤 역할을 해야 하는지 대해서 생각해 보는 기회가 되었다.

또한 강압적인 양육관계로 인하여 축소되고 무기력하며 스스로를 부정적으로 지각하던 내담자에게, 내담자가 미처 보지 못한 스스로의 자원이나 어려운 상황에서도 그 당시에 버티어나갔던 힘 등에 대해서 상담자가 적절하게 주목하여 주고 내담자를 다시 세우는 과정이 인상 깊었다.

작성자: 이현주(2급 상담심리사, H 대학교 대학원 상담심리전공)

상담사례에 대한 전문가 논평

본 사례는 38세의 미혼모 사례로 14회기가 진행되었으며, 현재 진행 중인 사례입니다.

내담자는 현재 만 3세 아이를 키우고 있으면서, 아이의 아버지와 함께 사는 것이 아니라 친정 어머니와 남동생 등 친정식구의 도움을 받고 살았던 경험이 있고, 이러한 사실을 수치스럽게 생각하고 가족의 비밀로 여기며 숨기거나, 내담자의 존재 자체를 거부하고 싶어 하는 어머니의 태도 등으로 자존감이 상당히 저하되어 있는 것으로 보입니다.

어려서부터의 양육과정도 감정을 여과 없이 직설적으로 표현하고 부정적인 피드백을 많이 하는 어머니로부터 상당기간 동안 영향을 받아온 것으로 보입니다. 내담자는 자신의 정서를 있는 대로 수용 받고 공감 받는 경험이 거의 부재하며, 부적절감과 억울함을 느낄 수밖에 없는 상황 속에서도 자신의 입장을 이야기하기조차 힘든 어머니가 '강자'일 수밖에 없는 가족구도 속에서 성장해 온 것으로 보입니다.

이러한 내담자의 경험들은 성인이 된 이후 다단계 판매를 하는 친구, 스님이나 아이의 아빠인 남자친구와의 관계에서 적절한 경계를 설정하는 데 어려움을 가져왔을 것으로 보이며, 자신의 생각이나 느낌을 분명히 표현하고 전달하는 과정에 있어서도 상당한 혼란을 가져온 것으로 보입니다.

상담자는 내담자의 문제에 대해 공감적으로 이해하고 수용하고자 노력하였으며, 때로는 내담자가 모호하게 이야기하거나 역할 연기 등에서 몰입이 어려워할 때에도 끈기 있게 따라가면서 내담자 내면의 정서를 촉진시키고 활성화하기 위해서 노력하였던 것으로 보입니다. 또한 내담자를 있는 그대로 존중하고 사회적 편견이 존재하는 현실에서 미혼모라고 하더라도 내담자가 자신감을 잃지 않을 수 있도록 격려해 주었고 내적인 힘을 실어주기 위해 내담자와 함께 하고자 하는 진솔한 모습을 보여주었습니다. 내담자는 이러한 시점에 상담자를 만나 상담 후반기에는 모호한 상황에서 거절해 보는 연습을 하거나 비혼모로서의 자신의 모습에 대해서도 자존감을 찾아가는 모습도 보여주고 있어 앞으로도 긍정적인 변화가 계속 될 수 있을 것이라는 기대감을 갖게 됩니다.

이러한 긍정적인 상담의 역할과 더불어, 보다 나은 사례제시를 위한 몇 가지 제안을 하면 다음과 같습니다.

    먼저 심리검사결과에서 보여지는 특성과 내담자의 반응 패턴을 고려하여 상담자는
이 내담자가 보일 수 있는 '저항'에 대해 다양하게 준비하고 대처하는 능력을 키우는 것
도 필요하다고 보여집니다. 내담자의 MMPI 형태나 문장완성 검사의 피상적인 반응, 아
이의 출생, 원가족의 비일관적인 주 양육자의 영향 등을 고려해 볼 때 타인이나 상담 상
황에서 노출하기를 꺼려하고 걸러서 이야기할 가능성이 많이 있을 것으로 보입니다. 상담
자는 상담초기에 이러한 저항에 대한 문제를 인식하고 충분히 다루어 갈 때 상담자와의
라포형성이 보다 잘 이루어지리라 보입니다.

    또한, 상담자는 사례개념화의 과정에서 이러한 내담자의 신뢰감과 안정감의 결여, 자
존감의 문제를 고려할 필요가 있을 것으로 보이며, 이러한 개념화가 추후 상담목표에 반
영되어야 할 필요성이 있겠습니다. 또한, 내담자의 특징을 인지적, 정서적, 행동적, 대인
관계적 요소로 정리해서 제시해 보는 것이 필요하리라 보여집니다. 문장완성검사나 축어
록상에서 볼 때 내담자가 인지상의 문제가 있는 것으로 보여지지는 않으나 연령에 비해
다면적인 사고를 하고 있지 못하는 경향이 있고 이를 전달하는 것도 오랫동안 학습이 어
려웠던 것으로 보입니다. 이러한 측면이 있을 때 대인간의 관계에서 자신의 의사가 전달
이 잘 안되거나 대처능력이 떨어지고, 상대방과의 오해의 소지가 남게 될 가능성도 있어
보입니다. 앞으로 상담이 진행된다면, 상담자가 이러한 측면에 주의를 기울여 내담자에게
학습의 기회를 제공할 필요도 있을 것으로 보입니다.

    14회기 축어록에서는 상담자가 내담자로 하여금 하나의 일화에 머물러 보게 하고,
내담자의 주관적인 경험을 촉진시키는 작업을 시도하여서 내담자가 자신의 정서를 탐색
해 볼 수 있는 좋은 기회가 되었던 것으로 보입니다. 그런데 상담자가 내담자의 정서에
대한 명칭을 먼저 붙여줌으로써 내담자의 자발적인 표현을 가로막는 경험들이 종종 있었
던 점은 한 가지 아쉬운 점으로 남습니다.

    그리고, 사례제시 시에는 상담자의 상담이력, 상담진행 일자, 전체 상담회기 계획 등
이 제시될 필요가 있을 것입니다. 특히 종결을 어떻게 계획하고 있는지, 상담의 진행과정
에 대한 상담자로서의 정리가 제시된다면 슈퍼비전에 참고가 될 것입니다.

    수고하셨습니다.

                                        논평자: 송수민 박사(한국상담심리학회 1급 상담심리사)

PART
02

2급 상담심리사
취득을 위한
실습 상담자 사례

Chapter 01

다문화가정 주부사례

❝바뀌는 게 없는데 열심히 살면 뭐해요 ❞

상담자: 박옥희(I 대학원 상담심리 전공, 심리상담사 2급 준비중)

01
내담자 인적사항 및 가족관계

(1) 내담자 인적사항

이○○: 남, 52세, 고졸(초등에서 고등학교까지 검정고시), 세탁소에서 배달, 이전상담경험 없음. 종교 없음. 국제결혼 후 아내와 헤어진 상태(법적 이혼은 하지 않은 상태)

(2) 가족사항

– 아내(40): 필리핀 국적. 대졸. 2년 전 집을 나감. 전 남편과의 사이에 딸을 두고 내담자와 재혼했음. 친정엄마에게 아이들을 맡기고 맞벌이를 해서 번 돈을 모두 필리핀으로 보냄. 자기주장이 매우 강하고 아이들을 강압적으로 체벌하거나 훈계함.
– 첫째 딸(14): 내담자를 가장 많이 닮았음. 내담자와 친밀하며 동생들이 잘 따라주지 않는 것에 대해 힘들어 함.
– 둘째딸(12): 몸집이 좋은 편이고 활동적인 편. 내담자와 친한 편이며 섬머슴 같다고 표현함.
– 아들 (11): 편의점 등에서 물건을 훔치다 걸려서 배상을 해주기도 하는 등 도벽행동을 보이고 있으며 타 기관에서 상담을 받고 있다고 함. 내담자와 갈등을 겪고 있으며 자녀들 중에서 심리적 거리가 가장 멀다고 함.

- 막내딸(8): 본 기관에서 불안정한 애착문제 등으로 인해 상담을 받고 있음. 충동조절이 어려운 모습을 보이며, 내담자에게 언어를 사용하기보다는 칭얼거림이나 떼를 부리는 등으로 요구를 하는 편임.

(3) 원가족

- 부(80): 남의 일에 끼어들기를 좋아하고 주먹이 먼저 나가는 성격으로 인생의 절반을 교도소 생활을 하였음. 모와 내담자에게 심하게 폭력을 사용했으며 내담자가 네 살 때 이혼을 한 후 내담자 초2 때 1년 동안 다시 모여서 살았으나 이후 가족들이 뿔뿔이 흩어짐.
- 생모(75): 남편에게 폭력을 당했으며 내담자를 보호해 주지 못하는 무력한 모습으로 내담자의 기억에 남아있음. 현재는 어딘가에서 재혼하여 아이들을 낳고 살고 있다고 함.
- 계모(75): 현재 재혼한 지 10년째이며 부의 여전히 난폭한 성격 때문에 고생이 많고 부와의 사이에서 내담자를 도와주려고 노력하며 반찬 등을 해주고 있음.
- 남동생(사망): 어린 나이에 사망을 했고 내담자는 기억을 못함.

02 내방경위

○○기관에서 자녀심리평가를 의뢰했는데 부모상담이 절실하다는 판단 하에 상담이 의뢰됨

03 주 호소문제

① 잘 살아보려고 하는데 여전히 힘드네요.
② 아이들을 잘 키워보려고 하는데 의사소통이 안 돼요.

③ 집안정리가 안 돼요. 아이들이 도와주면 좋겠는데 말을 들어먹지가 않아요.

04
행동관찰

상담 첫날은 술을 마신 채 잊어버렸다며 두 번째 상담 시간에 방문함. 덥수룩한 수염에 머리는 감지 않은 듯 위생상태가 좋아 보이지 않았으며 낡은 추리닝에 슬리퍼를 신고 옴. 상담실 문을 열자마자 상담을 큰 놈으로 바꾸면 안 되냐고 묻기도 하고 자리에 앉자마자 상담사가 얘길 꺼내기도 전에 자신의 이야기를 길게 늘어놓음. 이야기를 하는 도중 한탄조의 한숨을 자주 쉬었고 살아온 이야기를 장황하게 설명하였음. 상담에 대한 의욕이 그다지 드러나 보이지 않으면서도 자신의 이야기를 할 때는 적극적이었으며 상담시간이 끝났다고 알려주었으나 계속 이야기를 이어나가는 모습이었음.

05
심리검사 결과(MMPI-2, HTP, KFD, SCT)

1) MMPI-2

F	L	K	Hs	D	Hy	Pd	Mf	Pa	Pt	Sc	Ma	Si
48	53	48	53	66	53	54	60	41	53	51	36	59

2) 해석

검사결과, 내담자는 현재 매우 슬프고 우울하며 불만족감이 강함. 가장으로서의 가족 부양에 대한 의무와 책임감이 있으나 일이 잘 풀리지 않을 것이라는 무망감, 긍정적인 정서가 결여되어 보임. 이면에는 자존감이 낮고(나의 능력은 글도 잘 못쓰고, 자신감도 없고) 이미 많은 것을 잃은 것에 대한 억울함과 분함, 자신이 부당한 대우를 받았다는 것에 대해 분개하고 있음(신경질 날 때는 사지가 떨림, 지금은 공격하고 싶다). 내담자가 아내에게 당한 무시(내 생각에 여자들이란 말을 할 때 상대방에게 너무 상처를 준다. 내가 바라는 여인상은 대화 같이 하고 남편 무시하지 않고), 최근 이혼과정에서의 갈등 및 법적인 문제로 인한 우울감, 좌절감이 높고 이러한 문제를 해결하기보다는 스트레스 상황에서 패배적으로 행동하는 경향이 있음. 어린 시절부터 부모의 부재(어떻게 해서든 잊고 싶은 것은 부모님과 헤어질 때 기억/ 내 생각에 가끔 아버지는 너무 옳고 그름을 따진다)로 인해 자립적으로 성장할 수밖에 없는 상황에서 쉽게 타인을 신뢰하지 못하고 자신을 보호하려고 노력했을 것으로 보여지며(내가 어렸을 때는 미래도 희망도 없이 이리저리 돌아다녔음), (결혼생활에 대하여 나는 너무 엉망이다. 잘 살아보려고 했는데) 최근의 좌절과 상실감으로 인해 더 외롭고 의지할 만한 사람이 없다고 느끼며, (나를 괴롭히는 것은 미래가 안 보임, 지금 현실이 너무 답답함) 스스로를 무감각하게 만들고 냉소적인 태도로 자신을 보호하려 하겠음. HTP 그림검사에서는 크기가 매우 작고 위쪽으로 치우치게 그림으로써 불안하고 위축된 상태를 나타낸다고 보여지며, 얼굴을 그리지 않는 점 등으로 미루어 보아 세상에 대한 두려움 등으로 인해 단절과 회피하고자 하는 심리적 어려움이 있는 것으로 보여짐. 현재의 우울감, 무망감, 적대감 등에 대한 적절한 치료가 필요해 보임

06
내담자 문제의 이해와 내담자 자원

(1) 내담자 문제의 이해

내담자는 네 살 때 부모의 이혼으로 친척집에 살다가 초등학교 2학년 때 부모님과 다시 합쳤으나 1년 정도 지나서 다시 헤어지게 되었고, 그 이후 제주도에서부터 전라도 지방 이곳저곳을 헤매고 다니면서 연명을 하면서 성장했다. 굶어서 길거리에서 쓰러지기가 부지기수였고, 사람들에게 매를 맞는 경우도 많았다. 내담자의 아버지는 누가 몸을 스치기만 해도 불같이 화를 내고 주먹이 먼저 나가는 성격으로, 내담자의 모와 내담자를 학대하였고, 교도소 생활을 오래 하였다. 내담자는 떠돌아다니면서도 아버지처럼 교도소는 가지 않겠다는 굳은 결심으로 나쁜 행동을 하지 않았다고 보고했다. 18세 이후 서울에 있는 봉제공장에서 처음으로 이성을 좋아하게 되었고, 연애편지를 쓰고 싶었으나 글씨를 몰라서 검정고시 학원을 다니기 시작했다. 3년 동안 공부해서 초등학교에서 고등학교까지의 졸업장을 땄고 사랑을 받질 못해서 사랑할 줄도 몰라 그 이성 친

구는 금세 떠났고 마음을 줬다가 닫게 되었으며 주변에 여자들은 많이 있었지만 절대 손을 대지 않고 반듯하게 살려고 애를 썼다고 한다.

내담자는 못 배운 것에 대한 한이 많아서 좀 배운 여자랑 살고 싶은 욕구가 있었고, 현재 헤어진 아이들의 엄마는 딸까지 있는 필리핀 국적의 이혼녀였지만 많이 배운 여자라서 아내로 선택했다고 한다. 10년 동안 결혼을 유지했고 1남 3녀의 자녀를 두고 있다. 내담자는 결혼 파탄의 원인이 장모에게 있다고 믿고 있다. 장모는 둘째와 막내를 돌보기 위해 한국에 왔는데 매우 기가 세고 내담자가 퇴근 후에 집에 들어오면 도끼눈을 하고 못마땅한 얼굴로 바라봤으며 숨을 쉴 수가 없었다고 한다. 하지만 가정을 깨고 싶지 않아서 무조건 참았지만 결국 아내는 맞벌이로 번 돈을 필리핀으로 모두 보내고 카드빚을 남겨 놓은 채 장모랑 함께 집을 나갔으며, 출국은 하지 않은 상태다. 내담자는 아내가 자유의 몸이 되는 것을 봐줄 수 없다며 분노감으로 이혼을 못해주겠다고 주장하고 있다.

어린 시절 부모로부터 버림받고 사랑받지 못한 채 성장한 내담자는 결혼생활의 파탄 등으로 더욱 삶을 비관하게 되었고, 우울감이 지속되고 있으며, 배우지 못한 한으로 인해 자존감이 매우 낮은 상태로 보여진다. 그러나 어릴 때 얘기로만 들은 남동생의 죽음을 예전에는 잘 죽었다고 생각했지만 현재는 살아있었으면 좋겠다는 표현을 하는 등 외로움을 가족과 함께 나누고 싶은 마음이 느껴지며 내담자를 학대하고 버린 아버지를 스무 살이 넘어서 만나게 되었고 지금까지 가끔씩 왕래를 하고 있는 것으로 보아 내담자의 여린 마음이 보여진다.

현재 내담자는 두 번의 디스크 수술로 건강이 좋지 않은 상태로 네 남매를 양육해야 한다는 부담감을 크게 가지고 있으며, 내담자처럼은 살지 않게 하고 싶다는 마음으로 자녀들을 잘 키우고 싶은 마음이 강하나 자녀양육에 대한 어려움과 가사에 대한 버거움을 가장 크게 호소하고 있다. 알코올에 의존하는 경향이 높은 내담자의 특성으로 건강에 악영향이 예상되며 이는 자녀들을 양육하는 데도 영향을 미칠 거라는 생각이 든다.

앞으로 상담을 통하여 오랫동안 경험하고 있는 우울과 불안함 그리고 분노 감정을 표현하고 공감받고 수용받는 경험을 통하여 내담자의 마음을 녹여내는 과정이 필요해 보이며 자녀양육에 대한 정보를 제공하고 나눔으로써 내담자가 호소하고 있는 어려움을 함께 나누는 상담이 이루어져야겠다.

(2) 내담자의 자원

- 자녀들을 잘 키우고 싶은 마음이 강하다.
- 가장으로서의 책임감이 강하다.
- 사람을 좋아한다.
- 자신에 대해 이야기하는 것을 좋아한다.
- 타인의 이야기를 잘 들어준다(강점이자 약점).
- 내담자가 이해하고 있는 장점:
  검정고시 성공 경험으로 인해 스스로 뚝배기 같은 사람이라고 표현함.

07
상담목표 및 전략

(1) 내담자의 목표

- 자녀들과 의사소통을 잘하고 싶어요.
- 그냥 내 이야기를 하소연하고 싶어요.

(2) 합의된 목표

- 하고 싶은 이야기 마음껏 하기
- 자녀와의 의사소통 방법 알기
- 알코올의존도 낮추기

(3) 상담전략

- 이해받는 따뜻한 경험과 공감을 통해 라포와 신뢰 형성하기와 자존감 향
  상하기
- 공감받지 못했던 경험들 속에서 느꼈던 감정들을 알아차리고 머물러보
  고 표현해 보고 당시 하지 못했던 이야기들을 해보면서 내 목소리 찾기,
  내 목소리를 내는 데 방해물들을 찾고 다루기
- 친밀감 형성을 위한 의사소통 방법 배우기
- 알코올에 의존할 수밖에 없었던 상황을 이해받는 과정을 통해 심리적인

여유를 찾도록 한 후 알코올치료 프로그램에 참여하도록 권유하기

08
도움받고 싶은 부분

❶ 3회기 상담진행까지 내담자 이해가 제대로 되었는지 불안하고 상담의 전략과 목표가 적절한지 모르겠습니다.

❷ 현실적인 상황이 워낙 열악한 내담자이기 때문에 상담 시 마음이 무거워집니다. 제 마음이 상담에 악영향을 미칠까 두렵습니다.

❸ "잘 살아 보려고 하는데 마음대로 안 되니까 그것이 정말 힘드네요"지속적으로 표현하는 이 말에 대해 점점 어떻게 반응해야 할지 모르겠습니다.

❹ 알코올에 의존하는 내담자에게 효과적인 심리치료 방법은 무엇인지 궁금합니다.

09
상담내용 회기별 요약

■ 1회기

 (상1) 여기 앉으세요.

(내1) 나도 지금 부모 없이 컸기 때문에 지금 이렇게 애들하고 있지만 너무 힘들어요. (음) 일 갔다 오며는 아무것도 안 되어 있지, 그러니까 지쳐요, 지쳐. 술은 안 좋다는 건 알아요. 저도 지금 몸에 수술을 두 번해서 안 좋은 건 아는데 술을 안 먹으면 잠도 제대로 못자요. 이게 계속 반복되고 그러면 안 좋은 건 알면서도 에이그 그냥 그러네요. 그렇다고 부모 앞에 갈 수도 없고 그렇다고 애들 놔두고 갈 수도 없고 갑갑하네요. 풀리는 거는 하나도 없고 그러니까 더 마음이 그래요. 지쳐갛고 허우적대는데도 애들은 아직 어려서 아무것도 모르고 아빠가 말해도 못 알아먹고 그러니까 지치기는 되게 많이 지쳐갛고.

(상2) 제가 오늘 아버님을 처음 뵀는데 이렇게 처음 뵌 자리에서 얼마나 힘드셨으면 이런 말씀들을 하시는지…

(내2) 나는 잘 살아보려고 그랬던 건데 왜 이렇게 됐는지 모르겠어요. (음) 한 번도 제대로 뭐가 (음) 풀려 나간 게 없네요.

(상3) 잘 살아보시려고 그렇게 노력하셨는데 여전히 그렇게 힘드신 거네요.

(내3) 애들 낳고 넉넉하지는 못해도 부부랑 같이 잘 하려 그랬던 건데 그것도 잘 안 되고 (음) 내가 원해서 가정이 깨진 것도 아니고. 내가 잘못해서 그렇게 깨졌다고 하면 마음이 좀 덜 저기 할 텐데 여자한테 진짜 다 바쳤는데 이렇게 돼버리니까 10년을 살라고 내 모든 걸 다 바치고 끝나 버렸다는 게 그냥 쫌…

(상4) 10년 결혼생활을 하시고…

(내4) 한 십 이삼년 됐죠. 2002년도부터 살았으니까 2000년도부터 만났고 2003년도에 우리 큰 애가 2003년 7월생이니까.

(상5) 그래서 언제 헤어지신 거예요?

(내5) 지금 2년 돼가죠. 헤어진 게 아니라 자기 발로 나가버린 거죠. (아) 경찰 입회 하에 경찰 불러놓고 나가불대

(상6) 아… 그 당시에 무슨 일이 있으셨어요?

(내6) 있는 게 아니라 자기 엄마하고 나하고 안 맞아요.

(상7) 장모님요?

(내7) 7년인가 같이 살았어요. (음) 근데 그 사람들이 나를 너무 무시하고 그러니까 화도 못 내고 화를 내면 가정 깨질 것 같으니까 꾹꾹 참고 숨도 막히고 그냥 살았어요.

(상8) 그렇게 노력하셨는데

(내8) 그런데도 그렇게 저기 하니까 문제는 뭐냐면 내가 돈이 있고 안 아플 때 갔으면 조금 덜 억울하죠. 돈 다 떨어지고 아프니까.

(상9) 정말 억울한 생각을 하고 계시는 것 같네요. 몸은 어디가 안 좋으세요?

(내9) 허리 디스크 수술 2번 받았죠.

(상10) 아 다치셔서 그러신 거예요 아니면은.

(내10) 그냥 일하다가 갑자기 나오는 거니까 2010년도에 받고 2014년도에 한 번 받고 이렇게 2014년도에 받고 집에 와서 4개월 만에 나간 거예요. 8월 달에 나가 버렸어.

(상11) 이렇게 디스크 수술을 하시고 경제적인 활동을 못 하신 거예요?

(내11) 아니죠. 그래도 저기 수급권 타먹었죠. 계속 수급권 일을 그쪽에서 하다가 쉬었으니까. (네) 그래도 저기 5인 가족 돈은 계속 나왔죠. (음) 내가 이거 일을 안 해도 산재 받아서 돈 타고 계속 저기했고 나는 진짜 놀아본 적도 없고. (음) 진짜 술 먹고 어디 가서 계집거리도 안 해보고 지금까지 50년 넘게 살아왔어도 이렇게 저기하니까 참 재미없는 인생이에요. 뭐하나 제대로 해본 것도 없이 나이는 먹었고 몸은 안 좋아지고

(상12) 음 정말 열심히 사셨네요.

(내12) 그런데 염병할 이 꼴을 못 벗어나니까… 집에 오면 아이들까지 있다 보니까 더 힘들어요. 지금은

-중략-

(상13) 아버지 만나신 마음은 어떠세요?

(내13) 이제는 좋죠 뭐. 어차피 혼자 우리 나이로 4살 때니까 아무것도 모를 때 헤어졌다가 부모 얼굴도 모를 뻔 했는데 초등학교 2학년 땐가 그때 만나서 한 1년 살았던 게 그 1년 산 게 부모 얼굴도 알고 인제 거기서 헤어진 뒤로부터 뿔뿔이 흩어져버렸죠

(상14) 초등학교 2학년 때 어머니랑 아버지랑 같이 사신 거예요?

(내14) 만날 싸우는 것만 봤죠. 뒤지게 패는 것만 저도 엄청 맞고 그래서 애들한테 손도 안 대는데 손을 대다 보면 감정 조절이 안돼요.

(상15) 어 아이들을 손도 안 대시려고 하는데 가끔은 때리기도 하시는 거예요?

(내15) 아니요. 무서워서 안 해요. 감정조절이 안 되니까 말로만 소리만 지르고 그래서 더 힘들죠. 그렇다고 내가 워낙에 매를 맞고 살았기 때문에 지금에 50이 넘어서도 지금 누가 옆에서 손들면 나도 모르게 손이 가요. 지금도 그런 것들은 안 풀려요.

(상16) 그렇게 아버지한테 맞으시고

(내16) 아버지한테만 맞았겠어요? 혼자 돌아다니면서 혼자 오지게 살았는데

(상17) 아 부모님께 맞은 것뿐만 아니라 밖에서도 그렇게 맞으신 거예요?

(내17) 그렇죠. 그래서 인생이 더럽다는 거예요 어떻게 풀린 게 하나도 없이 점점 꼬이고만 있냐고

(상18) 아 정말 힘드셨겠네요.

(내18) 그거를 풀어 나가려고 가정을 만들었을 때는 가정을 잘 이끌고 나가려고 했던 건데 결국은 우리나라랑 완전 틀리니까

(상19) 아이 엄마가 우리나라 분이 아니시고

(내19) 아니에요. 필리핀이에요.

(상20) 다문화 결혼을 하신 거예요?

(내20) 아 저는 문00 교회에서 만나서 한 거죠.

(상21) 아 그럼 종교를 아버님도 그 종교를 갖고 계세요?

(내21) 그 사람도 저도 아니에요. 필요하니까 거기 온 거죠. 거기 그 사람들 문00 교회는 여자들 취직시켜준다고 와갖고 다 결혼시켜 버려요 결혼 안하면 필리핀 못 간다니까 다들 하고 그래요 책임도 없어요. 돈은 돈대로 받아가고

-중략-

(상22) 지금 상황이 어떤 상황들인지는 구체적으로는 모르겠어요. 그런데 지금 아버님 얘기를 잠깐 들었을 때는 아버님이 너무 힘든 상황에서 여기까지 견디면서 살아오셨고 또 애쓰셨고 그럼에도 아이들에게 잘 키워보려고 어떻게든 애쓰시고 그런 게 느껴져요

(내22) 나는 누구하고 말을 저기할 때 그냥 해요. 오해도 많이 받고 나이 많은 사람들한테는 함부로 안하고 비슷한 사람들은 말 놓고 그냥 저기하고 싫어하는 사람한테는 너무 그렇고 제 단점이 너무 혼자 살다보니까 회사 다닐 때는 참 친해요. 사람들하고 활동할 때는 그런데 거기서 나하고 그쪽 사람들하고 아예 연락도 안 해버리지 그니까 내 주위에는 친구도 아예 없어요. 내가 원래가 그렇게 살아오다 보니까 지금 터놓고 얘기할 사람도 없고 술이나 한 잔 할 사람도 없고 집에서 혼자 먹고 혼자 자고

(상23) 혼자서 술을 드세요?

(음주운전 이야기) - 중략-

(내23) 그거는 인제는 안 하죠.

(상24) 그거는 정말 안 하셨으면 좋겠어요.

(내24) 왜냐면 그거하면은 아웃되는 게 문제죠. 지금 내가 원래 1종 면허 갖고 있다가 오른쪽 시력이 망가졌어요. 눈에 뭐 황색병인가 외국사람들이 자주 걸리는 병이라는데 여기 한국 안과에서는 그거로 병명이 나왔고 저기 영등포 김00 안과에서는 비슷한데 그거는 아니다 뭐 안막수술이 되냐 그랬더니 수술이 안 된다고 그래서 시력을 잃었어요. 가까운 거는 보여요 근데 글 같은 거는 안돼요. 지금 이거 하나로 이것도 보이기는 보이는데 저기 뭐 신호등이 빨강불이 황색으로 보여 녹색은 그런 대로 감이 오는데 근데 요거 하나갖고 그래서 1종에서 2종으로 내려가 본지가 꽤 됐어요. 1종에서 한 10년 타다가

(상25) 아휴~ 술을 그렇게 한 번에 많이 드시는 거 아니고

(내25) 많이 못 먹어요. 내 몸 자체가 그렇게 술을 많이 못 먹어요.

(상26) 더 드시고 싶으신데 1병 정도로 끝내자 아니면

(내26) 아니요 내가 못 견뎌서 안 먹어요. 얘기하면서 막 먹다보면 많이 먹어요. 옛날에 한참 먹을 때는 소주 3병 정도 먹었어요.

(상27) 제가 궁금한 건 술을 드시는 게 내가 자제를 할 수 없을 정도로 마시는지 중독인지

(내27) 그건 아닌 것 같아요 언제든지 이건 멈출 수 있어요. 근데 이건 못 멈춰요 담배만. 원래 이것도 한 1년간 정지했었는데 또 피워갖고

(상28) 어렵죠. 또 특히나 이런 힘든 상황에서는 자꾸 생각이 나서

(내28) 근데 술은 멈출 수 있어요

(상29) 그건 되게 반갑게 들리네요. 네. 아까 들어오실 때 우리 큰 놈한테 상담을 바꾸면 안되겠냐 이렇게 말씀을 하셨을 때 왜 그러신지 궁금했어요.

(내29) 그게 공부방을 지금 나가는데 공부방 원장이 그러더라고. 상담을 받았으면 하더라고 애가 좀 내성적이고.

(상30) 내성적이에요?

(내30) 내가 성격이 내성적인데 그놈도 그걸 따라가더라고

(상31) 닮은 것 같아요?

(내31) 얼굴도 많이 닮았어요.

(상32) 어떠세요? 나를 닮은 딸을 보면요?

(내32) 나는 괴롭죠. 나는 이런 환경을 원하지 않은 환경인데 진짜 우리나라 가정 깨지는 게 남자들 여자들 바람피고 이렇게 해서 깨지고 그런 게 많은데 나는 그러지도 않고 열심히 해 볼라고 했던 건데 이런 결과가 와갖고 애들도 원래는 저놈 저기 할라고 떼 버릴라고 그랬는데 고집을 피우더라고 자기가 낳아서 저기한다고. 결국은 애 4명이 됐는데 버리고 가버렸잖아.

-중략-

(상33) 아 장모님이 독하다고 그러셨는데 어떤 일이 있으셨기에 그러신 건지요?

(내33) 뭐라고 표현해야 되나 눈을 보면 아주 사람을 잡아먹어. 독기가 뚝뚝 흘러. 그 여자 때문에 필리핀 가정도 깨버리고. 지금 내가 그랬어요. 니 인생 니가 살아야지 니 애미랑 똑같이 그 여자 아버지가 필리핀에서 잘 나갔던 사람이더라고요. 그런데 바람을 폈나봐 남자가 수그리고 들어왔어 잘못했다고 그러는데 용서를 안 해버리는 거예요.

(상34) 그래서 장모님이 거기서 이혼을 하신 거예요?

(내34) 거기는 이혼이란 건 없어요. 안 살면 안 사는 거고 법적으로는 아직도 부부간이죠. 지금도 와요. 만난대요. 애들을 만나고 같이 집에 저기 하고

(상35) 누가 온다는 거예요? 장모님이요?

(내35) 장모님, 아버지, 애기엄마아버지

(상36) 아이 엄마는 가족이 어떻게 됐어요?

(내360) 아들 둘에 하나, 그니까 필리핀은 모계사회잖아요 그렇게 저기한 딸이 여기 와서 고생한다고 거기는 모계사회라서 여자사회죠. 남자는 별 볼일 없고 남자는 씨받이 밖에 안 돼요.

(상37) 그런 분이 여기 오셨으니 적응하시기 힘드셨겠어요.

(내37) 여자는 똑똑하고 야무지고 참 좋았는데 문제는 가정이 우선이 아니고 항상 일을 벌이고 그런 쪽으로만 생각을 해요 여기 집을 일으켜 세우는 쪽이 아니고 일단 이 여자는 오로지 필리핀만 생각을 해버리니까 이게 누적되가지고 나도 이게 말도 못 하겠고.

(상38) 그렇게 화가 나셨는데도 표현을 못 하셨네요.

(내38) 못 하죠. 마지막에 나가면서 하는 말이 카드도 지금도 두 번이나 연체시켰어요. 그것도 한 번 아버지 집에서 사정해서 그거 한 번 때웠는데 이번에 나가면서도 카드 한 350 긁어놓고 그냥 가버렸지. (아휴) 카드는 무섭잖아요. 뭔 말을 하잖아요. 그럼 잔소리 그러고 일단은 자기는 배우고 나는 못 배운 거를 저기를 하니까 일단 무시를 해요. 장모란 사람도 그렇고 집에 들어 가면은 숨을 못 쉬었어요. 답답해. 이건 표현도 못 하겠고 왜 사람이란 게 그렇잖아요. 이게 내 집이고 내가 저긴데도 장모라는 여자는 내가 딱 들어오잖아요. 그러면 요렇게 쳐다봐요. 내가 들어와도 그것도 내가 놀다 들어온 것도 아니고 힘들게. 웃으면서 맞이해주면 어디가 저기해요? 아주 그냥 진짜 마음 같아서는 다 불질러가지고 없애버릴 정도로 아예 그냥 죽고 싶다 그랬어요. 나중에는…

(상39) 얼마나 화가 나셨으면 그런 생각을 하셨을지…

(내39) "너네 둘 다 죽여버린다." 그랬어요. 도저히 나는 못 살겠으니까 난 너네 둘 다 그냥. 나간다 그러니까 난 너네 둘 다 못 내보내, 너네 둘 다 죽여 버릴 거야.

(상40) 그렇게 참으셨는데

(내40) 그니까 경찰 부른 거야 아니 못 나가게 해요 "느그 다 죽여 버린다." 그러니까 그런데 하여튼 사람이 참고 살아도 미쳐가는 거예요.

(상41) 그럼요 할 말을 못하고 참는다는 게

- 중략-

(내41) 무서운 게 아니라 몸에 그냥 거의 맞는 게 거의 저기가 되불죠. 성격 자체는 나는 그래서 모르겠어요. 나는 어렸을 때부터 답답하고 그런 게 있을 때마다 생각하기를 아주 드넓은 벌판을 말을 타고 달리는 그런 상상을 하고 살았어요.

(상42) 그럼 어떠실 것 같아요? 말 타고 실컷 달리시면 어떤 마음이 들까요?

(내42) 모르것죠. 하여튼 상상의 날개를 항상 그런 쪽으로

(상43) 자유롭고 싶으시고 좀 시원하게 막힘없이 살고 싶은 그런 마음이 느껴져요

(내43) 근데 그게 안 되지요. 현실이 그거를 못 따라가죠. 지금도 날개를 피우면 그런 쪽으로 지금은 나이가 있다 보니까 좀 강했으면

(상44) 강하다는 건 어떻게 강하시고 싶으세요?

(내44) 좀 남자답게 누가 한바탕해도 아주 당당하게 싸우고 싶은 마음 그런 것들

- 중략-

(상45) 여행을 자주 가세요?

(내45) 가고 싶어요.

(상46) 아이들 하고요? (네) 어딜 가장 가고 싶으세요?

(내46) 이런 강에 가서 낚시질 하는 것도 같이 해보고 싶고 애들한테 이런 경험을 농촌에 가서 체험하는 것도 하룻밤이라도 자고 왜냐면 도심에서만 살고. 나는 워낙에 내가 도시로 빨리 올라 왔으면은 내가 항상 그래요. 안 하려고 애를 쓰는데 진짜 안 하려고 애를 쓰는데 한번 무너져 버리면 끝을 봐버리려 그래요. 사람을 내가 만약 죽였다 하면 몇 명을 죽일지 몰라요.

(상47) 그런 마음이 있으신 거예요? (네) 내가 무너지면 어떻게 될지 모르겠다. 끝까지 갈 것 같다 이런 생각을 하신 거예요?

(내47) 같이 이렇게 만약에 경찰이 총 쏴버리면 총 뺏어갖고 같이 쏘다가 같이 죽는 그 자리에서 죽는 걸 원하지 뭐 이런데

(상48) 지금까지 중에서 혹시 그런 일은 있으셨어요?

(내48) 아휴 그런 것 했으면 이게 내가 도시 빨리 안 올라오고 광주도 그렇게 늦게. 지금 이게 내 마음을 잡아주는 저기가 군단위로 많이 돌아 다녔어요. 농촌단위로 많이 돌아 다녔어요. 매도 그렇게 맞았던 것도 사람이 안 무너졌던 이유가 내가 경험담을 많이 들어서 글을 몰랐어요. 진짜 낫 놓고 기역자도 몰랐어요. 시골 군 단위 가족들이 많이 살았잖아요. 몇 대 손으로 같이 그때는 어렸을 때는 그분들이 얘기하는 걸 못 느꼈어요. 그런데 귀에는 많이 들었죠.

(상49) 글은 몰랐지만 산 경험을 많이 들으셨네요.

(내49) 그렇죠. 그리고 이제 올라온 게 민주화 운동 끝나고 서울로 올라오고 많이 당하니까 마음이 나는 누구를 많이 믿어요. 믿으려고 하는 게 강해요 그거를 많이 이용해 먹고 당했죠. 그래서 끊어버려요. 마음 자체를 확 닫아버린다 해야 하나. 지금도 이 여자를 자다가도 일어나 갖고 이거를 어떻게 하나 찾으려고 하면 왜 못 찾겠어요. 근데 보면 뭐 할 거예요. 내가 내 마음껏 다 한 다음에 남는 건 뭐예요. 아무것도 없잖아요. 애들은 애들대로 고생길로 갈 것이고 애들한테도 계속 얘기하는 게 지금도 아무도 들어주는 놈도 없고

(상50) 에구 믿었던 사람한테 이용당했을 때 그 기분이 어땠을지… 아이들도 내 말을 안 들어주는 것 같고

(내50) 큰 놈 얘기하는 거 간혹 가다 한 번씩 던지는 거 보면 듣고는 있는데 실천을 안 하죠 문제죠

- 중략 -

(상51) ○○님께서는 상담을 통해서 어떻게 뭐를 했으면 효과가 있을 것 같으세요?

(내51) 나는 애들이 좀 반듯하게 가는 걸 원하죠. 아무 사고 안 일어나고, 만약에 애들이 잘 못돼 버리면 나는 무너질 것 같으니까.

(상52) 아 네 아이들이 반듯하게 살기를 원하시는 마음이 얼마나 큰지 느껴지네요. 혹시 ○○님 모습 속에서는 이 상담을 통해서 얻고 싶은 게 있으세요?

(내52) 저요? 저는 그냥 하소연하고 그냥 이게 문제는 내가 너무 뭐라 그럴까 풀어내려는 방법을 모르죠. 노래도 못 부르죠. 장기도 못하죠 뭐 카드도 못하지 장기도 못 두고 바둑도 못해요 이런 쪽으로 한 번도 경험을 못했고 맨날 수축된 눌림의 삶을 살다보니까 아까도 말했지만은 누구랑 싸우더라도 당당하게 힘이 없으니 이걸로 집어서 때리려고 할라고만 그러지

(상53) 에구 그동안 그렇게 억눌려 사시느라 얼마나 힘드셨어요. 제가 아까 선생님이라고 불러드릴까요 ○○님 이라고 불러드릴까요 했을 때 맘대로 하세요. 그렇게 얘길하셨는데 밖에서도 다른 분들한테 내 주장을 하기보다는 들어만 주시는 건지요?

(내53) 많이 들어주는 건 엄청 들어주지

(상54) 잘 들어주시는군요. 여기 상담실에서 이 1시간 동안은 ○○님 시간이에요. 하시고 싶은 말씀, 주장하시고 싶은 것들을 표현하실 수 있으세요.

(내54) 그것을 내가 이렇게 말을 해도 조리 있게 또박또박 할 줄을 몰라요. 막 섞여요. 글도 받침이 이런 것도 모르고 이 나이 먹어서

(상55) 아까도 그렇게 말씀하셨는데 제가 듣기에는 말씀을 또박또박 하시는 걸로 느껴져요. 그리고 우리나라 글씨는 워낙 어려워서 저도 많이 틀려요. (웃음)

(내55) 굉장히 계산도 할 줄 모르니까 그런 게 아주 모든 걸 자신감을 잃어버려요.

(상56) 그렇죠. 하지만 그렇게 생각하시면서도 여기까지 잘 살아오셨네요.

(내56) 맨날 당하면서도 살아온 거죠. 이건 잘 산 게 아니죠. 나이 먹으면 이게 항상 그래요 나이 먹어서 안정이 되어야 했는데 지금 나이 먹어서 거꾸로 다시 내려가 버렸잖아요.

(상57) 맨날 당하고 살아오셨다고 생각하면 정말 억울하실 것 같아요. 근데 아이들 넷이 옆에 떡하고 있네요. 사람이 희망이라는 말이 있는데…

(내57) 그러니까. 지금 근데 너무 힘들어서 탈이지 사실 내가 오늘도 지금 어제까지도 조금 괜찮아요. 어제 밤에도 소주 쬐끔 먹고 자고 내가 요즘도 소주를 잘 안 먹는데 일이 지금 힘들어요. 내가 5일간요. 항상 13,000 14,000 정도 걸어다녀요.

(상58) 지금 일이 많이 힘드신가보네요.

(내58) 근데 맨몸으로 걸어 다니는 게 아니라 항상 들고 뛰고 딱지 안 뜯길라고 길거리에다 세운 적도 있고 그러니까

(상59) 아 정말 열심히 사시네요.

(내59) 그럼 뭐해요. 남는 게 없는데

👤 (상60) 남는 게 없다고 생각하고 계시네요. 아직 앞으로 살아갈 날들이 많다라는 생각이 드는데…

🧑 (내60) 무슨, 지금 경제활동도 7, 8년, 근데 그것도 건강해야 그 정도

👤 (상61) 맞아요. 건강하면 70, 80대도 왕성하게 일들을 하시는 것 같아요.

🧑 (내61) 지금 거기도 74살 드신 분이 와서 하시니까. 근데 문제는 나 같은 경우에는 허리에 디스크 자체를 제거를 해버렸다는 거예요. 이게 나이 먹으면 주저앉아 버리면 다시 수술을 해야 하는데 그때는 그냥 안 하고 인공 저기를 해야 하는데 그게 안 좋아요. 지금 차라리 인공관절이 들어가 있으면 괜찮은데 나이 먹으면 이게 영구적이지 않다고 하더라고.

👤 (상62) 에구 그런 상황이시라면 불안하실 거 같아요.

🧑 (내62) 근데 의사들은 다른 방법이 없다는 거죠 허리 근육으로 버티라 그러는 거죠. 이게 지금 내가 막걸리 장이 또 안 좋아요 소주를 먹으면 고생하는 게 안 좋아서 요즘은 막걸리 한 병씩 먹고 간단히 사서 먹고 하는데 그것도 좋은 것이 아닌데 매일 먹으니 나중에 B형 간염인가 그거 있다 그러는데 이렇게 몸이 피곤하고 그렇다 하는데

👤 (상63) 그 말씀을 들으니 나도 염려가 되네요.

🧑 (내63) 이게 적당히 먹으면 좋은데 꼭 한 병을 먹으니까 문제지 그것도 매일 먹으니까 잠을 못자요 술을 먹고 자면 새벽 5시 정도에 눈을 떠요. 그래서 몸이 더 피곤할 때도 있고.

👤 (상64) 네 상담을 마쳐야 할 시간이라 다음 시간에 얘길 나눴으면 해요 아까 말씀하셨던 것처럼 이렇게 상담시간에 ㅇㅇ님께서 마음을 풀어내시면 어떠실 것 같으세요?

🧑 (내64) (상담 마치는 시간이 되었다고 알렸으나 내담자는 계속 이야기를 하려고 함. 이야기가 10분 동안 더 진행되었음)　　　　　　 -생략-

■ 2회기

  (오시느라 불편함은 없었는지요) 나오는 것도 싫어요. 애들 세 놈을 놔두고 와서. 먹을 것도 없고 (아이들과는 어떠셨어요?) 뭐 정신없죠. 맨날 그대로고. 바뀐 것도 없고 (뭐가 바뀌었으면 좋겠어요) 좀 도와주면 되는데 안 도와주니까 (예전에 아내와 같이 살 때도 힘드셨어요?) 지금은 아이들이 안 도와줘서 힘들긴 해도 맘은 편해요. 몸 맘은 힘든데 옛날처럼 숨 못 쉬고 그런 건 아니라 편해요. (일부러 법적 서류를 주지 않고 있는 마음은 어떤지) 편하지는 않지만 해주면 누구 좋으라고 해주기 싫어요. (이젠 안 볼 생각이신지요?) 보면 죽일 건데요. 용서 못해요. 엄마를 미워하라고 말 할 거예요. 잘 살아 보려고 그러는데 마음대로 안 되니까 그것이 정말 힘드네요. 아이들도 심각해요. (어떤 부분이 가장 힘드세요?) 어떻게든 살아야 하니까 애들과의 소통이죠. 특히 아들이 도벽이 있어요. 미술상담 선생님이 약을 병행하는 게 어떠냐고 하는데 앞으로 군대 가면 그것이 따라 다닐 텐데 아킬레스건이 될까봐. 근데 얘가 마음의 문을 닫으면 끝까지 닫아버려요. 나도 그래요. (지난 시간에 말씀하셨듯이 사람들에

게 사기를 당하시고 그런 일들로 문을 닫으셨는지) 아니요. 어려서부터 혼자 떠돌아다니다 보니까 치이는 게 많고 혼자 이건 아니다 저건 아니다 결정을 해야 했어요.(자신을 보호하기 위해서는 아무나 믿을 수 없었고 마음을 함부로 보여줄 수 없었고 그럴 수밖에 없었던 상황이 충분히 이해가 되네요) 내 스스로가 마음의 울타리를 치고 그 안에 갇혀서 살았어요. (혹시 주변에 마음의 문을 닫지 않고 생활 하시는 분은 계시는지) 없죠. 항상 50:50으로 살아요. (구체적으로 무슨 의미인지) 사람을 사귀더라도 올인하지 않고 반을 깔아놓고 보죠. 우울에서 평생 벗어나지 못할 거예요. 어렸을 때 누구 한 사람 나에게 따뜻한 말 한마디 해주는 사람이 없었고 나를 이용해 먹으려고만 했어요. 그래서 아이들에게도 맨날 얘기해요. 밖에 나가봐라 누구도 너희를 위해주는 사람이 없고 이용해 먹으려고 하는 사람만 있다. 절대로 아니다 계속 그 얘기만 해요 그래서 공부 열심히 하라는 것도 내가 못 배워서 애들 숙제도 하나 못 봐주고. (어린 시절의 경험으로 인해 아버지로서 아이들에게 그런 말을 해주고 싶은 심정은 충분히 이해가 가지만 자칫 아이들에게 이 세상을 믿지 못하는 마음이 생기진 않을까 하는 염려가 되네요) 에이 그냥 말로 하는 건데 뭐 들어먹어요? (아이들에게 아버지의 말은 굉장히 큰 영향력을 끼칠 수 있어요) <그림검사 결과 설명하면서 이야기를 나눔>

■ 3회기

(커피를 드실 땐 어떤 생각을 하세요?) 지금 나 맨날 다닌 데가 옛날 와이프랑 같이 다니던 동네라서 별로 마음이 안 좋죠. 보면은 지금은 많이… 애들을 보니까 너무. 집안은 엉망인데 아무도 안 도와주니까, 에이 나도 손 놔버리고 있어요. (강아지가 집에서 영향을 매우 크게 미치고 있는 것 같은데) 그렇죠. 스트레스를 엄청 받아요. 왜냐면 냄새나지 그 방은 아예 못쓰지. 지금 정리할 공간도 없어져 버린 거죠. 그쪽 베란다가 빨래 말리기도 가장 좋은데… (진짜 바라는 게 무엇인지) 큰 아이는 진짜 기르겠다고 하지만 공간이 좁아요. 그 방에 들어가면 똥도 똥이지만 털도 어마어마해요. 냄새나지 애한테 치우라고 자꾸 하게 되니까 관계도 안 좋. 똥오줌만이라도 가린다면 좀 괜찮을 텐데 이미 글러버렸고 (아이와 어떻게 얘길 나누셨는지) 내보내자고 하니까 안 된다고 하고 말을 안 들으니까. 하다가 그냥 안 해버려요. (아이랑 얘기하다가 포기하는 것처럼 평소 사람들과 대화 할 때도 그러신지) 에구 싸우면 뭐해요. 이제 머

리 좀 컸다고 달려들라고 그러는데. (가장으로서 아버지 모습은) 이미 지네 엄마 있을 때 망가뜨려 놔버렸는데. 애들이 어쩔 때 보면 아빠의 마음을 아는 것 같기도 하다가도 실제로 보면 그러지도 않고. (첫 상담 때 아이들과 관계는 가깝다고는 하셨지만 제가 느끼기에 아이들과 원활하게 소통이 되고 있지는 않는 것 같은데) 소통 면에서는 그러겠죠. 나는 10대 때 다 포기했던 거예요. 몸만 움직였다 뿐이지 정신은 이미 저기 돼버렸어요. 아이들한테 세상 이렇게 살면 안 된다 말하지만 씨알도 안 먹혀요. (만약 정신이 살아있었다고 생각되신다면 지금 어떤 모습이었을까요?) 더 잘됐겠죠. 지금 사는 건 산 게 아니죠. 내가 왜 진짜 그런 여자를 만났을까하는 생각이 강하게 오고. 이렇게 나를 기죽어 살게 하는 첫 번째가 배운 게 없어서 나를 저기를 하고 있는 거 같아요. 평생을 못 벗어날 거 같아요. 이거에서 (배운 게 없어서 어떤 면이 가장 힘드신지) 이제까지 오면서 오로지 육체적으로 일하면서 먹고 살아왔잖아요. 그런데 이제 몸도 그렇게 안 되고. 보니까 좀 배웠으면 맨 남들이 하지 않는 봉제나 그런 거, 임시 땜빵 밖에 되지 않는 거, 지금도 보면 뭐 있어요. 남는 게 (인정받고 싶은 마음이 큰 것 같은데) 내가 그랬잖아요. 결혼을 해서도 나, 장인 장모한테도 사랑받고 싶다고 너무 짓밟히고 살아왔으니까 그렇죠. 만날 뭐 하다보면 하튼 지금 나 혼자 (무시하는 이유가 뭐라고 생각하는지) 못사니까, 아버지도 인생이 참 너무 일에 개입해서 아버지 인생도 망가지고 가정도 망가지고 지금은 아버지도 아프지만 누구 하나 와서 찾아주는 이 없고 그런걸 보면 참 가슴도 아프고 나라도 좀 잘됐으면 한데 이미 나도 인생이 이렇게 참 더럽게 돼있고 만날 인생이 더러울까 뭐 제대로 풀린 적이 없잖아요. (인형을 통해서 볼게요. 아이들과 어떤 모습으로 말씀을 하는지) 나 앉아서 안 해. 누워서 해. 술을 안 먹을 때는 얘길 잘 안하고 술을 먹었더라도 심하게는 안 하고. (아빠가 술을 먹고 누워서 말씀을 하시네요. 아이들은 그런 아빠가 어떻게 보일까요?) 디지게 패고 싶겠지. 나는 얘기지만 즈그들은 잔소리로 들릴 거고. (술을 안 마실 때 얘길 안하는 이유가 있는지) 술 먹을 때는 외려 맘이 더 편하고 술 안 먹은 어쩔 때는 맘이 팍팍 올라와요. 근데 술 먹을 때는 이렇게 화나는 게 없어. (계속 억누르며 사시는 듯) 계속 눌렀죠. 마누라한테 그랬어요. 나 죽을 때까지 용서 못해요 죽을 때까지.

대학원생 소감

이 내담자 같은 경우는 자녀를 잘 키우고 싶은 욕구는 강하지만 술을 자주 마시고 알코올에 대한 의존률이 높다는 생각이 든다. 그러한 점에서 술에 얼마나 의존하고 있는지 정확한 진단이 필요했을 것이라 생각이 든다. 상담 과정 중에 객관적인 지표를 위해 알코올 중독 테스트를 진행해 봤어도 좋았을 것 같다. 만약 그러한 테스트에서 상담과정에서 말한 것보다 심각한 수준이라면 상담목표를 조정할 때 도움이 되었을 것 같았다.

그리고 내담자는 지방에서 올라와 타지에서 생활하며 배신을 여러 번 당하다보니 사람들과의 관계에 마음의 문을 닫았다. 그러한 이유로 세상에 대한 불신을 아이들에게도 이야기를 해준다고 할 때 상담자는 '아버지로써 아이들에게 그런 말을 해주고 싶은 심정은 이해한다'라고 충분히 공감과 지지를 해준 후에 '그렇지만 자칫 아이들에게 세상을 믿지 못하는 마음이 생길지 않을지 조금 걱정된다'라는 등 내담자가 아이들에게 주는 영향력에 대해 직접적으로나 비유적으로 추가설명해주는 건 어땠을까란 생각을 했다.

일반가정보다 다문화가정에서의 고민이 더 많을 것이라 생각이 든다. 이러한 가정환경에서 어머니 없이 아버지가 혼자 아이들을 기르기엔 너무 버거워 보이고 아이들이 커가면서 아버지와의 마찰이 더 커질 것으로 예상된다. 그렇기에 다문화가정에 대한 공공 교육 프로그램이나 아동교육과 같은 프로그램을 소개해주는 것도 좋았을 것 같다. 그러한 교육 프로그램이 내담자의 못 배움에서 온 갈증을 어느 정도 해소시켜 줄 수도 있고 자존감을 증진시키는 데도 괜찮은 방법이지 않았을까란 생각을 해보았다.

내담자는 어려서부터 타지에서 생활하며 구타나 억울한 상황도 많았지만 잘 극복하였고 아무리 화가 나는 상황에서도 아이들에게 손찌검을 하지 않았다는 점에서 그러한 참을성과 같은 강점들을 찾아 많은 지지와 격려를 해준다면 큰 변화를 줄 수 있을 것 같다란 생각을 하였다.

작성자: 안지호(S 대학교 대학원 상담심리학과 재학중, 인턴실습수련생)

상담사례에 대한 전문가 논평(1회기 직후)

　　상담 첫 회기 후 초기 개입에 있어서, 대화가 안 되고 타인으로부터 이해를 못 받고 있는 듯한 내담자의 특징에 주목하고 대인 관계양상을 파악하는 것이 필요해 보이며, 특히 음주와 주사여부에 대한 사실 확인이 필요해 보인다.

　　보고서 기술시 상담의 전략과 목표는 구체적 용어로 기술하고, 최종 달성안인 자존감 향상하기 등은 구체적 행동 용어로 풀어 상담의 목표 난에 기술하고, '따뜻한 공감과 지지를 해준다' 등은 상담목표 달성을 위한 상담자의 행동 계획이므로 상담전략 난에 기술하도록 한다. 전략이 되는 상담기법은 인간중심 이외에 인지행동 등의 하위 기법을 고려해 보는 것도 필요하다. 슈퍼비전 시 도움을 받고 싶은 부분으로 기술한 '상담시 마음이 무거워집니다' '어떻게 반응해야 할지 모르겠습니다' 등에서 상담자의 언어반응을 통해서 열악하게 느껴지는 내담자의 상황이 실제 드러난 일인지 등을 살피고 내담자에게 물어보고 확인하는 탐색과정이 필요하다. 첫 상담시, 첫 대면부터 안내도 받지 않고 갑자기 자신의 이야기를 쑥 드러내는 내담자한테는 ("지금 선생님의 마음속에서 일어나는 현상을 첫 대면에서 적극적으로 표현해 주시니 정말 반갑다 –내용반응", "이런 얘길 얼마나 하고 싶었을까요 – 정서반응") 충분히 귀기울여주고 ("상담 들어가기 전에 드릴 말씀이 있습니다") 상담사의 역할(구조화 등)로 들어 갈 수 있다. 또한 상6에서 내담자의 놀랄 만한 언어에는 상담자도 함께 관심을 기울여 적극적인 반응을 보여줌이 필요하다 (ex-아니 무슨 일로 경찰까지 불러놓고 나가셨을까요?) 또한 내22에서 "나는 누구하고 말을 저기할 때 그냥 해요. …그냥 저기하고…" 등 명확한 의사소통이 되지 않는 내담자의 언어패턴을 알아채고 "그 말씀은 00하시다는 말씀이신가요?" 등 명료화하여 확인해 보는 것이 필요하다. 내22에서도 "아예 연락도 … 혼자 먹고 혼자 자고"를 통해서 관계성에서 어떤 부분이 부정적으로 나가고 있는지 등 관계양상, 관계패턴을 파악하고 상담전략을 세울 수 있다. 전반적으로 내담자의 언어에 같이 호응을 하고 중요한 초점을 선택적으로 주목해서 상세하게 듣는 상담자의 자세가 필요하다.

논평자: 강숙정 박사(한국상담심리학회 1급 상담심리사)

상담사례에 대한 전문가 논평(3회기 후)

본 사례는 2년 전 국제결혼한 아내가 가출하게 되면서 자신의 삶에 대한 회의감과 사람들에 대한 화, 부모로서의 책임감과 부담감, 자녀양육과 경제부양의 어려움 등으로 인해 정서적 혼란을 겪고 있는 50대 중년 남성의 사례이다. 내담자는 상담실에 들어오자 마자 자신의 현재 상황과 속상한 마음을 쏟아낼 정도로 감정이 꽉 차있는 듯하다. 이런 내담자의 반응에 상담자는 당황하지 않고 내담자의 감정을 따뜻하게 공감하고 이해하기 위해 노력하고 있다. 첫 회기에 상담자는 상담의 동기가 그다지 높지 않은 내담자의 쏟아내는 듯한 감정적 반응을 잘 따라가고 잘 들어주면서 내담자의 상담동기를 높이고, 적절히 상담목표를 끌어내 나간 것으로 보인다.

본 내담자는 7살 전까지는 매우 폭력적인 아버지에게 폭행을 당하면서 지냈고, 이후 친척집에 보내져 살다가 10살쯤 가출하여 길거리를 전전긍긍하면서 살아왔다. 그리고 30대 중반에 아내를 만나 결혼하기 전까지는 제대로 된 집이나 가족도 없이 살아왔다고 보고하고 있다. 사례를 읽으면서 '내담자가 이렇게 전혀 돌봄을 받지 못하고, 위협적이며, 척박한 환경에서 살아오면서 세상에 대해, 사람들에 대해, 자기 자신에 대해 어떤 신념과 감정을 가지면서 살아왔을까? 그 과정에서 내담자가 익히게 된 삶에 대한 대처방식들은 어떤 것이 있을 것이며, 그 과정을 어떻게 견뎌낼 수 있었을까? 30대 중반이 되어서야 이루게 된 가정과 아버지, 부모라는 것이 내담자에게는 어떤 의미로 다가왔을까?' 등에 대한 궁금함이 생겼다. 이에 대한 가설을 생각해보면 현재 내담자가 느끼는 삶에 대한 회한과 양육의 어려움을 더 깊이 이해할 수 있을 것이라 생각된다.

먼저, 내담자는 상담회기 내에서 종종 "자신이 짓밟히며 살아왔고, 배운 게 없어서 기죽어 살아왔으며, 남자로서 키 등 신체적 조건도 좋지 않아서 소극적이고, 위축되며, 자신감 없이 살아왔다"는 말을 반복하고 있다. 그리고 3회기에 "결혼을 해서도 장인 장모한테 사랑받고 싶다고... 너무 짓밟히고 살아왔으니까"를 이야기하고 있다. 이런 언어반응들을 종합해보면 내담자는 인정과 애정의 욕구가 있으나, 이것을 받기가 쉽지 않은 척박한 환경에서 '스스로 자신을 낮추거나, 위축되고 소극적이게 다른 사람의 요구에 맞춰주고 자기주장을 하지 않는' 대처방식을 취하면서 살아왔던 것으로 가정된다. 그리고 자신의 아버지의 모습을 보면서 '감정조절을 잘해야 하고, 폭력적이면 안된다', '교도소를 가지 않겠다, 나쁜 행동을 하지 않겠다'는 신념은 내담자의 감정표현과 자기주장을 더욱 억제시켰을 것이다. 그러다 못 참을 정도로 힘이 들면 '혼자서 마음을 접게 되고' 관계를 끊는 행동을 해 왔던 것으로 보인다. 이러한 내담자의 대처방식과 대인관계양식이 아내와 장모 그리고 현재의 부모자녀관계 속에서도 상당히 되풀이 되고 있으며, 상담자-내담자 관계에서도 반복될 가능성이 있을 것으로 사료된다. 이러한 내담자에게 '다른 대인관계 상황에서는 경험하지 못하였던 존중받는 경험을 하고, 자신이 감정과 생각을 표현해도 거절당하거나 처벌받지 않는다는 경험'이야말로 교정적 정서체험이며, 새로운 대인관계 경험일 것이다. 상담자는 내담자가 자신의 부정적인 감정을 안전한 상담장면 안에서 표현하고 이를 수용받음으로써 정화되는 경험을 하는 데에 주의를 기울여야 할 것이다. 이런 면에서 볼 때 상담자가 지속적으로 내담자를 공감하고, 수용하려는 태도는 내담자에게 도움이 되었을 것으로 보인다.

내담자는 '감정조절을 못할 수 있다'는 두려움이 크며, 마음 속에서 감정이 올라올 때 폭력적인 행동이 나올까 두려워 그것을 억누르는 데 급급해하는 것 같다. 내담자에게 감정의 중요성과 기능에 대해 설명하고, 감정을 누르려고만 할 때 조절하기 더 어려워진다는 것에 대해 안내하며, 자신의 감정을 인식하고, 그것에 이름붙이기 등의 작업을 하면서 자신의 감정을 이해할 수 있는 시간을 가지는 것도 필요할 것으로 보인다. 예를 들어 내담자는 '불질러가지고 없애버리고 싶다', '죽여버리고 싶다', '한 번 무너져 버리면 끝을 봐버리려 그래요. 사람을 내가 만약 죽였다 하면 몇 명을 죽일지 몰라요' 등과 같이 자신의 감정을 '없애버린다', '죽여버린다'는 것으로 표현하고 있다. 이 경우, 구체적인 장면을 생생하게 들어, 그때의 감정이 억울함인지, 배신감인지, 속상함인지, 분노인지 구체적으로 이해하고 내담자가 자신의 감정에 이름을 붙이고 타당화할 수 있도록 돕는 것이 필요하다.

내담자는 부모의 돌봄을 받지 못한 채 가정의 울타리도 없이 살아왔으며, 내담자의 언급처럼 제대로 된 아버지의 모습을 본 적도 거의 없다. 그런 내담자이기에 누구보다 가정과 부모의 중요성을 뼈저리게 느끼고 있을 것이며, 어떻게든 가정을 지키고 싶었을 것이다(아마도 자신이 참는 것이 가정을 지키는 것이라고 생각하지 않았을까 생각된다). 아버지나 부모의 역할이 무엇인지, 어떻게 해야 하는지 모르면서 잘 해내야 한다는 책임감과 의무감은 지나치게 강할 가능성이 높다. 더욱이 자신이 아버지처럼 감정조절을 못하고 폭력적이 될지도 모른다는 두려움으로 인해 언어적인 문제해결을 회피하는 경향도 엿보인다. 내담자의 잘하고 싶고, 잘 하기 위해 많은 노력을 기울였으나 잘 되지 않은 이 같은 상황에 대한 공감과 더불어 실제 아버지 역할에 대한 유능감을 높이는 작업이 필요할 것으로 보인다. 즉, 초등학교 고학년과 유치원생 자녀의 신체적·심리적 발달, 교우관계 및 학업에서의 발달과제, 다문화 자녀로서의 고충 등에 대한 이해도를 높일 필요가 있다.

그리고 아이들을 지난 2년 동안 그리고 현재 누가 얼마나 돌봐주고 있는지, 자녀들의 생활패턴과 내담자의 생활패턴이 어떠한지, 도움을 받을 자원은 있는지, 내담자의 직장 및 수입은 안정적인지 등 정확한 현실파악이 필요하며, 지역사회의 도움을 받을 수 있는 정보를 공유할 필요가 있다. 지난 2년 동안 내담자 혼자 아이들을 키우면서 어려웠던 점뿐만 아니라 긍정적인 측면도 함께 살펴보고, 아이들 양육에 도움이 되었던 측면들을 탐색한다. 자녀와 함께 가족상담을 진행함으로써 자녀의 심리적 어려움과 내담자의 고충을 공유하고 공감할 수 있는 장을 마련함으로써 가족지지체계를 강화할 수 있는 방안을 모색하는 것도 필요하다.

알코올섭취와 관련하여 정확한 섭취량과 빈도 등을 파악하여 알코올남용 및 중독가능성을 파악할 필요가 있다. 만약 알코올 문제가 심한 경우, 이에 대한 조치가 선행되거나 병행될 필요가 있으며, 심리상담의 예후가 좋지 않을 가능성을 염두에 두어야 한다. 알코올 의존도가 높지 않은 상황이라면 심리상담을 받는 동안은 알코올섭취를 중단하겠다는 동의서를 받고 상담을 진행할 것을 권한다.

상담자 반응 및 사례보고서 작성방법에 있어 몇 가지 조언을 하면 다음과 같다. 먼저, 내담자가 '저기할 때, 그냥 저기하고, 저기' 등과 같이 대명사를 반복해서 사용하는 경우가 종종 발견되는데, 이때 대명사가 무엇인지 물어보거나 '00하시다는 말이신가요?'라고 명확히 질문하는 것이 좋다. 그리고 상담의 목표 및 전략 부분에서, 합의된 상담목표와 임상적 상담목표가 있을 수 있는데, 본 사례보고서에 기술된 내용은 주호소문제와 합의된 상담목표만 제시되어 있고, 사례개념화에 근거한 상담목표(임상적 상담목표)가 제시되어 있지 않다. 또한 목표와 전략의 구분이 모호한데, 하고 싶은 이야기 마음껏 하기나 의사소통방법 알기는 전략에 해당하고 목표는 이를 통해 부정적 감정을 해소한다거나 부모자녀 친밀감 높이기 등이 될 수 있다. 마지막으로 심리검사 자료가 mmpi2 임상척도만 제시되어 있어 추가 자료가 보완될 필요가 있다.

논평자: 손영미 박사(한국상담심리학회 상담심리사 1급)

Chapter 02

한부모가정 직장인사례

❝할 만큼 해도 당하기만 하고 너무 억울해요❞

상담자: 김지연(Y 대학원 상담심리 전공, 상담심리사 2급 준비중)

01
내담자의 인적사항 및 가족사항

(1) 내담자 인적사항

최○○(가명): 46세, 이혼, 고졸, 병원 근무, 6남매 중 다섯째, 무교, 경제적으로 넉넉하지 않음. 정부의 각종 지원혜택을 찾아서 잘 이용하는 편

(2) 가족사항

- 큰 아들: 고 1, 우울로 상담 및 약물치료 받고 있는 중
- 둘째 아들: ADHD로 상담 및 약물치료 받고 있는 중

02
내담자의 주 호소문제

자녀교육 문제, 자기이해

03
행동 관찰

눈이 크고 광대뼈가 살짝 나옴. 자그마한 체구이나 목소리가 크고 말하는 속도가 빠름. 화가 나거나 억울했던 상황을 이야기할 때는 격앙된 어조로 말함. 단어의 사용이 거칠고 따지듯이 말함. 매 회기 상담시간을 넘어 약 1시간 20분을 쏟아내듯이 말함.

04
내담자 문제의 이해

자녀, 형제자매, 친구들에게 훈육과 훈수를 잘 두고 특히 자녀들에게 어떤 행동과 가치관을 강하게 주입시키고 매우 통제적 경향성을 보인다. 내 마음대로 사람들을 조종하고 싶은 욕구, 그렇게 함으로써 중심에서 시선받고 사랑과 인정을 받고 싶은 욕구가 있을 것으로 예상되는데, 자신의 뜻대로 안 되었을 경우 매우 스트레스를 받을 수 있으며, 주변 사람들이 대체로 하는 행동이 마음에 안 든다고 자주 보고하고 있다. 이는 원 가족 구조에서 형제자매 중 주목받지 못하는 위치였으나, 언니, 오빠보다 오히려 판단이 정확하고 성실하다 보니 부모님을 대신하여 조언하는 역할, 책임지는 역할을 주로 하고 주목받으면서 이러한 행동이 강화된 것으로 추측된다.

더불어 내담자는 완벽주의적 성향과 높은 도덕적 기준을 가지고 있는데, 자신과 다른 사람에 대해 유연하게 생각하고 받아들이지 못하는 경직된 태도와 경향성을 보여 대인관계에서 더 힘들어질 우려가 있으며 실제로 친밀한 관계를 맺는 것을 선호하지 않는다고 보고하고 있다.

강하게 화를 표현하는 모습이 겉으로는 매우 자기주장적이며, 단호하게 보이고 매우 자신감이 넘쳐 보이기까지 하지만 실제로는 자신의 요구를 말하지 못하고, 타인의 요구를 거절하지 못하고 참는다. 이는 내면적으로 자존감이 낮은 편이며, 자신의 행동에 대해 타인의 시선과 반응을 의식하다 보니 상대의 요구를 먼저 맞추어 왔을 것으로 예측된다. 이렇게 진짜 속마음을 표현 못하다 보니 상황 당시에는 잘 참지만, 마음속에 억울함이 쌓이고 뒤늦게 화를 내는 패턴을 보일 수 있다.

　내담자는 성장과정에서 충분한 지지를 받아본 경험이 부족하다 보니 긍정적 자아개념을 형성할 수 없었을 것으로 보이며, '남의 돈을 빌렸으면 제때 갚아야 한다', '내 가족보다는 남의 가족을 먼저 배려해야 한다' 등 아버지가 삶에서 보여준 행동의 영향으로 타인의 요구를 쉽게 수용하는 것으로 예측된다. 내담자는 자존감이 낮다 보니 상대방의 반박하는 듯한 말이나 질문에 대해 매우 방어적으로 자신이 옳다는 것을 입증하려는 듯이 장황하게 이야기를 하는 모습을 보이기도 하는데, 상담자가 내담자를 전적으로 지지하는 태도가 필요할 것으로 보인다.

05 상담목표 및 전략

(1) 상담목표

－ 자녀교육과 양육, 직장생활을 포함한 생활 속 스트레스를 줄이도록 한다.

(2) 상담전략

－ 직업유지 및 자녀양육 등 지금까지 삶을 잘 유지해오고 있음을 칭찬하고 지지하여 유능감과 자존감을 높여나갈 수 있도록 돕는다.
－ 감정을 적절하게 표현하고 처리하는 방법을 연습하고 습득한다.
－ 자신이 항상 옳다는 입장에서 벗어나 다양한 측면, 다양한 입장에서 생각해 보도록 돕는다.
－ 자녀양육과 교육에 필요한 정보제공이나 가이드를 제시한다.
－ 지난 이야기보다 지금 현재 일어나는 일에 집중하도록 하여 천천히 느껴 보도록 한다.

06
도움받고 싶은 부분

내담자의 처지와 상황이 이해되고 공감되기도 하지만, 자기 기준이 옳고 이에 어긋나면 다 마음에 들지 않고 무조건 통제하려는 듯한 모습이 경직되고 융통성이 없으며 답답하게 느껴지고 상담자가 화가 날 때도 있어 상담에 영향을 주는 것 같습니다. 그래서 매 회기가 공감하고 받아주다가 상담자가 반박하는 회기가 반복되고 있습니다. 상담자의 역전이라고 봐야 할지 그리고 이것을 상담과정에서 효과적으로 활용할 수 있는 방법이 있을지 궁금합니다.

07
상담내용 회기별 요약

■ 1회기

이전에 10회씩 두 차례 상담. 2014년에는 둘째가 등교거부, 직장동료와의 갈등 등으로 매우 힘든 한 해였는데, 상담을 한 덕분에 그나마 잘 보낼 수 있었고, 많은 도움을 받았다. 과거부터 현재까지 성장과정과 이혼전후 과정 등 많은 에피소드들을 쏟아내면서 간간이 흥분하기도 했는데 자신이 상담을 받아 이렇게 화내지 않고 말할 수 있게 되었다. 상담 받고자 하는 것은 자녀교육 문제, 자기이해이다. 상담 당일 아침에도 큰 아이와 다투고 나와 집에 늦게 들어가고 싶었다. 목 디스크, 허리 디스크로 매우 아프고 힘든 상태인데, 아이들도 자신을 몰라주고 혼자서 두 아이를 돌보기가 힘들다. 둘째가 큰 아이의 교우관계를 다 망쳐놓았다. 큰 아이가 고등학교에 진학해서 새로운 친구를 사귀고 학교생활을 잘 하게 되어 다행인데 작은 아이 때문에 힘들다.

■ 2회기

이혼 후 ○○자격을 취득하여 지금 직장에 근무하게 되기까지, 친구와 직장 내에서의 갈등으로 힘들었던 이야기, 구타로 응급수술 후 방황했던 이야기, 남편과의 결혼, 결혼생활, 남편의 외도, 시어머니의 부당함 등에 대해 이야기를 쏟아냈다.

■ 3회기

　내담자가 형제자매들, 남편, 시어머니로 인하여 자신만이 억울하고 피해자라고 생각하면서 이와 관련된 에피소드를 이야기했다. 아이 이야기를 하고 싶은데 이야기하다 보면 중구난방 자기 넋두리만 하게 된다.

■ 4회기

　주말에 심각하게 셋째 언니와 큰 아이가 크게 다투었고 큰 아이가 친척들에 대한 반감이 커서 어떻게 해야 할지 모르겠다. 2년 전 아이들 문제로 자살할 뻔했다. 아이가 단순히 최근 사건 때문에만 그런 것이 아니라 이전부터 이모들이 엄마한테 해온 것을 생각해서 반감을 가지는 것이다. 관련된 친정식구들에 대해 주로 이야기를 했다.

　- 생략(심리치료 받는 둘째 언니의 아이를 옹호해서 내담자 아이가 억울하게 혼나게 된 상황에 대해 이야기함) -

👤 (상1) 그러면 아이가 보는 앞에서 아이의 억울함을 언니들한테 표현하셨어요?

🧑 (내1) 요즘은 그렇게 하죠.

👤 (상2) 그러거나 아니면 아이한테 그때 아이가 힘들었던 것을 나중에 얘기를 좀 한다거나, 아이한테 좀 해주셨어요?

🧑 (내2) 요즘은 힘들었겠다라고 공감해주죠. 엄마도 자라면서 형제들한테 치여가지고 힘들었다. 응팔 도시락 보면 깨부수고 싶었다. 나는 덥혀 먹고 살았다. 너 속옷까지 물려받아 봤냐 이렇게 얘기해 주죠. 진짜 그랬어요.

👤 (상3) 어렸을 때, 00씨는 넷째고 그러니까 큰 아이는 큰 아이라서, 둘째는 둘째라서, 아들은 아들이라서 대우를 받잖아요.

🧑 (내3) 제 몫은 없었어요. 우리 집 가계도가 그거예요. 큰딸은 큰딸이라서 사주고. 둘째는 큰 언니랑 키도 차이 나고, 몸집도 작거든요. 그리고 그 사이에 오빠도 있고. 셋째 언니는 크고. 저는 어찌됐든 교련복도 둘째 언니랑 7살 차이가 나는데 다른 학교 다니다가 우리 모교로 전학 왔어요. 다른 학교에서 입던 거를 입고 졸업했거든요. 그걸 색깔이 틀린 건데. 그런 거 입었어요. (어떠셨어요? 화도 나고 창피하고?) 어쩔 수가 없었어요. 제가 얘기한다고 우리 엄마 아버지가 들어줄 사람도 아니라서… 음 그냥 그렇게 다녔어요. 학교 들어갈 때도 가방 빼놓고 나는 사준 게 없었으니까요. 가방조차도 큰 차이가 안 났으면 셋째 언니가 들었던 거 들었을 거예요. 다행히 두 살 차이라서 사준 거지. -(중략)- 엄마 아버지한테 그런 얘기를 했다. 성별이 틀린 아이들을 낳거나, 나이 차이 엄청 크게 낳아서 안 물

려준다 했어요. (네네) 제가 한이 되어서요.

(상4) 엄마 아빠가 안 주시니까 속상한데 바로 막 (따지지도 못했어요) 따지지도 못하고 참고 계속 억울하기만 하고 그랬어요?

(내4) 고1 고2부터 소리를 내니까 싸가지 없다고 (음) 가정형편 어려운 거 뻔히 알면서 그런다고 했어요. (음음) 제가 이렇게 억울하게 살았는데. 제가 우리 아이들이 우리 가족도 아니고 다른 사람들한테 피해를 본다고 생각하니 안쓰럽죠. 요즘엔 제가 둘째 언니도 구박 많이 해요.

(상5) 생각도 나겠어요. 애가 억울하게 당하는 게 꼭 나 같을 거 아니에요?

(내5) 그런 생각도 많이 했죠. 얘가 나같이 크나 했어요. (음)

(상6) 그래도 아이가 나하고는 달리 싫으면 싫다고 하고 (네) 그 자리에서 얘기하고 하는 게 좀 (좋았어요) 오히려 볼 때는 시원할 수는 있을 거 같아요.

(내6) 좋았어요. 엄마가 말리지만 않으면 내가 더 할 건데… 엄마가 말리지 않았느냐고. (음) 이모가 얄밉다는 거예요. 자기는 하고 싶은 대로 할 거라는 거예요.

(상7) 그런 거 보면 마음이 어떠세요?

(내7) 그렇죠, 뭐. 친정식구들은 애들 듣는 앞에서 말도 안 되는 소리 하고. 엄마 돌아가셨을 때 애들 큰 아버지한테 연락해보라고. 우리 아버지 돌아가셨을 때도 안 왔는데 오겠느냐고? 속 터지는 일 정말 많이 했어요. 애들 아빠가 우리 식구들 앞에서만 저한테 잘해주는 척 하고 가기만 하면 저를 들들 볶았다고 했잖아요. 둘째 언니랑 얘기하는데 우리 아이가 울더라고요. 내가 엄마 그런 세월 산 거 온전히 다 봤는데. 우리 아빠라는 인간 쳐다보기도 싫다고. 애가 용서가 안 된다고 그러더라고요.

(상8) 식구들이 가고 나면 막 다툼이 있고, 언성 높이고 싸우고 그러셨던 거예요. 외가식구들 가고 나면은?

(내8) 외가 식구들 가고 난 다음에 엄마가 당한 거 생각하면 피가 거꾸로 솟는다고. 엄마가 어떻게 힘들게 살았는지 알지도 못하면서 그때마다 우리 집에 모여가지고 하하 호호 하는 것도 신경질 난다고 죽는 줄 알았다고.

(상9) 다른 형제자매들도 많은데 왜 00씨 집에만 그렇게 모였어요?

(내9) 우리 엄마가요. 우리 집이 편하다고 우리 집에 계셨어요. 병원 다니고 그러면은 자기들은 다 일 다니고 하니까. 살림만 제가 10년 하다 보니까 그래요. 우리 형제들은 이 인간들이 병원 알아보고 이런 것도 진짜 못해요. 그때는 직장일 할 때도 아니었는데 (웃음) 궁금한 거 못 참아서 제가 달려가서 알아봐요.

(상10) 내가 빠르고 잘 하고 그러니까, 형제들도 계속 시키게 되고 했군요.

(내10) 엄마도 제가 안 가면 불안하다고 딴 사람하고는 못 간다고. 우리 집이 아들집보다 편하다고. 너네 집이 편하고 너랑 있어야 안심이 된다고. 엄마가 루게릭 병으로 투병하다 돌아가셨는데. 완전히 목소리 잃기 전에 그러셨어요. 너 덕에 내가 맛있는 것도 먹으러 많이 다니고 남대문이니 고속터미널이니 다 다녀봤다. 완전히 시골사람이잖아요. 그 소리 들으니까 눈물이 나긴 하는데 (눈물 글썽) 우리 아들이 어제 밥 먹으면서 그런 얘기 하더라고요. 엄마가 할머니한테 할 만치 했다고 많이 모시고 다녔다고. (울먹) 그래서 요즘 아이들이 안 따라 다니기는 하는데 그래서 제가 그랬어요. 엄마 할머니처럼 아프면 나중에 못 다닌다고 니들하고 추억을 만들고 싶다고. 돈도 없지만 엄마가 어디 가자고 할 때 제발 따라오라고. 다니고 싶다고. 우리 아버지하고 추억도 못 만들고 그렇게 보내드려서 억울해서 할머니 모

시고 그렇게 다녔다고 (눈물) 우리 엄마 몸도 안 좋은데 구경 다니는 거 엄청 좋아했다고. 대형 마트 새로 생기면 구경 다니는 거 엄청 좋아했어요. 제가 가슴 아픈 건 엄마가 쇼핑카트를 밀고 다니면 그게 지지가 됐을 건데 제가 그걸 힘든 줄 알고 못 하게 했어요. (눈물…) (아이고) 제가 요즘 허리도 아프고 목도 아프니까 우리 아이들한테 내가 민다고 해요. (아. 네) 우리 작은 아이가 지가 민다고 하는데 엄마가 아파서 그래 엄마가 밀게 했어요. 갑자기 엄마가 생각이 나더라고요. 이걸 왜 못 밀게 했을까. 그리고 제가 허리가 아프잖아요. 볼 일을 보는데 처리하려면 허리가 아프잖아요. 근데 엄마가 비데 놓고 싶어 했는데 혼자 살면서 비데 놓으면 비효율적이라고 제가 말렸거든요. (못해드린 부분이 아쉬우신 거네요) (흐느낌) 제가 미친짓 했다고. 엄마가 정수기 놓는다고 했을 때도 엄마 혼자 먹을 건데… 시골 사람들도 양통머리가 없어요. 우리 엄마가 폐렴은 아닌데 죽을 병 걸린 것도 아닌데… 우리 엄마 아플 때 동네 사람들이 오지도 않았어요. 생각할수록 화나요. 시골집이 사랑방이었어요.

– 중략 –

(상11) 엄마 위해서 진짜 많이 하셨네요. 맞추고 놀고 했으면.

(내11) 시골 가면 언제나 엄마 모시고 나가서 먹었어요.

(상12) 여러 가지로 엄마 생각하고 많이 배려하셨네요.

(내12) 엄마한테 나무라기도 제일 많이 했어요. 큰 언니 때문에. 결혼하고 나서도 큰 애 어린이집 가기 전에는 시골에서 살다시피 했어요. 시어머니가 전화해서 살림 좀 살라고 할 정도로. 제가 없는데도 남동생하고 큰 언니네 딸내미가 우리 집에 와 있었어요. 근데도 저한테 대들고. 올라와 보면 욕실청소 하나도 안 되어 있어서. 변기 커버 부러뜨려 놓고 안 했다 하고. 우리 아이가 어렸을 때 들었어요. 정말 꼴 보기 싫다는 거죠. 우리 아이가 그걸 보고 저것들은 뭐냐고.

(상13) 알아서 도와주고 했으면 얼마나 예쁘고 좋았을까요?

(내13) 욕실 청소 그렇게 하라고 했는데, 올라와 보면 욕실 실리콘에 때가 끼어 있고, 애들 아빠 보면 우리 식구들 흉보고 하니까 애 업고 남편 보기 전에 실리콘 때 지우고 그랬어요.

(상14) 친정 흉잡히고 그럴까 봐 신경 쓰이셔 가지고 바삐 움직이셔야 하고 그랬겠네요.

(내14) 동생 자고 일어나면 요도 개고… 그것도 남편이 꼴 보기 싫어하니까 몰래몰래 하고. 제가 성격이 안 털고는 장 안에 못 넣고 하니까 그것도 힘들고. 성격 때문에 힘들었어요.

(상15) 평소 깨끗하게 해야 하고 성이 풀리니까

(내15) 남편은 동생 꼬투리 잡으려고 눈에 불을 켰어요. (중략) 너무 얄밉게 구니까 20년도 아니고 15년도 안 살 놈이 나를 쥐 잡듯이 했다는 걸 생각하면 죽이고 싶었어요. 싸우고 나면 성질나서, 그래봤자 두 번이나 나갔을 거예요. 기껏해야 둘째 언니한테 갔어요. 그러면 남편은 미안하니까 엄마한테 용돈 주고. 그렇게 애들 아빠가 양가감정이에요. 애들이 그렇게 클까봐 걱정이에요. 진짜. (중략) 친구 만나서 제가 그런 말 했어요. 형제 많아서 나는 핸디캡이고 죄인이라고. 이것들은 왜 나한테 오고 나만 차지냐고. (네네) 엄마는 예약을 오전에 해야 하니까. 어린이집, 초등학교 하교시간 맞추느라 애먹고 저 혼자 동동거렸어요.

(상16) 애도 돌봐야 하고, 예약시간도 맞춰야 하고, 집안 살림도 해야 하고…

(내16) 그걸 가지고 생색낼 수가 없었어요. 아버지 때 해준 게 없어 가지고. 아버지 병간호를 안 해 가지고, 셋째 언니 계속 그거 가지고 공치사하니까.

(상17) 언니가 나는 했으니까 나는 안 한다. 너 차례다 이거죠. (미루시고 그랬군요)

- (중략) 몸이 안 좋아 고향에 가서 김장도 못 돕고, 편찮으신 아버지도 돌보지 못하고 다시 올라온 것을 언니가 10년 넘게 탓함-

(내17) 작은 애 낳았을 때 큰 언니한테 월급 주면서 두세 달 있었어요. 저 못하지는 않았다고 생각해요. (네네)

(상18) 형제들한테 할 만큼 하셨다고 생각하는데도 그러니까…

(내18) 돈 안 주고 사람 부리고 이런 적은 없었어요. 엄마가 산후조리해주셨을 때도 형편껏 드렸어요. 그런데도 대접 못 받으라고 평생 그런가 봐요. 우리 애들도 그때그때 순간마다 생각난다고 꼴 보기 싫다는 거예요. 우리 엄마만 골탕 먹는 인생이라고. 무시당하고 대접도 못 받는다고 이모들이 지네들이 다 신세져 놓고 지들이 뭘 잘했다고 엄마를 무시하냐는 거죠.

(상19) 아이들이 볼 때도 엄마를 무시한다고 느낄 정도면 형제자매들이 뭔가 계속 00씨한테 어떻게 하시는 모양이에요? (네) 그런데 저는 궁금해요. 그럴 때마다 00씨가 자기변호를 하고 적절하게 대응하시는지?

(내19) 안 해요. 잘 안 해요 저는. (그러니까요) 참아요. (그냥 그 순간에 참아요. 오…) 우리 언니가 아프고 그러니까 마음 상하게 안 하려고 노력하고 (지금도 계속 참으시는 거예요?) 그랬죠. 삼촌 실망했다고 난리치고 그러면 그러지 말라고. 엄마가 데리고 있으면서 잘해준 거 없어서 미안해서 그런다고 해요. 엄마 동생 딱 하나다. 동생이 어떤 잘못을 해도 잘해주는 게 누나라고 생각한다고. 너 동생이 어떤 잘못을 해도 엄마처럼만 하라고 했어요.
        - (중략) 언니 빚 때문에 반년 빚쟁이와 싸우고 시달림 -

(상20) 언니의 보호막을 해주신 거네요.

(내20) 지랄을 하든지. 쫓아와 이년아. 내가 죽기 전에 가만히 안 둔다. 약하게 빌빌 대면 안 되서

(상21) 그때 그런 일을 생각하면 어떠세요? 언니에 대해서는 어떠세요?

(내21) 언니하고 머리끄댕이 잡고 싸웠어요. 너 때문에 견딜 수가 없다고. 울고불고 싸웠어요. 니가 인생을 어떻게 살든 상관이 없는데. 적어도 형제들한테 피해는 주지 말아야지. 큰 언니가 왜 동생들 전화번호를 팔고 지랄이야. 미친년 아니냐고. 나가 죽으라고. 니가 사람이냐. 정신 나갔냐고. 용서가 안 된다고 너는 사람도 아니라고 했어요. (격앙된 목소리로)

(상22) 옛날 있었던 일 생각하면… 참, 진짜 어이없고.

(내22) 제가 스물한 살 그럴 때인데.

(상23) 어렸을 때인데 사실은 요즘 같으면 보호 받아야 할 나이인데

(내23) 내가 어린 나이인데 어떻게 그렇게 살 수 있었을까?

(상24) 당차고 야무졌네요, 그죠?

(내24) 네. 그때 말도 못했어요. -(중략)- 이년 저년 하고 많이 싸웠어요. (웃음)

- 중략 -

■ 5회기

　결혼하기까지, 이혼 전후 ○○자격 따기까지 경제적으로 어려웠던 이야기, 자존감이 낮은 상태에서 결혼하였고, 바보 같이 살았다고 후회함. 시어머니와 시댁에 대한 화 표현.

　옛날 학원 다닐 때 언니가 내 덕에 학원도 다닌 주제에 먹고 살 만하니까 나를 까냐 싸가지 없는 년이네 그러더라고요. (남편이 월급 안 가져 와서) 나는 매달 3일이 월급날이고 걔는 26일이 월급날이에요. 생활비 떨어졌다고 제 월급을 빌려 달라고 해요. 걔 돈 빌려주느라 우리 애들 고기 한 번 못 먹었어요. **(왜 빌려주셨어요?)** 불쌍해서 **(어머)** 지는 지 애들 반찬 해 먹이는데 저는 우리 애들 반찬 한번 못 해 먹인 거였어요. 그게 정말 바보 같았어요. **(근데 왜 그랬을 까요? 왜 그런 생각이 들었을지가 궁금해요. 내 거를 챙기면 나쁘고 다른 사람 이 자꾸 보이고 그런 걸까요?)** 그게 우리 아버지였어요. **(음…. 아버지가 그런 모습이셨어요?)** 네, 우리 아버지는 자기들 동생 어렵다고 하면 내 처자식 힘든 거는 안 보였어요. **(아버지가 ○○씨 보기에 어떠셨어요?)** 이제는 그 마음을 이해하겠는 거예요. 내가 그 짓을 하고 있다고 생각하니까. 그런데 지 남편이 돈 잘 벌어오기는 하는데 어느 날 생활비에서 펑크가 났겠죠. 저한테 돈 빌려달 라고 하는데 제가 딱 거절했어요. **(그게 최근의 일이에요?)** 작년부터 그랬어요. 그 다음부터 돈 빌려 달라고 안 하더라고요.

■ 6회기

　(남한테 싫은 소리하면 어떨 거 같으세요?) 뭐랄까 제가 그냥 상처를 받을 거 같은 생각이 들어요. 그 쪽에서 이상하게 과민반응 해 가지고 **(음)** 그런 생 각이 들어요. 지금도 일을 하지만 너무 소심해서 직장 상사가 작은 짜증을 낼 수도 있잖아요. 사람인데. 근데 약 먹고는 견디는데 예전에는 진짜 갑자기 무슨 추가 툭 내려앉는 것 같은 충격 같이 **(조금만 뭐라고 하시면 놀라고 걱정되고)** 정말 소심했어요. **(내가 뭘 잘못했나 이런 생각을 하시는 건가)** 그랬어요. 그래 서 직장생활도 힘들고 했는데, 약 먹고 많이 완화되긴 했어요. 첫 번째 취직한 직장의 사장이 제가 교통사고로 사흘 누워 있는 거 월급에서 까더라고요. 거기 그만 두던 날 거품 물었죠. **(아까운 사람 나간다고)** 일할 때는 단 한 마디 칭 찬도 안 해 주면서. 진짜 그래서 나중에 같이 일했던 애랑 밥을 먹었는데 사장 이 너 일 잘했는데 나갔다고 했다. **(그 상황을 지금도 생각하시면 억울하시잖아**

요. 나 몸이 아파 죽겠는데 출근해서 일하라고 하고, 그 사흘 빠진 거 월급에서 다 막 제하고 이런 거 굉장히 화나시잖아요. 원장한테 한마디 해보세요) 인생 그렇게 살지 말어. 사람 귀한 줄을 알아야지 니 밑에 사람 있다고 생각하냐고. 우리도 너하고 똑같다고 단지 환경이 받쳐주지 못해서 이렇게 살 뿐이라고 그러지 말라고. 그 사장이 제 친구 119도 안 불러 가지고 다른 사무실에서 119 부르고, 걔 입원해 있는데 사람 하나 안 구해놓고 그랬다고 사람이 아니라 악마였다니까요… (○○씨가 보는 세상은 어떤 세상인가요?) 세상은 아직 살 만한 세상이지요. 제가 생각해 보니까 주민센터 같은 데서 공공근로도 하게 됐고 하소연하면 도와주고 수업료도 받고 내가 찾는 만큼 복지혜택도 받는 거 같아요. 이렇게 배부르고 등 따시게 사는 게 다행이지 않느냐고. 나는 반지하 같은 데 지나가면 저런 데서 안 살아서 참 다행이라고 이렇게 얘기하죠.

상담전공 대학원생 소감

처음 상담에 들어가기 전 심리검사를 하지 않고 이전에 상담자와 상담 시 실시한 결과를 참고했다고 했는데 어떠한 검사를 했는지 결과가 어땠는지에 대한 내용이 나와 있지 않았다. 언제 검사가 이루어졌는지 모르겠지만 전에 받았던 상담 후 지금까지 심리적 변화와 현재 심리 상태가 중요하기 때문에 새로 했어도 좋았을 것 같다.

공감과 감정반영은 잘해주었으나 상담종료 시간도 내담자가 쏟아내는 말 때문에 매 회기 원래 시간보다 30분이나 늦게 끝났고 상담 과정에서도 상담자가 질문이나 이야기를 다른 긍정적인 방향으로 이끄는 것이 아닌 내담자에게 끌려다니는 듯한 느낌을 받았다.

내담자 주 호소 문제가 자녀교육 문제와 자기 이해였지만 상담 과정 중 대부분의 내용들이 내담자의 친형제들과 부모이야기였다. 상담 내용 중에 본인이 곤란한 상황에 처하거나 스트레스 받는 상황에서 본인이 그 상황을 해결하기보단 오히려 아들이 나서서 화를 내고 뭐라고 하는 모습이 굉장히 무기력한 어머니로 보여졌고 그 부분에 대한 내용은 별로 언급되지 않았던 것 같다. 과거 환경도 중요한 부분이긴 하지만 내담자의 주 호소 문제를 풀어가기 위해선 본인의 현재 상황에 초점을 맞추고 이야기의 방향을 좀 더 아이들과의 관계, 아이들이 본인에게 대하는 태도, 최근 아이들이 본인에게 가장 서운해했던 일 등에 관한 문제에 대해서 이야기를 나눴으면 어땠을까란 아쉬움이 있었다.

작성자: 안지호(S 대학교 대학원 상담심리학과 재학중, 인턴실습수련생)

상담사례에 대한 전문가 논평(4회기 직후)

이번 상담을 진행하면서 상담자가 느끼는 가장 큰 고충은 적절한 상담 개입이 힘들 정도로 내담자가 많은 이야기들을 쉴 새 없이 쏟아내듯 말한다는 것이다. 대부분의 경우는 이해받지 못할 거라는 생각 때문에 내담자가 더 많은 상세한 이야기들을 하게 되고 이에 대해 상담자가 더 깊은 공감을 필요로 하는 경우가 많지만, 이번 경우처럼 상담자가 아무리 공감을 하려 해도 도저히 개입이 용이하지 않은 경우라면 어느 정도는 지켜보다가 "잠깐만요, 지금 얘기가 매우 중요하게 들리는데 제가 한번 요약을 해도 괜찮을지요?" 라는 식의 정중한 개입 기술을 활용해 봄이 필요하다. 또한 가능한 회기별 목표를 정하고 상담 시작 전 환기시키는 식의 방법을 활용해 상담을 보이지 않게 구조화시켜 나가며 산만한 대화의 방향을 필요한 부분으로 초점화시켜 나갈 수 있다. 즉, 내담자가 해결해야 할 친정식구들과 관계된 현실적 문제를 상담주제로 잡고 다루면서도 아이들과 일상에서 일어나는 사건에 대해서도 함께 다루어 두 사안이 중요하게 연결되어 있음을 환기시키고 자녀문제로 내담자가 겪는 어려움을 해소할 수 있도록 함이 필요해 보인다.

내담자가 자녀와의 대화에서 보이는 패턴은 아이가 힘들어하면 공감해주기보다는 '내가 (자녀들보다) 더 힘들었다'고 말하는 식으로 반응하여 아이의 말문을 닫게 하거나 오히려 아이보다는 친정식구를 더 변호하는 것처럼 반응하는 경우가 많다. 이럴 경우 상담자는 내담자가 자신이 아이에게 어떻게 반응하는지 스스로를 볼 수 있도록 돕는 것이 필요하고, 내담자의 반응에 대하여 자녀가 어떻게 느낄지 그 심정을 한번 생각해볼 수 있도록 질문을 해볼 수 있다. 예를 들자면, "지금 아이가 정말 힘들다고 말하고 있는 것 같은데, 그 맘을 알아주기보다는 엄마가 오히려 더 힘들었다고 말씀하시는 것 같아요. 이렇게 말하는 엄마를 보면서 아이는 어떤 생각을 하게 될까요?" 같이 반응해 볼 수 있겠다. 의사소통의 문제가 보이는 부모자녀 관계에서는 부모 자녀 대화패턴 분석을 통해 부적응적 언어를 구체적으로 교정, 연습하도록 도와주는 것이 필요하다.

또한 "제가 한이 되어서요"와 같이 내담자가 토로하는 감정 중 크게 자극되는 감정에 대해서는 상담자가 놓치지 말고 반드시 다루어지도록 관심을 기울일 필요가 있다. 특히 내담자가 "제가 엄마한테 나무라기도 많이 했어요."와 같이 친정 어머니에게 잘 못 해

드렸다는 자책감과 후회를 토로하고 있는데, 잘못된 자책이나 후회하는 마음은 상담자의 가치관으로 판단하기보다는 내담자 중심에 서서 왜 그렇게까지 할 수밖에 없었는지 바로 잡아주도록 한다. 내담자가 못된 마음으로 일부러 그런 것이 아니라 해당 상황에서는 최선을 다해서 잘하려고 하다 보니 어쩔 수 없이 나온 상황이었음을 스스로 이해하게 하고, 스스로를 용납 수용해 주도록 함이 더욱 자기 자신을 잘 받아들이게 할 수 있다. 그래서 지금까지 삶을 열심히 살아내 온 내담자의 노고에 대해 상담자가 지지하고 격려해 주는 것이 바람직할 것으로 보인다.

이와 더불어 내담자는 현재 매우 심리적으로 취약한 상태이고 지지가 필요한 상태이므로, 내담자가 일상에서 억울한 것을 말하지 못한 점에 대해서도 왜 말하지 않았는지 내담자의 잘못으로 지나치게 책임을 돌리거나 문제시 하지 않도록 주의가 필요하다. 다시 말해, 내담자는 원가족에서 자신을 제일 희생자라고 생각하고 있으며 누가 억지로 떠민 것도 아닌데 원가족 내에서 많은 책임을 짊어지고 살고 있다. 그런데 '내가 힘들면 친정과의 관계를 좀 끊을 수 있을 것 같은데'와 같은 상담자의 언어반응은 자칫 상담자가 그럴 수밖에 없었던 내담자의 심정을 충분히 이해하고 공감하지 못하고 쉽게 말하는 것 같이 들릴 수 있어 주의가 요망된다.

내담자처럼 내담자의 친정아버지 역시 내 가족, 내 자식들보다 아버지의 형제가족들을 더 챙기면서 사셨고, 내담자는 자신이 이러한 친정아버지를 많이 닮은 것 같다고 한다. 이는 내담자가 아버지의 싫은 행동을 단순하게 모방했다기보다는 정서적으로 취약한 자녀일수록 부모의 마음이나 가족의 말에 지나치게 신경을 쓰고 잘 보이려고 하는 경향성이 있어 내담자가 자존감이 낮아지게 된 다양한 에피소드를 중심으로 구체적인 장면에서 응어리진 감정을 풀어주고 빈 의자 기법이나 대화 훈련, 역할 연기를 통해 감정을 정화해 나갈 필요가 있다.

논평자: 강숙정 박사(한국상담심리학회 1급 상담심리사)

Chapter 03

취업준비생사례

❝다른 사람들이 이상하게 생각할 것 같아 말하기가 두려워요❞

상담자: 이경화(C 대학원 상담심리 전공, 상담심리사 2급 준비중)

01
내담자의 인적사항 및 가족사항

(1) 내담자 인적사항

박○○(가명): 여, 만 19세, 고졸, 미혼, 취업준비, 종교 없음

(2) 가족사항

- 엄마(47세): 가정주부, 고졸. 내담자가 갓난 아기때 이혼 후 내담자가 3살 때 재혼하면서 내담자는 외할머니와 함께 살았음. 초등학교 2학년 때 내담자와 1년간 같이 살았으나, 내담자가 재혼한 남편의 딸(중학생, 6세 차이)과 갈등(내담자를 구타)을 겪으면서 다시 외할머니 집으로 보내졌고, 이후 중학교 때부터 연락하고 있고 최근에는 거의 매일 통화하고 자주 만나고 있으며 관계가 좋은 편임.
- 아빠(50세): 일용직, 고졸. 이혼 후 큰딸(내담자 언니)을 데리고 함께 살다가 큰딸이 대학에 들어가면서 분가함. 고2 때 처음 연락이 와서 만나게 되었음.
- 언니(23세): 대학생, 지방 거주. 어릴 적 아버지와 지방에 거주함. 현재는 지방에서 대학을 다니고 있고, 내담자와 고2 때 만나서 친밀한 관계를 유지 중

- 외조모(73세): 가정주부, 중졸. 현재 내담자와 함께 거주 중이며 초등학교 때부터 내담자를 양육해 옴.
- 외조부(75세): 화가, 고졸, 성격이 급하고 화를 잘 냄. 할머니와 가끔 다툼이 있음.

02 내방경위

고2 때 학교에서 3개월간 미술치료 및 상담을 받았던 경험이 있으며, 상담교사의 권유로 진로 문제와 관련해서 도움을 받고자 내방하게 되었음.

03 내담자의 주 호소문제

내가 뭘 좋아하는지, 적성에 어떤 일이 맞는지 잘 파악해서 진로를 결정하는 데 도움을 받고 싶고, 대인관계에서 좀 더 적절하게 대처하는 방법을 익히고 싶다고 함.

04 행동관찰

키가 크고 약간 통통한 편이며 깔끔한 옷차림으로 방문함. 약속시간보다 항상 10분 정도 일찍 도착하고 약속한 것들은 잘 지키는 성실한 모습을 보임. 상담 중에 대체적으로 시선을 아래로 향하고 있어 눈을 맞추고 이야기하는 데 많이 어색해했으며, 목소리도 크지 않고 단답형이나 간단한 문장으로만 이야기를 함. 대답을 하기 전 침묵 시간이 길며, 종종 입을 다물고 입술 안쪽을 살짝 깨물면서 손가락을 마주잡고 긁적이면서 긴장한 모습을 보임. 대부분 무표정한 상태로 감정을 잘 드러내지 않음. 어린시절 부모님과의 일화를 이야기할 때는 상대적으로 침묵 시간이 더 길었음. 덥거나 물을 마시고 싶다거나, 눈이 건조해서 안약을 넣겠다고 하는 등의 의사표시는 잘 하는 편임. 상담 초반에는 말이 없다가, 후반으로 갈수록 눈맞춤하는 것이 자연스러워졌으며, 웃는 모습을 자주 보이고, 목소리 톤도 조금 높아지고 이야기할 때 문장도 길어졌음.

05

심리검사 결과

(1) SCT

7. 내가 어렸을 때는 <u>불행했다</u>
45. 생생한 어린 시절의 기억은 <u>매맞은 기억이다</u>
46. 무엇보다도 좋지 않게 여기는 것은 <u>부정적인 생각이다</u>
34. 나의 가장 큰 결점은 <u>인내심이 부족하다</u>
11. 내가 늘 원하기는 <u>밝게 살기를 원한다</u>
16. 내가 정말 행복할 수 있으려면 <u>돈을 많이 벌어야 한다</u>
18. 내가 보는 나의 앞날은 <u>모르겠다</u>
2. 내 생각에 가끔 아버지는 <u>외로워하시는 것 같다</u>
29. 내가 바라기에 아버지는 <u>다정다감했으면 좋겠다</u>
50. 아버지와 나는 <u>먼 사이다</u>
13. 나의 어머니는 <u>밝다</u>
26. 어머니와 나는 <u>가까운 사이다</u>
9. 내가 바라는 여인상(女人像)은 <u>자신의 생각을 조리있게 말할 수 있는 사람이다</u>
24. 우리 가족이 나에 대해서 <u>잘 모르는 것 같다</u>
48. 내가 어렸을 때 우리 가족은 <u>뿔뿔이 흩어졌다</u>
22. 내가 싫어하는 사람은 <u>말을 함부로 하는 사람이다</u>
31. 윗사람이 오는 것을 보면 <u>나는 가슴이 두근거린다</u>

(2) MMPI-2

VRIN	TRIN	F	F(B)	F(P)	FBS	L	K	S	1	2	3	4	5	6	7	8	9	0
48	55T	44	41	52	56	57	59	66	45	57	48	40	39	47	57	47	36	63

- 보충척도: FRS(공포) 67, SOD(사회적 불편감) 75, GF(여성적 성역할) 66,
            Hy2(애정욕구) 62, Pa3(순진성) 72, Si(수줍음/자의식) 68,
            FRS2(특정 공포) 68, SOD2(수줍음) 77

06 상담목표 및 전략

(1) 상담 목표

- 자기 이해를 통해 적성에 맞는 진로를 탐색하고 준비한다.
- 현재 겪고 있는 대인관계 문제를 탐색하여 적응적인 대응 방식을 찾아본다.
- 자신의 감정과 생각을 적절하게 언어로 표현한다.

(2) 상담 전략

- 초기: 내담자에 대한 공감적 지지와 수용으로 신뢰를 형성하여 작업동맹 형성하기, 부정적 감정을 느꼈던 과거 장면을 구체적으로 이야기 나누며 감정 해소하기
- 후기: 자신의 감정을 적절하게 느끼고 언어적으로 표현하는 연습 반복하기, 대인관계에서 예측되는 두려움과 불안을 탐색하고, 구체적인 대응 방법 찾아보기

07 도움받고 싶은 점

- 상담 목표 수립의 적절성 및 효과적인 상담 전략에 대해 조언을 받고 싶습니다.
- 적응적인 회사 생활을 위해 방법을 찾다보면 코칭을 방식을 취하게 되어 상담자가 말이 많아지는 경향이 있어 걱정입니다. 조언을 받고 싶습니다.
- 타인과 가족 사항을 이야기하는 부분에 어려움을 겪고 있는데, 적절한 대응 방법은 무엇인지 조언을 받고 싶습니다.

08
상담내용 회기별 요약

■ 접수 면접
  - 상담에 대한 안내와 상담신청서, 녹음 동의서 작성 및 서명
  - 검사 시행과 상담의 목적과 역할에 대한 설명

내가 뭘 좋아하는지, 적성에 맞는 일은 무엇인지 알고 싶다. 음식점에서 7개월간 판매 업무를 했음. 업무 강도가 너무 세서 힘들었다. 계속 서 있거나 돌아다녀야 해서 체력적으로 많이 힘들었다. 2월에 그만두고 취업 준비를 하고 있다. 회계 쪽에 관심이 있어서 자격증을 준비하고 있고, 선생님이 알려주셔서 다음주 월요일부터 인턴 교육을 받게 되었다. 교육받고 적성에 맞으면 그쪽으로 일해보고 싶다. (진로나 적성을 탐색할 때 자기 자신에 대한 이해가 중요하다. 신청서 작성한 내용을 기반으로 가족사항 질문/가족사항 답변) **(이전에 상담했던 것이 혹시 가족과 관련된 어려움이 있어서인가?)** 초등학교 2학년 때 1년 정도 엄마와 재혼한 가족들과 함께 살았었다. 재혼한 남자분에게도 아들 하나 딸 하나가 있었는데, 그때 기억이 좋지 않아서 상담했었다. **(같이 살게 된 계기는?)** 엄마가 같이 살자고 해서 갔는데 처음에는 엄마랑 같이 사는 게 좋았는데 나중에는 힘들었고 같이 살고 싶지 않았는데 의사표시를 제대로 잘 못했다. 재혼한 남자분이 할머니네로 다시 가는 게 어떻겠냐고 해서 좋다고 했다. **(다시 할머니랑 살게 돼서 어땠나?)** 할머니랑 살면서 다시 친구들이랑 볼 수 있어서 맘 편하고 좋았다. **(엄마랑 같이 살면서 어떤 점이 가장 힘들었나?)** 6살 차이 나는 중학생 언니가 나를 많이 때렸고, 그래서 싸우게 되면 남자분이 집 나가라고 혼을 냈다. **(어머니는 그런 상황에서 어떻게 하셨냐?)** 그냥 방관했고, 지금 생각해 보니 그게 너무 싫었던 거 같다. **(그때 어머니가 어떻게 해 주길 바랬나?)** 방관하지만 않았으면… **(방관하지 말고 어떻게 해 주길 바랬나?)** (침묵) 말을 거들어 주길 바랬던 거 같다. **(언니랑 갈등 상황에서 가장 화가 나고 힘들었던 부분은?)** 언니가 때릴 때 너무 아프고 체격차가 너무 많이 나서 대들 수가 없었던 것이 너무 힘들었다. **(6살 차이 나면 체격 차이가 많이 나서 많이 아프고 저항하기도 어려워서 답답하고 속상했을 것 같다.)** (침묵) **(다시 할머니 집으로 와서 마음이 다 편하지만은 않았을 거 같은데?)** 좋았다. (미술치료하면

서 이 부분에 대해 이야기하면서 도움이 된 건가?) 처음 이야기를 하게 되었고, 오랫동안 담아둔 힘든 일을 밖으로 꺼내 놓을 수 있어서 시원했다. (아버지와는 어떻게 연락하게 되었나?) 계속 연락이 없다가 고2 때 아빠한테 집전화로 직접 연락이 왔다. (그때 기분은?) 쭉 연락 안 하다가 갑자기 아빠라고 하니까 놀라기도 하고 울컥하기도 하고… 보러 가는 길에 많이 설레고 긴장되었다. 언니랑 만났을 때는 덤덤했던 것 같다. 언니가 화장품도 사주고, 맛있는 것도 사줘서 좋았다. (엄마랑은 자주 보나?) 엄마도 한동안 연락을 안 하다가 중학교 때부터 연락하기 시작했고 요즘은 거의 매일 연락하고 자주 보고 있음. 엄마가 내가 사는 곳으로 온다.

■ 1회기

월요일부터 토요일까지 인턴 교육 받으면서 지냈다. 3주 교육받고 시험, 면접보고 나면 직원으로 발령받는다고 들었다. (3주 뒤면 바로 취업을 해서 일을 하게 될 텐데 이 일을 진짜 하게 되면 어떨 거 같나?) 취업이 되면 돈을 벌 수 있어서 일단 좋을 거 같다. (업무 자체는?) (침묵) (뭔가 말하기 어려운 것이 있는 거 같다. 편안하게 솔직한 느낌을 말해도 된다. 뭔가 걸리는 거 같은 표정이다) 근무조건으로 보면 좋은 일인 거 같은데, 교육을 들어보니 잘 안 맞는 거 같은 생각도 든다. 근데 취업하기도 힘든 시대라 저랑 안 맞아도 해야 할 거 같은 생각이… (두 가지 마음이 드는 것이고, 처음이라 누구나 할 수 있는 고민인 거 같다. 그런데 계속 어렵고 힘들다고 느껴지면 앞으로 2주간 교육이 재미가 없을 거 같다. 월요일에 교육 받으러 가면 어떨 거 같나?) (침묵) 그냥 하기 싫어하는 것 같다. (과정을 그만 두고 싶나?) (침묵) (월요일에 나가기 싫은 마음도 드나? 그럼에도 불구하고 나가야 한다는 생각에 고민인가?) 취업이 어려우니까 싫어도 나가야 한다는 생각이 든다. 너무 나가기 싫다. (울먹이면서 눈물을 보임) (지난 일주일이 많이 힘들었나보다) 일주일 내내 그런 건 아니었는데 어제 교육받고 나서 너무 힘들었다. (어떤 부분이?) (침묵) 그냥 강의 내용도 이해하기 어렵고 같이 교육받는 교육생들과의 관계도 갈등이 있는 건 아닌데, 다른 사람들은 시간이 갈수록 서로 잘 어울리는데, 나는 같이 어울리기가 어렵고 나이 차이가 많이 나서 그런가 공감대 형성이 잘 안 돼서 그런지, 상대방이 어떤 말을 했을 때 어떤 리액션을 해야 할지 모르겠고… (구체적으로 상황을 설명한다면?) 어떤 사람이 이야기를 했는데, 다른 사람들은 다 재밌다고 웃는데 나는 안 웃겨서 반응을 안 했는데 저한테 문제가 있는 건지… 문제가 있다고 느껴졌다. **(어떤 점이 문제라고 느껴졌나?)** 다른 사람들처럼 반응해야 할 거 같은데, 나는 그렇지 못해서 어떻게 하는 게 맞는지도 잘 모르겠고…이상하게 생각할 거 같다. (개그콘서트 볼 때 모든 코너가 다 재밌는 게 아니다. 개그 코드가 안 맞으면 안 웃길 수 있고 그것에 대해 반응할지 말지는 사람마다 다 다른 거지 문제가 있는 게 아니다. 다른 때도 그렇게 느낀 적이 있었나? 내가 이상한 사람이란 생각이 들었던 적이 언제 또 있었나?) (오랜 침묵) (다음 시간에 이 부분에 대해서 이야기를 좀 더 해보자. 지금 마음으로는 내일 교육 가는 게 많이 힘들겠다) 지금 상태면 내일 안 나갈 수도 있을 거 같다. (내일 교육을 가고 안 가는 것은 전적으로 ○○씨 마음이다. 마음이 이렇게 많이 힘든데 무조건 나가야 할 의무는 없다. 안 가도 상관없다. 그런데 어떤 일이든 새로 배울 때는 내용도 어렵고, 처음 본 사람들하고 적응하는 것은 누구나 힘든 문제다. 게다가 이제 스무살이 된 ○○씨한테는 더 어려운 일이라고 생각한다. 지난 일주일 버틴 것도 참 훌륭하다. 적응하는 데는 누구나 시간이 걸린다. 오늘 가서 충분히 생각해 보면 좋겠다. 그래도 어렵게 시작한 일인데 한 번 더 용기를 내볼지 아니면 마음을 추스르는 게 먼저인지…) (침묵) (어떤 결정을 해도 비난할 사람은 없다) 생각해 보겠다.

■ 2회기

교육에 일단 나갔는데 나쁘지 않았다. **(사람들 하고 많이 불편하다고 했었는데 어땠나?)** (웃으면서) 공부하는 사람들이랑 다 같이 회식을 했다. 사람들이랑 친해지는 것 같아서 기분이 좋았다. 35세 여자 분이랑 친해졌다. 성격이 밝고 적극적이라 그 언니한테 나이차가 있어서 다른 분들과 어울리기 어렵다는 이야기를 했다. **(언니가 뭐라고 했나?)** 나이 차이가 많이 나는 어른들이라 오히려 더 잘 받아주고 이해해 줄 거니까 편하게 생각하라고 했고. 그렇게 이야기를 해줘서 마음이 조금 편해졌다. **(다른 사람들이 이상하게 생각할 거 같이 느껴졌던 상황 생각해 봤나?)** 교육생 중 가장 나이가 많은 분이 저한테 개그를 쳤는데, 나는 안 웃기고 어떻게 반응해야 할지 몰라서 얼어 있었다. 아무 반응 안 보이면 상대방이 민망해 하니까 억지로 웃거나 어떤 반응을 보여야 할 거 같은… **(왜 억지로 웃어야 할 거 같은 마음이 들었나?)** (침묵) **(재미없으면 안 웃는 게 정상 아닌가?)** 보통 사회생활 잘 하는 사람들은 안 웃겨도 웃어주니까.

상사가 어떤 말을 해도 리액션을 잘 하는 사람이 사회생활을 잘한다고 생각하니까. (그런데 ○○씨는 그렇게 하고 싶지 않은 거 같다) 억지로 웃고 싶지 않다. (억지로 웃는 건 어떤 기분인가?) (침묵) 슬플 거 같다. (억지로 맞춰줘야 한다면 진짜 슬플 거 같다. 그럼 안 웃으면 되지 않나?) (침묵) (안 웃으면 어떤 일이 생길 거 같나?) (침묵) (모든 사람들이 다른 사람이 하는 개그에 다 웃어주지 않는다. 윗사람이라고 나이 많다고 다 따라주고 다 들어줘야 할 의무는 없다. 신경이 쓰이는 이유는 뭘까?) (침묵) (반응을 안 해 주면 상대방이 ○○씨에 대해 어떻게 생각할 거 같나?) 웃음이 별로 없는 아이구나. (그렇게 생각되는 게 불편한 마음이 들게 하나?) (침묵) (대답하는 게 많이 어려운가?) 그냥 어떤 말을 해야 할지 생각이 잘 정리가 안 된다. (괜찮다. 상대방의 이야기에 억지로 반응할 필요도 없고 적극적인 리액션을 할 필요는 없지만 그래도 상대방은 내 이야기를 잘 듣고 있나 궁금해 하기 때문에 고개를 끄덕이거나 눈을 좀 마주쳐 주는 정도만 해도 충분하다) 앞으로는 무조건 리액션을 해줘야 한다는 생각이 좀 덜 드는 것 같다. (나도 ○○씨가 내가 이야기할 때 나를 쳐다봐 주기만 해도 신난다. 아직 어리기 때문에 다양한 사람들 사이에서 어떻게 반응해야 하는지 어려울 수 있고 긴장될 수 있다. 옷도 자주 입어 봐야 나한테 어떤 스타일이 어울리는지 노하우가 생기는 것처럼 어떤 게 적절한 반응인지는 자꾸 연습해 봐야 알 수 있는 것이다. 지금 그 연습을 한다고 생각해 보면 어떨까?) 교육받는 동안 사람들이랑 있을 때 너무 긴장하지 말고 편안하게 있어야겠다는 생각이 좀 들었다. (내 이야기도 그냥 참고만 하면 되는 거지, 이해가 되지 않는데 억지로 따를 필요 없다) 억지로는 아니다. (웃음) (이번 주 월요일에 용기를 내서 교육에 가지 않았다면 교육받는 사람들하고 어색하고 불편한 상태로 남은 채로 끝났을 텐데, 용기를 낸 덕분에 회식도 하고 친한 언니도 생기고 지난 주보다는 좀 더 편해진 경험을 할 수 있었던 거 같다. 앞으로 좀 더 편하게 재밌게 다닐 방법을 같이 고민해 보자)

■ 3회기

OJT를 받고 있는데 어려웠다. 사실 이 일을 앞으로 하게 되면 잘 할 수 있을지 걱정도 된다. (어떤 부분이 구체적으로 걱정되는가?) 내가 의사소통에 문제가 있는 거 같다. (어떤 점이?) 같이 교육 받을 때랑 상대방이랑 이야기를 들을 때 제대로 잘 안 듣고 고개만 끄덕끄덕하고… 그러다보니 의사소통에 조금 문제가 있었던 거 같기도 하고… **(구체적으로 어떤 문제가 있었나?)** (긴 침묵) **(이야기하기 어렵나?)** 그냥 내 생각일 뿐이라서 이야기하기가… **(그 이야기를 하고 나면 내가 ○○씨에 대해 다르게 생각할까봐 걱정되나?)** 그렇다. **(어떻게 생각할까봐 걱정되나?)** 그냥, 이상한 사람으로 생각할까봐. **(나는 어떤 이야기를 하더라도 이상하게 생각하지 않을 거다. 생각은 얼마든지 자유롭게 할 수 있고, 생각은 어떤 것을 해도 이상하다 나쁘다 판단될 수 없다. 다만 행동은 판단의 대상이 된다. 난 쟤가 너무 미워라고 생각하는 건 문제가 되지 않는다. 다만 미워서 그 사람을 때리면 그 행동은 문제가 될 수 있는 거다. 나는 ○○씨가 어떤 이야기를 하면 아 ○○씨는 그렇게 생각하는구나 하고 말거다. 그래도 말하기 어렵나?)** (긴 침묵) **(지금 이야기하기 어려우면 나중에 마음이 좀 편해지면 이야기해 달라)** 사람들 눈을 잘 못 쳐다보겠다. 눈을 마주치기 어렵다. **(눈을 마주치면 어떤 느낌이 드나?)** 아무 느낌 안 든다. **(아무 느낌 들지 않는데 마주치기 어려운 이유는?)** 상대방이랑 대화하기 싫은 건가 하고 느껴진다. **(그렇게 느끼는 이유는?)** 상대가 어려운 말을 했을 때 다시 한 번 이야기해 줄래요?라고 하면 되는데 그렇게 못하고 눈을 피한다. **(자각은 하고 있는데 그러지 못하는 이유는? 뭐가 걱정되는가?)** 계속 말을 못 알아들으니까 상대방이 띨띨하게 볼까봐 걱정된다. **(모르면 물어보는 것이 당연한 거 아닌가?)** (침묵) **(○○씨가 중학생이랑 수업을 같이 듣는데 중학생이 이해가 안 된다고 ○○씨한테 이게 뭐예요?라고 물어보면 어떻게 할 건가?)** 가르쳐 줄 거다. **(중학생이 띨띨하게 생각되는가? ○○씨는 지금 스무살이고 지금 하는 교육과정에서 제일 막내다. 나이 많은 사람들도 어려워 하는 공부를 같이 하고 있는 거다. ○○씨가 대단한 거다. 떨어진 사람도 있지 않느냐. ○○씨가 모르는 걸 물어봤을 때 덮어놓고 바보 같다고 생각하는 사람은 잘 없다. 잘하고 있다)**

■ 4회기

시험 본 거 합격했다. 주변에서 축하도 해주고 스스로 뿌듯하고 기뻤다. **(첫 주 교육 끝나고 월요일에 너무 나가기 싫다고 했던 거 기억하나? 지금 와서 그때를 돌아보니 어떤가?)** 그때 그만두지 않고 나갔던 게 신의 한수였던 거 같다. (웃음) **(그때는 힘들었지만 힘을 내서 도전했더니 좋은 일이 생겼다. 앞으로도 계속 살면서 이렇게 어려운 일들이 생길 텐데, 그럴 때 어려웠지만 내가 잘 해냈지, 뿌듯하고 기뻤던 지금의 마음을 떠올리면서 용기 내면 좋겠다)** 업무실습

할 때 외국인이 업무 관련해서 물어보는데 못 알아들어서 머뭇머뭇 거려서 당황했는데 옆에 언니에게 도움을 요청해서 해결했다. (그 언니랑은 친한가?) 많이 친하지는 않지만 같이 실습 가서 알게 됐는데 이론 시험볼 때 족보도 보여주고 도움을 많이 줬다. (처음 하는 실습이라 어려울 텐데, 도움을 받을 사람이 있어서 다행이다. 이번에 도움 요청할 때 기분은 어땠나?) 기분… (지난번에 다른 사람에게 도움을 요청하면 바보 같다고 생각할까봐 걱정이라고 했었는데 이번에도 그런 느낌이 들었나?) 이번에는 그런 생각은 들지 않았다. 영어 공부를 해야겠다는 생각이 들었다. 그래서 영어 공부를 어떻게 하면 좋을지 알고 싶다. (혹시 개인적으로 알아본 방법이 있나?) 언니한테 추천을 받았는데 회화학원을 다니거나, 토익학원을 다닐까 생각 중이다. 온라인으로 알아보고 있다. (목표를 잘 세우는 게 중요하다. 먼저 영어를 배워서 뭘 하고 싶은지를 먼저 정하고, 말하기가 부족하면 회화를 하고, 문법이 부족하면 토익을 하는 게 좀 더 효과적일 거 같다. – 학습방법에 대해 같이 이야기함. 공부를 같이 할 만한 친구는?) 고등학교 때 친구가 있는데 최근 단톡방에 토익 공부 같이 할 스터디 멤버를 구하는 글을 보았다. 그 친구한테 한번 물어봐야겠다. (다음 시간에 영어 강좌에 대해 구체적으로 검색해 오는 과제를 부여)

■ 5회기

교육은 마치고 최대 3개월 정도 입사 대기 상태라 쉬고 있다. 9월까지는 기다려보고 결과가 안 나오면 다른 일을 알아봐야 할 거 같다. 그 사이에는 영어 공부를 하면 될 거 같다. (일을 시작하게 됐을 때를 대비해서 우리가 따로 준비할 것은 없을까?) 일을 시작해봐야 알 수 있을 거 같다. (가정을 해보자. 미리 예상을 해 봐서 예상 답안을 만들어 보면 적응하기 쉽지 않겠나. 음식점에서 처음 일을 시작했을 때를 생각해 보자. 당시 적응하는 데 가장 어려운 점이 뭐였나?) 일단 계속 서 있는 게 힘들었고, 처음에 가면 이것저것 알려주는데 이해가 잘 안 돼서… (가르쳐 주는데 이해가 안 돼서 어려웠나?) 그렇다. (누구나 처음 하는 일은 쉽지 않고 이해가 잘 안 될 수 있다. 이해가 안 될 때 어떻게 했나?) (침묵) 그냥 이해하는 척했다. (이해하는 척해서 곤란한 적은?) (침묵) 계산할 때 상품권으로 계산하는 손님이 있었는데, 잘 몰라서 옆에 있던 직원에게 물어봐서 처리했다. 그런데 제대로 이해가 안 됐는데 이해한 척 하고 넘어갔다가 그 다음도 처리를 못해서 또 물어봤다. (한 번에 이해 안 될 수 있다. 그럴 때 물어보지 않고 아는 척한 이유는 뭘까?) 잘 모르겠다. (바쁜 상황에서 또 물어보기가 귀찮게 하는 것 같아 미안했나?) 그런 것도 있었던 거 같다. (또 다시 물어봐야 했을 때 느낌은?) (침묵) (그 당시 어떻게 했나?) 다른 직원에게 물어봤고 잘 알려줬다. (다른 직원에게 물어봐야 했을 때 기분이 어땠나?) 이번에 잘 알아둬야겠다. (두 번째 알려줬을 때는 확실히 파악했나?) 그렇다 (그러면 고민할 게 없지 않나?) (침묵) (그럼에도 불구하고 마음에 걸리는 게 있는가? 말하고 싶은 게 있는데 머뭇머뭇 하는 느낌이다) 사실, 상품권 처리는 어려운 일이 아니라 괜찮은데 지금 하고 있는 업무는 용어도 어려워서 그게 걱정된다. (특히 어떤 부분이 어려웠나?) 어려운 용어를 빨리 이야기할 때 (5월에 처음 시작할 때 이론 공부도 처음에 너무 어렵다고 했던 거 기억나는가? 근데 필기시험도 다 잘 보고 면접도 다 합격하고, 심지어 OJT 이론, 실습 시험도 다 패스했다. ○○씨는 능력 있는 사람이다. 다만 처음 하는 일은 누구나 어렵다. 자기들끼리만 쓰는 용어들이 있어서 더 어렵다. 하지만 자주 듣다보면 익숙해진다. 어려운 용어가 나왔을 때 어떻게 하면 좋을까?) 적어 놓으면 될 거 같다. (○○씨가 선배고 신입사원이 들어와서 모르는 게 있다고 도와달라고 하면 어떻게 할 건가?) 잘 알려 줄 거 같다. (다른 사람들도 마찬가지다. 신입사원은 당연히 일이 서툴다. 그래서 일을 하다 잘 모르는 것은 물어보면 잘 가르쳐 줄 거다. 후배가 ○○씨한테 두 번 물어보면 안 가르쳐 줄 건가?) 아니다. (마찬가지다. 오히려 문제가 생겼는데 혼자 끙끙대고 있으면 더 큰 문제가 돼서 선배나 윗사람이 도와주고 싶어도 도울 수 없게 될 수도 있다. 차라리 빨리 물어보는 것이 더 낫다) 일단 적어 놓고, 나중에 보면서 공부해 놓고, 나중에 또 까먹으면 도와 달라거나 물어보겠다. (표정이 많이 좋아진 거 아는가. 나랑 눈 맞추는 것도 너무 자연스러워졌고, 웃기도 많이 웃고, 목소리 톤도 높아지고, 말도 많아졌다. 그래서 참 반갑고 좋다) 이제 익숙해지고 편해진 거 같다. (다음 시간에도 오늘처럼 일 할 때 어려움을 느끼거나 걱정되는 상황을 생각해 보고 예상 답안을 같이 만들어 보자)

■ 6회기

정식입사는 아니지만 사전 실습근무를 내일부터 하게 되었다. 좀 더 놀고 싶었는데 아쉽다. (웃음) (지난주에 이어서 처음 만난 사람과 점진적으로 친해지는 대화법 이야기하던 중 안부를 묻고 개인적인 정보들을 나누는 대화를 연습을 함) 예전에 교육받을 때 교관이 외동이냐고 물어서 언니 있다고 하고 23세라고 했더니 같이 교육받았던 오빠가 동갑이라면서 어느 학교 나왔냐고 물었는데 언니가 어떤 고등학교 나왔는지 몰라서 대답을 못한 적이 있었다. (느낌은?) 당황했고 불편했고, 가족 이야기는 하고 싶지 않았다. (답을 못했는데 그 이후 대화는 어떻게 되었는가?) 정적이 흐르다가 교관님이 그럴 수도 있지 하고 넘어갔다. (그 이후의 감정은 어땠나?) 그냥 불편했다. (그 이후 23세 오빠랑 교관이랑 이야기함에 있어 불편함이 있었나? 불편함이 남아서 차후에 대화를 피하거나 한 적이 있었나?) 그렇지는 않았다. (앞으로도 이런 경우가 자주 발생할 거다. 으레 사람들은 특별한 의도 없이 하는 질문들인데, 언니랑 따로 살아서 잘 모른다고 이야기하면 어떨 거 같나?) (침묵) (가족들이랑 따로 살았던 것에 대해 다른 사람들이 모르길 바라는가?) 그냥 이야기하고 싶지 않은 것… 그렇다고 거짓말을 하고 싶지는 않다. (거짓말 할 필요는 없다. 그런데 다른 사람들한테 다 말해야 할 필요도 없다. 다만 중요한 것은 가족과 떨어져 산 것이 나한테 어떤 의미인가 하는 것을 아는 것이 더 중요하다. 가족의 유형은 다양하다. 불가피하면 떨어져 살 수도 있다. 가족들이 떨어져 산 것은 ○○씨 탓이 아니다. ○○씨가 부끄러워서 감춰야 할 것이 아니다. 다른 친구가 부모님과 따로 살았다는 이야기를 ○○씨한테 한다면 어떻게 생각할 건가?) 많이 힘들었겠다. (그게 친구 탓인가? 마찬가지다. 언니는 지방에서 나왔어요 라고 말하고 더 이상 말 안 해도 된다. 교관님처럼 그런가 보다 생각하고 말 것이다. 이런 상황에서 마음이 편안해질 수 있는 방법을 같이 생각해 보자)

■ 7회기

좋은 소식이 있다. 현재 대기가 30명 정도 되는데 8월부터 3명씩 차례로 취업돼서 조만간 일하게 되었다. (너무 잘됐다. 축하한다) 회사에서 실습 근무했던 이야기를 그림을 그리면서 적극적으로 설명함. (실전으로 해 보니 어떤가?) 실제로 해 보니까 처음엔 재미있었는데 뭔가 어렵기도 하고. 많이 해 보면 잘할 수 있을 거 같다. (전보다 자신감이 붙은 느낌이다. 어떤가?) 아주 조금~ (잘 하고 있다) (지난 시간에 이어서 당황스러운 순간 생각해 봤나?) (긴 침묵) (상담은 공동의 목표를 가지고 함께 해결하는 거다. ○○씨가 원한 자기 이해를 위해서는 자기 자신에 대한 개방이 필요하다) 지금은 딱히 생각이 안 난다. (긴 침묵) 좋아하는 감정들을 표현하는 것이 어려운 거 같다. (화도 아니고 좋아하는 감정을?) 네. (그렇게 느끼는 이유는?) 잘 모르겠고. (특정인을 뽑자면?) 저번에 말했던 같이 실습하면서 좋았던 오빠를 잠깐 업무할 때 마주쳤다. (좋아한다는 말을 하는 게 어려운 건지, 좋아하는 마음이 더 커지는 게 걱정되는 건지?) 좋아한다는 말을 하는 게 어렵다. (좋아한다고 말하면 어떨 거 같은가?) 더 어색한 사이가 될 거 같다. (어색해질 수도 있다. 남녀사이에 당연히 비일비재한 일이다. 그런데 그걸 말을 못해서 많이 불편한가?) 그 정도는 아니다. 날마다 생각나긴 하는데, 안 보면 미칠 거 같고 그런 정도는 아니다. 웃음. (고백하면 어색해질 수도 있지만 그렇지 않고 상대가 받아줄 수도 있는 거 아닌가?) 그럴 가능성은 희박한 거 같다. (어떤 점에서?) 웃음 (아직 좋아하는 감정이 많이 큰 것도 아닌데, 좋아하는 마음이 커지는 것은 걱정할 필요는 없을 거 같고, 고백하는 타이밍은 조금 고민할 필요는 있겠다. 전에 혹시 좋아하는 마음을 표현해 본 적 있나?) 중2 때 같은 반이었던 아이를 좋아한 적은 있었고, 표현하지는 않았다. (서로 같은 마음으로 같은 속도로 친해지는 것은 아니니까, 서로 마음을 확인하는 데 시간이 걸리거나 시도를 해야 하는 상황이 생기는데 이건 누구나 쉽지 않은 일이다. 그래서 일단 먼저 잘 살펴봐야 한다. 스스로를 좋아하는 마음이 이만큼 있는데, 나 스스로 이건 이야기하면 안돼. 나는 안돼 라고 생각하고 누르고 있는 건 아닌지. 아니면 아직 내 마음도 영글지 않고, 상대도 영글지 않아서 타이밍을 조절하고 있는 중인지를 잘 살펴볼 필요가 있을 거 같다)

■ 8회기

입사 확정돼서 9월 1일부터 시작한다. (너무 축하한다. 포옹이라도 해야겠다. 기분이 어떤가?) 기분이 나쁘지는 않은 거 같다. (나쁘지 않다는 것은 여러 가지 감정이 드나보다) 먼저 입사한 사람 이야기를 들어보니 힘들 거 같아서… 지난주에 지각을 한 번했는데 그렇게 많이 혼나지는 않고 넘어갔다. 15분 정도 늦었다. (그때 기분은?) 그냥 집에 가고 싶었다. (웃음) (매번 상담시간 5~10분 일찍 오고 약속을 잘 지키려고 애쓰는 사람인데, 지각해서 정말 놀랐을 거 같다) 엄청 놀랐다. (살다보면 지각할 수도 있잖나?) 맞다. 그런데 선배들이 지각하면 매장당한다고~~(웃음) (과하게 이야기하긴 한 건데 직장 생활할 때 출퇴근이 성실함을 평가하는 요소이긴 하다. 그런데 살다보면 아파서 또는 사정상 실수로 지각할 수도 있는 거다. 다만 다시 실수하지 않기 위해 뭘 해야 할지를 고민하는 게 중요하다고 생각한다. 생각해 본 보완책이 있나?) 알람을 많이 맞춰 놓고 자거나 소리 큰 시계를 마련하려고 한다. (성인이니까 앞으로도 혼자 스스로 해 나가야 할 일들이 많을 거다. ○○씨가 원래도 스스로 잘 하는 사람 이니까 잘 해 낼 거라고 믿는다. 정식 취업 후 사람들하고 지내는 문제는 어떨 거 같나?) 괜찮을 거 같다. (웃음) (이렇게 자신 있게 괜찮다고 대답한 거 처음 이다) (웃음) (전에는 걱정돼요. 사람들하고 이야기 나누는 것도 어려워라고 이 야기를 많이 했었는데 지금은 편안하게 이야기를 잘 하고 있다. 생각이 바뀌게 된 계기가 있나?) 먼저 입사한 언니가 조원들만 잘 만나면 잘 적응할 수 있을 거라고 이야기해 줬고, 같이 일해 보니까 다들 착한 거 같고 말도 잘 걸어주고 그래서 그렇게 힘들 거 같다는 생각이 지금은 안 든다. (사람들 대하는 것이 경 험을 해 보고 겪어 보니까 조금 편해진 거 같다. 그리고 주변 사람들이 ○○씨 한테 조언해 주는 것이 도움이 많이 된 거 같다) 도움이 된다. (○○씨가 느끼 는 것만큼 나도 조금씩 달라지는 것이 느껴진다. ○○씨는 시작할 때는 어렵고 이해가 잘 안 돼요 라고 말을 하면서 걱정을 많이 하는 편인데, 항상 결과는 늘 잘하는 것 같다. 그런 거 보면 역량이 있다는 건데, 단지 시작할 때 걱정이 좀 많은 것뿐인 거 같다) (웃음) 걱정하지 말고 해 보면 될 수도 있다는 걸 요즘 조금 느끼고 있다.

■ 9회기

어떤 사람이 저녁 근무하고 몇 시간 회사에서 잔 다음에 다음 업무를 나가 면서 자기 이불만 개고 나갔는데, 그 사람 선배가 "야 너는 왜 그렇게 눈치가 없냐? 선배들 것도 다 개야하는 거 아니냐?"라는 말을 했다고 한다. 입사를 한 뒤에도 그런 선배가 있으면 어떡하지 하는 생각이 들어서 걱정이 됐다. (만약 그런 상황이 생긴다면 어떻게 할 거 같은가?) 당황해서 아무 말도 못하고 그냥 제가 갤 게요. 하고 갤 거 같다. (그 모습을 보는 기분은?) 불쌍할 거 같다. (전 에도 비슷한 감정을 느낀 상황이 있었나?) (침묵) 굉장히 많이 있긴 한데, 꺼내 고 싶지 않은 기억이라서… 지금은 괜찮다. (꺼내고 싶지 않을 정도로 힘든데 괜찮은 건가?) 굳이 꺼내지 않고 묻어두고 생각 없이 사는 게 좋을 거 같다. 꺼 내 놓으면 기분이 많이 다운된다. (앞으로 사회생활을 하다보면 ○○씨에게 부 탁보다는 강요의 형태로 요구하는 상황이 많이 생길 텐데 계속 같은 패턴이 반 복될 수도 있다) (침묵) (묵은 감정들을 계속 남기는 것도 좋지 않은 거 같다.

젖은 옷을 그냥 옷장에 넣어두면 곰팡이도 생기고 더 더러워져서 나중에 옷장을 열면 입지 못하는 옷이 되어 있을 수 있다. 그래서 젖은 옷은 옷장에 계속 넣어둘 게 아니라, 날이 좋을 때 햇볕에 말리고 먼지도 탈탈 털어서 뽀송뽀송한 상태로 옷장에 넣어두면 나중에 잘 꺼내 입을 수 있다. 이게 잘 해결이 된다면 앞으로 그런 동일한 상황이 와도 내가 불쌍하게 느껴지는 것보다 다른 방식으로 대응하거나 감정을 조절할 수 있을 거다) 무슨 이야기를 어디서부터 해야 할지… (안전한 상황이라고 생각하고 뭐라고 하고 싶나?) 자기 것은 자기가 알아서 하는 거라고 이야기하고 싶다. (그러면 어떨 거 같나) 속이 시원할 거 같다. (그 순간 진짜 바라는 게 뭐였을까?) 하고 싶은 말을 못하고 그냥 있는 게 답답했던 거 같다. (내 의사표현을 하고 싶은 욕구가 있었던 거 같다) 그런 거 같다. (물론 현실에서는 같은 상황에서 선배한테 여전히 아무 말도 할 수 없을지 모른다. 모든 사람들이 매번 자기 욕구를 그대로 표현하고 살 수는 없는 게 현실이기 때문이다. 하지만 '내가 하고 싶은 말을 하면 속 시원할 거 같아요'라는 것 자체를 내가 알아주는 것이 중요하다. 게다가 워낙 표현 못했던 사람이 갑자기 하려면 많은 용기가 필요하다. 자꾸 시도하다 보면 내 마음도 좀 편하고, 상대방한테도 적절하게 전달하는 방법을 찾게 될 거다) 좋을 거 같다. 고민해 보겠다.

■ 10회기

👤 (상1) 어떻게 지냈어요? 본격적으로 출근하기 전이라 실컷 놀아본다고 했었는데

(내1) 언니가 올라와서 영화도 보고 쇼핑도 하고 친구들이랑도 놀고… 좋았어요.

👤 (상2) 언니 만나서 놀아서 좋았겠네요. 그래도 지난번에 말한 것처럼 바로 일하기보다 조금 쉬었으면 좋겠다고 했는데 그래도 조금 쉬는 시간이 있어서 다행이에요.

(내2) 네 아쉽기는 하지만 그래도 좋아요.

👤 (상3) 지난 시간에 이야기했던 거 기억나요? 젖은 빨래 옷장에서 꺼내서 한 번 잘 살펴보고 잘 빨아서 옷장에 넣어두자고 했던 거…

(내3) 네 그래서 생각해 봤는데 뭔가 기억들이 조각조각 있어서…

👤 (상4) 괜찮아요. 피자 한 조각부터 시작하죠, 뭐

(내4) (웃음) 예전에 초등학교 2~3학년 때 엄마랑 언니, 오빠랑 그 남자분이랑 같이 살았다고 했잖아요. 그때 그 언니랑 싸워서 집에서 쫓겨난 적이 있어요. 그래서 마당 뒤편에다가 돗자리를 펴놓고 노숙한 적이 있어요.

👤 (상5) 아… 마당 뒤편에 돗자리 펴고 노숙을…

(내5) 네. 그래서 모기도 많이 물리고 그랬어요.

(상6) 그때 기분이 어땠어요?

(내6) 짜증났었던 거 같아요.

(상7) 그 앞 상황을 좀 더 구체적으로 생각해 볼까요? 왜 싸우게 된 거예요?

(내7) 기억이 안 나요.

(상8) 구체적인 거까지는 어려워도 먹을 거 때문에 싸웠다든지 물건을 같이 쓴다고 싸웠다든지 대략적인 거라도.

(내8) 정말 하나도 기억이 안 나요.

(상9) 그러면 싸우던 모습, 상황은 어땠어요? 구체적인 상황이…

(내9) 제가 따박따박 말대꾸를 했었던 거 같아요.

(상10) 서로 마주보고 서로 말을 쏟아 붓는 그런 모습? 맞지는 않았고?

(내10) 네 맞지는 않았어요.

(상11) 그냥 따박따박 말대꾸만 하는 상황이 기억난다는 거죠? 또 생각나는 것은?

(내11) 말대꾸하다가 듣고만 있었어요.

(상12) 말대꾸하다가 듣고만 있었군요. 언니는 계속 이야기를 쏟아내고..

(내12) 네. 그 정도만 생각나요.

(상13) 그럴 때 엄마와 그 남자 분은 어떻게 하셨어요?

(내13) 엄마는 그만하라고 하고, 그 남자 분은 나가라고 했어요.

(상14) 엄마는 그래도 둘 다한테 그만 하라고 한 거예요?

(내14) 아니요. 그 언니한테 그만하라고 했어요.

(상15) 아 언니한테 그만해라 라고 했고, 그 남자분은 00씨 보고 나가라고 한 건가요?

(내15) 아니요. 둘 다 같이 나가라고 했어요.

(상16) 나는 또 00씨한테만 나가라고 한 줄 알고. 그래서 둘 다 마당에 돗자리 깔고 벌 서듯이 나간거군요. 노숙했다는 이야기는 밤을 지새웠다는 이야기로 들리는데 얼마나 오래 있었어요?

(내16) 하루 종일 밖에 있었어요. 근데 쫓겨난 적이 여러 번 있었어요.

(상17) 그런데 혼자 쫓겨날 때도 있었어요?

(내17) 아뇨. 둘 다 쫓겨났는데, 언니는 친구네 집으로 가버리고 저 혼자 밤샐 때도 있었어요.

(상18) 벌을 줬다가 끝낼 때는 어떤 이야기를 하셨어요?

(내18) 음… 그것도 기억이 안 나요.

(상19) 혼나고 난 뒤에 엄마가 어떻게 해 주셨어요?

(내19) 그때 밤이었는데 운동장에 혼자 앉아 있었거든요. 그랬더니 운동하시던 아주머니께 서 혼자 앉아 있으면 위험하다고 집으로 같이 가자고 하셔서 엄마 전화
번호가 뭐냐고 말씀하셔서 전화해서 엄마가 데리러 왔어요.

(상20) 집 마당에 있다가 언니는 친구네 집으로 가버리고 혼자 있다가 운동장으로 혼자 나 와 있었던 거예요?

(내20) 어떤 날은 돗자리 깔고 마당에서 자고, 어떤 날은 운동장에 혼자 앉아 있었어요.

(상21) 운동장에 혼자 있을 때 어땠어요?

(내21) 그냥 앉아 있었어요.

(상22) 기분이 어땠어요?

(내22) 음… 짜증나고 무서웠던 거 같아요.

(상23) 짜증나고 무섭죠. 혼자 어두운 운동장에 10살 정도 어린아이가 혼자 있는다는 게 당연히 많이 무섭죠.

(내23) (침묵)

(상24) 운동장이 얼마나 클 거야. 가만히 있으면서 무슨 생각을 했어요?

(내24) 음… 운동장에서 밤을 새워야 하나… 하는 생각을 했던 거 같아요. 그 이상은 기억 이 안 나요.

(상25) 그때 혹시 엄마가 어떻게 해 줬으면 좋겠다 하는 게 있었어요?

(내25) 음… (침묵)

(상26) 마당에 돗자리 깔고 자고 있을 때나 운동장에 혼자 있을 때 엄마가 어떻게 해주길 바랬어요?

(내26) 그런 생각은 안 들었어요.

(상27) 그런 생각이 안 들었다는 건 뭔가 엄마한테 바라는 게 없었다는 건가요?

(내27) 네… (침묵)

(상28) 엄마가 이제 그만 들어오라고 해준다든가, 운동장으로 찾으러 온다든가 하는 마음 도 없었어요?

(내28) 네. 없었던 거 같아요.

(상29) 운동장에 혼자 있을 때 무섭지 않았어요?

(내29) 네. 괜찮았던 거 같아요.

(상30) 지금 한번 생각해 볼까요? 시커멓고 커다란 운동장에 혼자 우두커니 열 살짜리 아이 가 앉아 있다고 생각해 보세요. 아무리 여름이라도 추울 때도 있었을 텐데… 또 밤이라 인적 도 없고 얼마나 조용하고 무서웠을까.

(내30) (침묵)

(상31) 그 나이 아이라면 당연히 무섭지 않을까요?

(내31) 네.

(상32) 아이들이 무서우면 어떻게 할까요?

(내32) 울지 않을까요?

(상33) 그렇죠. 무서우면 울 거 같아요. 네. 울 거예요. 그 다음에는?

(내33) (침묵)

(상34) 너무 무서우면 아이들은 울겠죠. 그러다가 엄마를 찾겠죠. 스무 살 아니고 열 살짜 리니까 그런데 00씨는 아무 것도 바라는 게 없었네요.

(내34) (침묵)

(상35) 울어본 적 있어요?

(내35) 음… 울어본 적… 음… 어렸을 땐 울지는 않았어요.

(상36) 언니랑 싸울 때는? 그때도 운 적 없어요?

(내36) 음… 기억이 잘 안 나요.

(상37) 애들은 일상이 우는 일인 거 알죠? 근데 00씨는 울어본 기억도 잘 없네요.

(내37) (침묵)

(상38) 다시 그럼 언니랑 싸울 때로 돌아가 봅시다. 상황에 대해 잘 기억이 안 나니까 일단 쌍방과실, 즉 둘 다 잘못한 상황인데, 언니가 조금 더 잘못한 상황이라고 하고… 언니는 뭐 라고 계속 쏟아내고 있을까요?

(내38) 음… 지금 기억이 안 나요. 정확히 뭐라고 했는지. 근데 지금 생각나는 건 넌 조센징 이야 라는 말이에요. (웃음)

(상39) 조센징이요?

(내39) 네. (웃음) 지금 생각해보니 너무 어이없는 말이네요. (웃음)

(상40) (웃음) 웃으면 안 되는데 뭔가 좀 더 쎈 말이 나올 줄 알았더니… 욕이나 뭐 이런 거. 그런데 조센징이라는 말이 나와서 나도 좀 당황했어요. 그때 언니도 중학생이었던 거죠? 중학생도 애니까. 아이 같은 말을 한 거 같은 느낌이네요.

(내40) 네. 지금 생각해 보니 유치해요.

(상41) 근데 왜 그 말이 기억에 남았을까요?

(내41) 음… (침묵) 지금 생각해보니 그냥 어이가 없어요. 유치해요.

(상42) 그런데 그 말 앞뒤로 기억이 안날 정도로 심한 이야기를 했을 수도 있어요. 속상한 말들…

(내42) 음… 다른 건 생각이 잘 안 나요. 그때 좀 그 언니한테 안 좋은 말을 듣는 게 단련이 된 듯한…

(상43) 단련이 된 듯한…

(내43) 네 뭔가 덤덤해지는…

(상44) 뭔가 덤덤해지려면 얼마나 많이 들었다는 걸까. 덤덤해지는 동안 많이 힘들었겠어요.

(내44) 음… (침묵)

(상45) 그런 상황에서는 00씨가 언니 말을 안 듣고 그냥 흘려버리는 게 나를 지키는 방법이었을 거 같기도 해요.

(내45) 네. 그런 거 같기도 해요.

(상46) 그래서 어쩌면 이게 언제 끝나지 하는 생각하면서 가만히 듣고만 있었는지도 모르겠어요. 그래서 더 기억에 잘 안 나는지도 모르겠어요. 처음에는 비수같이 안 좋은 말들이 마음에 와서 다 꽂혔을 건데, 시간이 지나고 반복되면서 덤덤해진… 엄마는 그래도 언니 말고 00씨 편을 들어주긴 한 거 같은데, 엄마 반응은 어떻게 느껴졌어요?

(내46) 잘 기억이 안 나고 잘 모르겠어요.

(상47) 그러다가 혼나서 운동장에 나가서 밤을 새워야 하나… 이런 생각을 하고 있었던 나를 지금 보면 어때요?

(내47) 음… 불쌍하고 안타까워요.

(상48) 불쌍하고 안타까워요. 그럼 불쌍하고 안타까운 그 아이한테 기회를 줍시다. 자기 맘대로 해 볼 기회를. 이 물통이 그 언니라고 생각하고. 언니가 너 조센징이야?라고 말하면서 심한 말을 하는 그 언니가 여기 있다고 생각해 보죠. 언니가 계속 쏟아 붓고 있고, 나는 덤덤하게 듣고 있는 상황이에요. 이 상황에서 드는 생각이 뭔가요?

(내48) 그냥 여기서 살기 싫고 할머니한테 가고 싶다는 생각을 했었어요. 말은 못하고.

(상49) 그럼 지금 한번 해 봅시다. 그때 내가 하고 싶었던 진짜 이야기. 근데 너무 걱정하고 긴장할 건 없는 게, 그 언니 여기 지금 없어요. 여기서 아무리 고래고래 소리를 쳐도 그 언니는 못 들어요. 무슨 말을 했는지 알 수도 없어요. 하고 싶은 말 한 번 해 볼래요?

(내49) (침묵)

(상50) 다다다다다 언니가 계속 심한 말을 하면서 넌 조센징이야!라고 막 큰소리로 나를 다그치고 있어요. 어떤 말이 하고 싶어요?

(내50) 음… 아까는 생각이 잘 안 났는데, 지금 생각난 게 있는데… 예전에 인터넷 강의 들으려고 교재를 많이 사다가 공부를 하려고 했는데 중간에 하지 못했었는데, 그 언니가 너는 사놓고 듣지도 않고 공부도 안 한다고 그럴거면 하지 말라고 했었어요.

(상51) 자, 좋아요. 그럼 "넌 공부도 안 할거면서 문제집은 사 놓고 뭐하는 거냐. 그럴 거면 하지마!"

(내51) 저 하고 싶은 대로 해도 돼요?

(상52) 그럼요. 하고 싶은 대로 해요. "넌 공부도 안 할거면서 문제집은 사 놓고 뭐하는 거냐. 그럴 거면 하지마!"

(내52) 너나 잘해 니 인생이나 잘 살아.

(상53) 뭐라고 한 건지 잘 안 들려요. 조금 더 크게!

(내53) 너나 잘해 니 인생이나 잘 살아. 신경 쓰지마.

(상54) 나는 나 알아서 잘해. 너 잘 하라고! 그렇게 할 거면 하지도 마. 그 봐 내 말이 맞으니까 아무 말도 못하고 있는 거잖아. 내 말이 틀렸어?

(내54) 조금만 쉬었다가 할 거였어.

(상55) 조금만 쉬었다 하길 뭘 해 너 안 할거잖아.

(내55) 아니야 좀 쉬었다 할 거였어!

(상56) 그 정도만 이야기하면 시원하겠어요?

(내56) 음… 그건 아닌데…

(상57) 지금 이 정도면 참을 만한가 본데요? 진짜로 짜증나고 열 받는 상황을 꺼내 보면 어떨까요?

(내57) 음… (침묵)

(상58) 그 언니가 한 말 중에 정말 싫었던 말 하나만 떠올려보면…

(내58) 음… (침묵)

(상59) 지금 또 속에서 떠오르는 수많은 말들 중에 하나만 또 잡아서 그냥 밖으로 던져봐요.

(내59) 그냥 짜증났던 상황이 있었는데, 그 언니랑, 그 오빠랑 셋이서만 밥을 먹고 있는 상황인데 저희 엄마 욕을 하는 거예요. 제 앞에서 엄마가 막 밥을 쩝쩝대면서 먹는다면서. 그리고 그 언니 오빠가 엄마라고 안 하고 숙모인가로 이렇게 불렀거든요. 그렇게 불렀거든요. 그래서 엄마가 숙모라고 부르지 말라고 했더니 뭐라고 부르냐고 짜증을 많이 내고. 저도 아빠라고 부르기 싫었는데, 저한테는 아빠라고 부르라고 강요하고. 자기는 엄마라고 안 부르면서. 그렇게 둘이 엄마 욕도 많이 하고 그랬어요.

(상60) 그때 어떤 맘이 들었어요? 00씨 앞에서 엄마 험담을 하고 자기들도 엄마라고 안하면서 나한테만 열 살짜리한테 아빠라고 부르라고 강요하고. 음… 그럴 때 00씨는 어떻게 했어요?

(내60) 그냥 쳐다보기만 했어요.

(상61) 그때 감정은?

(내61) 음… (침묵)

(상62) 그럴 때 그 언니 오빠한테 뭐라고 하고 싶었어요?

(내62) 음… (침묵)

(상63) 뭐라고 하면 좋겠어요? 야 너희 엄마 왜 이렇게 먹을 때 쩝쩝대면서 밥을 먹냐! 그리고 너는 왜 아빠라고 안 부르냐 아빠라고 불러!

(내63) 너도 엄마라고 안 부르잖아! 숙모라고 부르잖아!

(상64) 숙모를 숙모라고 부르지~ 뭐라고 부르냐.

(내64) 우리 엄마 험담하지마.

(상65) 내가 뭘 짜증나. 너나 아빠라고 불러.

(내65) 싫어!

(상66) 왜 싫어?

(내66) (침묵)

(상67) 지금 또 속에서만 하고 있는 이야기, 말들 중에 하나만 던져봐요.

(내67) 어떻게 내 앞에서 내 엄마를 욕할 수 있어?

(상68) 싫으니까 그렇지.

(내68) 짜증나. 하지마. 나도 너네랑 같이 살기 싫어. 할머니네 집에 갈 거야.
지금 생각해 보니까 애들이 너무 유치한 거 같아요. 예전에 그 오빠 베개를 실수로 밟았는데 그 오빠가 저한테도 그대로 똑같이 했어요.

(상69) 아~~정말 유치하네요~참 유치해, 그죠? 나이는 나보다 많은데 하는 짓이 참 유치하다 그렇죠?

(내69) 네. 많이 유치해요.

(상70) 유치한 그 언니 오빠한테 하고 싶은 말 해 볼까요.

(내70) 하고 싶은 말이요?

(상71) 네 큰 목소리로.

(내71) 니네 진짜 유치하고 재수없어!

(상72) 그렇지. 그 정도는 해야 남이 알아듣죠. 다시 해봐요~

(내72) 재수없고 유치해 니네! 그런데 진짜 다시 생각해보니까 많이 유치한 거 같아요.

(상73) 00씨도 어렸지만 그 언니 오빠도 중학생이니까 중학생이 뭐 유치하고 어린 나이긴 하죠~ 말하고 나니까 어때요?

(내73) 시원하면서도 그냥 유치해서 어이없어요.

(상74) 살다보면 앞으로 그 언니 오빠보다 더 나이 먹었는데 유치하게 구는 사람들이 있을 거예요. 그럴 때 어떻게 하면 좋을까요?

(내74) (침묵)

(상75) 앞으로 비슷한 상황이 왔을 때 지금처럼 하고 싶은 대로 말할 수 없을지도 몰라요. 그리고 지금 이렇게 한 마디 해 본다고 현실에서 갑자기 큰 변화가 생기는 것은 아니에요. 그리고 전에도 말했지만 여기서 말하고 행동해 본 대로 현실에서 그대로 바로 적용하기도 어렵구요. 우리는 오늘 옷장에서 이제 막 젖은 옷 한 벌을 먼지 좀 털고 햇볕에 말려서 다시

넣었을 뿐이잖아요. 그래도 여기서 해보는 것과 안하고 그냥 묻어 두는 것 어떤 게 좀 더 나을까요?

(내75) 네. 그래도 말하니까 괜찮은 거 같아요. 조금은 좋았어요. 시원하고.

(상76) 그래요. 중요한 건 그런 순간에 내가 뭘 하고 싶은지, 왜 그런 감정이 드는지 아는 게 중요한 거니까~ 그래요. 하나 털었지만 조금 시원해진 것처럼 자꾸 털어봐요. 우리. 그리고 중요한 건 상담 시간 끝나면 일단 옷장에 넣어둔 빨래는 신경쓰지 말기~ 그냥 나랑 같이 이야기하고 싶은 게 떠오르면 그것만 기억했다가 다음번에 만나는 걸로. 기분 다운되지 않길 바래요~

(내76) 네. (웃음) 뭐 더 있나 생각해 볼게요.

대학원생 소감

내담자는 취업에 대한 어려움과 인간관계의 어려움을 크게 느끼고 있는 것처럼 보여졌다. 취업을 위해 교육을 받으면서 남이 공감하는 부분을 본인은 공감하지 못하는 부분에서 남과 다름을 느끼고 그로 인해 곤란함을 느꼈다. 하지만 상담자가 내담자에게 그러한 부분에 있어서 이야기를 되물어보면 침묵으로 일관하거나 잘 모르겠다는 답변이 대부분이었다. 그 부분에 있어서 회피하는 듯한 느낌을 받았다.

내담자가 대답을 짧게 하다 보니 상담자가 내담자보다 말을 많이 하는 상황처럼 보이는데 침묵이 조금 민망하고 어색하더라도 내담자의 감정을 끌어내기 위해 상담자의 말을 조금 줄였으면 어떨까란 생각이 들었다. 남과 공감대가 다른 부분에 있어서 처음으로 언제 그런 느낌을 받았고 언제 그런 불편을 느꼈었는지 과거 탐색이 필요하다고 생각이 들었다. 상담 전략에 '부정적 감정을 느꼈던 과거 장면을 구체적으로 이야기 나누며 감정 해소하기'가 있지만 초기엔 거의 이루어지지 못하고 상담 종결쯤 가서야 이어지는 것 같아 조금 아쉬웠다.

지지와 격려는 잘해주었지만 상담자가 조언을 많이 하고 내담자가 말이 없어서 그런지 내담자 이야기가 깊이 다뤄지지 못하는 듯한 느낌이었다. 4회기 상담이 끝나고 영어공부에 관한 과제를 내 주었는데 진로뿐만 아니라 성격에 관한 과제를 같이 내주었으면 더 좋았을 것 같다. 예를 들어 본인은 내성적이고 표현을 직접적으로 못하지만 외향적인 사람처럼 일주일 동안 행동해보기라든가 그런 단기간 과제도 본인의 성격과 비교해본다거나 추후 변화 동기에 있어서 큰 도움이 되었을 거라 생각이 든다. 10회기 마지막 상담에서 역할극을 통해 내담자가 마음에 담아 두었던 말들을 꺼내게 만드는 장면은 좋았다.

작성자: 안지호(S 대학교 대학원 상담심리학과 재학중, 인턴실습수련생)

상담사례에 대한 전문가 논평

본 상담은 고등학교를 졸업하고 취업을 준비 중인 20대 초반 여성의 사례로 자신의 적성을 파악하여 진로결정에 대한 도움을 얻고자 함과 대인관계시 좀 더 적절하게 대처하고 싶은 것을 주호소로 진행되었다. 고2 때 상담 경험이 있었고 이번에도 상담교사의 권유로 다시 내방하게 된 동기, 행동관찰 등을 비추어 볼 때, 상담에 대한 긍정적인 기대감과 내담자가 가진 성실함은 상담자와의 라포 형성을 촉진하여 효과적인 상담 요인으로 작용하였을 것으로 보인다. 이에 더불어 상담자가 취업준비와 사회 초년생으로 느껴지는 내담자의 불안감을 안정되게 수용하며 적절한 비유를 통하여 내담자의 어려움을 공감하고자 했던 모습과 현실적인 문제, 즉 취업 준비 과정에서의 어려움, 직장 내 인간관계에서 일어날 수 있는 문제들을 다뤄준 부분들은 상담에 있어 효과적인 측면이라고 보여진다.

사례개념화는 내담자의 문제를 상담자가 어떻게 이해하고 있는가를 보여주는 것으로, 상담목표 및 전략을 수립하는데 매우 중요한 부분이다. 본 보고서에 사례개념화(내담자 문제의 이해)가 누락되어 있어 상담자가 어떤 사례개념화를 통해 상담목표 및 전략을 도출하였는지, 내담자의 사례를 얼마나 깊이있게 이해하고 있는지를 가늠하기 어려웠다. 사례보고서에 상담자의 사례에 대한 이해가 반드시 포함되어야 한다. 그럼 본 상담에 대한 사례개념화를 통해 상담자의 개입에 대해 추가적으로 논의해보고자 한다.

내담자가 내놓은 '내가 뭘 좋아하는지', '대인관계에서 적절한 대처'의 두 가지 호소 문제는 내담자의 성장배경을 보면 너무나도 당연하고 오히려 자연스럽기까지 하다. 너무 어린 시절부터 시작된 부모, 중요한 대상과의 분리-재결합의 과정 속에서 내담자는 세상을 무섭고 위험한 곳으로 지각하였을 것이고, 위험한 세상에서 살아남기 위해서 자신의 욕구와 감정을 억압하고 타인의 요구에 맞추는 순응적인 삶의 방식을 취하게 되었을 것이다. 또한 춥고 외롭고 혼자서 버티기 어려운 고통스런 정서를 기억하지 않는 방식으로 최대한 자기 정서를 둔감화했을 것이고, 결과적으로 자신의 정서뿐 아니라 타인의 정서에도 둔감하게 되어 대인관계의 어려움을 가중시켰을 것으로 보인다. 이러한 인과관계를 볼 때, 상담이 좀 더 지속될 수 있다면 내담자가 억압하고 들여다보기 어려워하는 정서들을 충분히 다룰 필요가 있겠다.

사례에서 살펴보자면, 9회기 상담자가 선배와의 관계에서 당황해서 아무 말 못하고 있는 자신을 보는 기분에 대해 물을 때 "불쌍할 것 같다"라고 불쌍한 느낌의 자기를 알아차렸다. 그리고 비슷한 상황에 대해 더 묻자 "굉장히 많이 있긴 한데, 꺼내고 싶지 않은 기억이라서… 지금은 괜찮다", "굳이 꺼내지 않고 묻어두고 생각 없이 사는 게 좋을 거 같다. 꺼내 놓으면 기분이 많이 다운된다"라며 말을 주워 담으려 했다. 그러자 상담자가 젖은 옷을 옷장에 정리하는 비유를 들어 감정 정리의 중요성을 알려주었고, 안전한 상황으로 데려가 선배에게 하고 싶던 말을 하도록 해 준 점은 인상적이고 좋은 접근이었다고 보여진다. 다만, 선배와의 관계에 국한하지 말고 "불쌍한 자기"에 좀 더 초점을 두어 불쌍하다고 느낀 그 감정이 무엇인지 좀 더 찾아주고 머물러주고 공감해 줄 필요가 있어 보인다. 이제 갓 20살, 부모와 함께 살아도 세상과 대면하는 것이 쉽지 않을 터인데, 울타리 없이 정서적으로 방치되다시피 살아온 내담자가 혼자 감당하면서 느꼈을 고통을 내담자의 말로 알아주고 수용해주는 과정을 통해 억압하지 않고 자기 정서를 노출해도 괜찮다는 것을 관계 경험을 통해 배울 수 있는 기회였을 것으로 보여진다.

한 부분 더 살펴보자면, 10회기 내담자가 계부의 딸인 언니와 싸웠던 장면을 떠올리고 정확하지는 않지만 "조센징"이라는 말을 들었다며 지금 생각해보니 어이없다며 웃음으로 회피하자, 상담자가 "언니도 중학생 애니까, 아이 같은 말을 한 것 같은 느낌이네요"라고 정리해 준 부분은 다소 아쉽게 느껴진다. "조센징"이라는 단어는 일제 강점기 시대에 주권을 잃은 나라의 국민으로 무시와 천대를 받으면서도 아무 저항도 할 수 없었던 우리의 아픈 역사를 증명하는 말이다. 시대적 상황은 다르지만 계부 집에 얹혀 살면서 계부의 자녀들이 자신과 엄마를 무시하고 저항하면 쫓겨나 운동장에서 밤을 새우지만 힘없는 엄마는 아무것도 해 줄 수 없었던 상황에서 들었던 "조센징"이라는 말은 힘없고 기댈 곳 없는 내담자의 현실을 적나라하게 보여주는 말로 부정적인 정서가 강하게 느껴진다. 이처럼 정서가 짙은 단어나 상황에 좀 더 머물 수 있도록 탐색적인 질문을 던져주고 깊이 공감해줄 필요가 있겠고, 웃음이나 침묵으로 넘어가려는 비언어적인 행동들도 직면하여 자신의 모습과 정서를 알아차릴 수 있도록 Here & Now를 좀 더 다뤄 줄 필요가 있겠다. 이러한 과정 속에서 언급되지 않았거나 피상적으로만 이해되었던 주요 대상과의 관계 경험들이 더욱 드러날 것이고, 그 속에서의 자신의 정서적 경험을 이해하고 자신의 욕구나 소망을 알아차리다 보면 진로에 대한 방향성이 생기고 대인관계에 대한 자신감도 향상될 수 있을 것이다. 이것이 상담자가 슈퍼비전을 통해 도움 받고 싶었던 부분에 대한 답이 되지 않을까 사료된다.

논평자: 양미선(한국상담심리학회 1급 상담심리사)

Chapter 04

직장인 미혼녀사례

❝ 누가 제 마음을 잡아주세요 ❞

상담자: 윤석희(S 대학원, KCPA 자격획득 준비중)

01
내담자의 인적사항 및 가족사항

(1) 내담자 인적사항

김○○: 여, 30세, 대학원 졸, 직장인

(2) 가족사항

- 아버지(62): 대학원 졸, 건강 문제 없음. 친밀도 중간. 개인사업을 하시며, 매우 활동적임. 내담자와 정서적인 교류는 없으나 내담자의 진로와 생활에 많은 영향을 끼치고 있으며, 진로에 대해서 많은 의논 상대가 되고 있음.
- 어머니(61) : 주부, 대학 졸, 건강 문제 없음. 매우 높은 친밀도. 내담자와 가장 많이 접촉하고 있으며, 정서적인 접촉도 가장 많이 하고 있음. 그러나 내담자의 학교일이나 진로, 회사일에 대해서는 관여하지 않고 아버지의 결정에 따른다고 하심.
- 오빠(35): 대학원 졸, 미국에서 회사 생활, 친밀도 중간. 미국에서 박사학위 취득 후 회사생활하고 있음. 미국에서의 대학원 생활은 내담자와 함께 하였으나, 깊은 정서적인 접촉은 없었던 듯하며, 그냥 친하다고만 언급하였음.

02
내방경위

상담소의 동료 인턴 친구 동생으로 동료 인턴의 소개로 자원 내방

03
내담자의 주 호소문제

미국에서 대학원 졸업 후 국내로 돌아와 회사생활을 하고 있으며, 몇 개월 후 결혼 예정. 결혼 전 자신을 되돌아보는 과정에서 회사나 다른 종류의 일에서 일이 잘 안 되거나, 스트레스를 받으면 자신과 아주 각별한 사람에게 짜증을 내는 일을 알게 되었음. 결혼 후에도 직장생활을 하고 싶으나, 이로 인해 결혼생활이 어려워질 것에 걱정됨.

04
행동관찰

170cm 정도의 키, 매우 날씬한 몸매에 커리어우먼의 인상. 적당한 화장. 단발머리. 단아한 옷차림. 항상 웃는 얼굴이었으며, 활기찬 모습. 말을 매우 논리적으로 하려고 노력하였으며, 자신의 생각과 상황을 매우 자세히 설명하려고 하였음. 심리학 전공을 하여 심리적인 이해와 용어 사용이 매우 능숙함.

심리검사 결과

(1) MMPI-2

VRIN	TRIN	F	F(B)	F(P)	FBS	L	K	S	Hs	D	Hy	Pd	Mf	Pa	Pt	Sc	Ma	Si
34	57F	37	36	38	39	53	61	59	47	37	47	44	37	43	38	41	55	30

- 보충척도 : DISC 52T, Es 68T, Do 57T, Re 57T, O-H 55T, Gm 61T, Gf 64T

(2) HTP

(3) SCT

• 어머니에 대한 태도

13. 나의 어머니는 내 가까운 친구 중 한 명이다
26. 어머니와 나는 가깝다
39. 대개 어머니들이란 자식에 대해 자랑스러워한다
49. 나는 어머니를 좋아했지만 때로는 짜증을 낸다

- 여성에 대한 태도

    9. 내가 바라는 여인상은 일과 가족의 두 마리의 토끼를 다 잡은 사람이다
    25. 내 생각에 여자들이란 수다스럽다

- 아버지에 대한 태도

    2. 내 생각에 가끔 아버지는 곧 은퇴하실 것 같다
    19. 대개 아버지들이란 딸을 좋아한다
    29. 내가 바라기에 아버지는 업무상 술마시는 것을 줄이셔야 한다
    50. 아버지와 나는 앞으로 더 관계가 좋아질 것이다

- 남성에 대한 태도

    8. 남자에 대해서 무엇보다 좋지 않게 생각하는 것은 바람을 피우는 것이다
    20. 내 생각에 남자들이란 성공하고 싶어한다
    36. 완전한 남성상은 없다

- 권위자에 대한 태도

    3. 우리 윗사람들은 바쁘다
    31. 윗사람이 오는 것을 보면 나는 인사한다

- 가족에 대한 태도

    12. 다른 가정과 비교해서 우리 집안은 모범적이다
    24. 우리 가족이 나에 대해서 믿는다 생각한다
    35. 내가 아는 대부분의 집안은 화목하다
    48. 내가 어렸을 때 우리 가족은 단란했다

- 이성관계 및 결혼에 대한 태도

    10. 남녀가 같이 있는 것을 볼 때 좋아보인다
    23. 결혼 생활에 대한 나의 생각은 아직 구체적이지 않다
    37. 내가 성교를 했다면 그 사람을 사랑하기 때문이다
    47. 나의 성생활은 만족스럽다

- 친구나 친지에 대한 태도(대인지각)

    6. 내 생각에 참다운 친구는 오랜 연락없이 만났을 때 대화가 잘 통하는 사람이다
    22. 내가 싫어하는 사람은 무능하고 이기적인 사람이다
    32. 내가 제일 좋아하는 사람은 가족과 친한 사람들이다
    44. 내가 없을 때 친구들은 나를 궁금해할 것이다

- 두려움에 대한 태도

    5. 어리석게도 내가 두려워하는 것은 회사 사람들이 내 이야기를 하는 것을 들었을 때이다
    21. 다른 친구들이 모르는 나만의 두려움은 없다
    40. 내가 잊고 싶은 두려움은 없다
    43. 때때로 두려운 생각이 나를 휩싸일 때 나는 생각을 멈춘다

• 죄책감에 대한 태도

14. 무슨 일을 해서라도 잊고 싶은 것은 없다
17. 어렸을 때 잘못했다고 느끼는 것은 없다
27. 내가 저지른 가장 큰 잘못은 2~3년 전 아버지와 큰 갈등을 야기시킨 것이다
46. 무엇보다도 좋지 않게 여기는 것은 남의 이야기를 하는 것이다

• 자신의 능력에 대한 태도

1. 나에게 이상한 일이 생겼을 때 나는 부모님께 이야기한다
15. 내가 믿고 있는 내 능력은 충분하다
34. 나의 가장 큰 결점은 원칙주의자라는 것이다
38. 행운이 나를 외면했을 때 슬프긴 할 것이다

• 과거에 대한 태도

7. 내가 어렸을 때는 우리 가족이 여행을 자주 다녔다
33. 내가 다시 젊어진다면 하고 바란 적은 없다
45. 생생한 어린 시절의 기억은 가족과 함께이다

• 미래에 대한 태도

4. 나의 장래는 성공적일 것이다.
11. 내가 늘 원하기는 안정된 삶을 바란다
16. 내가 정말 행복할 수 있으려면 내가 더 노력하면 된다
18. 내가 보는 나의 앞날은 긍정적이다
28. 언젠가 나는 내가 운영하는 가게를 갖고 싶다

• 목표에 대한 태도

30. 나의 야망은 크지 않다
41. 나의 평생 가장 하고 싶은 일은 아이를 낳는 것이다
42. 내가 늙으면 더욱 멋져질 것이다

(4) 해석

자아상이 매우 크고, 현재의 자기능력이 이에 도달할 수 있을 것으로 믿고 있으며, 자기 자신에 대해 매우 만족하고 있는 것으로 보여진다. 상당히 미래지향적이고, 성취욕이 높은 것으로 보여지는데, 도덕적 기준 역시 확고하고 전통적인 여성상과 동일시가 강하여 때로 보수적이고 융통성 없는 사람으로 보여질 수도 있을 것이다. 결혼 후에는 가정과 자신의 일에 모두에서 성공을 거두고 싶은 욕구가 강한 것으로 보여진다.

그러나 대인관계는 피상적인 면이 많은데, 이는 대인관계 욕구가 크지 않고 지나친 자기만족과 성취욕으로 인해 대인관계에서의 소홀로 인해 발생된 것으

로 보여진다.

06
내담자 문제의 이해

　내담자의 주호소 문제는 매우 높은 성취욕과 관련이 있는 것으로 보인다. 내담자는 자신의 분야에서 큰 성과를 이루어 대가로 성장하기를 바라고 있으며, 도덕적으로도 매우 바른 사람이 되어야 한다는 생각이 강하다. 이로 인해 회사에서 주어진 프로젝트에 모든 에너지를 다 쏟아야 한다고 생각하고 있으며, 시간을 지키지 않거나, 속물근성이 있는 사람은 자신과 맞지 않는다는 거부감을 가지고 있어 대인관계가 넓지 않은 것으로 보인다. 업무로 인한 스트레스 해소 방법은 따로 가지고 있지 않으며 자신의 스트레스를 받아줄 수 있는 사람에게 짜증으로 스트레스를 나타내는 것으로 보인다.

　내담자의 이러한 특성은 아버지로부터 비롯된 것으로 추측되는바, 내담자는 어렸을 때부터 공부를 잘하고 행동이 바르기 때문에 아버지의 기대를 한 몸에 받았으며, 중2 때 아버지로부터 '너는 커서 꼭 성공해라'라는 말을 들은 후에 자신은 공부를 잘해야 하고 성공해야 한다는 생각을 가졌을 것으로 예상된다. 현재 아버지는 성공한 사업가로서, 다른 사람들의 존경을 받고 있으며 무엇보다 내담자의 역할 모델이기 때문에 내담자는 아버지의 성공적인 사회적 성취와 높은 도덕성을 닮고 싶어하는 것으로 보인다.

　내담자의 문제는 새로운 문제라기보다 어렸을 때부터 계속되었으나 문제로 인식하지 못한 것으로 보인다. 내담자는 뛰어난 지적 능력 때문에 대학생 때까지는 자신이 원하는 수준까지의 학업도달에 그다지 어려움이 없었으며, 학업에 대한 스트레스도 친구와의 수다로 해소할 수 있었다. 미국 유학시절에는 혈압약과 와인으로 해소하고 있었던 것으로 보인다. 그리고 회사생활에서의 스트레스 역시 어머니에게 투덜거림으로 풀 수 있었으나, 결혼을 앞두고는 결혼생활의 걱정과 함께 자신의 행동이 앞으로 결혼생활에서 위험요소로 작용할 것이 예상되어 문제시하는 것으로 보인다.

　내담자는 사고체계가 매우 논리적이며, 지속적인 성공경험으로 인해 자존감이 높은 상태로서, 자신이 가지고 있는 높은 성취욕과 열정을 최고의 자산으로 생각하고 있으며, 과거 대학원에서의 산업심리 전공으로 인해 심리적인 용어와 개념에 익숙하여 인지적인 상담보다는 정서중심적인 상담이 효과적으로 보인다.

07
상담 목표 및 전략

(1) 상담 목표

- 업무적인 스트레스에도 가까운 사람에게 짜증을 내는 빈도를 현재보다 반 정도로 줄이기
- 업무와 생활 스트레스 해소 방법 찾기

(2) 상담 전략

- 내담자 문제가 과거에 어떻게 지속되었으며, 대인관계에 끼친 영향 알기
- 내담자의 높은 성취욕과 도덕적인 완고함 인식하기

08
도움받고 싶은 부분

내담자는 매우 지적이고 심리관련 이해가 높기 때문에 상담이 어렵지 않을 거라고 생각하였으나, 자신의 생각에 대해 완고함이 있는 것 같습니다. 그래서 인지적 상담보다는 감정 중심의 상담을 시도하려 하나, 감정 중심으로 진행되지 않는 것 같습니다.

상담자와 내담자 모두 감성보다는 논리적인 사고 지향적이라 어떻게 감정중심으로 상담을 진행해야 할지 모르겠습니다. 축어록 상에서 감정중심으로 상담을 진행할 수 있는 부분을 지도해주시면 감사하겠습니다.

09
상담내용 회기별 요약

■ 1회기

(어떤 문제로 상담에 오게 되었는가?) 회사에서 근무하면서 프로젝트를 받으면 그 프로젝트에 온 신경이 쓰이고 스트레스를 많이 받는다. 스트레스를 받는 것은 이해되는데, 그럴 때 가족이나 남자친구에게 전화 오면 틱틱거리게 된다. 가족이나 남자친구와 전화할 때는 틱틱거리는 것을 모르는데, 퇴근할 때는 내가 왜 그랬지 하는 생각이 든다. 그 사람들에게 잘해주어야 하는데 자꾸 내가 티를 내는 것 같아서 짜증이 난다. 내년에 결혼하는데, 결혼 후에도 회사에 다닐 생각이다. 그때도 남편 될 사람에게 그러면 안 될 것 같다. 회사에서 스트레스를 받을 때도 다른 사람에게 티내지 말고 현재의 모습으로 대했으면 좋겠다. **(스트레스를 받으면 누구나 그렇지 않은가?)** 그렇지만 나는 심하다는 생각이 든다. 일례를 든 거지만, 되돌아보면 그런 경우가 많다. 그래서 엄마하고는 싸우기도 한다. 그러면 속상하고. **(고민이 많을 것 같다)** 방법을 찾았으면 좋겠다.**(엄마하고는 평소에 어떻게 지내는가?)** 잘 지낸다. 아버지가 있지만, 아버지와는 그렇게 많은 대화가 없다. 그렇다고 엄마하고도 많은 대화를 하는 것은 아니지만 엄마가 신경을 많이 써준다.

■ 2회기

지난주에 팀을 옮겼다. 회사에서는 나에게 상의도 없었다. 옮긴 곳은 팀장인데 일이 많다. 너무 일이 많아서 스트레스가 많다. 자리를 옮길 때 회사에서 나에게 직접 한 마디 말도 없이 옮기게 해서 속상하다. **(옮긴 곳은 어떤 곳인가?)** 기획부터 광고, 판매까지 모두 다 하는 곳이다. 예전에는 디자인만 했는데 일이 많다. **(승진한 것으로 보이는데)** 팀원에서 팀장으로 갔으니 그렇게 보일 수도 있다. 그렇지만 내가 원한 곳은 아니다. **(속상할 것 같다)** 그래서 그만둘까도 생각했다. 그런데 그만두면 돈도 못 벌고, 그러는 게 너무 싫다. 내가 쓰는 것은 내가 벌고 싶다. 그리고 이곳에서 뭔가를 하고 싶기도 하다. **(결혼 후 남편이 번 돈으로 생활하는 것이 싫다는 것인가?)** 그렇다. 눈치 보이고 신경 쓰인다. 아무것도 안 벌고 있으면 내가 너무 무능한 것 같은 느낌이 든다. 남편 돈으로 친구 만나고 밥 먹고 하는 게 싫다. 학교 다닐 때도 그랬다. 4년 내내 알바했다.

유학 가서도 조금씩이라도 알바하면서 지냈다. 내가 버는 돈이 있다는 것이 나에게는 중요한 것 같다. **(유학에서 알바 안 하고 지내는 사람을 보면 어떤 생각이 드는가?)** 평생을 저렇게 살겠구나. 그런 사람들은 한국으로 돌아와서도 부모님 힘으로 대학 강사하고, 연주회도 하고 한다. 나는 그런 사람들 부류에 끼고 싶지 않다.

■ 3회기

미국 유학은 아버지의 추천으로 가게 되었다. 대학 다닐 때 아버지가 앞으로의 진로에 대해서 이야기하면서 유학을 가라고 했다. 오빠도 함께 가라고 했다. **(아버지와 진로에 대해서 상의를 많이 하는가 보다)** 그렇다. 엄마는 맘 적으로 나를 지원해주고, 뭔가를 해야 할 때는 아버지와 많이 이야기한다. **(아버지와 사이가 좋은 것 같다)** 딱히 그런 것은 아니다. 아버지가 편안한 것은 아니다. 집안 자체가 자유롭게 상의하는 분위기는 없었던 것 같다. 아빠와 이야기하면 아빠는 심각하게 분위기를 잡은 다음에 아빠의 생각을 쭉 이야기한다. 반박하거나 물어볼 수 없을 정도로. 아빠는 자기 주관이 굉장히 뚜렷하신 분이다. 그래서 면대면으로 이야기하기 힘들다. **(그래도 아버지의 영향을 많이 받은 것 같다)** 그렇다. 내 인생에서 아버지는 중요한 역할을 했다고 생각한다.

■ 4회기

유학에서도 스트레스 받으면 말 잘 안 했다. 유일하게 룸메이트하고만 이야기하면서 지냈다. 룸메이트도 강의실이 서로 멀어서 집에서나 봤다. 한 번 만나면 꽤 오랫동안 이야기하고 그랬다. 한 번은 택시를 탔는데 안색이 너무 안 좋아보였는지 택시기사가 여기 생활이 힘들지 않느냐면서 위로해주었다. 그 생각이 갑자기 난다. 방학 때 룸메이트는 집에 가고 나 혼자만 있었는데 5일 동안 안 나가도 아무도 모르는 상황이었다. 나를 찾는 사람도 없었고 친구도 많지 않았다. 대인관계 기술이 많이 없었던 것 같다. 한국 유학생들은 때가 많이 탄 것 같아 가까이 하고 싶지 않았다. 그런 사람들하고는 벽을 세우고 살았다. **(때가 탔다는 게 뭔가?)** 이해타산이 밝다고 해야 하나? 남 이야기 너무 많이 하고, 돈 너무 헤프게 쓰고 살고, 남자들은 이상하게 접근하고 그랬다. 처음에는 그런 사람들을 보면서 가치관의 혼란이 와서 많이 힘들었다. 오빠하고 이야기하면서 내가 이상한 거냐고 묻기도 했다. **(그런 사람을 볼 때 어떻게 보이던가?)** 그냥 안돼 보이기도 하고, 스스로 안됐다는 것을 모르지 않는가. 그런 사람들과는 섞이고 싶지 않다. 나와는 갈 길이 다르다. 나는 그렇게 살고 싶지 않다. 적어도 엄마 아빠가 그렇게 살라고 가르쳐주지는 않았다. (스트레스가 많았겠다) 혈압을 재면 말도 못하게 높았다. 신경을 계속 곤두세워서 그럴 거다. (가장 스트레스가 많은 것은?) 집이었다. 방세는 쌌지만, 방음도 안 됐고 겨울에는 바람도 많이 들고, (어디서 휴식을 취했는가?) 쉴 곳이 없었다. 집뿐이었다. (그때를 생각하니 어떤가?) 스트레스를 받는 거나 힘든 것을 모르다가 어느 순간 확 올라오고 하는 일이 좀 있는 것 같다.

■ 5회기

유학에서 공부에 스트레스 많이 받았는데 그런 이야기를 한다고 달라지는 것도 아니고, 고민할 시간에 공부를 더 하는 게 낫다는 생각이 들었다. 그래서 그런 것은 룸메이트와도 오빠와도 이야기하지 않았다. 부모님과 통화할 때도 그런 이야기는 안 했다. (유학 때 혈압이 많이 높았다고 했는데, 그것을 안 뒤에 스트레스 조절을 위해 별도로 한 것은 무엇인가?) 없다. 그냥 약만 먹었다. 할 일이 많았다. 박사학위 때문에 고민이 많았다. 그때는 고립되어 살았던 것 같다. 박사학위에 대해서는 엄마 아빠에게도 상의하지 않았다. 오빠가 물어보고 그랬는데 내가 짜증을 많이 냈다. 갈 길이 확실치 않은 상황이 되니까 되게 불안했던 것 같다. (스트레스가 계속 쌓였던 것 같다) 스트레스 해소라는 말을 잘 모르겠다. 이완이라는 단어는 정말 생소하다. 그때는 유일하게 해소할 수 있는 방법이 잘 때 와인을 먹는 것이었다. 원래 술을 못 먹는데 그것 때문에 술이 늘었다. (스트레스가 풀린다는 경험이 많지 않은 것 같다) 스트레스가 풀린다는 것이 뭔지 모르겠다. 그래도 나에게는 긍정적인 에너지가 없지는 않은 것 같다. 불안하기는 하지만 잘되는 방법을 찾는다. (목표지향적인 모습이 강한 것 같다) 문제가 보이면 어떻게든 처리해야 한다는 생각이 든다. 사람들 사이에서도 그렇다. 안 맞는 사람하고는 어떻게든 풀려고 하다가 안 되면 끊는다. 나는 시간 약속이 사람을 배려하는 것이라 생각한다. 시간 약속 안 지키는 사람이 너무 싫다.

■ 6회기

업무로 스트레스를 받을 때 틱틱거릴 때는 그런 것을 부릴 만한 사람에게 그런다. 사회적인 만남에서는 꾸밈을 가지고 만나지만, 집안에서는 아무렇게나 그냥 있는 것과 같다. 그것은 가족이나 친구, 친구보다는 가족이 더 크고. 지금은 남편 될 사람에게 그럴 수밖에 없다. **(그냥 힘들고 위로받고 싶다는 말을 해본적은 없는가?)** 그런 게 힘들다. 힘들어서 조언을 구한다든가, 마음이 아팠어라는 것이 쉽게 잘 안 나온다. 가족들에게도 감정을 드러내지 못한다. 그런 상황에서 아빠가 내 앞에 있는 그림이 그려지지 않는다. **(엄마는 어떤가?)** 엄마에게는 두 번 정도 울면서 하소연 한 적이 있다. 그런데 아빠는 자신의 기대를 버리고 나를 위로할 만큼 감수성이 뛰어난 분이 아니다. **(아빠 이야기가 계속 나온다)** 아빠의 영향력이 크다. 중학교 1학년 때인가 2학년 때인가 아빠가 술 드시고 나에게 전화를 해서 ○○야 너는 꼭 출세해라 그러셨다. 나는 그게 컸다. 아빠가 나한테 기대했다는 거는 그거였다. 나는 출세해야 하는구나. 나는 공부밖에 할 수 있는 게 없으니까 공부해야 하는구나 하는 생각이 들었다.

■ 7회기

(다른 사람에게 틱틱거리거나 힘들게 하는 것은 자신의 미래나 경력관리와 관계된 일인가?) 그렇다. 그렇지 않은 사람도 있지만 내가 그렇게 행동하는 것을 보면 내가 약한가 하는 생각이 든다. 심지가 굳은 사람이 아니라는 생각이 든다. **(불안에 흔들리지 않았으면 좋겠다는 것인가?)** 그렇다. 불안하지 않는 방법을 찾고 싶다. **(미래에 대한 불안이 많은 것처럼 보인다)** 미국 유학에서 그것이 매우 컸다. 박사 공부하고 싶었는데 그게 잘 안 되어 그때 엄청 힘들었다. 마지막에는 도저히 안 되겠다는 생각에 정리하고 돌아왔다. 내가 내 분야에서 성공하고 싶다는 생각을 갖고 있다는 것을 안지는 얼마 안 되었다. 그치만 그게 무리인지 알지만 잡고 싶다. 그러면서 아빠 핑계를 대고 싶다. 우리 가족은 아빠의 직업적인 성공을 위해서 희생되었다고 생각한다.

■ 8회기

내 안에 성취욕이 말을 한다면 '좋게 끝나면 과정이 어떻든 좋다'고 말할 것 같다. 결과 지향적이다. 그래서 주변에서 이기적이라고 말을 하는 것도 같다. **(성취욕이 당위성을 알려주는 것처럼 들린다)** 그렇다. 나는 성취욕에 설득된 것 같다. **(성취욕이 힘들게 하는 것이 아니고 오히려 더욱 그렇게 가라고 하는 것 같다)** 그런 것 같다. 요 2~3년 사이 아빠와 많이 다퉜다. 남자를 만나면 아빠와 겹쳐 보인다. 결혼하면 행복할까 하는 고민이 된다. 아빠처럼 일에만 매달리면 엄마처럼 희생할건데 하는 생각이 들었다. **(내가 몰입하게 되면서 다른 사람을 힘들게 한다는 것과 비슷한 상황 같다)** 이기적이라고 생각되지만 어쩔 수 없다고 생각한다. 성취욕이 '나에게 신경 쓰지마'라고 하지만 다른 쪽에서는 자책감도 있다. 다른 것을 잃어가면서 이렇게 해야 하나? 다른 방법이 없을까 하는 생각이 든다. **(어떤 식으로 바꾸고 싶은가?)** 성취욕은 떨어뜨리지 않고 자책감만 떨어뜨리고 싶다. 나는 성취욕을 계속 가지고 싶다. 유학에서 돌아와서 2~3년 동안 아무 일도 없이 살았는데 그때가 너무 싫었다.

■ 9회기

나는 내가 생각하는 기준이 있다. 내가 갖고 싶은 것은 최선을 다해서 노력한다. 그런데 유학에서는 내가 갖고 싶었던 결과가 나오지 않아서 무척 실망했다. 그래서 돌아온 후에 방황도 했다. 그런데 그때 보니까 사회에서는 내가 모르는 기준이 있었던 것 같다. 그래서 취직을 위해 이력서 쓸 때 많이 힘들었다. 인성검사 시험 공부하는 것을 보고 많이 허탈했다. 나는 그런 것이 싫다. 대기업에 이력서 넣었다가 대부분 인성검사에서 떨어졌다. **(어이가 없었겠다)** 그렇다. 인성검사를 떨어뜨리기 위해서, 생색내기 위해서 하는 것처럼 보인다. 사람을 중요시한다고 하지만 그런 것 같지 않다. **(대기업의 인성검사에 대한 비웃음이 느껴진다)** 그렇다. 그냥 눈 가리고 아웅하는 것 같다. 돌아와서는 내가 사회적인 기준이 없나 라고 생각 들었는데, 지금 생각하면 내가 잘못한 것이 아니고 나와는 맞지 않는 거라고 느껴진다.

■ 10회기

- 상략 -

선물을 받으면 기분은 좋은데, 비싸면… 뭐라 그러지? 기분은 좋은데, 이것을 그냥 받아도 되나? 하는 생각이 들어요. **(눈치?)** 눈치라기보다는 내가 너무 물질적인 것을 탐하고 있지는 않은가 하는 생각이 들어요. 오빠의 돈을 쓰게 했다는 개념이 아니라, 내가 이런 것을 자꾸 받아서, 선물은 어쨌든 사치품이니까, 그런 것을 받을 때마다 이런 것을 너무 탐하나? 하는 생각이 들면서도 기뻐요. 그런 생각과 함께 좋고. 그래서… 그것을 자꾸 언급하는, 선물을 사준 것을 언급하는 오빠가 불편한가? 하는 생각이 들더라고요. 그래서 이게, 자립심인건가 아니면 내가 뭔가 그런, 어떤 기준을 가지고 있는 건가 하는 생각이 들었어요. 자립심도 성취욕도 기준인데, 물질에 대해서 물욕이 많으면 안 좋다는 생각을 가지고 있는 건가? 무의식적으로? 그런 생각이 들었어요. 오빠와 싸우면서 오빠 그만해 나 죄책감 든 것 같아 라고 했거든요. 왜 내가 그런 단어를 썼는지 모르겠어요. 내가 그런 좋은 물건을 받는 게… 하면 안 된다는 생각이 들었어요. **(오빠에게 받은 선물이 얼만지 물어봐도 되나요?)** 핸드백이어서 이백만원이 넘어요. 그냥 쉽게 사줄 수 있는 물건도 아니고. 서로 결혼하니까 좋은 선물해주자 한 건데, 그것조차도 그게 맞나? 아닌가? 하는 생각을 속으로 한 것 같아요. 의식적은 아니지만 내가 너무 이런 것에… **(의식적은 아니지만 하는 말을 하시니까 그런 생각을 하는 것 자체가 안 좋다는 부정적인 뉘앙스가 느껴지기도 하고, 의식적으로 그런 생각을 하는 게 상당히 꺼려하는 것 같아요)** 그런 말을 들으니까, 나는 선물을 받으면 마음껏 좋아하지 않는구나 하는 생각이 들어요. 그냥 선물 받으면 좋은데 왜 나는 항상 그림자가 뒤에 따라다닐까 하는 생각이 들어요. 이것을 보고 싶은 건지, 그림자가 있다는 것을 인정하고 싶어 하지 않는 건지 헷갈려요. **(그림자를 인정하고 싶지 않은 건지?)** 그림자를 인정하고 싶지 않은 건지, 그림자를 보고 싶은 건지. 그게 헷갈려요. **(혼란스럽겠네요. 아까 죄책감이라는 말에서는 보고 싶어 하지 않는 것 같기도 하고, 의식은 아닌데 무의식적으로 그런가 봐요, 그런 것에서도 보고 싶어 하지 않는 것 같은데…)** 그런데, 자꾸 보이니까 자꾸 신경이 쓰이는 거고 **(죄책감이라는 것이 도덕적인 기준에 따른 건데, 꽤 돈이 드는 선물을 이야기하고 그것을 받으면 그것에 대해서 죄책감을 가질 수도 있을 것 같기도 하겠네요)** 그래서… 그런데 저는 그런 비슷한 느낌을 많이 들었어요. 속물이라는 단어에서도 그렇고, 유학 가서도 그러니까, 제가 그 생각이 들었어요. 유학 갔을 때 그런 사람들을 보기 불편한 것도 이것과 연관되어 있는 것 같아요. 그 사람들은 아무렇지도 않게 그 비싼 것을 사고 그랬잖아요. 근데 제 마음속에서는 두 가지가 계속 싸우고 있고, 좋은 것을 가져서 기쁨과 그런데 이것을 너무 밝히는 것 아닌가 하는 그런 마음이 둘 다 공존하고 있고. 그래서 마음이 불편하고. 그런데 저 사람들은 그림자는 없는 사람들이잖아요. 그래서 너무 이해가 안 가고. 나와는 다른 것 같고. 아무튼 이런 것을 볼 때 뭔가는 연관이 되어 있는 것 같은데, 뭐가 연관되어 있는지는 모르겠어요. **(유학시절에는 화려하게 살면서 부모님 등에 업고 아무것도 없으면서 있는 척하는 사람들을 보면서, 이것은 저의 느낌이기는 하지**

만, 약속을 지키고 안 지키고 하는 것에서, 약속은 사람을 위하는 척도라고 말씀하셨잖아요. 나는 약속을 꼭 지켜야 하고, 약속을 지키지 않는 사람은 사람을 위하는 사람이 아니고, 그래서 약속을 안 지키는 사람에게는 한두 번 이야기하고 그래도 변화가 없으면 갈라서고 하는, ○○씨께서 가지고 있는 기준이 엄격하잖아요. 그런 기준을 충족시키기 못하는 사람하고는 관계를 하지 않고, 친한 사람에게는 그 기준을 더 요구하는 것에서. 엄격이라는 말이 상당히 여러 곳에서 보이는 것 같다는 생각이 들었어요) 비슷한 생각이. 내가 너무 기준을 들이대나? 하는 생각이 들었어요. 이번 사건에서. 오빠 말이 맞죠. 사랑하는 사람끼리 선물을 사주는 것이 뭐가 그렇게 죄책감을 가지게 하는 건지. (더 중요한 것은 그것을 원했잖아요) 원해 놓고. 그게 모순인데. 제 꾀에 제가 넘어간 거죠. (그런 말씀을 하시니까 그것도 비슷한 것 같아요. 원했는데 그것에서 죄책감을 가지는 것에서 제 꾀에 제가 넘어 갔어요 하는 것조차 엄격이라는 면에서는 거의 비슷한 패턴으로 보이네요) 무슨 패턴이죠? (원하기는 하지만 엄격한 기준, 잣대로 보면 원해서는 안 되는 것들. 그리고 그것을 내가 가지게 되면 나의 엄격한 기준에서는 그래서는 안 되는 거고. 그것에 반하는 나에 대해서는 그림자라고 말씀하시는. 상담을 하면서 느끼는 것은 기준이 상당히 엄격하다고 많이 느꼈거든요. 도덕책에 나와 있는 것 같아요) 그것을 잘 모르겠어요. 그게 엄격한 건가? (도덕책에 나와 있는 것처럼. 사람은 약속을 잘 지켜야 하고, 사람을 잘 배려해야 하고, 자기 관리를 잘 해야 하고, 자기 능력을 갖추어야 하고, 자기 돈은 자기가 벌어야 하고 하는, 그런 것들은 도덕책에서 많이 나오잖아요. 사회적인 기준으로 보면 교육적인 잣대 아닌가요?) 엄격한 것은 아닌 것 같아요. 기준은 있어요. 원리 원칙도 있어요. 그게 엄격한지에 대해서는… 사람들은 엄격하다고 해요, 아빠도 남자친구도 (엄격하다는 것은 기준선을 넘어 갔을 때 얼마나 제재를 하는가 하는 것과 관계가 있는 것 같아요. 기준선에서 넘어갈 수도 있고 넘어올 수도 있어요. 그런데 그 기준선이 어느 정도 투명해서 얼마나 많이 넘어가고 넘어올 수 있느냐 하는 거 같아요. 우리는 기준선에 따라 살 수 있어요. 그런데 기준선에만 맞추어서 살수 없는 게 세상이고, 그런데 그 기준을 넘어가면 안 된다 하면 상당히 엄격하다고 볼 수 있고 그런 것 같아요) 지금 말씀하신 것은 넘어가면 안 된다고 제가 생각한다는 건가요? (넘어간 다음에는 불편감이 많지 않으냐 하는 거죠. 그리고 자기 기준을 넘어가는 사람에 대해서도 부정적이고 불편감이 많지 않으냐 하는 거죠. 제가 볼 때는 ○○

○의 도덕의 경계는 아주 선이 분명한 것처럼 보여요) 그렇죠. (제가 보기에는 그런 부분들이 상당히 많지 않으냐 하는 생각이 들어요) 많아요. 그런데 그런 부분을 어떻게 바꾸고 싶은지에 대해서 결정을 못하겠어요. 바꿔야 하나? 어떻게 바꾸지? 이런 생각을 못해봤어요. 그런 부분들이 도덕적인 부분만 아니라, 여러 군데에서도 보이는 것 같아요. 분명한 도덕적인 기준이 있는 것처럼, 삶을 살아갈 때 도달하고 싶은 기준이 있고, 나는 성취욕이 나의 기쁨이다, 이 성취욕 때문에 다른 사람과의 어려움이 있을 때도 있지만, 그것은 과정일 뿐이고 목표가 달성되면 그 과정의 어려움은 감수할 수 있다는 것에서 선이 뚜렷하게 보인다는 거죠. (오늘은 그것에 대해서 여쭤보고 싶었어요. 옛날에 이야기하신 힘든 일이 있으면 가까운 사람과의 관계가 어려워진다는 것이 지금은 아무런 의미가 없는 건지, 목표를 향해 달려갈 때 에너지를 그렇게 집중하면 다른 사람에게 가는 에너지가 별로 없을 텐데, 그런 식이면 그런 어려운 일이 있을 때 가까운 사람과의 관계가 어려워지는 것은 당연하지 않을까 하는 생각이 들었어요. 제가 볼 때는 지금 가지고 있는 그런 성취욕에 에너지를 집중하면 다른 사람과 잘 지내고자 하는 것은 공존하기 어려울 것 같은데…) 정말 공존할 수 없어요? 사실 그 부분에 대해서는, 일을 집중하더라도 옆의 사람과는 잘 지내야 한다는 것에서는 결정을 했거든요. 그래서 나름 예전보다는 신경을 쓰려고 하는데, 그래서 피곤한가? 아무튼, 지금 제가 하던 방식대로 했더라면 과거에도 만족스럽지 않았을까 생각을 했어요. (그렇죠. 만족스럽겠죠. 만족스러운데… 엄격이란 말이 잘 나왔는데, 선이 분명하고 선을 넘어가고 안 넘어가고 하는 게 상당히 어렵다는 것이죠. 목표관이 뚜렷하고, 도덕관이 뚜렷하고. 너무 선명한 게. 그 선명한 선이 넓어지든지, 선명함이 약간 옅어지던지 하는 것이 바람직하지 않을까 생각이 들었어요. 그게 ○○○이 원하는 부분이 아닌가 생각이 들었어요) 그렇죠. 넓어지든지, 옅어지든지. 그런데 옅어지면 원래 가지고 있던 것에서 잃어버리는 부분이 있는 것 같아요. 원래 가지고 있던 것에서 잃어버리는 것 (옅어진다고 잃어버리는 건가요?) 어쨌든 진하기는 진했잖아요. 나는 일을 해야 하고 공부를 해야 하고 하니까 물리적인 시간 속에서 나는 집중하고 사람들을 안 만날 거야. 그런데 진한 것이 옅어지면서 다른 사람들에게 할애를 하게 되면 어쨌든 시간은 잃어버리죠. 단적인 예인데 중요한 것 같아요. (다시 한 번 이야기해주겠어요?) 예를 들어서 A라는 목표를 가지고 있어요. 가지고 있는 100에서 90을 일에 쏟고 10을 휴식에 쓴다면 예전에 그렇게 살았다고 한

다면, 지금은 A에 70을 쓰고 20을 사람들을 위해 쓰고 10을 나만의 휴식을 위해 쓰고 있어요. 그럼 사실 A를 이루기 위해 쓰는 시간이 줄어드는 거잖아요. 그러면서 20이라는 사람을 얻기는 했지만, 아직까지는 잃어버린 20을 생각한다는 거죠. 물이 반 컵이나 남았네, 반 컵만 남았네 그런 거죠. **(그게 왜 그렇게 중요하죠?)** 그러니까, 나도 그것이 중요해서 이것을 해야겠다고 하는데, 실제로 하다보면 목표에 20을 덜 했는데 걱정, 20을 덜해서 목표를 이루지 못할까 걱정. 이런 생각이 들어요. **(그런 말을 하니까. 옛날 했던 말, 수능 때 시험 못 봤어 하면서 울던 모습이 떠오르네요)** 아~ 절대 포기할 수 없는 수능점수가 있었고… 그러니까요. 그런 걱정이 있어요. 내가 이 일을 못하면 어떡하지 하는 생각이 **(그런 말씀. 내가 이 일을 못하면 어떡하지 하는 부분이 많지 않은가 생각이 드네요)** 성취에서는 그런 생각이 많이 들고… **(그런 성취에 ○○○이 생각하는 인간 ○○○의 도덕적인 기준이 다 포함되는 거 아니에요? 성취하면 기능적이라고 생각할지 모르지만 ○○○에게는 기능적인 ○○○와 도덕적인 ○○○, 인간적인○○○가 더 포함되는 것 같은데 …)** 인간적인, 도덕적인, 기능적인 중에서 비중은 인간적인이 가장 적은 것 같아요. **(성취욕만 말씀하셨지만 다른 것들도 다 그것처럼 갖고 있어서 선이 분명하게 보이지 않느냐 그 말이에요)** 그런데, 그게… 아~ **(못 이루면, 안 되면 어떡하지 하는 모습에서 ○○○에게는 성취하려는 모습이 엄청 중요하다는 생각이 들어요. 어떠세요?)** 중요하죠. 중요해요. 뭔가 완성이 되는 것 같아요. 그 얘기하니까 생각하는 게 있는데 (웃음) **(그런데 그렇게 말씀하시면서 웃는 모습이 우스워서 웃는 것은 아닌 것 같고, 약간 다른 의미에서의 웃음인 것 같아요)** 저는, 약간, 비소죠. 비소. **(비웃음?)** 저 스스로는 약간 이상하다는 생각을 하는 걸까? 이상하다는 생각을 하는 것 같아요. **(기뻐서 웃는 것은 아닌 것 같고, 다른 의미의 웃음인 것 같고…)** 맞아요. 그런데 그 웃음을 웃을 때마다 이야기로 빠져들다가 약간씩 튕겨 나오는, 돌아나가는 느낌도 들거든요. **(무슨 말인지 알겠어요)** 상황에 맞는 자연스러운 모습이 나오면 훨씬 깊이 있는 대화가 될 것 같아요. **(어~)** 스쳐가는 생각은, 나는 기준이 엄격하고 뭔가 내 미래가 완성되었으면 좋겠고 그렇게는 살고는 있는데, 그것 자체를, 한편으로는 열심히 살고는 있는데, 에이 그거 별거 아니네 이런 생각을 하고 있는 것 같아요. **(음~)** 그러니까 순간씩. 이게 뭔지는 모르겠는데… 맞는 통찰인지 모르겠는데. 사람들이 살면서 후회 같은 것을 한다잖아요. 저는 후회를 해 본 적이 없어요. 근데 안 하는 건지 안 하는 척

하는 건지 순간적으로 헷갈려요. 사람들은 솔직하게 후회해, 반성해 하는데, 왜? 후회가 어딨어? 그런 생각을 가지고 있는 것 같아요. 기준이 엄격해서 마음이 안 아픈 건가? 사람들하고의 관계를 단절해요. 그런데 전혀 마음이 안 아파요. 살면서 생각은 나요. 단절했던 사람들. 그런데 그 당시에는 슬프고 그랬는데, 그 감정을 아예 안 보고 있는 건지도 모르게 어디다 숨겨놓고 그냥 나는 안 해, 그렇게 가볍게 생각하고 제 기준을 세우는 거죠. 그리고 여기에서 사는 거죠. 분명히 그 감정은 있었을 것 같은데 그 감정을 아예 멸시했다고 해야 하나? 무시했다고 하나? 안 봤다고 해야 하나? 그러니까, 내가 이래도 맞는 건지도 신경이 쓰이고… 그런 생각이 잠깐 들었어요. **(후회를 한 번도 해본 적이 없다고 하시니까 제가 놀랍기도 하고)** 제 기준을 그냥… **(수능 봤을 때 못 봤던 생각을 하면, 좀 더 공부해볼 걸 하는 생각은 없었어요?)** 저는 공부를 많이 했다고 생각을 해요. 내가 시험을 못 본 게 억울할 뿐이지, 내가 공부를 안 했구나 그런 생각은 안 했던 것 같아요. 내가 운이 나빠서… **(아무튼 제가 당황스럽네요. 후회되는 순간이 없다고 하니까)** 후회되는 순간은 사람들 다 하나씩은 있잖아요. 저는 그다지 없어요. 시간을 돌아가서 어떻게 해보고 싶은 것은 없어요. 그게 이상하다고 생각이 들었어요. **(내가 후회를 안 하는 느낌. 그림자. 그게 맞는 것 같네요. 그것이 딱 맞는 표현 같네요. 그림자를 안 보려고 하는 건지 하는. 내 생각을 비웃는 것 같아 하는 말씀을 하셨는데)** 그게 맞는 표현인지 모르겠어요. 웃음이 나요. 뭐라고 할지 모르겠어요. **(기분은 어때요?)** 언제요? **(아까 말씀하실 때 내가 하는 것을 보니까 내가 하는 게 별것도 아니더라 하면서 비웃음에 대해서 말씀하셨거든요. 그때 들었던 생각이 어떠셨어요. 감정이…)** 비웃음이 맞는 건지 모르겠는데, 멋쩍은 것도 있고 내가 이상하게 보일까 하는 생각도 들고 **(다른 사람들에 대한 시선이 느껴진다는 거지요)** 예. 그리고 나는 그런 후회를 안 해봤는데 라고 하면 제가 너무 이상한 사람이 되는 것 같으니까. 사실 기준이 엄격한 사람이면 후회도 많아야 하는데. 그런데 저는 후회한 적은 없어요. 제가 완벽하게 산 것도 아닌데. **(완벽하게 사신 것보다 자기 기준에 충실하면 후회하지 않을 수도 있지 않나요?)** 그러니까 너무 그런 건가? 그 기준이라는 것 자체가 너무 나 주관적인 것인가? 그러니까 다른 사람들이 볼 때는 이상하게 볼 수 있을 것 같아요. 그러니까 머쓱한 것도 같고. 혼란스럽게 보일 것도 같고

－후략－

■ 11회기

　나에게 그림자가 있다는 것이 계속 신경이 쓰인다. 보고 싶지 않지만 혼자 있을 때는 들춰보는 것 같다. 이 그림자를 어떻게 했으면 좋겠다. **(어떤 부분이 그림자로 생각되는가?)** 나는 예의 바르고 자기 일을 열심히 하는 사람으로 보이고 싶은 것 같다. 나의 그림자는 예의 없고, 충동적으로 행동하고 앞일 생각지 않고 무례하고, 물질적인 것을 탐하는 그런 것인 것 같다. 그런 모습은 어떻게 보면 내가 원하고 그런 것 같다는 생각도 든다. 그림자를 최대한 잘 통제하면서 살아야겠다는 마음이 든다. **(그림자도 자신의 모습으로 인정하는 것이 필요하지 않을까 하는 생각이 든다)** 내 모습인 것은 인정하지만, 그런 것이 너무 싫다. 내가 그런 것을 가지고 있는 것이 너무 싫다. 그러다가 어느 순간 나오게 될까봐 그것이 걱정된다. **(나오면 안 되는 건가?)** 안 될 것 같다. 내가 그런 모습이라는 것이 싫다. **(자꾸 거부하게 되면 더 커지지 않을까 하는 생각도 든다)** 나도 그렇다. 결혼하기 전에 이런 생각이 나와서 걱정이다. **(시간을 가지면서 찬찬히 떠올리고 받아들이는 것이 좋을 것 같다)** 나도 그러고 싶다.

대학원생 소감

내담자는 유학을 갔다 온 후 현재 직장생활을 하는 커리어 우먼이다. 겉모습부터 말투까지 완벽한 모습을 타인에게 보여줘야 한다는 느낌을 받았다. 그러한 모습이 차갑고 딱딱한 사람처럼 보일 수 있으나 유학 당시 택시기사가 힘들지 않느냐는 말이 큰 위로가 되었고 아직도 잊지 못하는 걸 보면 겉모습과 달리 내면은 여리고 상대방의 작은 지지에도 큰 힘을 얻을 수 있을 것으로 보인다. 상담과정에서 상담자가 조금 더 칭찬과 지지를 해주었다면 더 많은 감동을 받았으리라 생각이 들었다.

이 이야기를 반대로 생각하면 그만큼 주위에 편하게 이야기를 하거나 위로 받을 사람이 적은 것으로 생각해볼 수 있다. 아버지가 정신적으로 큰 힘이 된다고 얘기하였지만 아버지와는 깊은 대화를 못하고 있고 가족에게도 본인이 받는 스트레스에 대해 위로 받지 못하는 것 같다. 내담자는 남들과 본인은 다르다고 자주 강조하고 그로 인해 대인관계가 원만하게 이루어지지 않는 것 같다. 상담자의 주관적 추론이므로 단정짓기보단 가능성을 열어두고 다양한 각도에서 이야기를 좀 더 풀어나가면 좋았을 것 같고 이러한 탐색이 인식 변화에도 도움이 되었을 것 같다.

내담자가 말이 없는 타입은 아니지만 본인 감정에 대해 추상적으로 표현하는 경우가 많아 상담 도중 상담자가 감정을 이해하기 쉽지 않았을 것 같다. 그러한 이유에선지 이야기가 빙빙 도는 듯한 느낌을 받았다. 좀 더 본인 감정에 대해 솔직하게 표현하는 걸 연습해 보거나 조금 직접적이더라도 긴가민가한 모호한 감정선은 정확하게 물어봐줬으면 좋았을 것 같다. 내담자가 아버지에 대한 이야기를 많이 했었는데 가족이나 아버지에 대한 과거 탐색부분이 부족해서 그 부분이 궁금했다. 조금 더 그 부분을 탐색해봤으면 좋았겠다란 생각이 들었다.

작성자: 안지호(S 대학교 대학원 상담심리학과 재학중, 인턴실습수련생)

상담사례에 대한 전문가 논평

본 상담의 내담자는 30대 직장여성으로, 감정처리 및 대인관계의 어려움을 호소하고 있다. 내담자의 표면적인 문제는 스트레스를 친한 사람들에게 푸는 일이 많아서 결혼생활이 어려워질까 걱정된다는 것이다. 그러나 내담자의 핵심 문제는 부모자녀관계(특히 부와의 관계), 완벽주의, 유학시절에 친구들과의 관계도 끊고, 약을 먹으면서 버티고 애를 썼음에도 불구하고 끝내 공부를 포기해야 했던 좌절감, 그리고 한국에 돌아와서도 지속적으로 시험에 떨어져서 2~3년 동안 취업을 하지 못했던 데서 온 좌절감, 그 과정에서 부와의 갈등과 부담감으로 생각된다. 내담자는 불안감과 좌절감을 한국유학생의 행동양태를 비판하거나 한국의 취업시험의 문제점을 지적하고 자신에게 엄격한 기준을 세워 몰아세우는 방식 등으로 만회하려고 하지만 잘 해내지 못한 자신에 대한 열등감을 느끼고 있다. 이것은 KFD에서 자신을 뒷모습으로 그린다거나 HTP에서 여자그림을 옆모습으로 그리고 있는 것을 통해서도 유추해볼 수 있다.

내담자의 이러한 문제를 더 깊이 있게 이해하고 개입하기 위해서는 내담자가 미국 유학을 어떻게, 어떤 의도로 가게 되었으며(아버지가 가라고 해서 갔다고 하는데 그 과정은 어떠했고, 내담자의 생각은 어떠했는지 등), 얼마나 준비를 한 상태에서 갔는지에 대한 탐색이 필요하다고 생각된다(유학준비상태에 따라 적응속도가 다를 수밖에 없기 때문에 이에 대해 아는 것은 중요하다). 그리고 내담자가 유학생활을 어떻게 지냈는지에 대해서도 살펴본다. 내담자는 "유학생활이 어려웠고, 공부하는 것에 대한 스트레스도 많았으며, 박사공부를 하고 싶었으나 잘 되지 않아 힘들었다"며 자신의 유학생활이 매우 힘들었음에 대해 여러 차례 호소하고 있다. 이때 상담자는 구체적인 장면들을 떠올려 그때 위로받지 못하고, 흘려보내지 못했던 감정들(힘듦, 외로움, 두려움 등)을 재경험하고, 위로하며, 내담자 스스로가 자신에 대해 연민할 수 있도록 정서적 개입을 하는 것이 도움이 될 것이라 생각된다. 그 때의 구체적인 장면들에 대해 이야기를 나누면서 그 당시에 형성된 왜곡된 신념이나 감정체계 등을 파악한다면 더욱 좋다.

다음으로 내담자의 완벽주의 성향과 엄격한 잣대는 부모자녀관계, 특히 부와의 관계에서 비롯되었을 가능성이 커보인다. 내담자는 부에 대해 사이가 좋다는 식의 말을 하지만 이면에 화와 두려움, 분노가 내재되어 있을 가능성이 있다. 따라서 초기 발달사에서부터 현재까지 부와의 상화작용 패턴을 탐색함으로써 내담자의 완벽주의 성향이 부와의 관계에서 비롯되었음을 인식하게 할 수 있다.

　내담자의 부적응적인 정서도식과 정서처리방식을 다루는 것도 주요 상담 목표 중 하나로 여겨진다. 내담자는 약물이나 알코올 등으로 자신의 정서를 회피하거나 억압하고 이성적이 되려고 하며, 감정을 통제해야 하며, 다른 사람에게 틱틱거리거나 힘들게 하는 것은 나약한 모습이라고 생각하는 경향이 강하다. 상담자는 내담자가 이러한 정서처리방식을 지닐 수밖에 없었던 심리적 현실에 공감하면서, 현재 그 방식이 유효하게 작용하는지 검토하고, 상담장면에서 적응적인 정서처리방법을 함께 찾아 시도해볼 수 있다면 좋겠다. 내담자는 여전히 '20을 덜해서 목표를 이루지 못할까' 걱정이 들고 그래서 '다른 사람과 잘 지내고 싶지만 실패할까봐' 두려워하고 있다. 그러나 다행히도 '일에 집중하더라도 옆의 사람과 잘 지냈다면 과거 유학시절에도 만족스럽지 않을까' 생각하는 등 자신의 정서처리방식이 부적응적이었고, 사람들과 함께 지내는 것이 더 적응적이었던 것이 아닌가에 대해 고민하고 있는 모습이다. 그러나 이에 대한 확신을 갖지 못하고 혼란스러워하는 마음을 보여주고 있어, 상담자가 이에 대해 일관성 있는 확신의 반응을 보여준다면 내담자에게 도움이 될 것이다.

　상담자의 언어는 구체적일수록 좋다. 내담자가 추상적으로 이야기할 때도 상담자는 추상적인 언어가 무엇을 의미하는지 물어보는 것이 좋다. 예를 들어, 회기 중에 내담자가 '스트레스'라는 용어가 자주 사용하는데, 스트레스는 복합적인 의미를 지닌 단어면서 기분이 좋다 나쁘다 수준의 피상적인 용어이다. 따라서 내담자가 스트레스라는 용어를 사용하더라도 상담자는 스트레스 받는다는 것이 무엇을 의미하는 것인지, 스트레스가 어떤 정서 상태인지에 대해 좀 더 구체적으로 묻고 파악하는 것이 좋겠다. 그리고 상17에서 "엄격이란 말이 잘 나왔는데, 선이 분명하고 선을 넘어가고 안 넘어가고 하는 게 상당히 어렵다는 것이죠. 목표관이 뚜렷하고, 도덕관이 뚜렷하고, 너무 선명한 게. 그 선명한 선이 넓어지던지, 선명함이 약간 옅어지던지 하는 것이 바람직하지 않을까 생각이 들었어요. 그게 OOO이 원하는 부분이 아닌가 생각이 들었어요."라고 말하고 있다. 선명함이 넓어지거나 옅어진다는 것에 대해 내담자와 상담자간에 이해되는 바가 다를 수 있다. 이 경우에는 "바람직해야 한다, 물욕을 가져서는 안 된다는 것과 같이 도덕적이어야 한다는 생각이 강한 것같아요. 그러한 생각들이 OO씨를 더 힘들게 할 수 있을 것 같다는 생각도 들어요. OO씨 생각은 어떤가요?" 등으로 표현해 볼 수 있을 것 같다.

유사하게 내4, 상4의 대화 내용에서 내담자가 그림자가 있고, 그것을 보고싶은 건지 안 보려고 하는 것인지 헷갈린다고 이야기할 때 그림자가 무엇을 의미하는 것인지에 대해 물어볼 수 있다.

논평자: 손영미 박사(한국상담심리학회 1급 상담심리사)

Chapter 05

직장인 미혼남사례

" 난 항상 혼자예요 "

상담자: 부찬주(K 대학원, 상담심리사 2급 준비중)

01

내담자의 인적사항 및 가족사항

(1) 내담자 인적사항

홍○○: 남, 33세, 대졸, 직장인(산업디자이너), 2남 중 둘째

(2) 가족사항

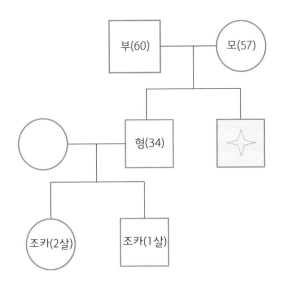

- 부(60세): 내담자가 어릴 적에는 어머니 대신 집에 주로 계시면서 형과 내
담자의 저녁을 챙겨주셨지만 내담자를 많이 혼내기도 하셨음. 현재 경찰
공무원이며 내담자에게는 무뚝뚝하지만 가끔 같이 뭘 하자고 제안하기
도 하셔서 내담자가 아버지의 정을 느낄 때도 있다고 함. 내년 퇴직을
앞두고 계심. 내담자는 자신이 아버지에게 나쁜 아들일 것이라 하였는데
그 이유는 자신은 사업할 생각으로 준비 중인데 형은 공기업에 다녀서
안정적이므로 아버지가 걱정을 많이 하실 거라 생각하기 때문임. 걱정하
셔서 도와주시려고 하는 것도 부담스러울 때가 있고 내담자 자신을 원망
하지는 않을까 하는 생각도 한다고 함. 내담자가 대학 진학 때 전공 선택
과 관련하여 심한 갈등이 있었음. 아버지가 원하는 대학을 가기는 했지만
결국 내담자는 22살에 다시 자신이 원하는 전공으로 대학을 갔다고 하였
으며 자신을 믿지 못하나하는 생각을 갖고 있었음.

- 모(57세): 내담자가 어릴 적에는 사업을 하셔서 집에 잘 계시지 않았음.
내담자는 어머니가 해 주신 밥을 먹은 기억이 거의 없다고 할 정도임.
그리고 형 과외/학원은 다 알아봐주시고 챙겨주셨는데 자신은 해 주시
지 않아서 서운했다고 함. 지금은 내담자와 더없이 좋은 친구 같은 사
이라고 하였음. 어머니에게 있어서 자신은 귀염둥이 막내아들이라고 표
현함.

- 형(34): 무뚝뚝한 편임. 결혼해서 현재 내담자와 부모님과 가까운 곳에 거
주함. 공기업에 다니고 내담자보다는 힘이 셈. 어릴 적 내담자가 형에게
많이 맞았다라고 보고하였음. 아버지와 형에게 맞을 때는 어려서 미운
줄도 몰랐으나 커서 생각해 보니 체벌보다는 폭력이 아니었나 하는 생
각도 들고 억울하다고 보고함.

- 조카1,2: 내담자가 자신이 사는 이유라고 말할 정도로 중요한 인물임. 내
담자가 굉장히 귀여워하는 게 느껴짐.

02
내담자의 주 호소문제

알 수 없는 이유로 공허함을 문득 문득 느끼는데 그게 싫고 해결할 수 있다면 해결하고 싶음.

03
행동 관찰

약간 마른 체격에 얼굴이 하얀 편임. 첫 회기는 많이 늦었고 7회기까지는 시간을 잘 맞추었으나 그 이후로 평균 15~20분 늦음. 검사하는 날에는 검사에 대해서 설명할 때 지우개를 만진다거나, 상담을 할 때에도 상담자와 정면으로 마주보고 앉아서 이야기하기보다는 약간 비스듬히 앉는 경우도 있고 물 마시던 종이컵을 계속 만져 불안해 보임. 말 속도가 크게 느리거나 빠르지 않지만 말을 하는 분위기에서 감정이 묻어나는 경우가 드물었음. 잘 웃지 않았고, 우울하고 공허하다고 하는 말을 하면서도 조금 무미건조하게 이야기 함. 상담은 거의 매주 일요일 12시에 진행하는데 내담자는 상담이 끝난 후 주로 혼자 바이올린을 가거나, 상담을 오기 전에 혼자 쇼핑을 하고 오는 경우가 종종 있었음.

04
심리검사 결과

(1) MMPI-2

VRIN	TRIN	F	F(B)	F(P)	FBS	L	K	S	Hs	D	Hy	Pd	Mf	Pa	Pt	Sc	Ma	Si
34	57F	61	53	52	58	33	40	32	53	43	56	54	73	78	57	63	84	54

- 보충척도 : Per 82T, abx 73T, hpm 70T, AGGR 74T, PSYC 72T, ANX 75T, BIZ 78T, ANG 80T, FAM 82T, ES 30T

(2) SCT

• 어머니에 대한 태도

13. 나의 어머니는 멋있는 여자이다
26. 어머니와 나는 둘도 없는 친구이다
39. 대개 어머니들이란 훌륭하다
49. 나는 어머니를 좋아했지만 가끔 이해하기 어려울 때가 있다

• 여성에 대한 태도

9. 내가 바라는 여인상은 자신감 있는 것이다
25. 내 생각에 여자들이란 신기하다

• 아버지에 대한 태도

2. 내 생각에 가끔 아버지는 외롭다
19. 대개 아버지들이란 외롭다
29. 내가 바라기에 아버지는 무릎이 나았으면 한다
50. 아버지와 나는 대화가 적다

• 남성에 대한 태도

8. 남자에 대해서 무엇보다 좋지 않게 생각하는 것은 폭력적인 성격이다
20. 내 생각에 남자들이란 치열하다
36. 완전한 남성상은 따뜻한 것이다

• 권위자에 대한 태도

3. 우리 윗사람들은 고집이 세다
31. 윗사람이 오는 것을 보면 나는 예의 있게 하려 한다

• 가족에 대한 태도

12. 다른 가정과 비교해서 우리 집안은 쿨하다
24. 우리 가족이 나에 대해서 믿어주길 바란다
35. 내가 아는 대부분의 집안은 사연이 있다
48. 내가 어렸을 때 우리 가족은 나 때문에 시끄러운 적이 많았다

• 이성관계 및 결혼에 대한 태도

10. 남녀가 같이 있는 것을 볼 때 잘 어울린다
23. 결혼 생활에 대한 나의 생각은 많은 것들을 함께한다 포근하다
37. 내가 성교를 했다면 좋다
47. 나의 성생활은 아무와 자지 않는 것이다

• 친구나 친지에 대한 태도(대인지각)

6. 내 생각에 참다운 친구는 나를 믿어주는 것이다
22. 내가 싫어하는 사람은 폭력적이다

32. 내가 제일 좋아하는 사람은 스스로이다
44. 내가 없을 때 친구들은 날 추억할 것이다

• 두려움에 대한 태도

5. 어리석게도 내가 두려워하는 것은 자신이다
21. 다른 친구들이 모르는 나만의 두려움은 원하는 것을 이루었을 때의 공허함이다
40. 내가 잊고 싶은 두려움은 언젠가 찾아올 공허함이다
43. 때때로 두려운 생각이 나를 휩싸일 때 달을 본다

• 죄책감에 대한 태도

14. 무슨 일을 해서라도 잊고 싶은 것은 스스로 무너졌던 것이다
17. 어렸을 때 잘못했다고 느끼는 것은 거짓말이다
27. 내가 저지른 가장 큰 잘못은 사람을 죽이고 싶다는 생각을 한 것이다
46. 무엇보다도 좋지 않게 여기는 것은 욕이다

• 자신의 능력에 대한 태도

1. 나에게 이상한 일이 생겼을 때 해결하지 않으면 화가 난다
15. 내가 믿고 있는 내 능력은 창조력이다
34. 나의 가장 큰 결점은 이기적인 것이다
38. 행운이 나를 외면했을 때 다음이 있을 것이다

• 과거에 대한 태도

7. 내가 어렸을 때는 주로 혼자의 시간이 많았다
33. 내가 다시 젊어진다면 미술을 다시 할 것이다 음악도 하고
45. 생생한 어린 시절의 기억은 형과 크게 싸운 것이다

• 미래에 대한 태도

4. 나의 장래는 내가 만든다
11. 내가 늘 원하기는 내 뜻대로 이뤄지는 것이다
16. 내가 정말 행복할 수 있으려면 공허함을 이겨내야 한다
18. 내가 보는 나의 앞날은 알 수 없어 재미있다
28. 언젠가 나는 지구에 없을 것이다

• 목표에 대한 태도

30. 나의 야망은 내 주변의 행복을 내가 만드는 것이다
41. 나의 평생 가장 하고 싶은 일은 나의 계획을 모두 이루는 것이다
42. 내가 늙으면 건강하고 싶다

(3) 해석

내담자의 특징은, 다소 일반적이지 않은 생각(MMPI의 6−9쌍 등)을 가지고 있다는 것인데 그런 자신이 받아들여지지 않는 대인관계, 특히 가족 안에서 철

수(FAM 척도 상승)하거나 감정을 폭발적으로 표현해(Ma 척도) 주변 사람을 놀라게 했을 가능성을 생각해 볼 수 있음. 그렇지 않으면 아예 자신의 의견이나 생각을 표현하지 않는 방법을 택했을 것으로 보임. 현재 내담자에게 보여지는 성향이 가족들과의 관계에서는 어떠한지 FAM 척도가 상승한 것처럼 어떤 불화가 실제로 있는 것인지, 아니라면 가족들은 다소 일반적이지 않은 생각을 하는 내담자에게 어떤 반응이나 지원을 해 주고 있는지 더 탐색이 필요할 것으로 보임.

05 내담자 문제의 이해 및 내담자 자원

(1) 내담자 문제의 이해

내담자의 주호소문제인 공허함이라는 감정은 내담자가 가진 과거의 경험 그리고 내담자가 가진 다소 비현실적인 성향과 관련이 있어 보인다. 우선, 어린 시절부터 지금까지 자신의 감정을 표현하고 인정받을 수 있는 기회가 적었던 내담자는 일을 하느라 부재했던 어머니로 인해 무뚝뚝한 아버지나 형과 함께 있거나 혼자 시간을 보냈다. 특히 어머니로부터 관심이나 보살핌을 받지 못한 것이 내담자에게는 중요할 수 있는데 그 이유는 내담자의 형은 아버지를 닮아 공무원이 됐고 자신은 어머니와 좀 더 닮아서 취향도 비슷하고 자신의 가장 친한 친구라고 생각하고 있기 때문이다. 어린 시절 혼자 시간을 보내야 했던 때 느꼈을 쓸쓸함 혹은 슬픈 감정에 더불어 자신이 대학 진학을 처음 했을 때, 원하던 디자인이나 미술 전공을 부모님이 허락해 주지 않아 결국 늦게나마 다시 대학을 들어가게 된 것에 대한 억울함이나 분노도 내담자가 알 수 없는 공허함을 느끼는 것과 관련 있을 수 있다.

남들과는 다른 생각이나 상상을 하는 내담자의 성향 또한 내담자가 느끼는 공허함과 연관되어 보인다. 내담자는 향후에 어머니처럼 자기 사업을 하고 싶어 한다. 현재 내담자는 디자이너로 활동하면서 직업상 필요할 수 있는 다소 비현실적인 상상이나 창의력을 가지고 있다. 결국 이러한 성향은 내담자가 앞으로 사업가로 성공을 하기에 방해 요소로 작용할 수 있어 보인다. 실제로 마지막 회기에서 나온 내담자의 사업 계획은 다소 현실적이지는 않아 보였다.

(2) 내담자의 자원

자기 주변 사람들, 가족과 가까운 친구를 생각하는 마음을 가지고 있음.

06
상담목표 및 전략

(1) 상담목표

- 내담자 스스로 느끼는 공허함의 원인을 찾고 그 감정을 이해하기.
- 공허해도 잘 참고 괜찮기

(2) 상담전략

- 감정을 나누고 공유하는 게 귀찮은 내담자가 상담에 잘 참여하도록 유도 하기
- 내담자가 어린 시절 기억하는 장면들에서 느껴지는 감정을 상담에서 나 누기
- 상담자와 감정을 공유하는 과정이 내담자에게 어떻게 느껴지는지 확인 하기

07
도움받고 싶은 부분

- 15회기에서 상담자가 내담자가 이유 모를 공허함을 느끼는 데에 대한 해 석을 했는데 해석의 타이밍이 적절했는지 궁금합니다.
- 공허함을 느끼는 데에는 내담자 특유의 성향, 예를 들어 방어적이고 사 람들과 가까워지려고 하지 않는 성향, 그리고 일반 남자보다 많은 감수 성 등과 과거 양육 방식에서 이유를 찾을 수 있었습니다. 하지만 상담자 는 B형 간염이 본인의 의지와는 상관없이 유전 받았고 자신의 삶의 시

간이 어느 정도 한정되어 있다는 것에도 이유가 있다는 생각을 초기에 했었으나 내담자 스스로가 먼저 자신의 질병에 대해서 털어놓지 않아서 제대로 다루지 못하였습니다. 내담자가 먼저 꺼내기를 기다리고 있었는데, 차라리 상담을 진행하다가 다른 분께 이관을 해드렸어야 하는 생각도 듭니다. 이 부분에 대한 슈퍼바이저 선생님의 의견이 듣고 싶습니다.

- 자기 스스로가 자신을 가장 잘 안다고 생각하는 내담자의 경우 상담에 대한 의존성을 가지기 힘든 거 같습니다. 이것과 관련하여 상담자가 어떤 부분을 어떻게 보완했어야 하는지 궁금합니다.

08
상담내용 회기별 요약

■ 1회기

상담 구조화 및 내담자 상담 경험 탐색: 정신과에서 진료 신청과 심리검사를 하려 했으나 비용이 너무 비싸서 그만 뒀다는 이야기. **(상담에서 가장 도움받고 싶은 것이 무엇인가?)** 어렸을 때부터 고민이 이기심, 혹은 고집스러운 부분이 있었다. 사람들과 대화를 하면 나는 정말 소수의 사람들만 동조하는 의견을 낸다. 회사에서는 그런 게 별로 크게 상관없는데 예전 여자친구하고도 부딪쳤었다. 친구들끼리 모이면 너는 항상 왜 그러냐, 좀 몰상식하다는 피드백을 받아 여럿이 모이는 자리는 피한다. 주로 친구랑 둘이 본다. 나는 입 발린 소리는 안 한다. 그런 상황이 생기면 또 논쟁하고 그런 게 이젠 귀찮고 싫다. 그리고 요새는 나이가 들어서인지 그런 데 에너지 쏟고 싶지 않다. 예전에는 갈등이 생기면 상대방 탓을 했는데 나이가 들어서인지 상대 탓하는 나를 보면 내가 좀 한심하고 자괴감이 든다. 그래서 차라리 내 탓이라고 생각한다. 그게 내가 한심하지 않을 수 있는 방법이다. 물론 내 잘못이 100%가 아닐지라도… 그래서 항상 외롭다. 그런 공허함이 항상 있는 거 같다. **(현재 건강상태에 B형 간염을 적었던데…)** 어머니 쪽 유전이고 평생 약을 먹어야 한다. 그 외에는 약을 먹으면 괜찮다. 나는 나의 최후를 대략 알고 있다. 사고가 아닌 이상 나는 죽음이 어떤 것인지에 대해서도 많이 고민했었다. 예전에 몸이 안 좋았을 때는 간경화 단계까지 가서 정말 안 좋았었는데 그때는 그게 좀 무서웠고 힘들었다. 그런데 요새는 덤덤해졌다. 최후가 어떨지 아는 것도 사실 재미없고… 재미가 인생에서 중요한데 실망감도 든다. 매일 같은 시간에 약 먹는 게 싫다. 어느 날 블루하고 우울하면 약 먹기 싫다고 안 먹기도 하고 투정을 부린다. 나도 남들하고 똑같이 사는 사람인데 하는 생각도 들고. **(억울한 마음이 많이 들 거 같다. 약 먹기 싫다고 투정 부리는 마음도 충분히 이해가 간다. 이 이야기도 앞으로 더 이야기해야 할 거 같은데. 오늘은 첫 회기여서 가족에 대해 간략히 물어보고 마치겠다)** _가족 탐색 후 마침.

■ 2회기

　　지난 번 만나고 나서 상담을 하고 든 생각이, 사실은 우울하고 공허한 기분을 그냥 참으면서 지냈었는데 지난주에 얘기하면서 다시 한 번 생각하게 되었다. 그래서 느끼는 공허함을 해결할 수 있을까 하는 생각과 그냥 안고 살았는데 굳이 꺼내놓은 거 같은 기분도 들었다. **(기대감도 있고 굳이 꺼내놓은 생각도 들었나?)** 별로 생각 안 하고 있었는데 내가 공허하구나, 외롭구나를 괜히 꺼내놓았나 하는 생각. 공허함이 해결될까 하는 생각. 당황스럽기도 하고. **(기분이 별로였을 거 같은데 나름 잘 버티고 있었는데 꺼내놓으니… 그런데 그 감정을 표현해 줘서 반갑다. 당연한 감정이고 그럴 수 있을 거 같다. 내 말을 들으니 어떠냐?)** 고마운 거 같다. **(안심이 되었다니 다행이다. 앞으로 상담에서 함께 이야기해 봐야 할 부분이 사실 상담을 하면서 어떤 부분이 달라질까에 대해서 우리가 정하는 거다)** 그런 게 사실 없었는데 없었다기보다 그 공허함이 해결될 수 있을까라는 의구심이 든다. 30년 동안 같이 살아왔는데. **(어느 쪽이 더 큰가? 해결이 될 거 같다와 안될 거 같다 중에서)** 지금은 모르겠다. **(해결해 준다라고 상담사는 얘기는 못하지만 해결하는 방향으로 함께 갈 것이다)** 힘드실 건데… **(내 걱정해주는 여유도 있으니 좋아 보인다. 힘들 수도 있겠지만 함께 하는 거다. 그게 내 역할이기도 하고)** 근데 나도 사실 자신이 없다. 뭔가 해결하려면 솔직해야 하는데… 이야기를 나누는 과정에서 선을 그어서 얘기를 해야 하나 하는 생각도 했었다. 의사가 하라는 대로 다 하면 병은 낫겠지만 누구든 그렇게 못할 것이다. **(힘들긴 할 거다. 하지만 그렇게 못하는 사람도 있고 할 수 있는 사람도 있긴 할 것이다. 지금 궁금해진 게 지난주에 나한테 했던 얘기가 솔직하지 않았던 거 같나?)** 솔직했었다. 그래서 기분이 별로였고… 내 얘기를 누군가한테 이렇게 많이 안 하는데… 처음 만나기도 했고, 이 공간이 나로

하여금 말을 하도록 마음을 먹게 했다는 게 나한테는 이벤트였다. (감정은 어떤가? 당황스러운가?) 당황은 아니고, 불편? (나쁜 감정? 좋은 감정?) 나쁜 거 같다. (그럴 수 있겠다. 선을 그어서 얘기해야 하나 하는 생각을 했었으니 이 공간에 와서 예상치 못하게 다 털어놓은 게 기분이 별로겠다. 그 감정대로 그 냥 상담을 받으면 된다) 그래도 되나? 고맙다. (억지로 꺼내놓으려다가 ○○씨 가 힘든 게 나는 싫다) 궁금해진 게 있는데 상담자는 나와 상담하면서 얻는 게 무엇인가? (그게 갑자기 궁금해졌는지 모르겠다) 그냥 알고 싶다. (○○씨가 상 담에서 얻는 것이 있는 게 내가 얻는 것이다)

■ 3회기

(이전 주 일요일에 그림검사 및 SCT 시행, MMPI 시행) 어렸을 때 학원 갔 다 올게요 라고 하고 놀러갔던 거짓말을 했었다. (사소한 것인 거 같은데… 어 머니가 많이 혼내셨나?) 기억이 잘 안 나는데 아마 엄마는 몰랐을 거다. 내가 학원 안 간 거를. 근데 그게 사소한 게 아니었을 거 같다. 왜냐하면 엄마는 내 가 성실길 바랐다. 결과보다는 과정이 중요하다고 생각해서. 그래서 아마 그랬다는 걸 아셨으면 많이 섭섭해 하셨을 거 같다. (지금 감정이 슬퍼 보이는 데.. 실제로 섭섭해 하셨나?) 꼭 그거 때문만은 아닌데 엄마가 지금 내가 형보 다 안정적인 기업에 다니지 않고 사업하느냐고 이리저리 다니는 거가 섭섭하다 고 하셨다. 어릴 때는 나는 알아서 다 잘하는 아들이었는데… 지금은 아니어서 그런 말씀하셨나보다. (그렇지만 ○○씨는 어머니가 형만 챙겨준 게 섭섭했었 지 않나) 맞다. 어머니 입장을 생각하면 어머니한테 잘못한 거 같은 생각도 들 고 섭섭하게 해 드린 거 같은데 나만 생각하면 나는 아무렇지도 않다. 나는 지 금 내가 하고 싶은 일도 했고.

■ 4회기

(내담자가 15분 정도 지각하고 잠깐 화장실 다녀온다고 나감) 회사를 그만 두는 문제에 대해 대표와의 친분으로 망설여지지만 대표가 일하는 방식에 대해 많이 실망하였음. 그에 대한 감정은 특별히 보고하지는 않았지만 그냥 참는 게 편하다고 하였음. 내담자는 평상시에 사람들과의 대화가 잘 안되고 그럴 때 참 았던 짜증 같은 감정들이 안에 쌓여 있다고 하였으며, 공허함을 느끼는 때가 음 악을 들을 때, 낮잠 자다가 일어났을 때, 메모한 거 보다가 갑자기 공허해질 때

라고 함. 하지만 음악이 공허함을 주는 건지 아니면 공허할 때 음악을 듣고 있는 건지는 모른다고 보고함. 내담자가 보고하는 상황들이 추상적이고 구체적이지 않아 탐색이 어려움. 다음 회기부터는 일상에서 있던 실제 일에 대해 얘기하기로 하고 마침.

■ 5회기

화요일에 랑랑 콘서트를 갈까 말까하다가 결국 갔는데 2분 정도 늦었다. 그래서 한 곡 끝나고 20분 뒤에 들어갔었다. 랑랑은 굉장히 잘 하고 연주를 듣는 것도 너무 좋았다. 그리고 나와서 사인회를 한다길래 기다리다가 너무 늦어져서 집에 가기로 마음먹고 나왔다. 차를 타고 돌아가는데, 옆에는 친한 누나가 앉아 있었고 배가 고파서, 저녁을 못 먹었기 때문에, 뭐를 좀 먹고 가려고 문연 곳을 찾고 있었다. 시간은 거의 11시쯤. 옆에 앉은 누나는 차에서 나오는 서태지 노래를 따라 부르고 있었는데 나는 뭔가 그 노래가 들리기보다는 뭐 먹을지 고민하고 있었고 혼자 공허했다. **(왜 그런 기분이 들었는지 스스로는 알고 있는가?)** 모르겠다. **(○○씨한테 공허한 감정이라는 거는 어떤 건가?)** 내가 뭔가를 막 하는데 채워지지 않고 빈 듯한 느낌? 그리고 나는 스스로 잘 빠진다. 감성적이어서. **(그럼 공연을 보고 뭔가 채워지지 않았나?)** 그건 모르겠다. **(그걸 모른다고 하니깐 나도 사실 ○○씨가 이야기하는 부분을 100% 공감하지 못하겠다)** 그래야만 하나? **(그러면 우리 대화가 좀 더 잘 될 테니까. 근데 나쁘다 혹은 잘못했다라고 얘기하는 게 아니라 내가 ○○씨의 공허함이 어렵게 느껴진다는 거다. 공허하지 않았다라고 이야기하는 게 아니다.)** 침묵 **(나는 ○○씨와 공감하고 소통하고자 이 자리에 왔고 ○○씨도 그럴 거라고 생각한다. 다음 시간에는 좀 더 노력해 보겠다)**

■ 6회기

이번 주는 살아있다는 느낌을 받지 못했다. **(감정은?)** 불안, 불만족, 화남, 슬픔. **(그럼 만약 다르게 변화시킬 수 있다면?)** 조카 선물을 사러 토이저러스에 가고 싶다. 금요일 생일이어서 급하게 구매했었는데 수요일에 가서 충분히 고민하고 사고 싶다. 왜냐하면 형수가 비슷한 걸 온라인 주문했다고 해서 내가 산 것을 환불하기로 했기 때문에. 금요일에 줬는데 다 같이 있는 자리에서. 나는 일찍 나와야 했다. 그리고 나서 들어가니깐 엄마가 형수가 산 게 더 자라서도 쓸 수 있는 거라 효용성이 더 있으니 내가 산 걸 환불하는 것으로 얘기를 했다고. 나보고 카드랑 영수증을 달라고 했다. **(다 같이 있었다는 게 누구인가?)** 나, 부모님, 형, 형수, 조카. **(그럼 기분은?)** 드는 생각이 어차피 모두가 동의한 거니. 조카까지도. 내가 내 의견 얘기해 봤자. **(감정은 어땠나?)** 속상하다. 선물하고 싶지 않았고, 그리고 화도 나고. **(충분히 그럴 만하다. 특별히 조카를 예뻐하지 않나)** 맞다. 사실 실제 산 거 말고 더 좋은 걸 사고 싶었는데 모두가 왜 샀냐고 할 거 같아서 안 샀다. **(왜? 무엇을 사고 싶었나?)** 조카가 내가 바이올린을 켜면 와서 자기도 하고 싶어 하고 음악을 듣는 것도 좋아해서 장난감 바이올린을 사고 싶었다. 그런데 분명 형과 형수는 괜히 그런 거 줘서 애 장래에 영향 주지 않길 바란다. 그렇지만 나는 만약에 조카가 음악을 하고 싶다면 내가 도와줘서라도 하고 싶다. **(각별한 애착이 있는 거 같다. 조카에게. 실제로 음악을 가르치는 것에 대해 형과 형수와 이야기한 적이 있나?)** 선물을 주고 싶다고 해서 하지 말라는 반응을 한 적은 없지만. 나랑 같이 바이올린 가지고 놀거나 음악 듣고 놀면 형과 형수가 안 좋아한다. **(어떻게 했는데?)** 애한테 괜한 바람 넣지 말라고 얘기했다. **(그때 드는 감정은?)** 화도 나고. 근데 우리가 계속 무슨 이야기하는지 모르겠다. **(왜 그런가?)** 자꾸 이야기의 초점이 변경되는 거 같다. **(그래서 기분은 어떤가? 나쁜가?)** 나쁜 것도 없고 좋은 것도 없다. 그냥 혼란스럽다. **(그럴 수 있을 거 같다. 이야기의 주제가 통일되지는 않으니)** 사실 지난 상담 이후에도 나는 너무 많은 이야기를 한 거 같은 생각이 들었다. 결국 내 얼굴에 침 뱉는 건데. 그래도 상담사가 엄마 같고 친구 같아서 이야기하게 되는 거 같고. **(얼굴에 침 뱉는다는 건 어떤 느낌인가?)** 별로 썩 내키지는 않는 거다. 그렇다고 해서 얘기하고 싶지 않은 건 아니지만. 내가 워낙 이야기를 안 하니깐. **(알고 있다. 그리고 그런 생각이 드는 것은 나도 예전에 겪어 봐서 안다. 그런데 상담을 하게 되면 내 얼굴에 침 뱉는 거 같은 이야기도 하게 되는 거 같더라. 그리고 오늘 이야기를 하면서 사실 주제의 일관성이 없다고 느꼈을지 모르나 나는 사실 ○○씨의 감정을 계속 물어봤었다. 우리가 오늘로서 6번째 만나는데 지난번까지는 이야기를 자세하고 구체적으로 해 주기를 요청했었다. 오늘부터는 예전에 있었던 일들이나 장면을 떠올리면 드는 감정에 대해서 이야기하려고 한다. 사실 지금 ○○씨 이야기를 들으면서 ○○씨가 감정을 표현하는 것을 꽤 한다는 생각이 들었다. 그렇지만 자주 쓰는 단어들로만 감정표현을 하는 거 같아서, 예를 들면 화, 불만족, 섭섭 등의 단어, 감정카드라는 것을 활용**

해 보고자 한다. 어떤가?) 좋다. 어떻게 하는 건지 궁금하다. (우리가 ○○씨가 반복적으로, 갑작스럽게 느끼는 공허함에 대해 상담을 하는 게 목표니깐 공허함과 연관된 가장 초기 기억을 떠올려 보고 그 장면에서 어떤 감정이 드는지 감정카드에서 골라보는 거다) (카드를 펼침) (어떤 사건이 가장 처음인가?) 기억이란 왜곡이 있기 마련인데. 그래도 지금 생각나는 건 24살 때. 내가 대학을 다시 들어가서 1학년일 때이다. 그때 4학년 형과 이야기를 나누고 있었다. 산업디자인 전공에 대해서 이야기를 나누는데 나는 사실 그 당시에 전공에 대한 회의가 들었었다. (왜?) 커리큘럼도 내가 생각했던 것과 다르고 교수님들도 별로 마음에 안 들었고. (그 형은 뭐라고 했나?) 그럴 거라고. 그냥 자기도 다니는 거라고 했었다. (그래서 지금 그 장면을 생각하니 어떤 감정이 드나? 카드를 골라보자) (내담자가 고른 카드 (쉽게 고름): 속상한, 슬픈, 답답한, 마음이 아픈, 귀찮은, 외로운, 미안한, 우울한, 미운, 겁나는, 심란한, 짜증나는, 괴로운/고통스러운, 불편한, 불쾌한, 실망스러운) 굉장히 많다. 안 좋은 감정은 거의 다 고른 거 같다. (잘했다. 감정을 찾는 것은 어려운 일이다. 혹시 이 감정들 중에서 가장 지배적인 감정을 5개만 고를 수 있나?) (속상한, 슬픈, 귀찮은, 외로운, 답답함을 고름) (이 감정들이 아까 말한 4학년 형과 대화하는 장면을 떠올리는 감정인데 왜 그런 거 같나?) 그냥 내 생각과 다르고. 귀찮음과 외로움에 대한 감정은, 사실 내가 어떤 감정이나 기분을 표현하는 것을 귀찮아 한다. 굳이 표현해서 뭐하나 싶고. 말은 줄일수록 좋다고 하지 않나. 그런데 그러다 보니 사람들과 내가 공유하거나 교감하지 못하는 거 같아서 그런 걸 생각하면 외롭다. (표현을 안 하는 데에는 특별한 이유가 있나? 언제부터 표현을 안 했나?) 모르겠다. 근데 주로 사람들이 내가 설명이나 표현을 안 해서인지 나를 잘 모르겠다. 이상하다고 하니깐. (○○씨 나름대로 느끼는 감정과 기분이 있는데 그걸 잘 표현하지 않아서 사람들은 모르겠다고 반응할 수도 있겠다. 그리고 그러다 보니 외로운 감정도 들 거고. 그런데 귀찮다는 것에 조금 나는 의아하다. 귀찮다는 것은 어떤 의미일까?) 그냥 그걸 굳이 얘기 안 해도 되지 않나 라는 생각에서. (침묵하다가 조금 울음) (우리가 상담해온 것을 토대로 생각해보면 ○○씨는 강하고 싶은 건가 하는 생각도 든다) 맞다. 나는 캡틴아메리카(영화)에 나오는 방패가 필요하다. 그걸 사려고 했는데 비싸서 못 사기도 했다. 근데 사람들은 내가 그걸 왜 사는지 이해를 못했다. (울음. 한참을 울고 나서) (그 사람들이 누굴까?) 그냥, 나를 아는 사람들… (너무 포괄적이어서 누군지 잘 모르겠다. 정확하게 이야기하면 좋겠는데. 지금 예전에 있던 그 장면을 떠올리면서 감정이 어떤지 살펴보니깐 나하고 하는 이 과정이 어떻게 느껴지나?) 속상하고 슬프다. (계속 울음) (그 감정이 정말 ○○씨의 감정인 거 같다. 사실 시간이 거의 다 돼서 마쳐야하는 게 아쉬운데… 오늘 감정을 찾는 과정에서 많은 감정도 찾은 게 나는 대단하다고 생각한다. 그렇게 하기 쉽지 않다. 그리고 ○○씨는 강해져야 한다는 생각으로 인해서 감정표현도 잘 안하고 방패도 구매해야겠다고 생각하는 것인데 사람들은 그걸 이상하다고 얘기하니깐 그런 피드백을 받으면 당연히 감정표현하는 것이 귀찮아질 것이다. 그런데 그러다보면 외로우니깐 ○○씨는 정말 속상하고 슬플 거 같다. 오늘 그 감정을 찾게 돼서 나는 정말 기쁘고 앞으로 더욱 ○○씨가 자기감정을 찾는 것을 도우면서 함께 하고 싶다는 생각이 든다)

■ 7회기

　(지난번에 얘기했던 거에 대해서 기억나는 거 있나?) 아, 한 가지 이야기하고 싶은 게 있다. 형이 조카 선물에 대해서 설명하는 전화를 받았다. 그걸 환불하고 형수가 산 걸 가지고 놀면 더 오래 놀 수 있다고. (감정은?) 기분 나쁘진 않았다. 그냥 알았다 했다. (형의 의도는?) 내가 속상할까봐. 근데 사실 그렇게 크게 신경 쓰진 않는다. 굳이 억지로 끄집어낸다고 하면 그렇게 전화해 준 게 고맙긴 하다. 저번 주에 이 얘기를 너무 오래 해서 상담사가 나를 걱정할까봐 이 얘기를 꺼냈다. (내가 그러는 걸로 느껴졌나 보다. 별로 그렇진 않았는데) 근데 자꾸 큰 일로 만들어지는 거 같다. 내가 너무 오래 얘기해서 그런가. (어떤 게 맞는 거 같나?) 모르겠다. (모르겠다고 하지만 스스로 한 번 생각해 봤으면 좋겠다) 알겠다. (오늘은 다시 또 어릴 적에 기억 중에 공허함을 느꼈던 장면을 떠올려 보려 한다) 내 상상일 수도 있는데 되게 천진난만한 모습으로 앞에서 웅변하듯이 얘기하는 장면이다. 근데 엄마가 나보고 뚱딴지 같은 소리 좀 그만하라고. (떠올리면 지금의 감정은?) 지금은 그게 사실 무뎌졌다. 지금은 정말 뚱딴지 같은 소리인가 고민을 하게 된다. 감정카드를 써서 감정을 얘기하자면 '고통스러운'과 '걱정스러운'의 가운데인 거 같다. (어떤 차이?) 걱정스러운 거는 앞일에 대해 두려워지는 거고 괴로운 거는 현재에 내가 느껴지는 거 아닐까? (그럼 그 가운데는 뭔가?) (침묵 5초) 그러니깐 좀 애매한 거 같은데… 이거를 고민을 해야 되면은 현재 그 고민에 대해서 스트레스를 받는다. 근데 결국

엔 또 해결을 해야 돼 그 스트레스를… 그러니깐 그런 거 같다. 해결해야 하지만 당장 해결이 안 되는 거니까. **(그럼 아까 그 뚱딴지 같은 소리야 하지마 라는 엄마의 말을 듣는 그 장면을 떠올리면서 드는 감정이… 그때는 어떤 감정이 들었을까?)** 속상하다. 그리고 약간 도전? 같은 게 생긴다. 근데 지금은 무뎌졌다. 포기했고.. 나는 마음만 먹으면, 조금만 과장되게, 여기 있는 감정카드에 있는 모든 감정을 다 느낄 수 있을 거 같다. 남들은 내가 그래서 예술가 같다고 하던데… 근데 나는 그래서 싫다. 귀찮고. 내 안에 이성적 아이와 감성적인 아이가 자주 싸운다. 항상 감정이 이기는데 나는 이성이 이겼으면 좋겠다. 감정이 이기면 좋을 때도 있다. 음악을 들을 때나 할 때. 근데 이걸로 먹고 사는 애가 아니지 않느냐. 그러다 보니깐 항상 이성이 이겨야 하는데 거의 대부분 감성이 이긴다. 그래서 나는 그게 좀 스스로 가지고 있는 것 중에 가장 싫은 게 이거다.

■ 8회기

(15분 늦음) 워낙 대학교를 재밌게 잘 다녀서 막상 다닐 때는… 근데 또 반대로 심신으로 많이 못 견디게 참았던 시기이기도 한다. **(뭘 그렇게 참았나?)** 모르겠다. 항상 이 안에 분노가 차있는 거 같기도 하다. **(무슨 분노인가?)** (잠시 머뭇거림) 사람에 대한 분노다. **(누구?)** 부모님. **(얘기해 보자)** 좀 커서 깨달은 건데. 나는 생각보다 바쁘게 살았다. 혼자서 대학교 가서 1학년 다니고 자퇴하고 1학년 때 4학년 수학을 들으러 갔다가 좌절해서 다시는 수학 강의를 안 들었다. 그러면서 어찌됐든 1년 다니고 군대 가고 갔다 와서 제대하자마자 미술학원 등록하고 재수하고 학교가고. 졸업할 때 보니깐 제가 28~29살이었다. 뭔가 20대가 다 날아 간 듯한 느낌이었다. (침묵 3초) 그런데 언제인지 정확하게 기억이 안 나는데 졸업전시회였나 준비 중이었다. 아무튼 유종의 미를 거두는 그런 상황이었던 거 같은데, 고등학교 때 미술을 정말 하고 싶었는데… 그때는 제가 미술을 하고 끝내는 상황이었던 거다. 그때 좀 기분이 막 좋지 않았다. 시간에 대한 강박관념이 있는데. (침묵 5초) 일단 첫 번째는 고등학교 때부터 했으면 더 잘했을 텐데 일찍. 어차피 이렇게 됐는데 그게 되게 컸다. 그럼 내가 중간에 2년이라는 시간을 낭비하지 않았을 텐데… 그런 생각도 들었다. 부모님 때문이다. 일찍 허락해줬으면 더 좋았을 텐데… 그때 그런 분노가 있다. 처음에 보내주지 않는다 했을 때 갈등하고 그 후로 한 번도 이 얘기를 해 보고

싶다고 생각하지 않았다. 지금도 마찬가지고. 어차피 시간을 돌릴 수 없고 달라지는 게 없지 않나 싶다. 스스로. 나는 좋은 사람인가 나쁜 사람인가에 대해서 생각하면 그 기준이 뭔지 모르겠다. 그리고 내가 좋은 사람이 되고 싶어 하는지도 잘 모르겠다. 옛날 기억들을 꺼내다 보니깐 안 좋은 기억들도 꺼내는데 그 중에서는 내가 다른 사람을 불편하게 했거나 다른 사람이 피해를 받았는데, 내가 가해자였던 경우도 생각이 난다. 그런 생각이 들었다. **(그럼 부모님은 어떤가? ○○씨한테?)** 소중한 존재다. **(분노도 있고 원망도 서운함도 있는데 소중한 존재다)** 그렇다. **(○○씨 어렵겠다. 부모님에 대해서 다른 감정을 다 인정하려니깐)** 그냥 괜찮다. **(상담자가 어렵겠다 힘들겠다고 할 때 주로 ○○씨는 괜찮다고 하는데 상담자는 괜찮다고 하는 것도 걱정이 된다)**

■ 9회기

(25분 늦음) 변명은 하지 않겠다. 달라지는 건 없을 테니깐. **(근데 어쩌다 늦게 됐는지 궁금하다)** 집에서 멍하니 있다가 시간을 보니 11시 50분이었다. 부랴부랴 준비해서 나왔는데 너무 늦어 버렸다. 어제 엄마랑 좀 싸웠다. 엄마랑 나랑 옷방을 같이 쓴다. 한 쪽은 내 옷이고 한 쪽은 엄마 옷이다. 그런데 어제 밤에 갑자기 잊고 있던 옷이 생각이 나서 그게 어디 있는지 생각이 나지 않았다. 최근에 본 적이 없었던 거다. 갑자기 찾고 싶었다. 그래서 찾고 있는데 엄마가 늦었는데 내일 찾으라고 했다. 근데 나는 바로 찾고 싶었고.. 그래서 막 뒤졌더니 아무래도 뒤지다보면 정리된 게 흐트러지니깐 엄마가 그걸로 잔소리 하는 거다. 네가 그거 찾느라고 정리된 거 다 흐트려 놓는다고. 그래서 내가 안 그러겠다, 잘 차곡차곡 정리해 놓겠다고 했다. 그러면서 싸움이 시작됐다. 밤 12시가 넘었으니까 좀 늦긴 했다. 근데 지금 찾고 싶다고. 내가 찾을 테니까 상관 말라고 했다. 그랬더니 결국엔 입장이 반대가 됐다. 엄마가 찾아주려고 하고 내가 내일 하자고 하고. 처음에는 나도 화가 나고… 엄마가 하지 말라고 하고 잔소리 하고 그러니깐. 근데 나는 또 싸우는 분위기가 싫어서 한 번 딱 그런 생각이 드니깐 감정적으로 지쳤다. 그래서 알았다고 목소리 높아지기 전에 내일 찾자 했는데 엄마도 고집이 세서 지금 찾겠다고. **(엄마의 입장이 바뀌었다?)** 내가 소리도 지르고 화도 냈다. 찾고 싶다고. 그래서 엄마가 "내가 찾아준다" 뭐 이런 입장이었던 거다. 엄마도 화가 나서… 근데 이렇게 입장이 바뀌는 경우가 많다. **(마음이 어땠나?)** 나는 엄마 혼자 찾게 놔두고 혼자 들어가서 잤다. 근데

잠은 잘 못 잤다. 불편하고, 화가 많이 나고 옷을 찾아준 건 기쁘긴 한데, 슬프다. 별것도 아닌데 싸우게 돼서 짜증도 났다. 마음에 안 든다. 그 상황이. 내가 찾고 싶은 거 찾으면 됐었는데 그 과정이 순탄치 않았다. 나는 찾아야 하고 엄마는 안 찾아야 하고. (**마음이 이해가 간다. 충분히 불편했겠다. 그 과정이 마음에 안 든다고 했는데 어떻게 하면 그 과정이 마음에 들까?**) 차라리 내가 그 옷 찾는다고 했을 때 엄마가 그 옷 어디 있어 라고 정확하게 알려주거나, 내가 찾고 있을 때 신경 안 쓰거나 그 둘 중 하나면 좋겠다. (**○○씨가 어제 엄마가 내일 찾으라고 했을 때 한 반응이 뭐였나?**) 찾아야 한다고 지금 찾고 싶다고 했다. (**그럼 방금 말한 대로… 엄마가 정확하게 그 위치를 알고 있지는 않았으니… 신경 안 쓰게 하려면 어떻게 반응하면 좋을까?**) 음… 잘 모르겠다. 엄마는 내가 무슨 말을 해도 아마 화를 냈을 거다. (**왜 그렇게 생각하나?**) 이런 일이 많다. (**엄마와 의견이 반대돼서 서로 고집하는 경우가 많아서. 그럼 그럴 때 ○○씨는 어제처럼 싸우다가 그 자리를 회피하는 건가?**) 그렇다. (**그럼 감정은 여러 감정이 올라오고 엄마와 더 이상 싸우고 싶지 않아서 자리를 피했지만 ○○씨한테 생기는 감정들은 어떻게 하나?**) 다스린다. 음악을 듣거나 아파트 옥상에 가서 혼자 시간을 보낸다. (**어제는 어떻게 했나?**) 어제는 그냥 창밖으로 하늘 보면서 잠을 자려고 했다. 근데 참으려고 착각하는 걸 수도 있다. 다른 사람들이 보면 참는 거겠지만, 나는 티를 내지 않는거다. (**그럼 어떤 이득이 있나?**) 손해 보지 않는다. 낙인이 찍히지 않는다. 저 사람은 저런 거에 화가 나는 사람이야 라는 낙인 (**어제도 그럼 그런 낙인이 걱정됐나?**) 아니다. 엄마는 그런 낙인을 찍진 않을 거 같다. 그래도 아들인데… 그래도 나 밖에 없을 텐데… (**그런데 드는 감정은 티 안 내려고 하다가 혼자 끙끙댔다. 그런 시간은 어떤가?**) 괜찮다. (**괜찮다고 말은 하는데 그게 작은 것들이 계속 쌓이고 살면서 계속 쌓이면 힘들지 않을까 한다**) 그 순간에는 힘들지만 지금은 괜찮다. (**낙인을 찍히는 것보다 그냥 티를 안 내고 힘든 게 나은 건가?**) 그렇다. 보통은. 근데 가족들한테는 반반이다. (**어느 쪽이 더 큰지 궁금하다. 왜냐하면 지난주에 부모님한테 분노가 있다고 했고 그 원인이 미술하는 걸 처음에 들어줬으면 20대를 내가 낭비하지 않았기 때문이라고 했었다. 근데 그것에 대해 부모님한테 화내고 싶지 않다고 했었다. 그래서 낙인이 찍히는 것과 티를 안내고 힘든 것 중에서 가족 간의 관계에서 어떤 게 더 나을까?**) 잘 모르겠다. 깊이 생각해 본 적이 없다. (**낙인이 찍히는 거는 가족들도 ○○씨한테 낙인이 찍힐 거 같은 건가?**) 아닌데 그래도 잘 모르겠다. 그리고 사실 뭐, 그런 게 중요한가 싶다. (**어떤 게?**) 낙인찍는 거, 그리고 티 안 내고 힘든 거. (**○○씨는 낙인찍히는 게 싫다고 했다. 중요해 보인다. 오늘 시간이 다 돼서 마무리할까 하는데 다음 시간까지 해 봤으면 하는 게 있다. 엄마와 의견이 대립되서 싸우면 싸우는 게 또 싫어서 그 자리를 피하고 그래서 일이 해결되든 해결이 되지 않든, 과정이 순탄치 않아서 어제 밤에 들었던 감정들, 화, 불편함, 짜증, 슬픔 이런 감정들이 ○○씨가 느끼는 감정이라고 얘기했는데 그런 자신의 행동 패턴에 대해서 어떻게 느껴지는지 생각해 봤으면 좋겠다**) 근데 고치지는 못할 거 같다. (**고치라고 하는 말은 아니다. 나쁘다 좋다 그런 판단을 하지 말고 그냥 '나는 그런 걸 느끼는구나'라고 생각이 날 때마다 속으로 자신을 향해 말해 보고 다음 시간에 와서 그렇게 말할 때 느껴졌던 또 다른 감정이 있으면 나눠보자**)

■ 10회기

　(정시에 옴) 어릴 때부터 나는 나 스스로가 나쁘다고 생각했었다. (**나쁜 행동은 어떤 것?**) 친구들을 말로 놀리고, 남한테 피해주는 거. (**어릴 때 했던 나쁜 행동은?**) 엄마 지갑에 손 댄 것. 친구들 외모 가지고 놀린다거나. 서점에서 잡지 훔친 적도 있다. (**누가 알았나?**) 아무도 몰랐다. 그리고 나쁜 생각을 한 적이 있는데 누군가를 죽이고 싶다는 생각을 했다. 아무나. (**언제?**) 내 앞길을 막는 장애물인 사람들. 근데 그게 물리적으로 죽인다기보다는 수단과 방법을 가리지 않고 무너뜨려야 한다는 말이다. 그게 내 진심이다. 겉으로는 협력한다. 그렇게 얘기할 수 있으나 그리고 일부러 못된 짓을 한다. 이해관계가 있을 때 혹은 그 사람이 싫을 때 멀어지고 싶어서 일부러 못된 짓을 많이 한다. (**충분히 이해가 간다. 누구나 그런 생각을 한다. ○○시가 하는 착한 행동은 어떤 게 있나?**) 공부하는 거. (**○○씨한테 어떤 의미인가?**) 엄마 기분을 좋게 하는 거다. (**본인은?**) 나는 아무 의미가 없다. (**나한테 아무 의미 없는 공부가 잘한 거라니 허무하게 들린다**) 뭐, 어릴 때는 그런 걸 몰랐다. (침묵) (**그럼 내가 기쁜, 착한 행동은 어떤 건가?**) 어릴 때 우리 집 돼지저금통에서 동전을 빼가던 아랫집 형을 잡았다. 내가 몰래 옷장에 숨어 있다가 사건 현장을 덮쳤다. (**그 외에?**) 없는 거 같다. (**그럼 착한 행동은 뭐라고 정의할 수 있나?**) (침묵) 남 기분 좋게 만드는 거. 남한테 피해 주지 않는 거다. (**그럼 착한 행동할 때 나 같으면 버거울 거 같다**) 그렇다. 스스로를 잃어가는 느낌이다. 나는 원래 나쁜 행동

을 하는 사람인데 그러지 못하니깐. **(왜 못하나?)** 사람들과 자꾸 부딪치니깐. 내가 마음먹은 대로 직진이 안 되니깐. **(나쁜 행동이란?)** 내가 하고 싶은 걸 하는 거. **(구체적으로?)** 요새는 바이올린 같은 경우엔 하고 싶으나 계속 해야 하나하는 생각이 든다. 다른 우선순위, 사업하는 거 해야 하고. 공통적으로 공허함을 느낄 때마다 음악을 듣고 있거나 바이올린을 하고 있을 때여서 스스로 음악을 멀리 해야 하나 하는 생각이 든다. 그리고 그럴 때마다 나를 잃어가는 느낌이다. 다른 사람과의 관계에서도 마찬가지. 이성관계에서 특히나 나는 착한 사람이 되려 노력한다. 예를 들어, 약속 시간에 늦을 경우 나는 그게 굉장히 화가 난다. 그래서 화를 내면 사이가 나빠지고… 그냥 내가 말 안하고 접어두면 내가 날 잃어가는 거 같다. 미안하다는 사과는 의미 없다. 이미 늦었기 때문에. 그리고 때로는 미안하다고 하지도 않는다. **(그게 나쁜 행동인가?)** 그런 거 같다. **(내가 듣기엔 그리 나쁘지 않다. 오히려 내 나름의 기준이 있는 거처럼 들린다) (침묵) (그런 스스로가 어떻게 느껴지나?)** 좀 억지인 거 같긴 하다. 그러니깐 그냥 그 일이 일어나지 않으면 좋은 거고 일어났다면 사과든 해결이든 뭐가 됐든 내 기분을 되돌릴 방법은 없다. 이게 내 문제다.

■ 11회기

(15분 늦음) 나로서는 내 입장에서 음식이 맛없는 것이 왜 중요한지 설명하고 화도 내보고 그러지만 엄마는 알았다고는 하지만 집에서의 식단에 신경을 자주 안 쓴다. 그게 나는 화가 나는 거 같다. 도와주지 않는 거다. 내가 얘기하면 엄마도 같이 화를 낸다. 그럼 나는 다시 친절하게 얘기한다. 그럼 엄마는 조용해진다. **(엄마에 대한 분노가 대학 갈등뿐만이 아니라 일상생활에도 있는 거 같다)** 음식은 사실 하나의 예다. 나한테 중요한 사소한 것들, 공연 티켓. 엄마가 여행간 동안 집에서 혼자 있었는데… 나한테 중요한 공연 티켓들을 잘 정리하려고 최근에 본 공연 티켓을 책상에서 정리하는데 뭐가 하나 빠져있는 거다. 그래서 그걸 찾으려고 1시간을 방을 뒤졌고 엄마가 그걸 버렸나하고 의심했다. 엄마가 그런 걸 다 버리는 스타일이니깐. 물론 다시 찾았지만 내가 중요하다고 생각하는 거에 집착하는 스타일이긴 하다. **(내가 유지하고 싶은 것들, 음식, 티켓 그리고 크게는 대학 진학 같은 것에 나의 생각이 있고 그걸 엄마가 도와주고 지원해주지 않는 거처럼 보인다)** 그렇다. 이게 그냥 당연해서 이제 별 기대 안한다. **(그래도 ○○씨한테 소중한 사람이라고 했었다. 엄마가)** 꿈에서 엄마

가 외계인으로부터 공격받는 꿈을 꿨는데 내가 가서 막아서 엄마를 살리고 나는 몸이 잘렸다. 그런데 하늘이 감동해서 내 몸을 다시 원상복귀했다. 만약 아빠였으면 내 몸을 날리지 않았을 거다. **(그럼 형은 어떤가?)** 형이라면 날렸을 거 같다. 근데 일반적으로 나는 제일 소중한 사람이 나 자신이다. **(그래도 아빠를 살리려 몸을 날리지 않는데 형과 엄마는 그럴 수 있다는 데 차이가 있다. 그리고 엄마에 대해 화도 나고 엄마가 내가 원하는 걸 하는데 도와주지는 않지만 엄마는 소중하다. 엄마가 좋은 건 뭔가?)** 나는 정서적으로 거리가 가까운 사람이 소중하다. 엄마가 음악을 좋아해서 엄마와 음악을 들을 때 정서적으로 접촉되어 있다. 엄마도 사업을 했었고, 나도 지금 그러고 있고. 나와 취향이 비슷하다. 그리고 엄마가 옷을 잘 입고 패션 감각이 좋다. 내가 제일 부러워하는 게 엄마 옷 방이다.

■ 12회기

(정시에 옴) **(즐거웠던 일에 대해서 이야기 해보자)** 지난주 상담 끝나고 바이올린 학원에 갔는데 선생님이랑 같이 캐논을 연주했다. 제가 수업 끝나고 5분 정도 같이 해달라고 했고 정말 재밌었다. 같이 할 때가 제일 재밌다. 그리고 이번 주에 사고 싶었던 코트를 샀다. 코트 살 때는 지금 생각하니 하나 속상한 게 있었다. 아는 동생의 친구한테 부탁을 하면 50% 할인 받아 살 수 있어서 부탁을 했다. 근데 잘 진행이 안 되서 그냥 샀다. 나는 쇼핑하는 거 좋아하고 남들이 옷 살 때 가서 같이 봐주는 거 좋아한다. **(어렸을 땐?)** 어렸을 때 전혀 그런 데에 관심이 없었다. **(그럼 언제부터?)** 엄마가 원래 좋아하긴 하는데 지금 생각해 보니 사촌형 때문인가 싶다. 어릴 때 놀러 갔는데 사촌형이 내 신발을 보고 약간 웃었다. 낡았었는데 그게 자존심에 상처가 된 거 같다. 그 이후로 조금씩 생긴 거 같다. 또 초등학교 6학년 때였는데 친구들이랑 놀다가 넘어졌는데 바지가 찢어지고 피가 났었다. 근데 어떤 여자애가 저보고 불쌍해라고 했었다. 그때는 부끄럽거나 창피하지 않았는데 지금 그게 생각났다. 그게 내가 넘어지고 찢어져서가 아니라 뭔가 옷이 행색이 별로여서 그렇다로 들린 거 같다. **(지금 생각하니 그런 건가?)** 그때는 그런 생각 안 했었다. 아니 오히려 그런 거 신경 안 썼다. 그러거나 말거나. 근데 지금 와서 생각하니 나 자체를 불쌍하다고 생각한 거 같다. 나는 어릴 때 야인 같았다. 동네에 나무들이 있는데 그 나무들을 잘라서 모아두는 곳이 있었다. 이게 크기는 되게 큰데 작다고 생각하면

약간 새 둥지 같은 모양인거다. 내가 초등학교 1~2학년 때 그 나무들을 잘 정리해서 진짜 둥지처럼 해 놨다. 나만의 공간이 없고 학교 끝나면 거기로 갔다. 어차피 집에 가도 아무도 없고… 저녁 먹기 전까지 거기 있다가 들어갔다. 근데 어느 날 엄마가 일찍 들어와서 날 찾다가 거기서 날 찾았고 나는 엄마 따라 집에 왔는데 거기에 있었던 시간에 미련이 있었던 거 같다. 집에 와서 그쪽을 바라보는데 엄마한테 혼날까봐 형 오는지 본다고 거짓말 했었다. **(둥지에서 혼자 시간 보내는 게 어땠나?)** 좋았던 거 같다 솔직히 기분이 잘 기억은 안 난다. 좋았으니까 매일 갔던 거 아니었을까? **(뭐했을까? 혼자서? 심심했을 것도 같은데?)** 모르겠다. 그냥. 아무것도 안 했을지도 모른다. 사실 집에 와서도 아무것도 안 했으니까. 근데 나는 어린 시절 기억 중에 별로 안 좋았던 건 기억하는데 이건 기억이 잘 안 나는 거 보니 좋았던 순간들이 아니었을까 생각이 든다. **(○○씨는 어렸을 때부터 혼자 잘 있었나?)** 그랬던 거 같다. 또 지금 하나 더 생각났는데 어릴 때 혼자 매미도 잡으러 다녔다. 나무도 타고. 매미왕이었다. 엄청 재밌었다. 근데 엄마는 싫어했다. **(왜?)** 막 집에 맨날 매미를 들고 오니까. 난이나 그런데다가 붙여 놓고. 그럼 엄마가 되게 싫어했다. 그래서 아파트 복도에 용도는 잘 모르겠는데 노란 통이 있어서 거기에 다 넣었다. 매미를 잡는 대로. 계속 모았다. **(그 통은 어떻게 되었나?)** 모르겠다. 내가 처리를 하지는 않았는데. 그냥 아파트가 재건축을 하게 됐다. 매미는 하늘나라로 갔을 거다. (웃음) 근데 매미 왕 하니까… 한 3~4년 전에 속상한 일이 있었던 게 기억난다. **(왜?)** 어릴 때 내가 등교할 때마다 내 몸에 매미를 붙이고 다닐 정도로 매미를 잘 잡았고 좋아했는데 4년 전에 여자친구랑 가다가 길거리에서 매미가 너무 많이 울길래 그 생각이 문득 났다. 그래서 내가 매미왕이었다는 얘길했고 믿지 못하길래 잡아 오겠다고 올라가서 잡으려고 하는데 못 잡겠더라. 무서워서. 그때 마음속으로 엄청 울었었다. (살짝 눈물이 남) 지금도 되게 슬프다. (눈물을 닦으면서 웃음) 매미왕이었던 시절이. 그냥 옛날보다 내가 약해 졌어 그런 게 아니라 그냥 내가 이걸 왜 못 잡지? 단순하게 그런 거였다. 나는 매미왕인데… 말이 안 되지 않나. 그래서 그때 마음속으로 엄청 울었다. 결국 경비 아저씨가 와서 못 잡았는데 여자친구는 막 웃고. 무슨 매미왕이 그러냐고. 아 정말 웃겼다. (눈물을 또 닦음) **(근데 그게 웃기긴 한데 속으로 울었다고 하니까 뭔가 지금 어릴 적 기억에 대해 다르게 생각이 드나 보다)** 어제 아는 누나랑 만났는데 그 누나가 사이버대학교에서 심리상담 그런 걸 전공할 예정이라길래 나 그거 하는데 이러면서 얘기하다가 상담하는 거 어떠냐 그러길래 설명해줬다. 인사이드아웃 영화에서 빙봉이 나오는데 상담 선생님이 빙봉같다. 옛날이야기를 하나씩 꺼내면서 나한테 빙봉은 어린 시절의 장면들과 상황들인 거 같은 느낌이다. 내가 잊고 있던 걸 기억하게 된 거 같다.

■ 13회기

(25분 늦음) 사람들이 디자인이나 예술에 대해서 그들은 잘 모른다거나 어렵다고 얘기하는 거는 착각이다. 스스로 옷이나 핸드폰을 고를 때 디자인을 선택한 거다. 디자인이나 예술은 어려운 게 아니고 절대적인 게 아니고 그냥 느끼는 대로 받아들이는 사람 입장대로 하면 된다. (디자인과 예술에 대해서 이야기하고 스티브잡스와 그의 영화를 봤던 이야기를 함) 예술이 어렵다 그러면서 선을 긋는 사람들이 답답하고 안타깝다. 그런 사람들을 보면 꼭 알려주고 싶다. **(특히 주변에 그런 사람이 있나?)** 지금 생각나는 사람은 동네 누나. 자주 만나지는 않는다. 주로 누나가 보자고 하면 만나서 같이 쇼핑해 주거나 공연 보러 가거나 그런다. 그런데 누나는 토론 같은 걸 좋아하지 않고 예술 이런 걸 어려워한다. 그래서 내가 아니라고 얘기하고 설득하려고 하면 도망간다. 실제로 멀리 도망가면 나는 쫓아가다가 그냥 토론하는 걸 포기한다. **(토론하는 걸 좋아하는데 누나는 그런 게 싫은 건가?)** 토론하는 걸 별로 안 좋아한다. 우리 의견이 대립하고 내가 의견을 피력하는 게 싫다고 한다. **(그래서 기분은?)** 재미는 없다. 솔직히 그래서 만나면 어느 순간 나도 말을 안 하게 된다. **(어떻게 알게 된 사람인가?)** 내가 대학을 다시 갈 때 영어 과외를 해줬다. 그래서 내 영어 성적이 올랐고 그게 나한테는 되게 큰 힘이었다. 그래서 나는 빚졌다는 생각이 있다. **(오래 됐는데, 10년이나 넘었다)** 그렇긴 하다. **(○○씨도 누나를 만나고 싶을 때가 있나?)** 내가 먼저 만나자고는 안 한다. 주로 누나가 뭐 하자고. **(그럼 만나서 잘해주나?)** 그냥 뭐. 가끔 나한테 짜증도 부린다. 자기가 일하다가 스트레스 받으면. **(○○씨가 좋은 건 없어 보인다. 만남을 유지하는 이유가 조금 궁금하다)** 그런가? 만나지 말까? **(그건 ○○씨의 선택인데 한 번 생각해 봤으면 좋겠다. ○○씨가 누나를 만나면서 어떤 게 좋은지 어떤 게 나쁜지 그리고 어떤 건 고치고 싶은지 등)** 알겠다.

■ 14회기

내담자가 차를 주차하다가 옆 차를 긁는 바람에 25분가량 늦음. 30분 정도 상담하고 마침. (차가 긁혔고 남의 차를 긁어서 신경 쓰이겠다) 마음은 아프다. 내가 차를 아끼는데… 그래도 뭐 어차피 차는 소모품이어서 괜찮다. 내가 안 다친 게 다행인 거다. (그렇게 말을 하니 내 마음도 안도가 된다. 상담을 진행하면서 ○○씨가 불편하면 나도 신경이 쓰여서…) 괜찮다. (그럼 지난번에 우리가 하려던 이야기를 해볼까 하는데, 그 누나에 대한 이야기 말이다) 누나를 만나면서 좋은 거는 사실 없는 거 같다. 나만 좋은 건 없다. 그냥 그 사람이 좋아하는 영화나 공연을 나도 좋아하니까 같이 가는 거고. 그 외에 나쁜 거는 그 사람이 늦을 때라든가 내 이야기를 잘 안 듣는다든가 내가 토론하는데 도망간다든가. 나는 사실 약속 시간 늦는 게 너무 싫다. 그로 인해서 내 스케줄이 영향을 받는 게 싫다. 그게 제일 큰 거 같다. 그런데 나도 가끔 늦긴 한다. (누나를 만나서 내가 좋은 거는 없지만 같이 좋아하는 것을 공유한다는 의미에서는 그 누나와의 관계가 의미가 있을 수 있겠다. 지난번에 말했듯 자주 만나는 건 아니지만 가끔 만나서 나쁜 게 있어도 참을 만한 거처럼 들린다) 시간 늦는 것만 빼면 그냥 견딜만하다. 엊그제에도 형이 비슷하게 행동했었는데… 내가 금요일에 늦게까지 일을 하려고 마음을 먹고 있었다. 근데 형한테 전화가 와서는 토요일에 짐 실을 게 있어서 내 차를 토요일 오전에 썼으면 한다는 거다. 그래서 나는 일을 하다 말고 형네 집에 차를 가져다 줬다. 예상치 못하게 내 스케줄이 꼬였다. 기분이 별로였고 그래서 좀 투덜거리고 그랬는데 형이 햄버거를 사주면서 나랑 이야기를 하는데 내 화가 가라앉더라. 근데 택시비는 안 줬다. (무슨 이야기를 했나?) 그냥 조카 이야기랑 엄마 이야기. 일상적인 이야기이다. 가족들에 대한 소소한 이야기를 형하고 나눌 시간이 많지 않은데 그 날 그렇게 이야기하니까 기분 나빴던 게 가라앉았다. (비록 ○○씨 뜻대로 회사에서 늦게 일을 하는 것을 시행하지 못했지만 형과 나눈 이야기 때문에 화가 가라앉는 걸 느꼈나 보다. 그게 중요해 보인다) 그런가? 그냥 나는 형이 그렇게 나한테 기분 나쁘게 해도 참을 수 있다. (그럴 수 있겠다. 그날 일을 생각하면 공허한가?) 아니다. (그럼 다른 때 가족들에게서 기분 나빴는데 공허했던 적은 있었나?) 뭔가 가족들과는 관계가 없는데 나 혼자 공허함을 느꼈다. (우리 다음 시간에 그 이야기를 좀 해 보면 어떨까 싶다) 좋다.

■ 15회기

　(10분 정도 늦음) 내가 왜 공허한지를 생각했었다. 뭔가 공허한 순간에 마음에 안 들었겠다고 생각이 든다. 근데 그게 또 헷갈리는 게, 지난 수요일에 바이올린 연습하고 밤늦게 들어갔는데 자기 전에 공허하더라. 그래서 왜 그런지 노력을 했다. 상담을 하면서 내가 그걸 생각을 좀 하는 거 같다. 근데 그러니까 잠을 잘 못 자고 짜증도 난다. 내가 왜 찾고 있어야 하나 싶고. 그 순간에 뭐가 마음에 안 든 건지 그 전인 건지 찾으려 해도 잘 안 됐다. **(찾으려 했다고 하니 ○○씨가 공허한 마음을 이해하려고 노력하고 있는 걸로 들린다. 짜증난다고도 했는데 그게 싫은데도 생각하려고 했다니 달라진 거 같다. 그런데 그냥 이유도 모른 채 공허한 게 나은가? 아니면 공허한 이유를 찾다가 짜증나는 게 나은가?)** 둘 다 싫다. (침묵) 그리고 되게 많은 나를 다시 생각하고 많이 꺼낸 거 같다. 스스로 착각하고 있었다는 생각도 들더라. 예를 들면 초등학교 때부터 집에 오면 아무도 없었다. 그리고 나는 그런 거에 스스로가 무던하고 훈련이 됐다고 생각했었는데 상담을 하면서 착각했다는 생각이 들었다. 그리고 내가 스스로를 가장 좋은 친구라는 생각하는 것도 착각인 거 같다. **(그럼 실제로는 어떤 건가?)** 나한테만 의지하려는 거 같고 남을 잘 안 믿는 거 같고. **(사람을 잘 못 믿을 수는 있다. 그런데 그게 ○○씨한테 어떤 심리적으로 어려움을 준다면 문제일 수 있다)** 그래서 지난주에 친한 형이랑 3일 만났는데 물어봤다. 공허한 적이 있냐고. 그랬더니 그 사람이 공허할 때는 사업이 잘 안 될 거 같은 걱정이 들 때라고 하더라. 그래서 나도 그런 건가 그런 생각이 든다. 내 20살 때 꿈이 내가 30살이 되기 전에 BMW를 사고 싶었다. 근데 못했다. 그래서 공허한가? 바이올린을 잘 하고 싶은데 안 되면, 영화를 봤는데 내 귀중한 시간과 돈을 쏟았는데 재미가 없어서, 지금 다니는 회사가 마음에 안 들어서 등등의 이유를 생각하면 모든 게 다 마음에 안 들어서 공허한가 싶다. 짜증도 난다. 세상이 전부 다 만족하고 살 수 없는데 그 희생 때문에 내가 공허한 건가하고 생각하면 억울하다. 다른 사람들도 다들 만족 못하는데 내가 공허한 건 내가 성격이 이상해서 그런 거 같다. **(당연히 그렇게 생각하면 억울하다. 성격이 이상해서 나만 내가 원하는 걸 얻지 못하면 공허한 감정이 든다고 생각하면 누구라도 억울하다. 그렇게 생각하지 않고 다르게 생각할 수도 있을 거 같다)** (침묵 10초) **(그리고 방금 한 얘기 중에 내가 크게 들렸던 얘기가 초등학교 때부터 집에 오면 아무도 없었다라고 한 거다. 나는 그 이야기가 공허함을 느낀다는 것과 관련해서**

중요한 거 같다. 만약 지금 ○○씨의 조카가 집에 아무도 없는데 혼자 있다고 생각해 봐라. ○○씨는 어떤가?) 눈물이 날 거 같다. 근데 내가 그때도 그런 생각을 할 수 있었을까? 그냥 그게 당연하다 생각했을 거 같다. (그랬을 거다. 더군다나 ○○씨는 엄마를 굉장히 아끼지 않나. 엄마가 일하느라 바빠서 집에 안 계신 것을 막 불평했을 거 같지 않다) 방금 생각난 건데 커서 만나는 사람들이 많아져서 이야기를 나누다 든 생각이 성장과정이 내가 조금 달랐다는 거였다. (어떤 부분이?) 집에 엄마가 없어서 혼자 뭐 시켜먹고 사먹고 했던 거, 매미를 막 집착적으로 잡으러 다녔던 거, 그때 얘기한 혼자 나무둥지 안에서 놀았던 거 등. (그런 부분이 다르다고 느꼈다니 반갑다. 왜냐하면 ○○씨가 특히나 감정을 잘 표현 안 하고 그냥 넘어가고 귀찮아하고 그러는 게 나는 조금 너무 혼자 있어서 그런가 하는 생각을 했었다. 혼자 있다 보면 표현할 기회가 많지 않다. 그럼 꼬마 ○○가 어릴 때 혼자 집에 있으면서 순간순간 느낀 감정을 그냥 혼자 정리하고 말았을 거다. ○○씨가 스스로가 가장 좋은 친구라고 한 거처럼. 근데 그러다 보면 외롭지 않을까 한다. 그리고 그게 성격이 이상해서 라고 할 문제도 아닌 거 같다) (침묵) (지금 내 이야기가 어떻게 들리나?) 논리적이다. 그리고 조금은 충격적이긴 하다. 나는 왜 몰랐을까 하고 창의적이라는 생각도 들고. (기분이 나쁜가?) 나쁘다기보다 묘하다. 인사이드아웃에서 빙봉이 나는 네 어릴 적에 상상 속에 있었더라고 하듯이 상담선생님이 빙봉이 되어서 이야기해 주는 거 같다. 좀 슬프다. (잠시 울다가 멈춤) 상담하면서 어릴 적 기억들을 찾아보려고 했고 그게 잘 안 되서 어려웠는데 그래도 내가 많이 생각한 거 같다. (맞다. ○○씨가 많이 노력해서 생각을 꺼냈었다. 그랬기 때문에 우리의 상담이 지금까지 유지된 거다)

■ 16회기

　지난 주 상담 끝나고 느낀 게 있다. 뭔가 모든 게 끝나는 느낌이 든다. 파멸이 아니라 반지의 제왕 영화에서처럼 프로도가 반지를 결국 산에 버리고 영화는 끝났다. 물론 반지를 던지면 모두가 행복해지고 악의 무리들이 없어지지만 나는 프로도가 반지를 던지지 말았으면 했다. 나한테는 영화가 끝나는 게 싫었다. 해피엔딩이지만 결국 끝나는 거다. 왜냐하면 나는 그 프로도가 계속 주인공이었으면 좋겠다고 생각했다. 내가 캐릭터를 좋아했고 그 캐릭터가 계속 여행을 했으면 좋겠다고 생각했다. (그 영화가 끝나지 않았으면 하는 마음이 ○○

씨가 정말 바라는 바이고 그게 프로도의 캐릭터가 좋았고 프로도가 그 캐릭터로 계속 살아갔으면 하는 마음인 건가?) 그렇다. 나는 그 여행이 끝나는 게 슬펐다. 근데 이 내가 공허함을 생각하고 상담한 내용을 생각하면서 그 영화가 생각났다. 어렸을 때부터 내 감정을 얘기할 사람이 없었고 그게 익숙해졌기 때문에 참고 있는 거처럼 보일 수 있다는 거에 대해서 생각했고 역시나 그런 거 같았다. 그러고 보니 나는 아이들이 혼자 놀고 있는 모습을 보거나 아이들이 친구들하고 놀고 있어도 측은한 마음이 든다. 예를 들어 조카가 주말에 우리 집에 오는데 형은 뭐 배우러 가고 형수는 잠깐 쉬러 가니까 조카가 부모 없이 우리 집에 있는 게 나는 슬펐다. 또 중학생 꼬마가 차에 전단지 꽂는 알바를 하는 걸 우연히 보고 집에 와서 통곡을 했다. 그게 나를 연상해서 생각하는 거 같은 느낌이다. (아이들이 혼자 놀거나 부모의 부재 상황에 있을 때, 돌봄을 받고 있지 않는 걸 볼 때 ○○씨가 그 모습에서 자신의 과거 모습이 보이는 거 같다. 이 이야기가 나는 반갑다) 나는 지금도 그렇다. 사실 혼자 집에 와서 밥 차려 먹거나 하면 슬프다. (그런 내가 어떻게 느껴지나?) 대단하다고 생각되고, 안타깝고 바보 같다고 느낄 때도 있고 괜찮을 때도 있다. (그렇게 느껴지는 내가 어떤가?) 지금은 좋은 거 같다. (공허함을 느끼는 거에 대해서 좀 더 얘기해 보고 싶은 건 없나?) 내가 공허한 이유에 대해서 조금 알게 됐고 그게 내 과거에 뿌리를 두고 있다는 생각이 드니깐 한결 덜 답답하다. 그리고 감정을 표현하면 덜 공허할 수도 있겠다는 생각도 했었다. 나는 감정이 중요하다고 생각한다. 그런데 통제도 하고 싶고 지금 내가 하는 방식이 마음에 든다. (○○씨의 말에서 힘이 느껴지는 거 같다. 내가 공허하지만 내가 살아온 역사에 뿌리를 두고 있기도 하고 그 감정은 중요하다는 것도 인정하고 그를 내 마음대로 통제하고 싶다는 생각을 하는 모습에서 힘이 느껴진다) 감정들이 그동안 나한테 말을 걸어왔었다. 근데 나는 좀 조용히 해봐라 하고만 했었고. (침묵) (○○씨한테 그 감정들의 중요성을 부과하고 있다는 게 중요하다) 중요하다. 근데 내 마음대로 통제할 수 없으면 로보트가 되고 싶은 때도 있다. (그런 것도 내가 감정을 이겨내는 방법일 수도 있겠다. 그런데 로보트가 돼서 어떻게 행동할 수 있을지에 대해 구체적으로 듣고 싶다. 다음 시간에 들었으면 한다)

■ 17회기

상담 시작하면서 나는 내 감정을 기억하고 상담 와서 이야기하려고 하다 보니, 더 고통스러웠다. 예전에는 공허함이나 안 좋은 감정이 올라오면 막 더 일에 몰입하거나 주의를 다른 데로 돌리거나 그렇게 했었다. 감정이 없는 로봇처럼 습관적으로 다른 걸 생각하거나 하고 있는 일에 더 집중하거나. 그런데 상담을 하니까 그 감정들을 다시 보게 된 것도 있다. 어찌 보면 감정을 느끼는 거니까 좀 더 고통스러운 것도 있었다. 그래도 상담 와서 내가 느꼈던 공허함에 대해 공유하고 이야기하는 거는 좋았다. 더군다나 그 감정을 이야기하다가 옛날 어릴 적 기억들이 새롭게 보였고 좋았던 기억도 생각났고 그랬던 것은 의미가 있었던 거 같다. 하지만 여전히 나는 공허함을 느끼고 있다. 그리고 공허함의 이유를 알았는데 나는 그 공허함이 사라지지 않아서 그게 좀 의아하다. **(상담에서의 우리의 목표는 공허함을 해결한다기보다는 공허함이 왜 생기는지 이유를 알고 나를 이해해서 공허함이 생기는 막막함에서 벗어나고자 했었던 것인데 그거에 대해서는 어떻게 생각하나?)** 그게 목표이긴 했지만 나는 이유를 알면 공허함이 사라질 줄 알았던 거 같다. **(○○씨는 감정을 로봇처럼 느끼지 않을 수 있다고도 하고 로봇처럼 행동하고 싶다고도 한다. 그런데 공허함은 느껴진다. 로봇처럼 느끼지 않고 무시할 수 없는 감정인 거 같다. 그만큼 ○○씨가 해결하고 싶은 감정인 거 같다. 스스로 공허한 이유에 대해서 우리는 이야기를 나눴던 거 같은데 어떤가?)** 내가 어릴 적부터 감정을 공유할 사람이 주변에 쉽게 있지 않았고 그래서 내가 순간 느끼는 감정들을 그냥 모른 채 넘어가서 그런 거 같다는 이야기를 했었다. 그거 말고는 이유가 없는 거 같다. 그런데 그 이유를 알아도 나는 공허하다. **(○○씨는 스스로 공허하지 않았으면 하는 마음이 있다. 그런데 어릴 때 주변에 엄마가 부재했고 감정을 공유할 수 있는 표현할 수 있는 의미 있는 사람이 없던 상황에 대해서는 어떻게 느껴지나?)** 그냥 어쩔 수 없지 한다. 다 지나간 일인데 그걸 뭐 어떻게 하겠나 싶다. **(그게 어쩔 수 없다고 이야기하고 덮어두는 것이 어쩌면 공허한 감정의 이유를 알아도 공허한 게 아닐까? 굳이 그 상황에 대해 억울해 하거나 슬퍼하거나 화내고 싶지 않은 게 ○○씨의 마음이고 그건 지금까지의 ○○씨의 선택이었던 거 같다. 혹은 이유가 정말 마음에 와 닿지 않거나)** 그 이유 말고는 없는 거 같다. 근데 나는 나한테 필요한 것만 한다. 지금 와서 어릴 적에 그런 상황에 놓였던 것에 대해 엄마나 아버지에게 향하는 감정을 굳이 꺼내고 싶지 않다. 그냥 나는 내성도 생긴 거 같고… 그리고 나는 비슷하게 죽음에 대해서도 그리 두렵지 않다. 가끔 운전하다가도 트럭이 옆에 와서 박는 상상을 하는데 자주 그런 생각을 해서 죽음이 두렵지 않다. (그건 왜 그런가?) 가족에게 얘기하는 건 이제와 소용이 없다. 그리고 죽음은 많이 생각해 봐서 별로 공포스럽지 않다. (그 얘기를 하니 하고 싶은 얘기가 있다. B형 간염을 앓고 있는데 그거에 대해서 이야기할 수 있나?) 난 덤덤하다. 외계인이 쳐들어왔는데 내가 더 좋은 무기가 있고 물리칠 수 있으면 내가 이길 수 있다. 그런데 지금은 나한테 그런 게 없다. 세상에 없단다. 그리고 외갓집에 어른들도 다 그렇게 돌아가셨고 그 나이 때도 비슷하다. 난 덤덤하다. 하나 바람이 있다면 영화의 주인공처럼 사라지고 싶다. 병상에서 죽고 싶지 않다. (몇 년이 남았나?) (침묵 3초) 하… (약 1분간 울음) 처음 듣는 질문이었는데. (상담자인 나는 계속 얘기를 못하고 있었는데 그것도 중요한 문제일 거 같았다. 먼저 얘기해 주길 기다리고 있었다) 뭐라 해야 할지 모르겠는데 (침묵 4초) 확률적으로 보면 이제 반 정도 산 거 같다. 물론 모두 다 그렇게 간암까지 가지 않는다. 건강관리 잘하면 괜찮다. 근데 나는 술 담배도 하고 제일 좋아하는 것이 스시다. 날 것을 먹으면 안 되는데. 간암 확률이 한 6~70%된다. 28살에 간경화, 간암 전 단계까지 갔을 때는 너무 슬펐다. 좀 이따 사촌형이 쓰러졌고 사촌 형은 결국 간이식을 받았다. 그리고 잘 관리하면서 산다. 나 혼자 세상을 살아간다 하면 이건 아무 의미 없다. 두렵진 않은데 억울할 거 같다. 죽기 전에 하고 싶은 것들이 아쉬움이 남고 가족들이 제일 마음에 남는다. 형은 강하고 어릴 때 나를 혼내기도 했지만 잘 챙겨줬다. 형도 4~5년 전에 수술을 했는데 울먹이며 자기는 건강하다고 생각하는데 왜 병원에서는 아니라고 하는지 모르겠다고. 그런 게 마음에 쓰인다.(울음) (무덤덤하다는 마음을 때로는 좀 놓고 싶을 거 같다. 나라면) (침묵 23초) 그래도 나는 아직까지 젊어서 그런지 별로 크게 신경 안 쓴다. 내일 아닌 게 어딘가 싶다. (웃음) 물론 아프면 약을 못 먹고 그대로 버텨야 하지만. 여드름 나면 약 먹고 싶은데 약을 안 준다. 나는 외모가 중요해서 그런 거 상관없는데. 그리고 나는 누구보다도 클라이밍을 잘 한다. (잠깐 요새 하는 운동, 필라테스와 클라이밍에 대해 자랑을 함) (앞으로의 일이라 어찌될지 모르는 것도 맞는 말이다. 하지만 ○○씨의 지금 울음도 억울함도 당연한 거 같다. 그리고 누구보다 나는 건강하다고 생각하며 사는 것도 잘 하고 있는 거다. 그리고 가족에 대한 마음도 나는 충분히 이해한다. 그렇지만 스스로 느끼는 공허함의 이유에 대해서는 주목할 필요가 있지 않나 싶다. 우리의 이번 상담은 다음 주면 마치지만 ○○씨가 다음 기회에 상담을 하게 된다면 스스로를 더 잘 돌볼 수 있는 방법을 생각하게 되길 바란다. 공허함에 대해서도 말끔히 해결하고) 그래도 앞으로 공허함을 더 잘 다룰 수 있을 거 같다. 참을 만해졌다. **(이번 한 주 잘 보내고 다음 주 마지막 상담에 보자)**

■ 18회기 축어록

(내담자가 반포 쪽에서 콜택시를 부르고 상담자에게 자신이 택시 타고 올 것을 알렸으나 약 20분 늦음.)

(상1) 토요일 낮에 강남역을 택시를 타고 뚫고 오느라 고생했겠어요.

(내1) 사실 택시 타고서는 별로 안 걸렸어요. (그럼요?) 택시가 넘 늦게 왔어요. (그렇군요. 아저씨가 늦으신 거였군요.) 지난 시간에 저 때문에 괜히 시간 낭비하셨죠. (웃음)

(상2) 그날 마라톤하는 걸 저도 몰랐고 OO씨도 몰랐잖아요. 덕분에 다음 일정을 좀 빨리 갔어요. (웃음)

(내2) 아… 그건 정말 죄송해요. 괜히 저 때문에.

(상3) 아니에요. OO씨가 의도한 게 아니라서 괜찮아요. 그렇지만 사과를 하고 싶으신 거면 사과는 받을게요. (웃음) 오늘은 우리 상담의 마지막이에요. 뭔가 하고 싶은 말이 있을까요?

(내3) 음… 딱 그래 정답이야 라고 할 수는 없겠지만. 그래 그럴 수 있겠다 하는 생각들이 들어요. (어떤 거에 대해서요?) 어렸을 때 이렇게, 하, 음… 감정을 표출할 대상이 없어서 그런 것들을 쌓아두고 있는… 최근에 아는 동생이랑 얘기를 하고 있었는데 동생이 그런 얘기를 하더라고요. 나는… 관심이 없잖아. 이렇게 얘기를 하더라고요. (누구한테요?) 자기한테요. (OO씨가요?) 네. 이성적인 관계는 아니에요. 되게 그냥 친동생 같은 친군데. 그렇게 얘기를 하니까 내가 정말 그렇게 사람들한테 보여지는구나 하는 생각이 들었어요. 예전에는 그냥 별로 신경도 안 썼을 거예요.

(상4) 아… 음 그랬군요. 근데 사실 어떤 맥락이었는지 잘 모르겠어요.

(내4) 카톡으로 얘길 하고 있었는데, 음… 제가 자기한테 안 착하대요. 그래서 제가 나는 모두에게 착해 라고 했어요. 그랬더니 아니래요. 나는 착하지도 나쁘지도 않대요. 관심이 없는 거지.

(상5) 그 말을 들으니 어떤 생각이 들었어요?

(내5) (침묵3초)뭔가 사람들을 대할 때 그… 두 가지 생각을 할 수 있을 거 같은데 나의 뭔가 감정을 못 느끼는구나. 내가 안 한다기보다 사람들이 못 느끼는구나… (음) 잘 하고 있어 라는 그런 생각? (잘 하고 있는 뭐예요?) 음… 그거는 그냥 이렇게… 그게 좋아요. (어떤 게 좋아요?) 약간 냉혈인간 같은 게 좋아요. (침묵 4초) 정확히는 차가운 사람에 가깝지만은 미스터리한 게 좋아요. 누군가가 생각했을 때 아리송한 포지션이었으면 좋겠어요.

(상6) 음… OO씨 그게 좋을 때가 구체적으로 언제이죠?

(내6) 첫인상일 때요. 첫인상이라는 건 바뀌기 힘들잖아요. (스스로 바뀌기 힘든 사람인 거 같아요?) 음… 왔다갔다하긴 하는데 그래도 제 중심이 있는 거 같아요. (그럼 첫인상이 아리송하다는 느낌을 다른 사람한테 주고 OO씨는 중심이 있으니 그게 계속 되겠네요.) 네.

그죠. 너무 친하고 싶지 않아요. 사실 사람들하고. 엄청난 벽을 허물 정도로 그렇게 두텁게 지내고 싶지 않아요. (음) 왜냐하면 이게, 한 번도 그래본 적이 없는… 뭐 물론 그래본 적이 없는 건 아니지만. 몇몇 친한 사람들은 있죠. 근데 왠지 모두에게 그럴 필요가 없다는 생각이 들어요.

(상7) 그 친한 사람 중에는 누가 있나요?

(내7) 부모님과 지난 번 얘기했던 그 형. 그리고 제일 친한 친구.

(상8) 그럼 그 사람들한테는 어때요?

(내8) 그럴 때가 적죠. (웃음) (왜 웃어요?) 제가 좀 고집 센 거 같아요. (그게 무슨 말이에요?) 음… 상담에서 공허한 이유에 대해서 어느 정도 일리 있는 이유가 생겼고… 근데 저는 냉혈한인 게 좋고. 친한 사람들한테도 뭐 그다지 그렇지 않고. 아리송한 게 좋다고 하니까요.

(상9) 그래서 공허한 거에 대해서는 이제 어때요?

(내9) 제가 잘 견뎌야죠. 사실 강도는 더 세진 거 같긴 해요. (그래서 어떤가요?) 잘 참아야죠. 잘 안 참으면 뭐 어떻게 하겠어요. (그게 무슨 말이에요?) 말해도 돼요? (네) 극단적인 상황. (예를 들면?) 마포대교 (웃음) (근데 웃으면서 얘기하네요?) (웃음) 물론 저는 안 그럴 거니까.

(상10) 안 그럴 거라는 걸 확신하시는 건가요?

(내10) 네 확신하죠. (물 마시고 침묵 5초) 안 그런다는 전제 조건하에, 시행을 안 하면 참는 거 아닌가요. (어떤 시행?) 그러니까 마포대교로 가지 않는다면 결국엔 참는 거 아닌가요? 아 괜찮아 참을 수 있어 이런 게 아니라 힘들어도 어쨌든 계속 지내고 있는, 계속 지낸다는 건 참는 거잖아요. 그런 의미에서 참는 거죠.

(상11) OO씨에게서 받은 제 인상은 그 전에도, 상담 전에도 잘 참고 계셨던 거 같아요. 근데 저는 상담을 하면서 OO씨한테 안타까웠던 건, OO씨는 참는다고 얘기를 하는데 저는 그냥 공허한 게 OO씨의 일부라고 생각할 수도 있지 않나였어요. 마포대교를 가지 않으면 참는 거라고 하는 얘기는 극단적인 거 같아요. 그 정도로 힘들다라고 얘기할 수 있는데… OO씨 상담에서 스스로가 로보트가 되고 싶고 괜찮다고 하고 무덤덤하다고 하잖아요. 분명 싸우고 있는데 말이에요.

(내11) 그죠. 그래도 마포대교를 가지 않는 건 분명 저한테 이득이에요. (그렇게 생각하나요?) 네. 그러면서 하루라도 무언가 새로운 걸 하거나 더 혜택을 누리겠죠.

(상12) 음… 새로운 걸 한다는 거에 대해서 얘기를 좀 해 볼게요. OO씨가 인생에서 하고자 하는 일이 있잖아요. (네 많죠) 그 일들에 대해서 이야기를 해볼까요?

(내12) 네. 일단 골은 하나예요. (어떤 거예요?) 저는 여기를 벗어날 거예요. (여기가 어딘가요?) 지구를 벗어날 거예요. (음… 그리고 어디로 가나요?) 달로 갈 거예요. (아… 그리고요?) 그리고가 아니라 그리고는 없어요.

(상13) 달로 가면 인생이 끝나지는 않을 거 아니에요?

(내13) 하지만 그 이후를 생각해 본 적이 없어요. (왜요?) 그건 그때 가서 생각해 보려구요.

(상14) 그럼 달로 가는 게 OO씨의 인생 목표네요. 달에 가서 뭘 하겠다가 아니라. 그리고 그 골을 위해 살고 있는 거구요. (네) 뭘 하고 있나요?

(내14) 일을 하고 있죠. 쇼핑을 하고 있고 밥을 먹고 있고 운동을 하고 있고. (그럼 달에 가는 것과 관련이 좀 없어 보여요) 왜 없죠? (어떻게 관련이 있어요?) 일단 달에 가려면 돈이 필요해요. 그래서 저는 일을 하고 있는 거고. 뭐 전혀 특별하다고 생각 안 하지만, 그 달에 가는 비용이 일반적인 상식에서는 구할 수 없는 선이기 때문에. (얼마나 하나요?) 지금은 정확히 모르겠는데 한 10년 전쯤에 500억 들어갔다는 걸 알고 있어요. 민간인한테. 근데 뭐 지금 테슬라가 열심히 일하고 있으니까 뭐 반이라고 해도 한 250억은 필요하겠죠. 근데 그걸 벌기 위해서는 단순 직장인으로서는 벌기 힘든 돈이잖아요. 뭐라도 하나라도 더 하는 거죠. 하려고 하는 거죠.

(상15) OO씨가 그래서 사업을 하려고 했군요. 10년 전에 얼마가 드는지 생각했다면 그 목표가 오래 됐나봐요. 물론 지금은 정확히 모른다 하셨지만. 어찌됐든 요즘에는 OO씨 하는 일은 어떻게 되어 가고 있나요?

(내15) 지금 모은 돈 다 한 곳에 올인할 생각이에요. 사무실 구하고 있어요. (사업을 시작하나요?) 네. 이거 상담 끝나고도 가야 해요. 그래서 지금 직업이 3개거든요. (어떤 게 있죠?) 원래 있던 사업체, 디자이너, 그리고 디자이너. (디자이너 직업이 2개네요?) 네 샵을 하나 할 건데 제가 거기서 할 수 있는 일은 디자이너랑 운영이에요. (아~ 무슨 샵이에요?) 테일러샵이에요 (아 정말요?) 네 (그럼 OO씨가 직접?) 아니요 제가 직접 옷을 만들진 않을 거예요. 같이 하는 형이 원래 테일러 일을 했었고 저는 디자인만. 그리고 이거 준비하면서 알게 된 사람이거든요. (음) 근데 옷을 만들면 이정재나 정우성 이런 사람들을 입힐 수가 있어요. 그러길 기대하고. 그래서 통장에 잔고가 없어서. (웃음) 아 물론 아직 다 쏟아붓지는 않아서. 그리고 조금은 남겨둘 계획이에요.

(상16) 마음이 바쁘겠어요. 그런 OO씨 삶 안에서 공허함은 어떤 위치를 차지하는 거 같아요?

(내16) 장애물이에요. 일을 하는 도중에 공허하면 사실 일을 더 열심히 해야 하는데 저는 그렇게 강한 성격이 못 되는 거 같아요. 예전에는 그래도 뭐라도 했던 거 같은데 최근에는 엄청난 큰 숨과 좀 쉬어야 돼요. (음) 짧게 5~10분 정도 쉬어요. 사실 숨을 못 쉴 정도는 아닌데 너무 답답해요. 그래서 크게 숨을 안 쉬면 미쳐버릴 거 같아요. (그럼 5~10분 숨을 쉬고 나면 좀 괜찮아요?) 사실 크게 변하는 건 없는데. 시간은 흐르니까 일적인 부분에서 시간은 나한테 주어져 있고. 마지못해 끌려가는 기분이 있어요. 그래서 (어디에 끌려가요?) 일에. (공허함이 아니라 일에 끌려가요?) 네 (음) 그래서 요즘 저 너무 피곤해요.

(상17) 음… 공허함이 아니라 일에 끌려간다는 건 공허함을 더 조금 더 염두에 둔다는 건가요?

(내17) 아니요. 시간은 계속 흐르잖아요. 지금도. 그런데 나한테 주어진 시간은 정해져 있잖아요. (네) 그 일을 금요일까지 해. 그러면 무조건 금요일까지 해야 하는데 지금 내가 스트레스 받는다고 쉬어버리면 안 되잖아요. 그래서 어쩔 수 없이 일을 하게 된단 말이에요. (음) 그럼 당연히 결과는 불 보듯 뻔하죠. 그래서 악순환이 되고 있어요. 그래서 지금. (음)

(상18) 어떻게 하고 싶어요?

(내18) (침묵 4초) 사실 지금은 아무것도 하고 싶지 않아요. (아무것도?) 일도 하고 싶지 않고. 그냥 무의 존재가 됐으면 좋겠어요. (음) 아무 생각도 안 들고, 안 하고가 아니라, (어려운데요?) 배도 안 고프고 (아… 너무 어렵네요.) 그냥 무의 존재가 됐으면 좋겠어요. (당분간?) 그렇죠. 당분간 (요새 많이 지쳤나봐요.) 그냥 피곤한 것도 피곤한 건데 스트레스가 너무 심한 거 같아요.

(상19) 뭐에 대한 스트레스에요? 공허함에 대한 스트레스에요 아니면?

(내19) 그냥 전체적으로. 모든 것들이 다. 맘에 안 들어요. 제 자체가 지금 스트레스에요. 스스로가 (정말? 그건 정말 큰일 날 일인데요.) (웃음)

(상20) 왜 웃는지 궁금하네요.

(내20) 일단 오늘 좀 짜증났던 거는… (침묵 5초) 간만에 쇼핑을 했는데 주중에 옷이 아직도 매장에 안 들어왔대요. 그게 너무 짜증났고. 스트레스였고. 차도 마찬가지고. 차 사실 고치면 그만이잖아요. 저는 그 새벽 3시에 저한테 전화가 오고 제가 경찰에 신고해야 하는 거 자체가 너무 짜증이 나는 거예요. 심지어 사고처리하고 경찰 오고 가해자 와서 끌려가고 전 다시 집에 들어와서 잠이 깬 상태잖아요. 뿔이 난 상태이긴 하지만 어찌됐든 다시 잠을 잤는데 1시간인가 1시간 반 후에 또 전화가 왔어요. 가해자 보험사래요. 그런 것도 너무 짜증이 나구요. 저는 진짜 그럴 때 아… (침묵 5초) 그 사람을 죽이고 싶다는 생각까지 했어요. (화나죠. 충분히 화가 날 만해요. 새벽에… 화 좀 냈어요?) 그죠. (어떻게 냈어요?) 그냥 뭐.. 내일 아침에 전화하라고. (그렇게 젠틀하게?) 뭐 그게 그렇게 젠틀하게는 안 했는데 (웃음)

(상21) 화를 좀 내주 지르지 그랬어요. 소리도 좀 지르고

(내21) 그럼 집안 사람들 다 깨잖아요. (음) 저도 그럼 잠이 깰 거고. 그냥 귀찮아서 아 그냥 내일 전화해요. 그렇게 얘기했어요. 그리고 되게 많은데… 다 얘기해도 돼요?

(상22) 요즘 짜증났던 것 중에 공허함과 관련된 게 있어요?

(내22) 음… 스트레스랑은 조금 달라요. 공허함. 스트레스는 제가 큰 숨을 낼 필요가 없어요. 세금 내는 거 귀찮고 스트레슨데 큰 숨을 들이쉴 필요가 없잖아요. 근데 공허함은 일을 멈추게 할 정도인 거 같아요.

(상23) 그럼 요 일주일 최근은 공허했나요?

(내23) 여유로울 때 찾아와요. 공허함은. 그래서 요새는 덜 한 거 같기는 해요. 사실 횟수를 세어보진 않아서. (음… 그럼 일이 바쁘게 돌아가는 건 어찌 보면 좋은 거네요. 요새 바쁠 때 얼마나 공허한지 세어본 적이 있어요?) 굳이 그럴 필요가 없다고 생각해요. (왜죠?) 의미가 없는 거 같아요. 그 횟수를 세어 뭐 어떻게… (웃음)

(상24) 공허한 게 그냥 괜찮은가 봐요?

(내24) 제가요? (네) 그래서 저는 이런 게 좋아요. (무슨 말인가요?) 사람들이 착각을 하거든요. 아리송하고 미스터리하거든요. (음) 그런 게 좋아요.

(상25) 그럼 제가 OO씨한테 착각을 하는 게 좋아요?

(내25) 그렇게 보이는 게 좋다고 얘기는 하지만… 저는 알거든요 제 스스로가 얼마나 큰 고통을 감내하고 있는지. 마치 캡틴 아메리카가 뉴욕 시티를 지켜야 하는데 얼마나 큰 부담감이겠어요. 저는 그 큰 부담감을 이해할 수 있어요.

(상26) 고통을 감내하고 있는지 내 스스로만 알아도 된다는 얘기처럼 들려요. 상담자인 저도 착각하는 게 좋다고 하는 걸 보니.

(내26) 보통 사람들이 다 저를 착각하는 게 좋으니까. 근데 상담자는 저를 세상에서 두 번째로 잘 아는 사람인 건 맞아요. (첫 번째는 누군가요?) 저요.

(상27) OO씨는 상담이 어려운 사람이에요. 사실 본인이 원해서 상담을 하러 왔지만 과연

얼마나 상담이라는 작업에 대해서 마음을 열고 있었느냐에 대해서는 저는 확신이 잘 안 들어요. 하지만 그 확신을 제가 줄 수는 없는 거 같아요. 스스로가 끝까지 변하지 않는 한 말이에요.

(내27) 미안해요. (왜 미안한가요?) 괜히 저 때문에 시간 낭비한 게 아닐까 하는 생각이 들어서요. (그런 생각을 하시는군요. 제가 시간 낭비했을 거라고.) 네.

(상28) 그래요. OO씨 생각에는 제가 시간 낭비한 거처럼 보일 수도 있겠어요. 그럼 OO씨는 뭘 얻었는지 궁금해요.

(내28) (침묵 6초) 솔직히 제가 적극적이지 않았어요. 그냥… 이런 게 좋아요. 저는 이렇게 할 거예요. 그런 거 왜 해야 하죠? 라는 말을 했던 거 같아요. (음) 예를 들면, 감기 걸려서 내과에 갔는데 감기약 드셔야 합니다. 주사 맞으셔야 합니다 뭐 그러면 저는 강한 사람이 되고 싶어서 감기약 없이 버텨볼려구요. 약간 그런 느낌으로 했던.. 그런 느낌으로 병원을 간 거처럼요. (음)

(상29) 모순되네요

(내29) 네. (그런 자신이 어떻게 느껴져요?) 그냥 괜찮아요. 그래도 저는 상담선생님 덕분에 어린 시절에 잊었던 기억을 다시 찾아낸 거 같고. 그걸 느낄 수 있었어요.

(상30) 그게 OO씨한테 정말 의미가 있었나봐요. 상담은 여기서 마칠게요. 마지막 날까지 OO씨가 일관성 있게 늦어주셔서. 좀 짧지만 여기서 마칠게요. (웃음)

(내30) 약속을 지키지 못해서 미안해요.

대학원생 소감

접수면접에서 내담 경위가 없어서 내담자가 자발적으로 상담을 받는 것인지, 누구 소개를 통해 비자발적으로 왔는지 알 수 없었다. 내담자가 상담이 끝날 때까지도 상담에 늦게 왔는데 내담 경위를 알았다면 이러한 행동에 있어서 좀 더 이해하는 데 도움이 되었을 것이라 생각이 든다.

내담자의 감정을 물어볼 때 '감정은 어떤가? 당황스러운가?'라고 상담자가 판단 후 폐쇄형 질문을 하기보단 감정이 어떤지만 물어보는 개방형 질문으로 물었다면 좋았을 것 같다. 그리고 내담자의 스트레스 대처방식이 부족한 것으로 보였다. 음악을 들어서 공허함이 해결된다면 모르겠지만 공허해서 음악을 듣는 것인지 음악을 들어서 공허해지는 건지 모르겠다고 한다면 상담자가 다른 적절한 취미를 같이 탐색해주는 것이 어땠을까란 생각이 들었다. 특히 내담자 삶에서 큰 비중을 차지하는 조카에 대해 예를 들어 '왜 그렇게 좋아하는지?, 자기와 닮아서 그런 것인지?' 등 질문이 부족했던 점이 아쉬웠다. 상담과정에는 내담자가 본인의 기분을 얘기할 때 감정은 어떤지, 기분은 어떠한지 물어볼 뿐 처음 잡았던 상담 목표와 거리가 먼 상담이 이루어지고 있는 느낌을 받았다. 또 내담자에 대한 상담자의 감정 공감이나 지지가 부족했다고 생각이 든다.

마지막으로 끝까지 내담자가 상담시간을 지키지 않고 늦게 온다면 내담자와 상담자 모두를 위해 충분히 늦게 오면 안 되는 이유를 설명을 해 줬어야 된다고 생각한다. 내담자가 상담시간을 지키지 않고 평균 15~20분씩 늦게 온 게 제일 큰 아쉬움으로 남았다.

작성자: 안지호(S 대학교 대학원 상담심리학과 재학중, 인턴실습수련생)

상담사례에 대한 전문가 논평

본 사례의 내담자는 알 수 없는 공허함을 자주 느끼며 이를 해결하고 싶은 마음을 호소하고 있다. 이러한 내담자와의 심리적 접촉을 시도하기 위해 상담자는 지속적으로 내담자의 감정에 대해 살펴보았으며, 그와 관련된 경험을 들으려고 노력하였다.

MMPI-2 결과를 보면, 9-6 척도가 70T 이상으로 크게 동반상승하는 모습을 보이고 있다. 그리고 내용척도, 정신병리5요인, 재구성임상척도에서 per(82T), abx(73T), psyc(72T), BIZ(78T) 등 psychotic features가 의심되며, Aggr(74T), ANF(80T), FAM(82T) 등 정서적인 어려움(특히 가족관계에서)도 매우 큰 것으로 예상된다. 이 같은 검사결과들을 볼 때 조증의 가능성을 고려할 필요가 있어 보인다. 그러므로 불안, 조울과 관련한 정서경험의 기간과 반복되는 정도 등을 구체적으로 파악하며, 대인관계 망상, 기이한 감각경험 등 사고 및 지각체계에 대한 구체적인 평가가 필요하다. 증상의 기간, 빈도, 강도 그리고 내담자가 상담실에 오기 전 정신과를 가려고 한 이유와 계기, 사건 등에 대해 구체적으로 탐색하여야 한다. 심리검사를 보면 전반적으로 내담자가 정서적으로 상당히 취약한 것으로 드러나는데, 상담 중에 느껴지는 내담자의 모습은 종종 눈물을 흘리기는 하나 시니컬한 느낌이 우선적으로 느껴져 주변사람들로부터 내담자의 심리적 현실을 제대로 이해받지 못할 가능성이 높아 보인다. 증상의 정도를 정확히 파악하여 약물치료의 병행여부를 고려해야 하며, 지지적인 장기상담이 필요한 내담자로 판단된다.

내담자 문제에 대해 이해를 먼저 해보도록 하자. '엄마와 음악을 들을 때 정서적으로 접촉되어 있다', '바이올린도 같이 할 때가 제일 재밌다', '남들이 옷 살 때 같이 봐주는 거 좋아한다', '형이 버거를 사주면서 나랑 이야기를 하는데 내 화가 가라앉더라' 등과 같은 내담자의 반응을 고려할 때 내담자는 다른 사람과 함께하는 것을 좋아하며, 함께하고자 하는 욕구가 높은 것으로 보인다. 그러나 내담자는 '자신의 감정이나 기분을 표현하는 게 귀찮고, 굳이 표현해서 뭐하나 싶은 생각을 자주 하며, 먼저 연락해서 만나자고 하지도 않고, 해봐야 달라지지 않는다는 회의적인 태도를 보이는' 등 자신의 대인관계 욕구를 충족시키기 어려운 대인관계 패턴을 보인다. 그렇다면 내담자가 왜 이러한 대인관계 패턴을 갖게 된 것일까?. 상담자가 15회기에 적절하게 내담자에게 직면한 바와 유사하게, '초등학교 때부터 집에 오면 아무도 없고, 먹는 거나 입는 것에 대한 보살핌도 적절하게 받지 못했으며, 간혹 형이나 아버지가 있어도 이들에게 얻어맞기 일쑤였고, 그나마 내담자가 좋아하는 어머니는 집에 거의 없는 상태에서 내담자가 어떤 감정과 무슨 생각을 하면서 그 상황을 견디어 냈을까'를 함께 이야기 나누어보면 내담자의 대인관계에 대한 신념과 패턴을 좀 더 명료하게 이해할 수 있을 것이라 생각된다. 추측건대 어린 내담자가 힘듦과 외로움을 이야기하고 투정을 부려도 부모가 이를 거의 수용하거나 이해하지 못하고, 오히려 처벌을 했을 가능성이 있다(이 부분에 대해 더 구체적으로 탐색이 되면 좋았을 것으로 판단된다). 이 과정에서 내담자는 '나에 대해 다른 사람에게 이야기 해봐야 소용이 없다', '뭘 해도 달라지지 않는다', '세상에는 나 혼자다', '기대해봐야 소용이 없다'라는 생각을 했을 수 있고, 그 과정에서 자신을 보호하기 위해 냉소적이고 거리를 두는 대인관계 패턴을 가졌을 수 있다. B형 간염과 간경화 경험은 내담자의 대인관계에 대한 냉소적 태도를 더욱 강화했을 것으로 보인다.

이러한 내담자의 생각과 대인관계 패턴은 사람들로부터 상처를 받는 것에서는 자신을 보호하지만 자신의 결핍된 욕구인 사람들과 함께 있고 싶고, 사랑과 관심을 받고 싶은 욕구를 채우는 것을 방해하게 된다. 이런 측면으로 볼 때, 내담자의 공허함은 '뭔가 막 하는데 채워지지 않는 빈 듯한 느낌', '자기 전에, 혼자서 노래를 들을 때와 같이 혼자 남겨졌을 때 밀려드는 외로움과 혼자된 듯한 느낌'과 관련이 있어 보인다. 상담자는 내담자의 공허함을 이해하기 위한 노력을 하였으나 내담자의 공허함을 이해하는 것이 어려웠던 것으로 보인다. 이 경우 자유연상이나 심상법을 활용할 수 있는데, 공허함이 어떤 느낌인지 연상되는 것이나 이미지를 자유롭게 표현하도록 할 수 있다.

대상관계적 관점에서 볼 때, 내담자는 상담자와의 관계에서도 자신의 대인관계 신념과 행동패턴을 적용했을 것이며, 상담자를 시험에 들게 했을 것이다. 이와 관련하여 상담과정에 대한 상담자 개입에서 가장 아쉬운 점은 내담자가 언어적으로는 '상담이 무슨 소용이 있냐'라고 말하였고, 상담시간에 늦는 경우가 잦았지만 실제 내담자 스스로도 "자신에 대한 속이야기를 이렇게 많이, 깊게 얘기한 적이 없다"고 보고하고 있으며, 상담장면에서도 눈물을 흘리거나 자신의 어린 시절과 현재의 경험들을 진솔하게 이야기하고 있다. 즉, 내담자가 지금까지의 대인관계와는 다르게 모험적으로 상담자와는 비교적 진실하게 심리적 접촉을 하면서 상담을 진행해왔음에도 불구하고 맨 마지막 회기에 상담자가 "00씨는 상담이 어려운 사람이에요. 사실 본인이 원해서 상담을 하러 왔지만 과연 얼마나 상담이라는 작업에 대해서 마음을 열고 있었느냐에 대해서는 저는 확신이 잘 안 들어요"라고 이야기하면서 내담자의 모험과 노력에 주목하지 못하였고, 내담자의 시험을 통과하지 못한 것으로 보인다. 본 논평자는 이 상담사례가 상담하기에 어렵고, 상담효과가 잘 나지 않는 까다로운 사례라고 생각된다. 그럼에도 불구하고 상담자가 종결시까지 비교적 적절하고 무난하게 내담자와 심리적 접촉을 해오면서 상담을 해온 것으로 보여진다. 그렇기 때문에 마지막 회기에 상담자의 언어반응이 더욱 아쉽게 느껴진다.

15회기 내담자의 문제증상에 대한 상담자의 직면이 있은 후 16회기 내담자는 "자신의 문제의 원인을 이해하겠지만 그래서 공허한 마음이 사라지지 않는다"라고 이야기하고 있다. 내담자의 이러한 반응은 당연한 것으로 보인다. 상담자는 내담자가 문제의 원인을 가슴으로 이해할 수 있도록 도울 필요가 있는데 그러기 위해서는 내담자가 자신의 어린 자아에 대해 연민의 마음을 갖고, 위로하고 말을 건네는 등 긍정적이고 따뜻한 마음을 보낼 수 있도록 개입하는 것이 중요하다(예: "어린 00씨한테 가는 마음은 무엇인가요?", "어린 00씨가 지금 어떤 마음일 거 같으세요?", "어린 00씨한테 어떤 말을 해주고 싶으세요?"). 그리고 자신의 과거가 현재의 대인관계와 어떻게 연결이 되고 있는지 이해하도록 돕고, 새로운 대인관계를 맺을 수 있도록 용기를 부여하여, 함께 연습함으로써 내담자의 대인관계 욕구가 충족되는 경험을 할 수 있도록 도와야 한다. 현재 내담자는 치료의 시작 부분에 와 있는데 마치 치료가 다 끝난 것처럼 여기고 있다. 상담자는 내담자가 이제 치료의 출발점에 서 있는 것이며, 위의 과제들을 앞으로 수행해야 하며, 내담자는 특히 장기적인 상담이 필요하다는 것에 대한 따뜻한 안내가 필요했을 것으로 보인다.

상담자의 언어반응 중에서 "00씨의 공허함이 어렵게 느껴진다"는 상담자 반응은 '상담자가 내담자를 이해하지 못한다 혹은 내담자의 정서는 상담자도 이해하기 힘들 정도이다'라는 의미를 전달할 가능성이 높다. "00씨의 공허함이 무엇인지 더 궁금해진다, 더 설명해주었으면 좋겠다" 등과 같은 언어반응을 사용하는 것도 좋겠다.

14회기에 내담자가 아는 누나와 지속적인 관계를 맺고 있는 것에 대해 긍정적으로 주목하고 독려한 상담자의 반응은 적절했던 것으로 보인다. 내담자가 몇몇 친한 친구들이 있다고 보고하고 있고, 동업을 할 형도 있다고 하였기 때문에 이들과의 관계에 대해 이야기를 나누면서 어떻게 그들과는 친해질 수 있었는지, 무슨 활동을 하며, 함께 있을 때의 심리경험은 어떠한지 등에 대해 탐색하고, 긍정적 대인관계의 측면을 부각시킬 수 있다.

논평자: 손영미 박사(한국상담심리학회 1급 상담심리사)

공개사례
발표 지도

기업상담사례

❝ 대인관계를 잘하고 싶어요 ❞

상담심리사(2급): 박기영(상담심리사 1급 준비중)

내담자의 인적사항 및 가족관계

(1) 내담자 인적사항

김○○(가명): 남, 35세, 미혼, 불교, 2형제 중 장남

(2) 가족관계

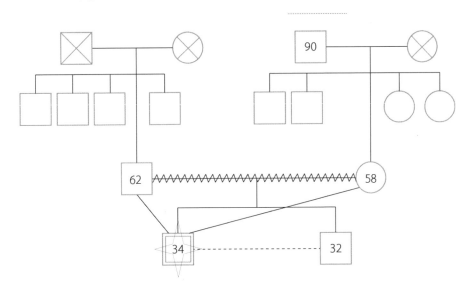

267

- 부(62): 아버지는 매우 부지런하신 분이고 재단사였는데 돈을 많이 벌었다. 유머감각도 있으시고, 생활이 바르셔서 술이나 담배를 하지 않으셨다. 일에만 너무 몰두하신 것이 보기에 안 좋았고, 책을 별로 가까이 하지 않으셨다. 에너지가 많아서 너무 무리하게 운동을 하신 분이다.
- 모(58): 책을 많이 읽으시고, 욕을 전혀 하지 않으시고, 아버지처럼 술이나 담배도 하지 않으셨다. 그런데 어머니가 손이 좀 크셔서 아버지가 번 돈을 너무 많이 쓰시고, 특히 굿을 하는데 돈을 너무 많이 지출하신 것 같다. 그리고 조용한 편이라 대인관계가 좀 부족했던 것 같다.
- 동생(32): 잘 생겼고, 성격이 좋고, 교회를 다녀서 그런지 친구가 많다. 남자답고 2년 전에 결혼을 했다. 그런데 술을 많이 마시는 게 흠이고 전 기업체에 다니는데 직업이 좀 불안한 편이다. 동생하고 크면서 많이 싸웠는데, 지금은 서로가 바빠서 그렇게 자주 연락하며 지내지는 못하고 있다.

02 내담자의 주 호소문제

- 회사생활 대인관계 부적응(후임과의 관계회복)
- 마음이 상할 때 미루지 말고 이야기하여 해결하기
- 내 안의 삶의 의미를 확인하기

03 내방 동기

- 기업상담으로 상담소에 의뢰됨

04 행동 관찰

상담시간에 정확하게 맞추어서 오고, 3회기부터는 근무로 인하여 격주에 한 번씩 상담을 했으면 좋겠다고 했으며, 직장에 출근하기 전이나 퇴근하면서 상담소에 방문 약속을 함. 178cm 정도의 키에 잘생긴 얼굴이고, 말을 할 때에 차분하게 또박또박 잘 알아들을 수 있게 이야기하는데 여성스럽게 이야기한다. 체구는 군살이 없이 날렵한 편이며, 앉아 있는 모습에 흐트러짐이 없이 정자세로 앉아서 진지하게 이야기하고 때로는 미소를 지음. 상담 중에 항상 커피를 원하고, 상담 도중에 커피를 다 마시면 당당하게 "커피 한 잔 더 주실래요?"라고 요구함.

05 심리검사 결과

(1) MMPI-2

VRIN	TRIN	F	F(B)	F(P)	FBS	L	K	S	Hs	D	Hy	Pd	Mf	Pa	Pt	Sc	Ma	Si
45	51	39	44	38	37	40	48	42	38	43	43	48	64	47	48	47	72	43

- 재구성 임상척도 및 성격병리척도: RC9=61T, DISC=67T
- 내용척도: ANG=59T, SOD=58T
- 보충척도: ES=56T, DO=54T

06 내담자 문제의 이해

내담자는 직장에서 대인관계가 원만하지 않다고 생각하고 있으며, 그 문제를 해결할 수 있기를 원해서 가능하면 많은 직원들과 좋은 관계를 맺으며 생활하기를 원했다. 상담을 통해 나타난 내담자의 행동 패턴은 다른 직원들보다 자신이 좀 더 나은 사람이라는 인식(많은 책을 읽고, 석사위탁교육 예정, 소형승용차를 타는 것에 대한 자부심 등)을 하고 있었는데, 그런 것을 자신 스스로가 잘난 척하는 것이라고 표현하기도 했으며, 후배들과의 관계에서 선임으로서 대접받기를 원하는 권위의식도 있었다. 이러한 내담자의 행동패턴의 근원에는 초등학교를 한 살 어린 나이에 들어가서 학교에서 친구들과 어울리지 못하는 등 소외감을 느낀 것을 시작으로 중고등학교를 다니면서도 긍정적인 대인관계의 경험을 학습하지 못한 것으로 보인다. 또한 내담자는 현재 직장생활을 하면서 자신이 타인보다 우월하다는 비합리적인 신념이 원만한 대인관계를 갖게 하지 못하는 원인이 될 수도 있다고 추정된다. 상담자의 상담전략은 인지행동적 접근을 하여 대인관계가 원만하게 이루어지지 않은 원인을 탐색하고, 그 이면에 있는 내담자의 권위의식을 자각하도록 하고, 의사소통훈련으로 개입하고자 한다.

07
상담목표 및 전략

(1) 상담목표

- 편견 없이 열린 마음으로 세상과 사람을 바라보기
- 후임 2명과 관계를 회복하고 가능하면 많은 직원들과 좋은 관계 맺으며 생활하기
- 상대방의 성향을 이해하고 의사소통기술 습득하기

(2) 상담전략

인지행동적 접근 – 행동주의적 접근으로 의사소통기술 훈련

08
도움받고 싶은 부분

❶ 9번 척도가 높은 내담자와 상담할 때 특별히 상담자가 신경써야 할 것은 무엇일까요?

❷ 내담자가 잘 깨닫는 것 같으면서도 상담자의 말에 대해서 때로 부정('아니오'라는 말과 오해했다는 말, 그리고 '그런 말 한 적이 없는데요' 등)으로 방어하는데 그럴 때는 어떻게 해야 할까요?

❸ 내담자는 대인관계의 개선을 위해서 겸손해야 한다고 하면서도, 계속 잘난 척하고 있는데, 이런 양가감정을 어떤 식으로 접근해야 할까요?

❹ 10회기에 내담자가 자신이 한 말을 부정하고 오해한다는 식으로 이야기하면서 다소 당황해한 후에 그 다음부터 상담에 오지 않았는데, 내담자를 직면할 때 유의할 사항은 무엇인가요?

09
상담내용 회기별 요약

■ 1회기: 상담자의 개입: 상담의 구조화, 내담자의 호소문제 파악

직장생활을 할 때에 대인관계에 있어서 나만 생각하고, 다른 사람들에게 먼저 다가서지 못하는 그런 부분이 있다. 그리고 내가 우리 반장을 닮아서 그런데 약간 권위적인 면이 있는 것 같다. **(구체적인 사례를 말해 줄 수 있나?)** 예전에 다른 곳에서 근무할 때 나보다 1년 후배가 있는데 점심 때 식사를 하면 고참이 앉는 자리가 있는데, 내가 조금이라도 늦으면 자기가 그곳에 앉는 것이 마음에 들지 않았다. 그러던 어느 날 약 10년 정도 고참 분이 오셨는데, 그 후배가 그 선배에게 자리를 양보하는 것을 보고 나를 무시하는 것 같아서, 그 문제로 화를 내서 사이가 멀어진 적이 있었다. 지금 와서 생각하면 별 문제가 아닌 것 같은데 내가 당시에 괜히 화를 냈구나 하는 생각을 하면서 후회를 한 적이 있다. 그것 때문에 후배하고 관계가 서먹서먹해지고 그러한 상태에서 현재 있는 곳으로 보직을 옮기게 되었다. **(내담자는 주로 어떤 때에 화를 내는가?)** 내 마음에 신

경 쓰이는 것을 참고 있다가 그런 일이 반복하게 되면, 참을 수 없는 상황이 온다. 그럴 때 한 번씩 크게 화를 내다보니 관계가 멀어지는 것 같다. **(그러면 어떻게 하고 싶은가?)** 화를 내지 않고 문제를 해결하고 싶다. 내가 좀 권위적이어서 그런 것 같기도 하는데, 계급사회다 보니까 나도 모르게 자연스럽게 몸에 밴 것 같다. **(어떻게 하면 화를 덜 낼 수 있을 것이라고 생각하는가?)** 글쎄, 권위적인 그런 모습을 내가 좀 내려놓아야 하나? 내가 마음이 상할 때마다 풀어나가는 그 부분이 잘 되지 않는다. **(그게 잘 되지 않는 이유는 무엇일까요?)** 잘은 모르겠지만, 혹시라도 말한 내가 상처를 받지 않을까 하는 마음인 것 같기도 하다. 이곳에서도 팀에서 세 사람하고 관계가 힘이 드는데, 한 사람은 선배이고 두 사람은 후배이다. 선배는 그나마 그럴 수 있다고 생각하는데, 두 사람의 후배하고 관계가 좋지 않아서 그것을 회복하고 싶다. 후배가 나에 대해서 안 좋은 이야기를 하고 다니는 것 같아서 다른 부서로 전출을 가려고도 했는데, 다른 곳으로 가도 내가 변하지 않으면 그곳에서도 똑같은 현상이 일어날 것 같아서, 그냥 이 부서에 있으면 관계의 문제를 회복해 보려고 한다.

■ 2회기: MMPI-2 검사 및 해석

- 내담자의 타당도 척도는 임상척도를 해석하는 데 특별한 문제는 없어 보이며, 타당도 척도 중에서 K척도가 다른 척도에 비해 약간 높은 것을 볼 때에 자신을 다소 과시하려는 성향이 있을 수 있다. 특히 임상척도에서는 9번 척도(Ma, 72T)가 가장 높게 나타났는데, 자신을 과대평가하고 목표를 비현실적으로 세우는 것으로 보일 수 있다. 에너지를 주체할 수 없어 사고의 비약, 과장된 자신감, 성욕의 증가, 과도하게 힘을 쏟는 모습이 나타난다. 흔히 매우 사교적이지만, 상처받을 수 있을 만큼 가까워지거나 친밀한 관계를 맺기는 어려워하는 모습이 내담자에게 나타나고 있다.

- 척도 5(Mf, 64T)가 약간 높게 나타났는데, 내담자는 다소 여성성이 높게 나타났는데 보충척도에서도 GF(53T)가 GM(51T)보다 높게 나타나서 이를 뒷받침해 주고 있다. 내담자는 말을 할 때에 마치 여성처럼 다소곳하게 차분하게 말을 하며, 억양이나 표정도 약간은 여성스럽고 매우 섬세하다는 느낌이 들었다. 어린 시절에 친구들과 어울리지 못한 원인일 수도 있다고 생각된다.

– 성격병리 5요인 척도에서는 DISC(67T, 통제결여)이 가장 높게 나타났는데, 자신의 권위가 도전받을 때에 자신의 감정을 잘 통제하지 못하는 모습으로 나타났다. 이러한 것이 내용척도 중에서 ANG(59T)가 다른 척도보다 높게 나타난 것과 보충척도 Es(56T)가 높아서 타인의 눈치를 보지 않고 자신의 의견을 주장하는 것들이 부정적인 대인관계에 영향을 미칠 수 있다고 생각된다.

– 보충척도에서는 APS(72T, 중독가능성)가 가장 높게 나타났는데, 내담자는 다양한 여성과 성관계를 맺는 것을 자연스럽게 말하는 것을 볼 때 성중독의 가능성이 있다고 추정된다.

(상담자는 결과해석을 2회기에 기술하고 있는데, 이것은 적절하지 않은 기술방식이며, 4. 심리검사 결과에 결과수치와 함께 기술해야 함을 추후 슈퍼비전에서 교육하였음)

■ 3회기: 내담자의 대인관계 패턴 파악

지난주에는 후배 중에 한 사람에게 폭력을 행사하고 싶은 생각이 들었는데, 그렇게 하면 사고가 나니까 참느라고 힘이 들었다. 후배가 야근을 하면서 내 옆에서 잠을 자는데 유난히 코를 골아서 다른 빈 방에 가서 잠을 잤는데, 그때 그런 생각이 들었다. (평소에 그 후배하고의 관계는 어떤가?) 사이가 별로 좋다고 볼 수 없었다. 가끔 눈에 거슬리는 행동을 했다. 축구를 하다가 내가 골키퍼를 보는데, 왼쪽으로 차겠다고 하면서 내 얼굴을 의도적으로 맞혔던 일도 있었고, 예전에 수박을 먹을 때에 내가 약간 소리를 내면서 먹는데, 그때도 내가 수박 먹는 행동을 좀 과장되게 흉내내는 그런 일도 있었고, 나를 신경 쓰게 만드는 많은 일들이 있었다. (그럴 때 기분은 어땠는가?) 좋지는 않지만 화를 내기도 그렇고 그래서 그냥 웃고 넘겼다. (그럴 때에 자신의 솔직한 감정을 직접 표현하지 않은 이유가 있는가?) 사실 당시에는 어떻게 해야 할지도 모르겠고, 화를 내면 관계가 좀 멀어질 것 같기도 하고, 그래서 그냥 너그러운 마음으로 웃고 넘긴 것 같다. (그 후배에 대해서 폭력을 행사하고 싶은 생각이 들었다는 건데, 이유가 뭘까?) 제가 그동안 너무 참고 지내서 그게 쌓여서 그런 것이 아닐까? (그럴 수 있다. 그런 폭력적인 생각이 들 때에 내담자는 주로 어떻게 푸나?) 어

떤 사람들은 술을 마시기도 하고 그러는데 나는 운동을 하거나 글을 쓰면 스트
레스가 해소되는 것 같아서 그렇게 한다. (마음을 잘 다스리려고 노력을 잘 하
고 있다. 그럴 때 내담자는 어떻게 하나?) 그때그때 그것을 풀어야 하나? (내담
자는 어떻게 했으면 좋겠나?) 글쎄요. (이해가 되지 않은 후배의 행동에 대해서
그 이유를 물어보는 것은 어떤가?) 그것이 좋은 생각인 것 같다. (그런 식으로
내담자가 말하면 그 후배는 어떻게 반응할까?) 여러 가지 생각을 해 보면서, 다
음에는 그런 식으로 하지 않을 것 같다. (그래도 풀리지 않은 감정이 있다면 어
떻게 할까?) 남아있는 그런 감정을 해소하기 위해서 운동이나 글쓰기를 통해서
해소하면 되겠다.

■ 4회기: 상담의 목표 설정

　(상담의 목표를 구체적으로 잡았으면 한다) 첫째, 열린 마음으로 편견이 없
이 세상과 사람을 바라보았으면 한다. 바꾸고 싶은 나만의 고정관념이 있다. 두
번째 상담목표는 직원들과 원만한 대인관계를 유지했으면 좋겠다. (원만하다는
것이 추상적인 표현인데, 다른 말로 어떻게 표현했으면 좋을까?) 그러니까 저
는 모든 사람들이 나를 좋아했으면 한다. (모든 사람이 내담자를 좋아할 수 있
을까?) 그게 쉽지는 않을 것이다. 저를 싫어하는 사람도 있을 것이다. (그렇다
면 두 번째 상담목표를 다르게 표현한다면 어떻게 할까?) 직원들과 잘 어울리
기로 하겠다. 사실 나는 운동을 좋아하고, 술, 담배, 당구 이런 것들을 잘하지
않기 때문에 직원들과 어울리는데 좀 애로사항이 있다. 요즘은 축구를 하면서
어울리려고 노력하고 있다. (나름 열심히 노력을 하신다. 사람들과 잘 어울리지
못하는 이유는 무엇 때문인가?) 나는 자기중심적인 게 있다. 그러다보니 다른
사람과 어울리지 못하는 것 같기도 하다. 그리고 사람들이 잘난 척하면 그것도
좋은 관계를 갖는 데 어려움이 될 수 있을 것 같다. (여기에 한 가지 정도만 더
추가했으면 좋겠다. 의사소통기술은 어떤가?) 아! 의사소통기술도 정말 중요한
것 같다. 그것을 세 번째 상담목표로 했으면 좋겠다. 내가 어떤 때보면 그런 부
분이 좀 부족하다는 생각이 든다. 나는 내향적인 것 같다. 어떤 문제가 생기면
다른 사람에게 물어보고 하는 것보다는 내가 혼자서 생각하고 분석해 보면 답
이 나온다. 사실 나의 모든 문제는 결국 내 문제인 것 같다. 나만 바뀌면 모든
것이 잘 풀리지 않을까 싶다. (대단한 통찰이다. 많은 사람들은 문제의 원인을
타인에게 돌리는데 내담자의 경우는 자신의 것으로 돌린다) 내가 카지노에 몇

번 간적이 있다. 처음에 1천 만원을 땄다. 그런데 몇 번 더 가서 결국은 2천 만원을 잃었다. 정말 주변에 보면 하루 밤에 수천, 수억을 잃고 심지어 자살하는 사람도 있다. 그런데 나는 2천 만원을 잃고 그것을 극복하게 되었다. 어떻게 했느냐하면, 잃어버린 2천 만원을 회복하기 위해서 담배를 끊기로 한 거다. 담배한 갑이 2,500원이었는데, 제가 하루 피우는 것으로 생각하니까 60세까지 안피우면 2천 만원이 회복된다. 그런데 얼마 전부터 담배 값이 4,500원으로 올랐다. 그래서 나머지는 이자로 생각하면 되겠다 싶었다. 이게 나의 강점이라고 생각이 된다. 결국 그렇게 해서 더 이상 도박에 빠져들지 않게 되었다. 나는 나자신과의 약속을 잘 지키는 편이다. **(아주 대단한 강점을 가지고 있다)** 내가 상담을 받으면서 직원들을 보는 눈이 달라졌다. 사실 주변에 상담을 받아야 할 사람이 많은데, 안 받는다. 나는 이렇게 상담을 받을 수 있는 제도가 있는 게 너무 좋다. 감사하다.

■ 5회기: 내담자의 가계도 탐색

(부모님과의 관계는 어떤가?) 아버지와도 관계가 좋고, 어머니와도 괜찮다. 어릴 때에 어머님이 한 살 아래인 동생을 좀 더 사랑한 듯한 느낌을 받았다. 나는 약간 고립되었다는 느낌이 들었다. **(속상했겠다. 엄마가 동생을 좀 더 사랑한 이유는 무엇일까?)** 동생이 저보다 외모적으로 잘 생겼고, 성격도 좋다. **(본인의 성격은 어떻다고 보는가?)** 우선 나는 자기중심적이고, 다른 사람의 눈에 크게 신경을 쓰지 않는다. **(그런 자신의 모습이 어디에서 왔다고 생각하는가?)** 부모님과의 관계에서 온 것은 아닌 것 같다. **(그러면 어디에서 영향을 받았을까?)** 사실 내가 초등학교 저학년 때에 좀 힘들었다. 그 이유는 내가 한 살 어린 나이에 학교를 다니다보니, 형들과 함께 학교를 다니다 보니, 학교친구는 없었고, 동네친구들은 있었다. 초등 3학년 때까지 친구를 제대로 사귀지 못했다. 5학년 때에 마음에 맞는 한 친구를 사귀게 되었는데, 그때는 항상 즐거웠던 것 같다. 그리고 중학교에서도 적응을 잘 하지 못했다. 소심하다고 해야 할까? 친구들한테 괴롭힘을 당하기도 했는데, 자존심이 상했다. 그래서 그때부터 내가 힘을 키워야겠다고 생각해서 운동을 하게 되었다. 고등학교 들어 와서 1~2학년 때는 친구관계가 좋아졌는데, 그 이유는 내가 다른 사람의 말을 경청하다보니 좋아하는 것 같았다. 그렇지만 고3 때까지 삶의 의미에 대해서 고민하다가 방황했다고 볼 수 있다. 친구들과의 관계가 그리 좋지 않을 때에 무협지 읽는

데 빠지거나 불교관련 서적에 빠져서 스님이 되는 것이 꿈일 때도 있었다. 그래서 호흡법이나 명상을 하거나, 혼자서 등산을 하면서 그 시절을 보낸 것 같다. 체육대학에 가서도 운동하는 사람들의 특성상 맞기도 많이 했다. **(학교에서의 관계가 초등학교 때부터 많이 힘들었던 것 같은데, 그런 것이 현재 대인관계에 영향을 미쳤다고 생각하는가?)** 그런 것 같다. 그렇지만 중학교나 고등학교 때에 잘 지내던 친구들도 있었다. **(다행이다. 친구들과의 관계가 힘들다보니 무협지나 책을 읽거나, 혼자서 등산하는 것으로 그러한 외로움을 극복하려고 했던 것은 아닐까?)** 그럴 수도 있겠다. 아 참! 지난주에 내 험담을 하고 다니던 여자 후배하고 화해를 하게 되었는데, 요즘 상담을 하다 보니 사람을 보는 눈이 많이 달라졌다. **(다행이다. 어떻게 화해를 하게 되었나?)** 그 후배하고 함께 이야기할 기회가 있었는데, 왜 나를 피하고 험담을 하고 다니냐고 물었더니 처음에는 자기가 그런 적이 없다고 하다가, 예전에 내가 여러 사람이 있는 데서 큰 소리로 자기한테 뭔가 지적을 해서, 너무 창피한 나머지 그때부터 속이 상했다고 했다. 그래서 사실 그때 당시에 내가 나쁜 의도로 그런 것은 아니었다고 이야기하면서, 오해를 풀게 되었다. 그런 일이 있을 때에 오래 끌지 말고 그때그때 푸는 것이 좋다는 것을 실감했다.

■ 6회기: 결혼관에 대한 변화와 삶의 두려움에 대한 탐색

제가 상담을 하면서 바뀐 것이 있는데, 그것은 지난 2년 동안 교제해 온 여친과 결혼을 하기로 한 것이다. (웃음) 그래서 최근 600일이 되는 날에 커플링도 했는데, 여친이 매우 좋아했다. **(무엇이 바뀌었다는 것인가?)** 고정관념이 바뀐 것이다. 나는 여친과 교제를 하면서도 결혼을 반드시 해야겠다는 생각은 없었다. 그런데 그게 바뀐 것이다. 직장에서도 고정관념을 버리고 상대를 이해하려고 하니까 관계가 좋아졌다. **(다행이다. 그런데 그동안 결혼을 하지 않겠다고 생각한 이유가 있는가?)** 내가 즐겨 읽었던 책을 쓴 저자 중에 결혼에 대해서 부정적인 시각을 가진 사람도 있었고, '독신으로 사는 것은 외롭다. 그런데 결혼하면 고통이다'라는 속담도 있고 해서 결혼에 대해서 꼭 해야 한다는 생각을 하지 않았었다. 그런데 여친(6세 연하)에게 2~3년 후에 결혼을 하겠다고 하니까 얼굴이 밝아지고 좋아했다. 부모님도 좋아하셨다. **(부모님의 결혼 생활은 어떠했나?)** 아버지가 손해 보는 삶을 살았다. 아버지가 돈을 벌어오면 어머니가 굿을 하는 데 다 소비를 해버렸다. **(그런 모습이 결혼에 대해서 부정적으로 생**

각하게 하지는 **않았을까?**) 그럴지도 모른다. 큰 외삼촌은 결혼해서 잘 사는 것 같은데, 둘째 외삼촌은 이혼했고, 막내 이모는 혼자 살고 있다. 결혼에 대한 두려움이 있었는지도 모르겠다. 나는 자유로움을 원하는데, 결혼이 나의 삶을 구속해 버린다면 그런 것을 원치 않는다. 사랑하면서도 배우자를 자유롭게 해 주는 것이 필요하다고 본다. 그래서 나는 결혼을 하면 아내에게 내 모든 월급을 다 주고 알아서 다 쓰라고 했다. 나는 수당만을 가지고 살아도 된다고 했더니 되게 좋아했다. 결혼을 하더라도 얽매이게 하고 싶지 않다. 나는 작은 차를 타고 다니기 때문에 여행도 멀리 가지 않는다. 작은 차로 멀리 여행하다가 사고가 날지도 모른다는 두려움이 있다. 그리고 제가 어머님을 미워했었는데, 08년도에 당뇨에 걸려서 얼마 살지 못한다는 생각을 하니 죽음에 대한 두려움 때문에 충격이었다.

■ 7회기: 관계개선을 위한 비합리적 사고의 탐색과 행동의 변화

예전에 ○○에서 근무할 때에 관계가 멀어졌던 후배와 관계회복을 해야 할 것 같다. 최근에 어떤 모임에 가서 만났는데, 그 친구가 술이 취한 상태에서 나에게 와서 "○○님! 저에게 그러면 안 되죠! 그건 너무한 거예요"라고 이야기한 것이 마음에 걸린다. (**어떤 일이 있었나요?**) 예전에 말씀드린 내용인데요. 식사를 할 때에 자리 문제 때문에 제가 막 욕을 하면서 나무란 적이 있거든요. 평소에 내가 앉던 자리에 자기가 앉는 거예요. 그러다가 저보다 고참 선배님이 오니까 그 분에게는 자리를 내주어 나를 무시하나 하는 생각 때문에 제가 굉장히 화를 내고 그 다음부터는 서로의 관계가 어색해졌지요. 그 후에 그곳에 근무하기가 그래서 다른 핑계를 대고 현재 있는 곳에 온 거예요. (**그랬었군요. 그 후배가 어느 정도 후배인가요?**) 기수로는 1년 후배이지만 나이로는 제가 5살 정도는 위죠. (**그렇군요! 후배는 선배에게 평소에 내담자가 앉던 자리를 비켜주어야 한다고 생각하셨군요**) 그렇죠. 다 같은 고참인데, 선배 고참한테는 비켜주고 나한테는 비켜주지 않으니까 나도 화가 난 거죠. 그리고 평소에 그 친구에게 쌓은 것도 있다 보니 그 후배한테 화풀이를 한 것 같아요. (**그 후배가 고참 선배한테 하듯이 내담자에게 하지 않는 이유는 뭘까요?**) 글쎄요. (**제가 보기에는 내담자님은 1년 선배 고참이라는 것보다는 내가 5살이 많다는 것에 초점을 두고, 그 친구는 단지 1년 선배라는 것을 염두에 두었다면, 굳이 1년 선배에게까지 극진하게 자리를 비켜주어야 한다는 생각을 할 수 있을까요?**) 그럴 수도 있

겠네요. (그 후배에게 화를 낼 수밖에 없었던 이유가 고참은 대접을 받아야 한다는 그런 생각 때문인가요?) 저에게 그런 면이 있는 것 같아요. 그리고 당시에 업무적으로 스트레스를 많이 받아 컨디션이 그렇게 좋은 상황이 아니라서 그런 영향도 있었던 것 같구요. (또 다른 이유는 뭘까요?) 잘 모르겠는데요. (그 후배에게 쌓인 것이 있었다고 했는데, 그런 것들을 그때그때 풀지 못한 이유도 있지 않을까요?) 그러네요. 전에 말씀하셨듯이 앞으로는 사소한 것이라도 그때그때 풀어야 한다고 생각을 하게 되었어요. (그래요. 앞으로 그 후배와는 어떻게 관계를 회복하려고 하나요?) 그 후배하고 가까운 다른 직원과 셋이서 만나 식사를 하면서 풀려고 합니다. (둘이서 직접 만나지 않고 다른 사람을 포함시킨 이유라도 있나요?) 후배가 부담스러워할 것 같아서요. (후배가 부담스러운 것을 염려하는 건가요? 아니면 본인이 단 둘이 만나는 것이 부담되는 건가요?) (웃으면서) 사실은 제가 부담스러운 것 같네요. (어떤 점이 부담스러운가요?) 제가 그 후배에게 한 행동이 정말 좀 지나치다고 생각하다보니, 미안한 마음이 많이 있어서요. (그래서 단 둘이서 만나는 게 힘이 들군요. 그러면 그런 미안한 마음을 미리 메일로 보내면서 식사 약속을 잡는 것은 어떨까요?) 그것도 좋겠네요. 그러면 만나서 어떻게 해야 할까요? (본인은 어떻게 하려고 하세요?) 그 후배에게 미안하다고 해야겠지요. 그렇게 한 번 해 보겠습니다. (과제: 현재 후배 여직원과의 관계를 회복하기 결혼식에 참석하여 축하해주기)

■ 8회기: 과제 확인, 학창시절의 대인관계 탐색

여직원 결혼식에 참석했는데 가기를 잘 한 것 같다. 그리고 후배와 식사하는 문제는 아직 시간을 잡지 못했는데, 다음에 하려고 한다. (오늘은 현재의 관계를 살펴보았는데, 지금까지 지내온 과거의 관계에 대해서 탐색해 보았으면 한다. 아버지하고의 관계는 어땠는가?) 초등학교 6학년 때까지 아버지는 직장 문제로 늦게 집에 오셔서 특별한 기억이 없다. 단지 동생하고 재미있게 놀았던 기억이 있다. 어머님은 책을 좋아하셨는데, 동생과 내가 어머니를 미워한 것은 아버지가 벌어다 주신 돈을 굿을 하느라고 다 써버리는 것 때문에 싫어했는데, 당뇨가 있은 이후로 잘 해야겠다고 생각을 했다. (초등학교 때의 친구관계는 어땠는가?) 1년 어린 나이에 학교에 들어가느라 3학년까지는 힘이 들었다. 4학년 때에는 동네친구들하고 재미있게 놀았고, 5학년 때에는 단짝 친구가 있었는데, 5학년 때가 가장 행복했던 시절이었다. 그 친구는 운동도 잘하고, 집도 부유하

고, 공부도 잘하고 성격도 밝고 명랑해서 참 좋았다. 그런데 6학년 때 그 친구
와 반이 달라서 헤어졌다가 중학교 2학년 때인가 다시 만났는데, 가슴이 쿵쾅
거릴 정도로 뛰며 좋았다. 동성애적인 그런 것은 아니지만 그럴 정도로 좋았다.
사실 그 친구를 독점하고 싶은 마음이 있어서 그랬던 것 같다. 중학교 때에
2~3명이 친구들이 나를 좀 괴롭혔다. (**어떤 식으로 괴롭혔나?**) 자꾸 심부름을
시켰다. 키도 작고 힘이 없으니까 그럴 수밖에 없었다. 용기도 부족했고, 정말
자존심이 상했다. (**지금이라면 어땠을까?**) 지금은 내가 키도 크고, 용기도 있고
그러니까 그렇게 당할 것 같지는 않다. (**다행이다. 그러면 고등학교 때는 어땠
나?**) 고등학교 때는 내가 빵을 먹고 있는데 한 친구가 와서 달라고 했다. 그래
서 내가 못 주겠다고 하니까 나에게 시비를 걸었다. 그래서 내가 "너 교실 밖으
로 나와 나랑 한 번 붙어볼까?" 그랬더니 꼬리를 내렸다. (**아주 좋은 경험을 했
다**) 제가 생각하더라도 내가 강하게 나가니까 상대방이 나에게 덤벼들지 못한
다는 것을 알게 되었다. 그리고 고등학교 때는 종교서적에 심취해서 방학 때는
3일씩 단식도 하고, 혼자서 명상도 하면서 지냈다. 학교에 공부하러 가기도 싫
었고, 아웃사이더처럼 느껴졌다.

■ 9회기: 내담자의 강점에 대한 공감과 대인관계 회복 노력에 대한지지

👤 (상1) 한 주 동안 있었던 일 중에 이것과 관련해서 다루고 싶은 것이 있나요?

👤 (내1) 일단 한 주가 좀 더 되지 않았나요?

👤 (상2) 아! 그러네요. 한 주 쉬었죠?

👤 (내2) 인사이동도 있었고, 직장에서 학위과정 공부하는 데 뽑혔어요.

👤 (상3) 와우! 축하해요. 정말 잘 되었네요. 한 명? 한 명?(예) 정말 축하할 일이네요 (웃으
며) 박수

👤 (내3) 00학교에 면접을 보러 갔는데, 그곳에서 면접을 합격하면 00대학교를 보낸다고 하
더라구요. (아) 거기서 합격하면 최종합격하는 거예요.

👤 (상4) 그러면 면접 한 번만 남았어요?

👤 (내4) 아니요. 면접도 끝났어요.

👤 (상5) 그럼 마지막으로 뭐가 남은 거예요?

👤 (내5) 발표가 다음 주 목요일날 나구(예) 그리고 00대학교에 보내면 최종발표는 00일에
나요!

👤 (상6) 아! 그러면 이제 마지막 발표만 남은 거네요. 다음주에

(내6) 사람들은 안 될 거라고 생각하고 있는데 (웃으며), 사실 이게 거의 99%는 됩니다.

(상7) 왜 다른 사람들은 그렇게 안 될 거라고 생각을 하죠?

(내7) 모르는 거죠. 이제 (아하) 왜냐하면 도에서 뽑혔을 때가 제일 어려운 거였거든요. (음) 제가 자세한 것은 이야기 안 했는데 도에서 뽑힌 사람은 아주 이상하지 않는 이상 티오가 있기 때문에 그냥 돼요. 제가 전문대를 나왔는데 학점은행제로 4년제 학위를 딴 게 좋게 작용을 한 것 같아요.

(상8) 그동안 열심히 노력을 하셨네요?

(내8) 아니요, 아니요. 그러니깐 최근 들어서는 여자친구한테 좀 많이 신경을 썼고 그 전에는 많이 노력하면서 살았죠.

(상9) 그렇죠. 그 전에 노력했던 것을 지금 말씀드리는 거예요.

(내9) (웃으며) 저도 몰랐는데, 면접관이 그러더라구요. 박사학위까지 딸 거냐고. 아마 그것을 하게 되면 이게 저한테 딱딱 맞는 게 뭐냐면 제가 이게 끝나면 7급이 돼. 그리고 공부를 열심히 하면, 영어 공부도 하고 그러면 해외로 박사학위를 따러 가는 추천을 해주나 봐요. (오) 다 잘 된 것 같아요. 다른 사람들은 영어 공부하는 것에 관심이 없고, 관심이 있는 사람들은 4년제 대학을 나와야 되고, 영어 점수가 되어야 하고 지금은 신규직원들이 최근에는 똑똑한 사람들이 많은데, 예전 직원들은 그렇지가 않아요.

(상10) 잘 되었네요. (예)

(내10) 그게 하나 인사이동이 나고, 그리고 00이라는 친구한테 전화가 안 왔어요! 근데, 저희 근무부서에 왔더라구요. (오) 그래서 얼굴을 대고 이야기를 했죠. 제가 목요일 날 회식이 있고 그래가지고 (음) 바쁜 것 같아서 3주 뒤에 한 번 둘이 밥을 먹자고 했는데, ××도 같이 있었는데, 둘이 먹기가 부담스럽다고, 셋이 먹자고 이렇게 이야기를 하더라구요. 자기는 괜찮다고. 그래서 제가 다시 이야기를 했죠. 둘이서 같이 밥 한 끼 먹고 싶다고 했더니. '아이 왜 그러세요. 그때 제가 실수했나보죠?' 이렇게 이야기하더라구요. (음, 그래서) 제가 2~3주 뒤에 연락을 한다고 했어요. 그런데 제가 생각을 못했던 게 **를 생각을 했어야 하는데. 00씨한테 이야기할 때는 셋이서 같이 먹자고 그렇게 이야기를 했는데, 그래서 00이랑 먹고 ××랑 셋이서 한 번 또 먹어야 할 것 같아요.

(상11) 음! 그렇게 이야기를 하고 나니까 어땠어요?

(내11) 근데 이게 제 잘못만은 아니에요. 엄밀하게 이야기하면, 알고 보면 제 잘못만은 아니에요.

(상12) 그러면 내 잘못은 뭐고, 그 사람 잘못은 뭔가요?

(내12) 문제가 뭐냐면 왜 다른 사람들이 몇몇 사람들이 나한테 어떻게 이야기해야 하나? 어떻게 보면 내가 잘 안 되었으면 바라는 느낌? 시기 질투한다고 해야 하나요? 배척한다고 해야 하나요? 그렇게 행동을 하도록 한 게 저겠죠? 아마? (음) 그러니까 그거를 찾아야겠죠.

(상13) 아 그래요? 그러면 그게 뭔지 본인은 알고 있나요?

(내13) 일단은 겸손한 자세를 가져야 할 것 같아요.

(상14) 겸손한 자세요? 그동안에는 그렇게 안 했다고 생각하시나요?

(내14) (기침) 그랬겠죠. 아마 좀 본래 말을 많이 하는 편은 아닌데, 예를 들면, 금번에 대학원도 거의 합격이 확실시 되는데도 그런 이야기를 안 해요.

(상15) 그거가 뭐 그렇게 잘못된 건가요? 오히려 아직 확실하지 않은 것을 가지고 될지도 모른다고 자꾸 이렇게 이야기하는 것이 좀 가벼워 보이지 않을까요?

(내15) 그런 것도 있고! 그런데 인사담당자가 그랬어요. 도에서 뽑힌 사람은… 중앙본부에서 뽑힌 사람만 다섯 명에서 한 명이 떨어지구요. 도에서 떨어지지가 않는데요.

(상16) 우리가 이야기가 약간 옆길로 나갔는데 다른 사람들이 내 행동 때문에 그것을 겸손하지 못한 것 같아서 그랬다고 했는데, 예를 들어서 겸손하지 못한 것은 어떤 것이 있을까요?

(내16) (음) 그러니깐 예를 들어, 어… 지금까지 이렇게 직장 생활을 보면 잘 지냈을 때도 있고 못 지냈을 때도 있어요. (그러겠죠) 그리고 인제 직장 생활을 하다 보면 마음에 드는 사람도 있고 마음에 들지 않은 사람도 있어요. (음) 근데 그 마음에 들지 않는 사람이 저한테 그 사람도 예를 들면, ○○이라는 친구가 그 굉장히 욕심이 많아요. 얼마 전에 차량의 들 것이 풀렸는데, 그때 2급차가 갔다 와야 되요. 그런데 굳이 자기가 갔다 오겠다고 그러면서 갔다 오는 거예요. 2급차 타는 친구들이 아이 ○○이가 왜 그런지 모르겠다고… ○○이가 원래 욕심이 많아요. 다른 사람들은 그런 것을 보면서도 이해하고 넘어 가죠. 저도 이해하면서 "갔다 와라" 이렇게 이야기를 하는데, 제가 그 친구와 관련해서 00 이야기를 했었나요? (했어요) 그것을 요즘도 가끔 생각해보면 고참들도 그냥 넘어가요 그런데 그게 있을 수가 없는 일이예요. 굉장히 이상해요. 그러니까는 그런 것을 보면 근데 이제 제가 제 생각에 그런 것 같아요. 야간 때 와서 보통 사람들은 컴퓨터 앞에 앉아 있어요. 저는 제 일이 없을 때는 운동하러 올라가서 운동을 해요. 제 시간을 잘 활용하는 것 같고, 결혼은 안 했고, 여자 친구는 이쁘고.

(상17) 그래서 시기 질투한다고 생각하나요?

(내17) 아니오. 모르겠어요. 왜 그러는지 뭔가 회식 때도 끝나면 몇몇 사람들은 당구를 쳐요. 저는 밥만 먹고 그냥 오는…

(상18) 그러면 그러한 모습을 주변 사람들이 어떻게 본다고 느끼세요.

(내18) 제가 봐도 술을 안 먹고 그러면 좀 이상하죠. 어느 정도는 제가 저도 가끔은 먹어주죠. 작년 연말에도 한 번 먹기는 했지요.

(상19) 회식은 가는데 뭐가 문제인가요? 술을 마시지 않는 것이 문제인가요?

(내19) 아마 그런 것도. 술은 좀 먹어줘야지. 그런데 어떻게 보면 제가 지금 여기에 상담을 하러 왔지만 생각한 것보다 그렇게 저를 나쁘게 보는 사람은 많이 없어요.

(상20) 그런데 관계가 나하고 어긋난다든가 하는 그런 사람이 몇몇 있는 건가요?

(내20) 아! 그게 한두 명이라고 이야기했었잖아요? (예) 그런데 ○○씨는 결혼식 갔다 와서(다 해결되었나요?) 요즘은 뭐 별로 괜찮지요. (다행이네요) 그런데 그것도 어떻게 보면 굉장히 사실은 요즘 느끼는 건데, 굉장히 이상한 게… 왜냐면 보통 사람관계에서 욕을 하는 경우가 많아요. 그런데 ○○씨에게 저는 욕을 한 것도 아니고, ○○가 자기 업무를 자기 밑에 직원한테 거의 다 맡겨요. 그래서 제가 몇 번 보다가 "이렇게 시키면 어떻게 하냐? 들어온 지 1년도 안 된 직원에게 자기 업무를 다른 사람한테" 이것을 이야기를 했는데, 다른 사람과 그 후임이 있는 데서 그렇게 이야기했다고 그것을 마음에 담고 있었던 거죠.

(상21) 그렇죠! 좋은 이야기도 아니고 지적하는 거잖아요? 다른 사람들이 있는데서 이야기했을 때 기분이 어떨 것 같아요?

(내21) (침을 삼키며) 그게 안 좋은데, 사실은 제가 당했던 것은 저는 욕을 하는 사람을 많이 봤어요. 그런 케이스가 많은데, 제가 볼 때는 너무 어이가 없는 거죠. 그래서 그렇게 이야기를 했는데, 저는 제가 그렇게 잘못한지도 몰랐어요. (음) 그거를 ○○씨가 자기 입장에서 이야기를 하니까 그런데 사실 그런 식으로 이야기하면 저는 ○○부장을 저는 진짜 죽여야 돼요. 왜냐하면 천막을 설치할 때도 밑에 직원이… 제가 가서 그냥 도와주려고 했어요. 근데 천막이 좀 뜬다고 저한테 "야 이 새끼야"하면서 욕하는 거예요. 그게 ○○가 한 것이었거든요. 거기에다가 갑자기 어느 날 "너 왜 나한테 와서 인사 안 하냐?"고 그러는 거예요. 막 큰소리로. (아) 제가 그때 따로 불러서 "지금 뭐하는 짓이냐고? 제가 가서 인사해야 하는 입장이냐고? 반장도 아니고…"

(상22) 오케이 그것은 굉장히 잘 한 것 같아요. (예) 직접 찾아가서 부당하다고 느끼는 것을 이야기 한 것은 굉장히 잘했는데, 내담자는 그 분에게 욕을 먹으면서 당했는데, 내담자는 ○○한테 욕을 할 정도는 아니고, 그냥 지적을 했을 정도인데 그걸 가지고 삐친 것에 대해서 이해가 안 된다는 건가요?

(내22) 그거를 나한테 와서 이야기를 하던지 해야 하는데, 나하고 대면했을 때 $$씨 말로는 "제가 먼저 와서 미안하다고 이야기했으면 그러지 않았을 텐데" 이런 식으로 이야기를 하더라구요. (음) 사실은 ○○씨가 너무 쫌 제가 볼 때는 잘못을 했어요. 왜냐면…

(상23) 어떤 것을 잘못했나요?

(내23) 자기 업무가 있는데 자기가 그것을 하지 않고 밑에 직원에게 떠넘긴 거잖아요.

(상24) 그래요. 그것은 맞아요. 그렇지요? 맞는데, 그것을 개인적으로 이야기를 해야 하는데, 내담자가 여러 사람이 있는 데서 이야기를 했단 말이에요! 그러니까 시발점은 ○○의 잘못도 있지요. (중략) 내담자가 비록 욕은 하지 않았지만, 공개적으로 뭐라고 한 것에 대해서 이 사람이 삐진 거네요?

(내24) 저는 설마 그 일을 가지고 그렇게까지 할 줄은 몰랐던 거죠

(상25) 그럼 $$가 삐친 이유는 뭐라고 생각했나요?

(내25) 그것 때문에 그런 줄은 알았어요. 그것 때문에 그런 줄은 알고 그 뒤에 ○○가 취한 행동이 인사를 안 하고, 저를 피해 다니고… 그런데 제가 상대방을 배려한다고 아무 말도 안 한 거예요. (아하) 그렇게 행동하는 이유를 제가 아니까 나 때문에 그랬구나!

(상26) 여기서 지금 굉장히 중요한 이야기를 했어요! 내가 이야기를 안 하는 것이 상대방을 배려한다고 생각했잖아요! 다른 경우에도 그렇게 하나요?

(내26) 아니요, 아니요. 일단은 그 일은 최근에 해결은 되었고…

(상27) 해결되었다는 게 ○○씨 결혼식 다녀와서 해결되었다는 그런 이야기인가요?

(내27) 그전부터, 그러니까 이제 제가 되게 황당한 게 뭐냐 하면 사실은 제가 무슨 일이 있으면 그것을 외적으로 해결하는 경향보다 내적으로 해결하는 경향이 많아요. 그 일은 그 사람 잘못이고, 그 사람이 그렇게 행동한다고 해서 내가 이렇게 생각하면 이건 내 잘못이다. 그래서 그것에 대해서 내가 먼저 바뀌어야 한다. 내가 먼저 인사를 해야 하고, 그런 인식의 변화의 과정이 몇 개월이 걸린 거죠.

(상28) 서로 서운한 마음이 있을 때에 직접 만나서 풀어야 하는데, 그것을 풀어가는 과정이 조금 일반적인 것과는 다른 것 같아요. (그렇죠) 그러니까 그 문제를 내가 먼저 인사를 하면서 푸는 거예요? 어떻게 하면서 푼 거예요?

(내28) 그러니까 제일 좋은 방법은 그것을 눈치를 챘을 때에 내가 가서 서로 직접 풀었어야 하는 게 제일 좋은 거죠. (그렇지요! 그거예요) 그게 맞죠? 그게 맞는데, 여태까지는 그렇게 생각하지 않았던 거죠. (음) 어떤 일이 있으면 그 사람 잘못이고 나는 그것을 고쳐줄 필요가 없는 것이고, 나는 내 자신의 마음을 다스리면 된다고 생각했어요.

(상29) 오케이. 여기서 지금 내가 그 사람의 모습을 고쳐줄 필요가 없다고 했는데, 고쳐줄 필요도 없고 고쳐줄 수도 없어요. (그렇죠) 한 팀인데 인사 안 하고 피하고 그 자체가 불편하잖아요. 그러니까 그럴 때는 무엇 때문에 불편한지 서로 이야기하는 과정을 통해서 오해를 푸는 것이 필요하지 않을까요? 이 부분이 좀 이해가 되시나요?

(내29) 이해가 많이 됩니다. (하하) 간단한 방법이 있는데, 사실은 제 입장에서는 이해를 못한 거죠.

(상30) 어떤 부분이 이해가 안 되는 거죠?

(내30) 아! 어떻게 그렇게 사람이 마음이 좁을 수가 있을까? (음! 그럴 수 있죠!) 어떻게 그렇게까지 악랄하게 행동할 수 있을까? 그러니까 ○○씨는 제가 변화를 해서 많이 이해를 했죠. 생각의 유연성이죠. 저는 앞으로 이 직장 생활을 다른 사람과 관계할 때 잘 지낼 수 있을 것 같아요. (음) 왜냐하면 요즘에는 제가 정말 유연해져서 웬만한 것으로는 화를 안 내요. 그러니까 6개월이라는 기간 동안 스스로를 단련시킨 거죠. 그리고 같은 팀에 있는 후배의 경우도 화도 안 냈어요. 그런데, 있을 수가 없는 일이에요. 그때 당시의 이야기를 하면 다른 사람들이 다들 웃어요.

(상31) '있을 수 없다'는 이야기에 대해서 더 이야기 해 주시겠어요?

(내31) 한 번 생각해보세요. 군대를 생각해 보세요. 자기 후임병이 고참의 물건을 훔쳐서 자기가 가지고 있었어요. (아! 그 이야기군요) 그것도 제가 한달 동안 공지를 계속 했어요. 거기에 내 이름도 써있었는데, 그것을 한 달 동안 자기가 가지고 있었던 거예요. 어떻게 그런 마음을 가질 수 있느냐는 거지요. 그래서 저번에 제가 반장님께도 이야기를 했어요. 그 친구가 요즘은 축구를 안 해요. 페널티킥을 찼는데, 쪼그만 축구 골대거든요 5미터밖에 안 돼요 그런데 제 얼굴로 공을 찼다니깐요. (허허) 그런 것뿐만 아니라, 몇 가지 되게 이상한 게 있었는데, 뭐 일일이 다 말할 수도 없고. 그러니까는 응 그 친구는 왜 나한테 이렇게 공격적일까? (음) 그러니까 되게 욕심이 많고, 그런 사람들도 받아주는 거죠. (어떻게요?) 그냥 웃어넘기고 이야기하면 아 그러냐고 하면서 그냥 넘기죠.

(상32) 유연하게 생각을 바꾸는 것까지는 좋은데, 어떻게 보면 일방적으로 당한다고 할까? 지금 피해를 입고 있잖아요?

(내32) 아니! 그렇게 생각할 필요도 없어요.

(상33) 예를 들어서 내 것을 가지고 가고 의도적으로 내 얼굴에 페널티킥을 차고, 그러는데

(내33) 그 뒤로는 그 친구가 축구를 못해요. 그 일이 있은 뒤 한두 달 뒤에 이야기를 했거든요.

(상34) 어떻게 이야기를 했어요?

(내34) '야! ○○ 이 새끼가 이런 식으로 행동을 한다' 이런 것을 누군가 그 친구에게 이야기를 해주었을 거예요. 그 뒤로부터 축구를 안 하더라구요. 그냥 자기가 찔리니까.

(상35) 그런 상황에서 본인하고 직접 만나서 내담자의 생각과 기분을 이야기하지 않았나요? (거짓말하겠지요) 그렇게 생각하세요? 그래도 내담자가 본인에게 직접 이야기를 하는 것이 낫지 않은가요?

(내35) 그런데 그 일은 지나간 일이에요. 지나간 일을 가지고, 계속 생각하는 것은 안 좋거든요.

(상36) 지나간 일을 가지고 자꾸 생각하는 것은 안 좋다고 했는데, 사실은 그 문제가 해결이 안 되었기 때문에 생각이 떠오르는 것은 아닐까요? (음) 지금 그 친구를 다 받아주었다고 하지만 그 친구 이야기를 하는 것은 여전히 내 속에서는 해결되지 않은 문제로 남아있기 때문에 지금 이야기하는 것은 아닐까요?

(내36) 그렇죠. 그런데 그것은 아직 기회가 있어요. 왜냐하면 이 친구가 제 장비를 불용처리를 해야 되는데, 제가 장비담당자거든요. 두 번을 물어보았는데, 반장님도 옆에 있었는데 내가 빌려주었다는 거예요. 그리고 두 번째는 그러면 자기 것을 잃어버려서 내 것을 대신 가지고 있었다는 거예요. 그것도 말이 안 돼요. 왜냐하면 제가 몇 번이나 내 것을 찾았고, 돌려달라고 했는데, 안 돌려준 거거든요. 그런 식으로 자꾸 변명을 해요. 저는 그 친구가 왜 그런 마음을 가지고 있는지를 모르겠어요.

(상37) 그것에 대해서 그 사람의 생각을 물어보는 거는 어떠세요?

(내37) 그런데 계속 그렇게 추궁을 하면 좋지는 않아요. 상대방을 생각해주어야 해요.

(상38) 아! 그렇게 생각하세요?

(내38) 예! 예! 그러니깐 보통 제가 그런 일이 있을 때 저는 그냥 미안하다고 이야기를 하고. 사실 그런 일조차도 저지르지 않지만 어떻게 그런 마음을 가지고 그렇게 이야기를 하는지 가끔 놀라죠. 그런데 그런 사람들이 다른 사람과 못 지내는 것은 아니에요. 그런 면에서 뭐가 옳은지 그런 생각들이 떠오르는 거죠. 과연 내가 얼마만큼 이 사람을 공격해야 되고, 사실 저는 그렇게 공격적이지는 않아요.

(상39) 그 친구에게 그렇게 물어보는 것을 공격이라고 생각하세요?

(내39) 약간 공격적이죠. 왜냐하면 그 사람이 좋아하지도 않는 이야기를 하는 거니까!

(상40) 그 사람이 좋아하지 않는 이야기라고 생각하네요? (그렇죠)

(내40) 사실은 저는 그 사건에 대해서 오히려 통쾌할 뿐이지 별 느낌이 없어요.

(상41) 어떤 것이 그렇게 통쾌해요?

(내41) 왜냐하면 제가 그동안 뭔가 이상하다고 의심은 했지만, 저는 굉장히 긍정적이에요. 설마 안 그랬겠지라는 생각을 해요. 어떤 사람이든 나쁜 사람은 없어요. 이 친구가 나에 대해서 질투했다든지 미웠다든지 그것에 대해서 공격적으로 나온 건데 어떻게 보면 그런 면에 대해서 저는 좋아요. 왜냐하면, 그런 사람이 있으면 오히려 저를 다시 볼 수 있게 되고, 뭔지 모르게 오히려 제 길을 갈 수 있고, 사실 제가 삶의 포인트가 뭐냐 하면은요, 이런 사람이 옆에 있다고 저는 기죽지도 않아요. (음) 무섭지도 않아요. 저는 제 길만 가거든요. 무슨 말이냐 하면 지금 제가 기분이 굉장히 좋아요. 왜냐하면 석사학위 공부를 하게 되면, 매주 금요일 날 학교를 가게 되고 (웃으며) 출장비도 다 주고 회사에서 돈도 나오고, 무료예요. 1년에 천 백 만원! (예! 대단하네요) 영어교육도 2월 달에 2주 동안 들어가고, 이 모든 일을 해야 하는데, 그동안에 어떤 사고가 일어나면 안 돼요. 어떤 사고도 내고 싶지도 않고, 모든 게 잘 되고 있고, 갔다 와서 또 아마 박사과정도 될 수 있을 거예요. (예) 이 모든 일들이 잘 풀리고 있기 때문에 제 앞길만 가면 되고, 이런 인간관계에서도 좀 개선이 되어가고 있고, 사실 예전에도 그렇게 나쁜 것은 아니었어요. 그러니깐 그… 반장님이 그 친

구한테 "너는 내담자에게 미안하다고 해야 하는데, 미안하다는 말도 안 하고 뭐하는 거냐" 이렇게 이야기를 했지요. 미안하다는 말도 여태까지 안 했어요. (그래요?) 근데 그런 것 신경도 안 써요. 왜냐하면 그게 문제가 아니라, 그런 사람을 받아들이는 저의 문제예요. 이런 것까지 해결할 수 있고, 이런 사람들과도 잘 지낼 수 있으면, 저는 어디 가든지 잘 지낼 수 있어요. (그렇죠) 그렇기 때문에 오히려 저에게는 기회고, 그 예전에는 타서에서 근무해보고 싶다는 생각도 해보았는데, 저는 그것보다는 지금은 여기가 편해요.

(상42) 어떤 게 그렇게 편하세요?

(내42) 출동이 좀 적구요. 그 직원은 ○○를 타는 직원이에요. 출동이 좀 많아요. 그래서 제가 그런 부분은 이해를 하려고 해요.

(상43) 어떻게 보면 상대방의 입장을 품어주고 이해하려고 하는 면이 많네요.

(내43) 예. 저는 역지사지로 생각하려고 해요. 커피 한 잔만 주실래요?

(상44) 그러죠. (사무실 직원에게) 커피 좀 한 잔 주세요.

(내44) 그러니까 저는 다른 사람에 대해서 그렇게 공격적이지 않아요. 저는 누구를 해치고 싶다는 마음이 요즘은 좀 덜 들어요.

(상45) 요즘 덜 들면, 예전에는 공격적이었다는 말인가요?

(내45) 아니 그런 마음이 들 때는 그런 마음을 다스려서 운동으로 풀고 그랬죠!

(상46) 음! 운동을 하면 그런 마음이 좀 줄어들던가요?

(내46) 그렇죠. 그런데 책을 읽는 것도 되게 효과적인 것 같아요. 그러니깐 사람들이 생각하는 목표랑 제가 생각하는 목표랑 틀려요.

(상47) 어떻게 틀려요?

(내47) 예를 들어 제가 지금 생각하고 있는 2017년의 목표는 법정스님이 추천하는 50권의 책이 있어요. 그리고 라즈니 씨가 추천하는 100개 정도의 책? 합쳐서 150권이고, 그 외에 읽어야 할 책들이 많아요. 그런 책들을 다 읽어야 되고, 오히려 저는 그렇게 생각하고 있어요. 저는 삶의 목표에 대해서 여러 가지 인간관계가 최근에 읽었던 책 중에서 의사소통의 기술의 중요성을 강조하더라구요. 저는 이번 시간은 이런 것을 이야기하고 다음 시간에는 의사소통의 기술에 대해서 좀 배웠으면 좋겠어요. (예) 인간관계가 정말로 중요한데 우리는 자동차를 몰려면 운전면허증을 따고, 요리를 하려면 요리학원을 다니고 그러는데, 직업을 가지려고 학교를 다니잖아요. (예) 그런데 가장 중요한 인간관계를 위해서 배운 게 뭐냐고 묻는 그런 책을 보았어요. 제가 그 책을 읽고 있어요. 거기에 사람들의 마음에는 적대감이 있다는 말도 있더라구요. 그 책을 읽으면서 제 자신을 보는 것 같았어요.

(상48) 그러면 본인도 그런 적대감이 있다고 생각하나요?

(내48) 아니 아니 그런 마음이 인간이 조금 폭력적이라는… 제가 읽었던 책 중에 먹는 것에 의해서 폭력적인 성향이 나올 수 있다고. 먹는 양에 따라서 생각의 양이 많아진다고 하더라구요. 여하튼 이것을 말로 간단히 할 수 없지만 요즘은 굉장히 뭐, 상담을 통해서 제 마음을 풀어내니까. 그리고 앞으로도 이게 사실은 다 좋은 기회죠.

(상49) 마음속의 생각을 풀어냈다고 했는데, 예를 들어 어떤 것이 있을까요?

(내49) 지금 이런 이야기들이죠. 제 꿈이나, 미래나, 만약에 제가 동료들에게 내가 석사학위 공부하고, 박사학위 공부하고 해외 나갈 수 있어라고 이야기를 하면 그 사람들이 저를 어떻게 생각하겠어요?

(상50) 어떻게 생각할까요?

(내50) 모르겠어요. 저는 저를 부러워할 수도 있겠고, 그러니까 사실은 부러워할 게 없는 게, 사람들이 저를 가장 부러워해야 할 것은 무엇이냐 하면 저의 마음상태를 부러워해야 돼요. (그럴까요?) 다른 사람들은 가끔 내담자는 만약 대학교를 다닌다고 하면, 제가 진급도 빨리 했구요. 그런데 그런 것은 다 필요 없어요. 제가 볼 때에 가장 저를 부러워해야 할 것은 저의 마음상태… 왜냐하면 저는 차가 마티즈여도 불만이 없어요. 굴러다니기만 하면 되니까! 이 폰도 중고로 샀어요. 15만원을 주고 케이스도 안 갈아요. 갈 필요도 없어요. 잘 쓰기만 하면 돼지 이런 마음 상태가 굉장히 또 여자친구가 결혼을 하자고 해도 결혼은 모르겠어요. 굉장히 현재에 만족하고 있고, 모든 일들이 잘 풀려나가고 있고, 웬지 모르게…

(상51) 그런 마음을 어디서 왔을까요? 예를 들어, 마티즈를 타고 다녀도 만족하고, 중고폰을 사고도 만족하는 그런 마음은 어디서 왔을까요?

(내51) 일단 커피 한잔만!

(상52) 이야기했어요.

(내52) 어디서 왔을 것 같습니까?

(상53) 내가 물어보는 거예요.

(내53) 요즘 들어서 제가 느끼는 건데요. 그 칼 융인가요? 그 사람이 내향적, 외향적이라는 말을 했어요. 만약에 70세까지 산다고 하면, 35세까지는 외향적인 사람이 잘 사는 반면에 내향적인 사람은 적응도 잘 못하고 그러는데, 35세 이후로 넘어가면 내향적인 사람이 자기 주관이나 삶의 태도나 이런 거를 내면을 잘 다스리기 때문에 그 이후에는 더 잘 살 확률이 많다는 거예요. 그런데 제가 지극히 내향적이거든요. 그렇기 때문에 내 마음을 잘 보살피기 때문에 저에게 굉장히 플러스가 되는 거죠.

(상54) 그러니까 내적으로 마음을 잘 다스릴 수 있다는 거죠?

(내54) 아니요, 아니요. 제가 아직도 멀었어요. 그게 쉬운 게 아니니까요!

(상55) 지금 그렇게 노력을 하고 있다는 거 아니에요?

(내55) 그런 식으로 노력을 하고 있지요.

(상56) 우리가 보통 마음을 다스린다는 말을 쓰잖아요. 마음을 잘 다스릴 수 있는 사람이 행복한 사람인데, 마음을 잘 다스리면 어떤 결과가 될까요?

(내56) 글쎄요? 어떻게 나타날까요?

(상57) 내 마음을 잘 다스린다고 했는데, 관계가 잘 안 된다면 어떻게 될까요? 본인은 어떻다고 생각하세요?

(내57) 그러니깐 그 저는 관계가 안 좋았던 사람을 보면 제가 속으로도 뭔가 껄끄럽다고 느꼈을 때 그게 그 사람 때문인지, 저 때문인지는 몰라도 그걸 느꼈었어요. 그런데 요즘에는 그런 생각조차도 안 해요.

(상58) 그럼 어떻게 해요?

(내58) 아니 그냥 되게 자연스럽죠. 그러니깐 오히려 모든 트러블이 있기 전에 심적으로 불편함을 느껴요 사실은 제가,

(상59) 그 마음의 불편함이란 어떤 건가요?

(내59) 속으로 뭔가 이상하다, 잘못되었다 그래서 거부감이 드는 거죠.

(상60) 그런 거부감이 드는 이유가 뭘까요?

(내60) 저도 그 사람의 행동이 맘에 안 들었던지, 말투가 맘에 안 들었던지 그런 거겠죠.

(상61) 그것은 그 사람의 문제일까요? 나의 문제일까요?

(내61) 내 문제죠.

(상62) 그렇죠? 그러면 그런 것을 요즘은 어떤 식으로 생각하려고 노력하고 있나요?

(내62) 요즘은 그 친구한테 한 번 화를 냈잖아요. (예) 크게 화를 내는 것을 안 해요. 두 번째는 그렇다고 제가 ○○나 다른 사람들과 못 지내는 것은 아니에요. 약간 오해를 하실 수도 있는데 제가 막 피해다니고 못 지낸 게 아니에요. 이야기도 자연스럽게도 하고 그랬어요. 앞으로는 이런 일이 없을 거예요. 아마 웬만한 거는 다 넘어가고, 무슨 일이 있으면 미리미리 이야기를 하고 풀고, 이제 앞으로는 그래요. 사실은 이제 발전이라는 거예요. 육체적 성장은 끝났거든요. 저는 앞으로 계속 심리적 성장을 해야 한다고 생각을 해요. (그렇지요!) 그게 제가 추구하는 바이고 상담도 심리적 정신적 성장 중의 하나라고 생각해요.

(상63) 그러면 심리적 성장을 위해 앞으로 어떻게 해야 할 것 같아요?

(내63) 일단 아침에 108배를 시작하고 있습니다.

(상64) 108배를 하는 것과 심리적인 성장이 어떤 관계가 있을까요?

(내64) 그냥 저하고의 약속이고.. 개운하고 그리고 낮은 자세 낮은 자세 그렇게

(상65) 108배를 하면서 낮은 자세를 가져야겠다는 생각을 하게 되나요?

(내65) 계속 하는 거죠.

(상66) 그리고 또 어떤 방법이 있을까요?

(내66) 일단 의사소통 기술을 배워야죠. 하하! 이것을 원하시는 답변이 아니셨나요?

(상67) 아니 내가 원한다기보다도, 제가 궁금했어요. 사실 의사소통이 굉장히 중요하죠. 그러면 오늘은 일단 여기까지 하는 것으로 하지요. 다음 주에는 구체적으로 의사소통하는 데 있어서 나의 패턴은 어떤 것인지 한 주 동안 생각해 보셨으면 좋겠어요. 오늘 상담을 마무리하면서 소감을 말해보시겠어요?

(내67) 제가 제 자랑만 한 것 같아요. (하하)

■ 10회기: 내담자에 대한 직면과 저항

　(오늘은 대인관계에서 본인의 모습을 알아보는 게 어떤가 싶네요. 예전에 내담자가 자신의 내적 세계를 다른 사람이 본받아야 한다고 했는데, 그것에 대해서는 어떻게 생각하나요?) 제가 그렇게 이야기한 적이 없는 것 같은데요. (그런가요?) 저는 단지 저의 겸손한 마음을 본받아야 된다고 생각합니다. (그 겸손한 모습이라는 것은 뭘까요?) 그러니까 제가 마티즈를 타고 다니잖아요. 그런 검소한 마음이죠. 다른 친구들보면 입사한지 얼마 되지도 않았는데, 비싼 차를 타고 다니거나 그러거든요. (그런 사람들을 보면 어떤 생각이 드나요?) 아무래도 좋게 보이지는 않죠. (그 사람은 그 사람 나름대로 이유가 있지 않을까요?) 그럴 수도 있겠지만, 제가 볼 때는 자기분수에 맞지 않죠. (그러면 그러한 내담자의 시각이 그러한 사람을 대하는 태도에 영향을 미치지 않을까요?) 그럴까요? (내담자님이 마티즈를 구입한 이유가 있듯이, 그 사람도 나름 좋은 차를 구입하는 이유가 있겠지요. 만약 내담자님의 검소한 스타일을 본받아야 한다면 상대방이 어떻게 생각할까요?) 그건 오해인 것 같구요. 제가 그런 뜻으로 말씀드린 것은 아니구요. (오해라고 했는데, 어떤 것을 오해했을까요?) 글쎄요. 뭐라고 말씀드려야 좋을지 모르겠네요. 제가 잘난 척하는 부분이 있기는 하지만 그런 의도로 말씀드린 것은 아닙니다. (그러면 잘난 척한 사례를 말씀해 주시겠어요?) 얼마 전에 직원 상급자분이 온 가족과 함께 도쿄 여행을 가신다는 거예요. 그래서 제가 그곳은 원자력 유출로 인해서 굉장히 위험하니 가지 말라고 했지요. 그랬더니 들은 척도 하지 않더라구요. (그 말을 듣는 상대방의 입장은 어떠했을까요?) 별로 듣기가 좋지 않을 수도 있겠네요. (맞아요. 그런데 내담자님이 그 분을 위해서 조언을 해 주기는 하는데, 그 조언을 듣지 않는 것에 대해서 마음이 좀 상했나요?) 그런 것은 아니지만, 제가 말을 해주어도 들은 척도 안하니까 좀 그렇죠. (내담자의 입장에서는 염려되어서 그런 이야기를 해 주었지만 그 상급자분도 굳이 도쿄로 여행을 가고자 하는 이유가 있지 않을까요? 그럴 때에 그런 사람에 대해서 나하고 생각이 다른 사람도 있구나라고 그냥 수용하는 게 어떤가 싶은데요) 그래서 더 이상 이야기를 하지 않았죠.

10 상담자가 생각하는 상담의 효과

- 5회기: 상담을 하다 보니 사람을 보는 눈이 많이 달라졌고, 여자 후배하고 화해를 하게 되었다.
- 6회기: 상담을 하면서 바뀐 것이 있는데, 여친과 교제를 하면서도 결혼을 반드시 해야겠다는 생각은 없었는데 그런 고정관념이 바뀐 것이다.
- 7회기: 앞으로는 사소한 것이라도 그때그때 풀어야 한다고 생각을 하게 되었다. 그 후배하고 가까운 다른 직원과 셋이서 만나 식사를 하면서 풀려고 한다.
- 8회기: 관계가 소원해졌던 여직원과의 관계 회복을 위해 결혼식에 참석했는데 가기를 잘 한 것 같다. 그리고 후배와 식사하는 문제는 아직 시간을 잡지 못했는데, 다음에 하려고 한다.
- 9회기

(내13) 관계를 잘 갖기 위해서 일단은 겸손해져야 할 것 같다.

(내30) 저는 앞으로 이 직장 생활을 다른 사람과 관계할 때 잘 지낼 수 있을 것 같아요. 왜냐하면 요즘에는 제가 정말 유연해져서 웬만한 것으로는 화를 안 내요.

(내62) 앞으로는 이런 일이 없을 거예요. 웬만한 것은 다 넘어가고, 무슨 일이 있으며 미리 이야기를 하고 풀려고 해요. 저는 앞으로 계속 심리적 성장을 해야 한다고 생각해요.

공개토론을 통한 2인 슈퍼바이저의 논평: 현장에서의 실시간 대화를 수록하였음

공개사례발표회

주슈퍼바이저: 강숙정(한국상담심리학회 1급 상담심리사)

부슈퍼바이저: 손영미(한국상담심리학회 1급 상담심리사)

주슈퍼바이저　(발표자가 사례에 대한 간략한 소개를 함)

(강숙정)　　일단은 이제 전체적으로 말씀 잘 들었구요, 이제 중요한 부분을 또 이렇게 질문을 해가면서 사례를 더 이해를 하고, 또 도움드릴 수 있는 부분들을 논의를 해봤으면 좋겠다 싶어요. 저희 두 사람뿐만 아니라 여기 계신 분들도 사례를 다 읽어오셨다고 하니까 좀 궁금한 부분이 있을 것 같아요. 그래서 그런 부분에 대해서 자유롭게 좀 질문을 해가면서 여기에 다 수록되지 않은 부분들 확인하고, 검토해보도록 하겠습니다. 음… 일단 회기별로 주제를 선생님이 다 정하셨는데 이거는 사례를 다 풀고 나서 그렇게 이제 쓰신 거죠, 주제? 미리 한 건 아니고… (네) 음… 서두에도 말씀하셨지만 가족관계의 탐색에 있어서 내담자가 그냥 우린 문제없다. 우리 집 엄마, 아버지 문제는 없는 것 같다 했고, 뭐 초등학교부터 얘기했어요. 어렸을 때, 늦게 학교를 들어갔다. 그때서부터 사회성의 문제를 얘기했는데 사실 모든 부분에서 인간관계의 기초가 되는 것은 사실은 어렸을 때 성장사에서, 가족으로부터 관계에 대한 연습과 습관들이 만들어지잖아요. 그래서 20회기를 탐색하셨다면 초기 성장사의 무의식적인 측면들과 또 의식적인 부모와의 관계, 또 형제자매와의 관계 이런 부분들에 대해서 관계성을 탐색하는 게 굉장히 중요한 일로 보여지거든요. 그리고 상담 선생님께서 이건 좀 의식의 문제이긴 한데요, 지금 아버지, 어머니, 동생을 기술하시는 것에 있어서도 가족 개개인의 성격보다 더욱 중요한 관계성이 드러나는 기술을 하셔야 된다는 거죠. 아버지는 날 어떻게 대했나, 어머니는 날 어떻게 대했나, 부부관계는 어떠했나. 그게 이제 하나의 문화잖아요, 그죠? 그래서 집안의 가족 관계성과 문화가 드러나는 기술을 하셔야 돼요. 동생과는 또, 어떻게 지냈고, 동생은 나를 어떻게 바라보는가 하는… 연락을 그냥 못하는 정도? 아버지의 특성은 적어놨는데 그 가족들의 관계성이 하나도 여기에 기술이 안 되어 있어요. 물론 가계도를 탐색하셨다고는 하지만 우린 문제없어요 하고 넘어간 부분에 있어서 상담자가 과연 이럴 때 어떻게 대처해야 되는가 하는 논의가 좀 필요해요. 그래도 선생님은 경험이 많으신 분이라 초기 성장사나 관계성 탐색이 매우 중요한데, 이걸 이제 못하셨다고 말씀을 하시니, 원래 다른 상담에서도 그러하신 경향성이 있으신지, 아니면 이 사람에 대한 어떤 관계성 때문에 그냥 아, 우리는 가족관계 문제없다 했을 때, 그냥 넘어가신 건지 그게 좀 궁금해요.

발표자　　　그 제가 이 사례의 경우에는 좀 미스를 한 거구요. 대부분 가계적 탐색을 가져요. 아버지의 긍정적인 것 3가지, 부정적인 것 3가지 그리고 관계가 어땠는지, 어머님은 어떻고 이런 것. 이 사람의 경우에는 이 내담자 자체가 말이 굉장히 많아요. 그래서 들어주다 보니까 그거를 해야 하는 시기를 제가 좀 놓치고 거기다가 또 문제가 없더라도 했어야 했는데 타임을 놓쳤습니다.

주슈퍼바이저　거기서 이제 '했어야 되는데'가 중요한데, 상담자의 언어반응이 얼마나 거기에서 상담적으로 이제 들어가야 되는가 이제 사실은 관건이잖아요. 내담자는 거기에 심리적 저항을 할 수도 있고, 스스로가 없다고 또 느낄 수도 있어요. 그걸 아주 상세하게 그것들을 자기가 자각하지 못하는 경우도 있고, 그걸 무시한다는 거죠 내담자가. 이럴 때 과연 상담자는 어떻게 그럼 이 부분을 처리하고 넘어가야 될 것인가. 하는 부분이 논의사항이 될 수 있어요. 이 부분을 조금 얘기해 보셨으면 좋겠다 싶어요. 다른 분들도. 이럴 때 어떻게 대처하고 계시는지, 이런 부분에 대해서 어떻게 해야 될까요? 일단 하나하나 좀 따져보고 그 다음에 이 사례에 대해서 보면 좋을 것 같아요. 내담자가 그걸 스스로도 모르고, 너무 없다고 생각하고 또는 저항하면서 얘기를 안 하고. 어떻게 상담자가 해서, 이게 중요한 사항이잖아요. 상담의 기초이기도 하잖아요. 안 듣고 넘어가기에는 이 사람의 한 인생을 깊이있게 공감하고 이해하는 데 좀 어려움이 많거든요. 자꾸 피상적으로, 현상만 가지고 다룰 수 있어요. 지금 이 부분이 그렇거든요.

발표자　　　지금 생각해보면요. 문제가 없고 좋았다. 근데 일단은 어떤 면에서 좋았는지에 대해서 들어갔으면 좋겠어요. 좋았던 기억이 있으면 좋았던 것부터 얘기 좀 해봐라. 그러다보면 뭐 좋았다고 했는데 기억이 안 날 수도 있고 관계가 좋았다고 하면 좋은 추억들이 많이 있을 것 같은데 얘기하지 못한 부분은 뭘까요? 그렇게 얘기하면서 그냥 혹시 뭐… 그러면 얘기를 하겠죠. 그 얘기를 가지고 실마리를 풀어갈 수 있을 것 같습니다.

주슈퍼바이저　그것도 물어보신 다음에 그것도 생각 안 난다 그러면 그 부분을 인정하는 게 좋겠죠. 생각 안 날 수 있다, 그런 것들이 중요하게 생각이 안 될 수도 있고, 충분히 그럴 수 있잖아요? 그런 것들을 인정하고 수용해 주어가면서도 이야기는 해주셔야 한다는 거죠. 심리상담에서 그런 기억이 안 나는 부분들을 잘 생각해 보고 얘기하는 것이 얼마나 중요한지에 대해, 필요성이나 목적, 전반적인 상담의 목적이 있잖아요. 어렵게 내담자가 오고 있고 또 자신을 생각나는 대로 보고하고 있기 때문에 내담자의 역할 구조화를 좀 하셨으면 좋겠다는 생각이 좀 들어요. 내담자의 역할 구조화…

발표자　　　보통 제가 초기에 상담 구조화할 때 내담자 역할에 대해서 한 4가지 정도 강조를 해요. 첫째는 시간 맞춰오는 책임성 성실성 솔직성 그다음에 힘들더라도 끝까지 가는 본인의 의지 또 하나의 기억이 잘 안 나는데…

주슈퍼바이저　그건 조금 더 구체적으로 이야기해야 될바, 그럴 필요성에 대해 이야기해야 된다는 거죠. 그러니까 이제 구체적으로 불편한 어떤 마음이나, 정서나 이런 것들을 구체적으로 털어놓는 것의 중요성, 특히 가족관계의 어려움이나 이런 것들이 이렇게 기억이 안 나도 자꾸 생각을 해 봐서 자신도 모르게 가졌던 응어리나 이런 부분들을 편안하게 같이 나누면서, 인간은 보편적으로 그런 것들이 있는데 그런 것들을 여기서 얘기하는 것이 중요하다라고 하는 거. 지금은 생각 안 날 수 있지만, 나중에라도 그것이 중요하기 때문에 또 이제 생각이 나면 얘기하자. 라고 보류하더라도, 일단 내담자가 무엇이, 여기 와서 내가 어떻게 행동을 했을 때, 어떤 말을 했을 때 도움을 받을 수 있느냐에 대해서 좀 더 섬세하게 조금 더 그 부분을 안내해주는 그런 자상함이 좀 필요하지 않을까 싶어요. 우리가 보통 '생각 안 나요', '모르겠는데요, 아닌 것 같은데요' 그러면 그건 넘어가거나, 그건 저항이야. 그리고 그냥 생각해버리고 마는데, 사실은 몰라서 그럴 수 있어요. 또 어떤 부분의 저항이 있다 하더라도, 약간 보류시키면서 라포가 형성됐을 때, 저절로 이렇게 이제 나올 수 있도록, 안내해 두는 거, 미리 예견시켜 두는 거를 해야 되거든요.

부슈퍼바이저   그것과 관련해서 부모, 자녀 관계를 탐색을 별로 못 했다, 그리고 이제 뭐.. 괜찮다, 좋다 이렇게 얘기했다고 하는데 실제 회기를 보면, 한 2~3회기 정도를 사실 부모 자녀 관계에 대해서 이야기를 나누고 계세요, 뭐 5회기도 그렇고 뭐.

주슈퍼바이저   나오죠, 살짝 살짝 나와요, 뒤에 가서.

발표자   깊이 못 다뤘어요. 하하.

부슈퍼바이저   그러니까 그 부분이 이제 조금 살펴지는 거예요. 왜 깊이 못 들어갔을까… 왜냐면, 5회기를 보면 부모님과의 관계가 어떤가 했을 때, 괜찮다고는 얘기했지만, 뭐 어머님이 동생을 더 많이 사랑했고, 난 약간 고립된듯한 느낌이 들었고, 동생이 나보다 외모도 더 잘생겼고 이러면서 이렇게 라이벌에 대한 것도 막 나오고 하거든요. 근데 이거에 대해서 이제 그러면 아까 선생님이 말씀하셨던 것처럼, 떠오르는 에피소드가 있으면 얘기해봐라. 이렇게 들어갔으면 조금 더 생생하게 그 장면들이 이야기될 수 있었을 것 같은데, 선생님의 반응이, 자신의 모습이 어디에서 왔다고 생각하느냐. 이렇게 좀 주지적으로 탐색없이 바로, 너의 그 경험이 어떻게 연결되느냐. 라고 바로 주지적으로 물어보는 바람에, 이게 이렇게 나 부모님 관계에서 온 것 같지 않다. 라고 딱 얘기가 된 것 같아요. 그래서 내담자가 얘기하지 않으려고 한 것인지, 아니면 선생님의 접근 방식이 그… 부모 자녀 관계를 탐색하기에는 조금 적절하지 않은 접근방식인지에 대해서 좀 더 생각하게 되는 것 같아요.

발표자   제가 볼 때는 그 부분에 대해서 좀 뭐라고 할까 더 해도 되는 그거를 중요하게 생각지 못했던 거 같아요. 그 시간에 제가 주로 그 인지행동적인 걸 많이 좋아하다보니까 그 부분이 중요함에도 불구하고 아직 부족하다고 아직은 미숙하다고 생각이 듭니다.

주슈퍼바이저   그게 이제 내담자 중심이 아닌 상담자 중심 접근이라는 거죠. 내가 선호하는 방식, 내가 더 잘 쓰고, 잘 하는 방식이, 어떻게 보면 내담자 상황에 맞지 않게 내 중심으로 들어가는 거거든요. 그래서 가계도 탐색이라고 했으면… 그리고 질문을 선생님이 너무 크게 하세요. 통찰적 질문을, 상담자 훈련을 오래 받은 사람은 교육 분석할 때, 약간 건드려주면 본인들이 다 알아서 깊이 있게 생각해서 알아차리게 하는 식의 통찰적 질문을 주로 쓰시는데, 여기서는 질문이 너무 커요. 그래서 이렇게 아주 힘 있는 내담자가 살짝 건드려줘서 생각해보게 하는 이런 차원은 아니어야 될 거고. 특히 선생님의 추구하는 인지행동적인 방법은 어떻게 보면 안내를 잘 해야 되고, 연습을 잘 시켜야 되는 거잖아요. 그렇기 때문에 질문 자체를 쪼개고, 쪼개고, 쪼개서 행동화하는 그런 질문으로 바꾸셔야 될 것 같아요. 지금 옆 선생님이 설명하신 것처럼, 너무 질문이 이 분한테는 좀 맞지 않고, 피상적으로 흐를 수 있다는 거죠. 자꾸 개념적으로 들어가게 만들고, 하기 때문에.. 이분 또 공부를 많이 했잖아요, 명상?

부슈퍼바이저　책을 일 년에 150권을 읽는대요.

주슈퍼바이저　그래서 너무 이론화, 개념화된 분이어서, 자칫하다 보면 그것이, 그게 이제 에피소드 중심으로, 장면 중심으로, 구체적인 장면성을 발현하기가 좀 힘들 것 같아요. 선생님의 질문하는 방식을 좀 구체적으로 바꿨으면 좋겠다 싶어요.

부슈퍼바이저　전 좀 궁금한 게, 어머니가 굿을 했다 했잖아요. 그러니까 지금 뒤, 이 내용에, 나는 엄마가 싫다. 라고 얘기하면서 얘기하는 것이 이제 굿을 했고, 동생도 싫어했다. 이런 한 문장이 나오더라구요. 그래서 이게 이렇게… 어땠는지, 혹시 탐색된 내용이 있나요? 엄마가 굿을 했을 때 가족상황이 어땠고..

발표자　그거를 제가 아 슈퍼비전 개인 슈퍼비전을 받으면서, 한 3번 정도 받았습니다. 예 근데 거의 한 상태에서 다시 한 번 받았으면 해서 발표를 한 10회기 돼서 했는데 슈퍼비전을 받으면서 그니깐 어떻게 보면 두 번 받은 셈인데 이거를 음 두 분에게 하다 보니 똑같은 한 번은 심리검사, 슈퍼비전 한 번은 받았고 그 다음에는 두 분 서로 다른 분에게 이거를 다른 시각에서 볼 필요가 있을 것 같아서 받은 거예요. 그런데 아예 처음부터 받았으면 요게 또 달라졌겠죠. 일단 한 다음에 하다 보니까 그때도 지적 받은 게 그러면은 어머니의 관계 속에서 엄마는 뭐 때문에 굿을 하게 되었고 이런 부분이 사실 구체적으로 해결이 안 됐어요. 예. 이미 끝난 상황이라서 이미 슈퍼비전을 한 상태여서… 제가 아마 8회기를 받았고 그렇죠. 그러면서 딱 끊겨서 중간에 드랍되서 상담을 할까 말까하다가 다시 할까 해서 하다가 어떻게 해서 하게 된 거예요.

주슈퍼바이저　좀 놀라운 건데요, 한 사례에 대해서 선생님이 되게 애정이 많으시고, 또 배우려는 욕구가 많으셔서 다방면의 슈퍼바이저를 통해서 사례를 좀 연구해보고 또 검토해보고 그렇게 하신 부분들이 많은데, 이 사례, 이 내담자를 위했다면 초반부에 슈퍼비전을 받으면서 조정해 나가시거나 이렇게 질문하시거나 하셨으면 정말 좋았을 것 같은데, 8,9회기, 10회기에 이제 두 사례, 세 번 정도 이제 남았을 때 좀 아쉽기는 하네요.

발표자　앞으로는 이렇게 사례를 하면서 좀 많이 생각하게 됐죠.

주슈퍼바이저　중요한 거는 내담자가 얘기한 것에 대해서 상담자가 어느 부분에 초점화를 시켜서 선택적으로 주목하느냐, 이게 상담에서 굉장히 중요한 부분이에요. 지금 말씀하신 것처럼, 굿이나 이런 것들은 괜히 하진 않잖아요. 어려울 때 하고, 문제가 있을 때 하고, 집 안에 어떤 정말 도저히 해결할 수 없는, 그런 상황이 겹쳤을 때 굿을 하게 되기 때문에 그런 에피소드… 꼭 들으셔야 돼요.

발표자 단지 굿을 하는 그 거기에서 내담자가 가지고 있는 이미지는 아버지는 돈을 많이 벌어다 주고 엄마는 굿을 통해서 다 없애버리는 그런 걸로 인식을 좀 하고 있는 정도로 생각하고 있었어요. 근데 인제 왜 엄마는 굿을 할 수밖에 없었고 또 이런 거에 대해서 더했었어야 하는데 슈퍼비전을 받은 다음에 제가 알게 됐죠.

부슈퍼바이저 그리고 이게, 이 굿이 이 분이 시골… 아 35세면 저보다도 훨씬 어리잖아요, 근데 우리 집도 그렇게 굿을 하는… 그러니까 굿을 한다는 게 무슨 옛날 책에서나 나오는 그런 거지, 이 연령대에, 이 집에서 이렇게 굿을 하는 게…

발표자 그러니까 본인은 35세지만 부모님은…

부슈퍼바이저 (부모님은) 60세밖에 안 되세요. 60, 64세니까 많지 않으시거든요. 근데 그 어렸을 때 집에서 굿을 하는 그 문화가, 하여튼…

발표자 요즘은 굿이라던가 그런 거에 굉장히 많은 사람들이 하는 사람은 지금도 하죠.

주슈퍼바이저 약간 이런 거 아닌가요, 집에서 굿을 하는 차원은 아니고, 어디로 가서… 요새는 이제 절 같은 데서 굿은 아니래도 약간, 옛날 방식으로 좀 이렇게 뭘 푼다. 이러는 데가 간혹 있는 것 같아요, 불교라는 걸 빙자해서. 그런 방법을 쓰는 그런 것도 좀 있어서..그게 그때 탐색이 안 되고 정체가 드러나지 않으니까 여러 추측들이 나오는 거야, 지금

부슈퍼바이저 집에서 만약 굿을 했으면 아 정말 이렇게.. 정말 창피했을 것 같아요, 제가 만약 어린아이였으면

주슈퍼바이저 아버지가 그것을 용인했으니까 굿을 한 거 아닌가요?

부슈퍼바이저 그러니까 약간 뉘앙스는, 굿을 하고 났는데 굿을 하면 돈을 다 탕진했다 라고 얘기를 하는 걸 보니까, 아빠는 돈 벌고, 엄마는 돈을 탕진한 사람이니까 아마 부부관계에서 그런 것 때문에 갈등이 있지 않았을까 싶기도 하고.

발표자 가계도에도 갈등이 나오는데 구체적인 사연은 그러니까 이제 본인이 아버지는 벌고 서로가 관계가 안 좋았다 그거 때문에 예…

타 참여자들 피드백 저는 요거 보면서 되게 평가적인 느낌 많이 받았어요. 상담자분에 대한 것이 아니라 내담자가 동생에 대해 평가 그니까 잘생겼고 성격이 좋고 이런 것도 사실 다 평가적 부분이고 자기에 대해서도 모호하다라고 생각하지만 그래 보이지 않잖아요. 그런 부분이 되게 평가적인데 보통 그 그 아까 말씀하셨던 그 역전이가 일어난다는 느낌에서 조금 더 듣고 싶었어요. 내담자에게 느꼈던 역전이가 뭔가 약간 아까 살짝 들었을 때는 내가 잘못한다고 어 생각하고 그니까 그건 기억하지 못한다고 생각할까봐 그런 느낌이…

주슈퍼바이저 그런 부분에서, 이 분이 대인관계가 안 되고 선생님의 목표가 이제 의사소통을 가르치는, 연습시키는… 그런 목표를 삼으셨잖아요. 의사소통의 원리는 상담자건 내담자건 인간의

대화에서 오차가 너무 많이 벌어지는 게 가장 중요한 핵심이거든요. 상담선생님이 여기 이제 글을 쓰신 걸, 이렇게 표현하신 걸 보면 지난번에 이렇게 얘기 하셨는데… 라고 말씀을 하세요. 그러니까 그 언어가 사실은 되게 단정적으로 들리거든요. 선생님도 요약을 하시는 거고, 그 사람의 언어를 뭐 이렇게 녹음기처럼 똑바로 그대로 말씀하시지 않는 한, 옛날 거를 얘기할 때는 약간 그게 요약하거나, 또는 선생님 나름대로 그런 기억을 가지고 이렇게 말씀하셨다고 줄여서 얘기하게 되거든요. 그것은 잘못이 아니라 당연한 거 잖아요, 그렇기 때문에 '지난번에 대체적으로 이렇게 말씀하신 것 같은데'라는 이런 언어 하고, '지난번에 그렇게 말씀하셨는데'하고는, 듣는 영향이 다르다는거죠. 상담자가 기억을 가지고 내담자의 언어를 요약할 때, 그걸 너무 단정적으로 쓰는 것이 문제가 되요, 사실은. 모든 사람이 그렇거든요. 어떤 사람이 내 얘기를 하는데 아주 조금이라도 오차가 나면 여기 계신 모든 분들도 불편하게 느끼는 게 있다는 거예요. 이 사람만 있다는 게 아니라. 그런데 그 뒤에 보면 그 세계라는 말을 쓰시더라구요.

부슈퍼바이저 10회기 때… 첫째 줄.

주슈퍼바이저 10회기에 첫 번째, 두 번째 줄인가 '예전에 내담자가 자신의 내적세계를 다른 사람이 본받아야 한다'고 이렇게 말씀을 하신 거예요. 그건 선생님 나름대로는 요약인데, 그게 예전의 얘기를 그렇게 함축적으로 표현한 것 같은데, 다른 사람이 이 얘기를 들었을 때 그 요약은 사실은 그렇게 편하게 들리진 않거든요, 상당히 큰 표현을 하신 거예요. 내담자가 그 얘길 들었을 때, 아 내가 그렇게 크게, 내적세계까지 다른 사람이 본받아야 된다는 무슨 교주나 뭐 이런 사람들이 쓰는 용어같이 말했나 하고 들릴 수 있거든요, 그래서 이런 것들이 내담자로 하여금 상당히 불편감을 야기하지 않았을까 하는 게 너무 잘 이해가 되더라구요 그래서 이런 부분에서 선생님이 예전에 내담자가 말한 것들을 그렇게 기억 했다 하더라도, 조금 더 용어를, 이제 조금 어… (완곡하게?) 그렇죠. 결정적인 용어를 사용하기보다는, '제가 그렇게 들은 것 같은데.. 예전에 이렇게 말씀하신 기억이 있는데…' 이런 식으로 그 용어는 다양하게 쓸 수 있어요. '그런 기억을 제가 가지고 있는데요'라든가, '들은 것 같은데요'라든가, 그렇게 조금 더 어, 주관적인 중간적인 언어를 사용하는 것이 내담자한테 불편감을 주는 데 도움이 되지 않을까…

발표자 네. 그래서 제가 9회기를 봤어요. 그랬더니 그 내용이 뭐냐면 조금 어떻게 보면 이게 뭐 왜곡 내지는 포괄적으로 단정적으로 표현한 건데 9회기에 뭐라고 했냐면 '다른 사람들이 내 마음을 본받아야 돼요' 그런 얘기가 있어요. 자긴…

주슈퍼바이저 그런데 마음을 본받는 거 하고, 내적세계를 본받아야 하는 거는… 그건 아주 다른 느낌 이거든요.

발표자 네. 그래서 이게 좀 그래서… 좀 나중에 생각을 좀 하게

주슈퍼바이저 그리고 선생님의 특징이 뭐냐 하면, 내담자도 그렇고 선생님도 그렇고 너무 심리적인 사실이 아닌, 실질적인 사실에 너무 반응을 많이 하고 있어요. 우리가 공감을 한다라는 것은, 내담자 내면의 음… 심리적인 사실에 공감을 하는 거거든요. 그가 그렇게 바라보면

그 사람의 마음에선 그게 사실인 거예요. 이해가 되시죠? 실제를 따지는 것은, 즉 옳으냐, 그르냐, 니가 그렇게 얘기했냐, 아니다 니가 그렇게 얘기 안 했다. 그거는 법정에서 하는 얘기고, 심리 상담에서는 그가 무슨 말을 하든 정말 말도 안 되는 왜곡된 생각을 가졌건, 왜곡된 어떤 관점을 가졌건, 그가 그의 마음으로 바라보는 현상, 세상, 그것이 그 사람의 심리적 사실이거든요, 이 부분을 공감해주고 이해해주는 게 필요한 거예요.

발표자 그게 부족했던 거 같아요. 이게 내담자가 아주 저항하게 된 가장 큰 부분이 아니었나...

주슈퍼바이저 그래서 공감은 항상 내담자의 심리적 현실에 반응하는 것이지, 실제의 현실에 반응하는 건 아니라는 거죠. 뭐, 엄마가 진짜로 널 미워했어? 그거는 아닐 수 있거든요. 근데 내담자는 그렇게 느껴요. 그래서 '그렇게 네가 느낀다면 정말 속상했겠어' 이게 공감이잖아요. 거기서 '엄마가 널 미워하는 것 같지 않은데? 여러 정황으로 봤을 때 내가 보기에 미워한 것 같지 않아.' 이러면 상담이 안 되는 거예요. 이해가 되시죠? 그래서 너무 실제적인 사실을 갖고 이것을 상담자도 내담자도 집중해 지금 여기에서 막 반응을 하는데, 이게 지금 상담이 원활히 안 되고, 뭔가 이게 좀. '내가 제대로 얘기했냐, 당신이 제대로 들었냐' 뭐 이런 걸로 얘기가 되서 조금 답답했어요.

부슈퍼바이저 9회기가 이제 역전이 말씀하셨는데, 이제 9회기가 상담사분 마음에 약간 역전이가 올라 왔는지, 사실 전체적으로 '상담자가 내담자의 말을 제대로 잘 듣고 있다'라는 느낌이 잘 안 들고 약간 '정말 오해하고 있다'라는 생각이 좀 드는 부분들이 있어요. 그래서 아까 아니라는 얘기를 내담자가 되게 많이 했다고 했는데 이게 제가 봤을 때 약간 저항이라기 보다는, '그거 정말 아니고 제 뜻은 이래요'라고 이렇게 자기를 설명한다는 느낌이 좀 더 강해요. 그러니까 예를 들면, 상담자 45 반응을 보시면요, 어… '저는 다른 사람에 대해 서 그렇게 공격적이지 않아요, 저는 누굴 해치고 싶은 마음이 요즘 덜 들어요.'라고 얘기 하잖아요, 그러니까 '요즘 뭔가 좀 좋아졌다, 덜 든다'라는 얘긴데 상담자 45가 '요즘 덜 들면 예전엔 공격적이었다는 말인가요?'라고 이렇게 예전엔 공격적이었어? 이렇게 물어 보게 돼요. 그러니까 내담자가 '아, 내 말 뜻은 그게 아니라 지금 좀 편안해졌다는 얘기 에요'라고 들어가는 거잖아요. 그러니까 이 상담자 45가 내담자 44의 말을 제대로 이렇 게 반응을 하는 거라고 보기 좀 어렵구요, 같은 맥락에서, 내담자 47이 얘기해요. 자기 가 "50권의 책을 읽고 그래서 최근에 이제 인간관계에 대한 책을 봤는데 그 책에 보니 까 사람은 누구나 다 적대감이 있다고 얘기하더라구요, 제 자신을 보는 것 같았어요"라 고 얘기를 해요. 아마 이제 어느 부분에서 이렇게 자기를 이해받는 듯한 어느 부분들이 있었나보죠. 근데 상담자 48이 "그럼 본인이 그런 적대감이 있다고 생각하세요?"라고 이제 그 적대감에 딱 꽂혀서 그 말씀을 하시는 거예요. 그러니까 내담자가 "아니요, 저 적대감이 있다는 게 아니구요" 이렇게 얘기를 하게 되는 거예요. 그 상담자가 "공격적이 야? 너 적대감 있어?" 이렇게 물어보니까 그게 아니라고 얘기하는 거죠. 그러니까 여기 에서 내담자가 아니라고 얘기하는 것들은 사실은 상담자가 이렇게 내담자가 말한 것에 대한 초점을 잘못 맞추고 다르게 이렇게 내담자가 얘기하는 바를 다르게 말하기 때문에

'그렇지 않다'라고 반응하는 거라고 저는 이해가 되어져요.

주슈퍼바이저 　그럼 상담자48에서 어떤 반응이 유효했을까. 이게 중요한 거잖아요, 그쵸? 48번 장면에서 그럼 어떻게 얘기해야 되나…했을 때는, 차라리 책에서 본인이 느낀 바, 중요하게 들은 바 이런 것들을 좀 정리시켜 보는 게 더 좋을 것 같아요. 이렇게 '적대감이 있어요'라고 지금 선생님이 얘기한 것처럼 거기에 초점을 맞추기보다는 그렇게 많은 책을 읽고, 그렇게 많은 것들을 해오셨으니… 얼마나 많은 것들을 깨닫고 또 나름대로 거기서 느끼고 배운 것들이 분명 있을 거란 말이죠. 그럼 그건 이 사람의 또 하나의 자원일 수 있어요. 그래서 그런 것에서는 도대체 이 사람이 뭘 느끼고, 뭘 깨닫고, 뭘 배웠을까 하는 부분을 차라리 격려시켜주면 신나게 얘기하겠죠. 본인이 뭐 150권까지 책을 읽었다니 얼마나 할 얘기가 많겠어요.

발표자 　그러면요. 47에 내담자가 뭐라고 했냐면요. '그 책을 읽으면서 제 자신을 보는 것 같았어요'라고 했을 때 제가 어… 본인에 모습에 대해서 어떤 부분을 보게 되었는지를 물어보는게…

주슈퍼바이저 　그렇죠. 자기를 봤다. 그러면 되게 반가운 일이잖아요. 그리고 얼마나 거기에서 중요한 게 일어났겠어요. 그쵸? 말이 150권이지, 뭐 난 한 권도 요새 읽기도 힘들던데…

발표자 　제가 역전이가 일어난 것 중에 하나가 뭐냐면요. 여기에는 안 나와 있지만 '제가 책을 많이 읽으니까 상담자님도 책을 많이 읽어야 할 거예요'라고. 그 책 읽은 거 가지고 얘기하자는 거예요. 그래서 제가 그 얘기했죠. 여기서는 자기가 책을 읽은 거 가지고 이야기하기보다 마음의 상태를 보는 거라고 설명해줬는데 굉장히 도전적인 거예요. 내가 책을 많이 읽으니까 상담자님도 책을 많이 읽어야 할꺼예요. 이렇게 나오니까 제가 막 저항감이 막… 그 책이 뭐냐면 불교 심취했던 책이에요. 종교적인 책이에요. 그거를 그럽시다 할 수도 없는 거잖아요. 그 상황에서 그래서…

주슈퍼바이저 　저는 그걸 활용하면 되게 좋을 거라는 생각이 들어요. 그게 책이지만 현실의 그 생활하고 연결시켜서 우리가 생각해보게 할 수가 있거든요. 그러니까 그 책이 어떤 책이건 불교책이건 뭐건, 그런 것들이 다소 뭐 개념적이고 뭐 하여튼 좀 큰 주제일 순 있겠죠, 그렇긴 한데 그래서 그 책이, 책을 읽어서 지금 당신의 삶이 구체적으로 어떻게 변했는지, 바뀌어졌는지, 그래서 마음이 편안해졌는지. 우리가 어떤 수양이나 공부를 한다는 것은 현실생활에서 도움이 되어야 되잖아요. 이걸 연결시켜서 자꾸 끌어낼 수 있죠. 예를 들어서 그렇게 많은 책을 읽고, 그렇게 많은 것을 알고 있고, 깨달았고 그랬는데 그게 지금 현재의 삶, 당신의 인간관계의 삶이나 이런 거에 어떤 도움을 줬으며 얼마나 편안해 졌으며, 그래서 거기서 이해하는 마음이 커졌으며… 뭐 이렇게 더 반갑게 그것들을 자꾸 이 땅바닥에 있는 현실과 연결시켜서 좀 얘기를 하면…

발표자 　그런 부분에서 물론 자기가 유익이 되고 그래서 여기에도 나오지만 자기는 뭐든지 자기가 뭐든지 해결할 수가 있다는 게 그런 책을 많이 봐서 그런 거예요. 본인으로서는 책을 봐서 유익을 얻었는데 불교가 마음을 명상 같은 내적인 것이 많잖아요. 이 내담자가 원하는 건 뭐냐면 자기가 읽는 책을 나도 읽고 같이 얘기하자고 하는 측면에서는 제가 당황하게 되더라구요. 그렇죠. 내가 읽는 거를 상담자님도 읽어야 말이 통하지 않겠냐 라는 제가… 제가 그런 얘기를 했죠. 제가 그런 책을 읽을 시간이 없다. 내담자와 책을 읽고 스터디하는 게 아니고 지금 내담자가 힘든 문제를 가지고 얘기하는 거라고 제가 얘기했었죠.

참여자 제가 작년에 학생상담센터에서 이런 학생을 만났고 슈퍼비전도 받았거든요. 지금 발표자님 그 상황이 공감이 되는 게 사실 슈퍼비전 때 들었던 것도 그런 내담자를 만났을 때 오 대단하시다라고 말하래요. 대단하니까 인정해줘야 하는데 사실은 그렇게 자기의 우월함을 막 드러내는 그런 내담자를 만나면 사실 되게 막 저항감이 들어서 내가 평가절하되는 느낌이 들고 사실은 반응 못하시는 분이 많을 것 같거든요.

주슈퍼바이저 그런데 이제 그런 거죠. 사람이 다른 거고 우리가 잘 쓰는 방식이 있고 그가 자기 문제 해결을 위해서 잘 쓰는 방식들이 있어요. 그게 사실은 굉장히 힘겨운 노력이거든요. 그 내담자로서는 되게 처절한 노력일 수 있어요. 그 많은 책을 읽는 게 쉬운 일은 아니잖아요. 얼마나 뭐가 안 되면 그 책에 매달렸을까 하는 부분들을 깊이 있게 이해해주는 게 필요한 거죠. 그리고 그 부분에 대해서 사실은 존중을 해 줄 필요가 있어요. 물론 그게 너무 주지화로 간다든가, 이 삶과 괴리가 있다든가 현실생활과 떨어져서 어떤 것들을 회피하게 만드는 것들도 있어요, 직면하지 못하고 그 쪽으로 이제 빠지는 거죠. 그런데 그렇다 하더라도 그 부분이 이 사람을 여지까지 살리고 있는 것이기 때문에, 그 부분을 하나의 자원으로 자원을 붙잡고 활용해서 사실은 이 내담자를 도와야 되거든요. 이 사람이 잘 아는 부분을 통해서 대화를 해볼 수 있고, 그럴 수 있어요. 그래서 그 부분에 있어서는 저는 솔직히 이 내담자가 굉장히 대단하다고 보여져요. 이게 사실이라면. 하지만 자기가 받았던 건 맨날 질시나, 비난, 아 저 잘난체, 그런 시선이 별로 좋지 못했을 거라는 생각이 들어요. 그러니까 나는 이렇게 노력을 해도 사람들은 날 시기 질투해, 날 알아주는 사람이 없어, 인정해주는 사람이 없어, 내가 이렇게 처절하게 노력을 기울여서 내가 얼마나 이렇게 힘겹게 가고 있는데, 사람들이 날 하나도 몰라주고 날 미워해. 이랬을 때 느끼는 이 내담자의 상처 부분에 대해서 과연 상담자가 그걸 봤을까, 그걸 이해해줬을까 또는 그것에 대해서 격려하고 지지했을까 하는 부분에서는 이 분이 충분히 이해받은 느낌이 없을 거라는 생각도 좀 들어요.

발표자 지금 제가 생각이 나는 게요. 이 분이 책을 많이 읽게 된 동기가 있을 거 아니에요. 보니까 인제 초등학교, 중학교, 고등학교 때부터 소외되고 그래서 표현이 나와요. 내가 힘이 있어야겠다. 그 힘이 독서인 거 같아요. 그 힘을 독서를 통해 길러서 남들보다 많이 아는 척도 해야 하고 그래서 아닌가…

참여자 저는 궁금한 게 두 가지가 있었는데요. 하나는 슈퍼비전 받고 싶은 내용에서 우울척도가 높은 내담자를 어떻게 상담할지 모르겠다고 얘기하셨는데 제가 본 느낌은 의뢰동기 자체가 고위험군으로 나와 있고 상담자를 만났잖아요. 그랬기 때문에 그 분은 선생님하고 잘 보여야 한다고 생각… 이런 패턴이 강했을 거란 생각이 들어서 보통 그런 경우는 기업에서 MMPI 할 때도 잘 보여야 하기 때문에 9번 척도가 많이 뜨기도 하거든요. 이 분은 경조증으로 보기보다는 선생님하고 처음 만나고 선생님하고 관계에 대해서 중요하게 여겨서 높게 나오지 않았나 라고 생각하는 부분이 있구요. 또 하나는 그런 부분에서 선생님하고의 관계를 그동안 선생님께서 그니까 들어가실 때 발달이나 그 가족관계에 대해서 깊이 들어가지 않고 이 분을 따라 가셨던 것 같아요. 그래서 이 분 나름대로도 계속 변화하려고 노력은 하셨는데 이제 9회기가 되면서 선생님도 그렇고 내담자도 그렇고 좀 더 깊이 들어가는 부분에서 그 관계 부분에서 이 사람이 나를 다 안 받아줄 수도 있겠구나 라는 그런 느낌을 받았을 것이라는 생각도 들어서 그런 부분에서는 어떻게 생각을 하셨는지 궁금하고요. 또 하나는 상담 중에 항상 커피를 원한다고 얘기하셨어요. 근데 이런 부분 자체가 뒤에도 내담자 51번에서도 중간에 선생님이 질문하셨는데 끊고 커피 한 잔만 이렇게 얘기했는데 그런 부분이 보였잖아요. 그럼 회기마다 커피를 원했을 때 어떤 질문에서 그렇게 맥락을 끊거나 이케 이케 하는 부분이 있었는지 궁금한 부분이었어요.

발표자 먼저 그 커피 얘기가 나와서 그런데 그 분은 어떤 맥락에서 끊기보다도 커피를 굉장히 좋아하시는 분이에요. 그래서 마시다가 떨어지면 보통 내담자로 왔잖아요. 우리가 커피를 서빙해 주는 게 아니에요. 그러면 고마움을 느끼고 그냥 먹는데 이 분은 없으면 반드시 달라고 했는데 . "커피만 좀 마실 수 있을까요"가 아니라 당당하게 요구를 해요. "커피 한 잔 더 주세요"라고 그러니까 거기서 제가 이런 사람에게 사실은 이 부분에서 되게 당황을 했어요. 그러면 상담자 내담자 평등한 관계지만 마치 안 가져오면 안 된다는 내게 맡겨놓은 커피 달라는 식이에요.

그러면 이 사람이 자기 직장에서도 그럴 거 아니에요. 뻔하잖아요. 이런 부분들이 저기가 자기가 다른 사람 눈치 안 보고 자기 자랑하고 이런 부분이 관계에 문제라고 저는 생각이 들었는데… 어찌됐건 커피 달라니까 갖다 주는 거죠. 아 그래요? 커피 드시고 싶으시면 가져다 드리고 그렇게 했는데 그거에 대해서 제가 뭐 직면하거나 그러진 않았었어요. 왜냐하면 그걸로 인해서 그 장면만 그런 게 아니라 계속 그랬어요. 커피 떨어지면 커피 한 잔 더 달라고. 그러니까 그때까지는 본인에 대해서 들어주고 9회기는 녹음을 하는 부분이었고 나름 잘해야 한다는 마음도 있었고 하다보니까 제가 긴장도 됐고 그래서 잘 안 됐던 거 같아요.

주슈퍼바이저 커피를 그렇게 올 때마다 당당하게 막 시키듯이 이렇게? 이 상담은 돈 받고 하시는 건가요?(그쵸. 이제 본인은 내지 않고 그 저기 회사에서) 아 다른 데서 협력기관에서 내고, 아무튼 너무 당당하게 상담자에게 이제 서비스를 요구를 하니까. 어떤 느낌이 들잖아요. 그런데 그것이 한두 번이 아니라 계속 그랬다, 그러면 상담자가 느끼는 그 부분은 독특한 개인으로서 상담자도 독특한 개인이잖아요. 진술하게 그런 것들을 상담에서 나누고 접촉할 수 있어야 된다고 봐요. 거기에서 내담자도 자신을 보게 되고 이 상담자는 진술하고, 격의없고, 솔직하게 나를 대해주는구나. 이런 걸 느끼게 되고, 이게 신뢰관계에 굉장히 중요한 건데, 선생님이 그 부분에 대해서 그냥 10회기까지 그 받아주기만 하고 속에서 불편하셨다면 상담관계가 과연 어땠을까 하는 부분이 저는 좀 주목이 되는 거예요. 그래서 직면이라는 것을 너무 부정적으로 선생님이 해석하시지 않나? 그런 생각이 들어요. 얼마든지 따뜻하게, 내담자를 위해서 직면할 수 있거든요. '아, 커피를 되게 좋아 하시나봐. 오시면 계속 커피를 이렇게 자주 요청을 하시는데 이건 굉장히 드문 일이다' 라든가. 얼마든지 그것이 공격적으로 들리지 않게, 당신 나한테 커피시켜? 이런 차원이 아닌 격의 없이, 그 현상에 대해서 미러링을 시켜주면서 진솔하게 그 부분에 대해서 나누면서 평상시에도 커피를 좋아하시느냐, 커피가 먹고 싶을 때 회의시간에 다른 분한테 이렇게 시킨 적도 있으시냐, 그러면서 선생님의 언어만 안전하게 나간다면 직면은 상담에서 상당히 중요한 거거든요. 그런데 선생님이 그 부분에 대해서는 왜 직면을 그렇게 못했을까, 부정적으로 해석을 하셨나? 그런 것들이 좀 궁금해요.

발표자 　직면하는 방법을 잘 몰랐을 수 있었을 것 같고요. 어… 그러니까 한 번은 이야기를 해야겠다는 생각은 했죠. 그래서 9회기 10회기부터는 그 전부터는 직면도 없고 하자는 대로 따라가 줬는데 하다보니까 이게 너무 직설적인 직면이 됐던 거 같아요. 그때그때마다 마음을 표현해 줬어야 했는데 계속 가다 보니까 이제 저도 막 역정이 생기고 짜증이 나니까 그때 폭발이 됐던 거 같아요. 그러니까 나중엔 '선생님은 왜 제 부정적인 면만 보십니까' 이렇게 나오더라구요. 우리가 힘들겠구나 이렇게 생각했죠.

부슈퍼바이저 　실제로 선생님이 얘기하시면서, 나랑 관계에서 이렇게 하는데 회사에서도 그렇지 않겠느냐는 말씀을 반복해서 하세요. 그러면은(제 속으로 생각하는 거예요), 그러니까 속으로, 속으로 그렇게 생각하신다는 거죠. 그 말은 지금 회사에서 하는 행동들이 지금 나와의 관계에서 지금 재연이 되고 있고 그거는 굉장히 그 중요한 부각을 시키고, 다루고 해야 되는 중요한 장면이잖아요. 요 관계에서 그걸 해결하고, 우리 관계에서 의사소통 연습을 하고 하는 것들이. 근데 실제 의사소통 연습을 한다고 하는데 그게 되게 관계에서 here & now에서 이루어지기보다는 그 뭐, 그 쪽 가서 그 사람에게 화해를 하는 게 어때요? 이렇게 얘기해보는 게 어때요? 정말 이렇게… 그 내담자, 상담자와의 관계와는 동떨어지게 뭔가를 계속 가르쳐주고 이렇게 시도하게끔 하려고 하는 게 보여지는 거죠.

발표자 　왜냐하면 내담자 입장에서 어떻게 화해했으면 좋겠냐고 물어보고 그 문제 때문에 힘들어하니까 그러면 제안을 해보는 거죠.

부슈퍼바이저 　그런 게 있을 수는 있는데, 중요하게 지금 계속 역전이에 대한 얘기를 하잖아요, 그 선생님하고의 관계에서 상담자와의 관계에서 이미, 라이벌리를 막 이렇게 막 발사하고 있고 이렇게 막 계속 도전하고 있고, 그리고 이렇게 때로는 되게 이제 상담 초반에는 굉장히 선생님이 무슨 말만 하면 다 통찰하듯이 선생님이랑 상담하고 나서 되게 좋아졌어요, 막 이러다가 그러다가 또 이렇게 확 그 또 시킬 때는 막 시키고 그러니까 뭔가 잘 따르는 것 같다가, 되게 건방진 것 같기도 하다가, 되게 이상하잖아요? 그런 것들을 막 현재 보이고 있는 상황이어서 그런 관계들을 현재 보이고 있는, 현재 보이고 있는 그 관계들을 실제 좀 더 잘 활용하셨으면 어땠을까 싶은 생각이 좀 들어요..

주슈퍼바이저 　Here & now에서 우리가 감수성 훈련 같은 데서 상담자 기법 훈련을 계속 하잖아요, 선생님이 그 부분을 한 번 같이 해보셨으면 참 좋겠다 싶은데, here & now에서 지금 이루어지는 관계성에 대해서 그것을 직접적으로 안전하게 나누는 그런 방법들 좀 습득하시면 좋을 것 같고, 그리고 지금 여기에 있는, 내 앞에 있는 사람을 공감해야 되는데, 자꾸 그가 싫어하는 사람들 입장에 서서 거꾸로 이해를 시키려고 노력을 하시는 거예요. 그 사람 마음이 어떻겠느냐 라든가, 하면서 그 얘기가 계속 10회기에 나오거든요. 그래서 이 사람이 싫어하는 사람, 이 사람을 불편하게 하는 사람, 그 입장을 자꾸 대변해서 그 사람 마음이 어떻겠느냐 거꾸로 생각해봐라 이렇게 하니까 지금 내 앞에 있는 내담자를 공감하고 수용하는 게 미루어지고 상대를 보는 건 그 다음에 이제 충분히 마음이 녹여진 다음에 자기 힘으로 상대를 봐야 되는데, 선생님이 그거를 충분히 이해하지 않은 상태에서, 싫어하는 대상자의 마음을 자꾸 봐라, 봐라, 가능하게 하니까 그것이 자꾸 드랍 요인의 중요한 부분이 아니었나 싶어요. 그래서 좀 일단 수용하고, 수용을 먼저 해주고 그 다음 이 분이 다른 대상들을 볼 수 있도록. 힘을 주셨으면 해요. 자기가 이해받고 이러면, 힘이 생기거든요. 그래서 그걸 먼저 좀 해주셨으면 좋겠다 싶어요. 그리고 이제 조금 봐야 될 것은, 대상을 권위적이다. 라고 얘기를 하면서 내담자도 선생님도 서로 권위적으로 느껴요, 선생님도 내담자를. 그럼 권위적인 것이 두 분 사이에 왔다 갔다 하는데, 권위적이라는 것이 정말 권위적인가. 감정 자제가 안 되서 참고 참고 참다가 자제가 안 되서 세게 나가는 것을 권위적이라고 보고 있는가. 이 권위적인 이 개념을 쪼개고 쪼개고 쪼개서 행동화된 모습으로 들을 수 있고 말할 수 있었으면 참 좋겠다 싶어요. 그래서 내담자가 생각하는 권위적인 모습들은 어떻게 드러나는데요? 라고 질문을 하시는 게 좋을 것 같아요. 그리고 이 분을 보면, 여기 이 2페이지에 1회기 상담에서 벌써 나와요, 중간쯤에. 밑에서 한 5~6째 줄? 내 마음에 신경쓰이는 것을 참고 있다가, 그런 일을 반복하게 되면 참을 수 없는 상황이 온다. 그럴 때 한 번씩 크게 화를 내다보니 관계가 멀어지는 것 같다. 이게 행동양식이거든요. 어떻게 보면 이 참을 수 없는 상황에서 세게 나오거나 강하게, 아래 사람들에게 분명히 막 하니까 이게 권위적으로 비추어질 수도 있어요. 사실은 이건 감정자제가 잘 안 되거나. 그런 거죠? 그래서 이 부분을 조금 더 쪼개서 행동으로 좀 들으시면 좋을 것 같아요. 당신이 화가 날 땐 주로 어떻게 행동하시나요? 고함을 칠 수도 있고, 욕을 할 수도 있고. 그 다음에 막 따지고 지적을… 앉혀놓고 몇 분씩 설명을 할 수도 있고, 여러 가지 양상으로 나오잖아요. 도대체 이 사람의 참을 수 없는 행동양식은 뭔가. 이게 지금 정황이 아주 구체적으로 표현이 되어야 하는데, 이게 안 나온 상태에서 자꾸 권위적이다, 권위적이다 이런 말만 왔다 갔다 하거든요. 그래서 상담자는 모든 내담자들의 개념적인 언어들을 다 행동언어로 바꿔서 들어보려고 하시고, 구체적으로 질문하셔서 정황을, 장면을 이렇게 영화필름을 보듯이 구체적으로 볼 수 있어야 되요. 그런 게 잘 안 되는 것 같아요. 그리고 아까 선생님이 중요한 말씀을 하셨는데, 'Ma가 높다'는 여러 가지로 해석이 되요. 긍정적으로 보면, 긍정적으로 보일 수 있어요. 과도하게 막 이렇게 밝고 외향적이고 열심히 하고, 그죠? 그러면서 가늠을 해보는 거예요. 단정할 수는 없지만. 이 부분이 높다라는 것은 불안이나 긴장을 행동화할 가능성이 높은 거잖아요, Ma는 모든 문제를 마음속에 갖고 있는 게 아니에요. 속으로 썩고 이런 사람이 아니에요. 표출하는 사람이고, 행동하는 사람이라는 거죠. 그래서 이 행동이 어떤 양상으로 드러나고, 이게 문제가 되는 건지, 병리적인 건지, 아니면 잘 보이려고 애써서 그렇게 한 건지. 근데 여기 방어수치를 보면 사실은 이게 문제 행동일 가능성도 좀 있어 보여요. 그렇게 막 방어하거나 이런 수치가 없잖아요, 그러니까 있는 그대로 보면 정말 이 행동이 참다가 과격하게 나갈 수 있는 부분이 있어서, 이 부분의 응어리를 풀어주고, 잘 들어주고, 공감해주고, 그리고 어떤 상황에서 건드려지는지 그런 상처들에 대해서 좀 더 섬세하게 좀 들어갔으면 얼마나 좋았을까 하는 아쉬움이 있어요. 내담자가 잘 건드려지는 부분, 그런 부분들이 과연 뭘까. 탐색해 보는 게 필요해요. 이 사람을 보면요, 어른들한테는 참아요. 그런 게 있어요, 상사는 뭐 내가 이해가 된다. 이 나오잖아요. 상사는, 그리고 상사에 대해서 뭔가 이렇게 반대의 입장에서 생각해 보세요. 라고 상담자가 얘기를 하면 상사를 끄집어내요. 내가, 반대로 생각해보는 게 아니라, 내가 상사에게 더 심한 걸 당했는데도 참았다는 식으로, 이렇게 얘기를 해요. 그래서 어떻게 보면, 내담자의 지금 현상은 권위적인 인물한테 어떻게 보면 상처를 받아서 참고 참고 참아서 이게 아래 사람한테 가는 게 아닌가 하는 그런 추론이 가능해요. 그래서 오히려 참아야 된다는 이거는, 어떻게 보면 윗 사람에 대한 내재된 상처. 괜찮다고 말하지만, 엄마 아버지도 다 괜찮다, 상사도 괜찮다, 나 참을 만하다고 하지만 오히려 그 부분의 상처를 이 사람이 표현하지 못함으로 해서, 또 드러내지 못함으로 해서, 인식하지 못함으로 해서 문제해결이 안 되고 있을 수도 있다는 부분이 중요하게 보여지거든요. 어떻게 생각하세요?

발표자 　　예. 저도 그 부분에 있어서는 본인이 그랬거든요. 저희 팀장을 닮은 거 같아요. 그러니까 일 년 후배가 자리 안 비켜주고 그걸 참지 못하고 똑같이 했다는 것을 자기가 권위적인 걸로 인식을 하고 있고 그 모습이 팀장의 모습에서 자기를 봤다라고 이야기하는데 사실 그 전부터 있었겠죠.

주슈퍼바이저 　　배운 게 아니라 상처에요. 그렇지 않겠어요? 그럼요. 그런데 그 부분은 괜찮다고 하고, 엄마 아버지 괜찮고. 이렇게 얘기해서 과연 얼마만큼 그걸 소화했을까. 상담자가 얘기해 볼 수 있잖아요. 닮았다고 하는데 저한테는 그게 굉장히 힘겨워 보이거나 상처로 들리는데 어떠세요?라고 하든가, 뭔가 좀 그래도 상담 선생님이 나름대로 느끼는 바를 자꾸 표현을 하셔야 될 것 같아요. 그런데 선생님도 표현이 좀 어려우신 거 아닌가 내담자가 부하직원만 자꾸 얘기를 하는데 오히려 근본적으로 해결해야 될 부분은, 윗사람과의 관계를 덮고 있다.라는 것이 이 사람의 문제일 수 있겠다 싶거든요.

발표자 　　말씀을 듣고 보니까 저의 문제가 있잖아요. 제가 감정표현이 좀 약해요. 그러다 보니까 내담자들의 그 부분을 캐치하는 부분이 약한 거 같아요.

주슈퍼바이저 　　역량은 있으신 것 같은데 조금 이상한 게 1회기부터 8회기까지 상담자의 전문성을 발휘해서 하셨는데, 왜 슈퍼비전을 받은 9회기, 10회기에서 왜 확 이상해지는 거예요? 그래서 나는 이 8회기까지가 이거, 이게 진짜 선생님이 이렇게 하셨나 싶을 정도로 너무 잘 하신 거예요. 그런데 9, 10회기에서 축어록을 풀어 보니 막…

발표자 그러니까 저도요. 네. 제가 보니까요. 과거에도 슈퍼비전을 받고 상담이 잘 안 되더라고 요. 왜 그러냐면 거기서 여러 가지 지적들을 얘기해주다보니까 그거를 갔다가 잘 잘 머 라고 할까 적용을 잘해야 하는데 제가 급했나 봐요. 적용을 막 직선적으로 했다든가 예 를 들어서 그러지 않았나. 이게 뭐야 슈퍼비전을 받았는데…

주슈퍼바이저 그거는 인지적으로만 슈퍼비전을 받아 들여서 그럴 수 있어요. 우리가 슈퍼비전을 지금 하고 있잖아요. 근데 언어반응이 슈퍼비전에 굉장히 중요한 부분이거든요, 상담자 언어 반응… 내가 언어를 계속 어떻게 사용하고 있고 이것이 내담자, 타인에게 미치는 영향이 있잖아요, 그런 부분에서 계속적으로 검토를 받으셔야 되서, 바로 그 부분이 이제 훈련이 되어야 해요. 대인 감수성 훈련이라든가, 집단상담이라든가, 내가 나도 모르게 쓰고 있는 습관적인 언어들에 대한 지속적인 검토가 필요해요. 선생님은 인지적이나 상담적으로는 충분히 이제 다 알고 계신 것 같아요. 근데 상담자의 언어적 훈련에 있어서는 약간 연습 이 필요하신 것 같아요. 알고 있어도 이것을 말로써 풀어낼 때, 이게 적합하게 나가야 되 는데, 적합하게 나가지 않으면 그거는 소용이 없거든요. 그래서 그런 부분에서 상담자 반 응을 실제적으로 좀 연습을 했으면 좋겠다… 그런.

부슈퍼바이저 저는 상담자 16… 초반 상담자 16부터 해서 내담자 28까지의 내용을 쭉 보면요 이게 내담자가 그 전에는 선생님이 시키는 대로 다 했어요. 가서 화해하라고 하면 화해하고, 참여하라고 하면 참여하고 해서 잘 됐어요 라고만 얘기를 하는데, 요 장면에서는 '그런데 이상해요. 좀 이상해요, 저는 이런 걸 당했거든요. 그런데 제가 이해해야 되나요?' 이런 다른 반응을 보이는 거예요. 그런데 그 전에는 그냥 따라서 하고, 화해하고 해서 다 좋아 졌어요 했는데, 그러면서 남은 불편한 감정 있잖아요. 내가 왜 나는 솔직히 다 이해가 되 지 않고 내가 잘못한 것 같지 않은데, 내가 왜 그걸 왜 화해를 해야 되고, 나는 상사한테 그렇게 당하고 했어도 조용했는데 얘는 왜 이렇게 해야 되나, 얘는 왜 이래 이런 거 있잖아요, 그런 뭔가 이해되지 않고 소화가 되지 않은 부분들을 여기서 얘기 하는 거예 요, 내담자가. 저는 이 장면이 사실 그 전에는 좀 잘 보이려고 했다고 한다면 이 장면은 정말로 선생님한테, 난 그런데 좀 복잡해요, 온전히 다 이해가 되지 않아요. 라고 좀 솔 직하게 자기를 내보이는 장면이라고 생각이 들었어요. 들었는데, 이거를 이렇게 아, 그래 너 되게 억울했겠다. 그러면서 막 들어줬으면 좋았을 텐데 선생님이 오케이 반응을 두 번이나 하면서 어, 그래 그랬단 말이지? 그래서 의사소통을 해야 돼. 라면서 그렇게 이야 기 해야 돼, 직접 가서 얘기해야 돼. 이렇게 좀 상황을 다르게 좀 끌고 가시는 거예요. 상담자 29같은 경우에도, '오케이, 여기서 내가 지금 그 사람 모습을 고쳐줄 필요가 없 다고 했는데, 고쳐줄 필요도 없고 고쳐줄 수도 없어요.' 그쵸? 그럼 이야기하는 과정을 통해서 오해를 푸는 게 필요하지 않을까요? 이 부분 이해가 되나요? 이야기를 통해서 오 해를 풀면 돼요'라고 이제 그냥 마무리, 약간 정리. 이미 선생님의 답이 있는 거예요. 그러니까 이 상황에서 내담자가 얘기하고 있는 내 복잡한 심정에 대해서 조금 더 들어주면서, 아 이게 그럴 수 있겠다. 뭐 하면서 얘기가 들어가지 않고, 그냥 정리를 하니까 그 다음부터 다 꼬인 것 같아요. 그 다음부터 내담자가 더 이상 그 얘기를 하지 않고, 나는 이제 좋게 좋게 갈 거예요. 나는 이제 요런… 이제 선생님이 지금 보면은 이해할 수 있지만 내 아량으로 유연성 있게 그냥 웃어넘기겠다. 그 다음에 논리는 그거잖아요, 이 내담자의 논리가 나는 지금 이해할 수 없지만 내 유연성으로 그냥 웃어넘기겠다, 그리고 그렇게 할 수 있다. 그리고 나는 앞으로 잘 나갈 거기 때문에 그런 거 신경 안 쓰고 다 해줄 수 있다. 이러면서 가잖아요. 그러니까 선생님이 또 그건 아니니까 또, 그건 아니지 않냐고…

발표자 일단은 내담자를 공감해주고 그 사람 입장에서 쭉 해주고 직면을 한다든가 그런 게 없었어요. 슈퍼비전을 받다 보니까. 아 예를 들어 오늘 얘기했듯이 이런 것도 해야 하고 저런 것도 해야 하고 많이 주문을 받게 되잖아요. 그러니까 예를 들어 직면 같은 거… 이 사람의 그 어떤 모습을 그동안은 그냥 받아주기만 하고 구체적으로 직면이 없었죠. 특별하게, 그러니까 공감을 해야 하는데 그러면 슈퍼비전에서는…

주슈퍼바이저 슈퍼비전을 받을 때 축어록을 풀어서 하셨을 거 아니에요. 9, 10회기는 지금 와서 슈퍼비전 받으시는 거고, 8회기까지는 풀은 게 또 있으실 거란 말이죠. (그렇게 하지는 않았어요.) 안 풀고 했어요, 슈퍼비전을?

발표자 슈퍼비전에서는 축어록을 안 풀고 발표할 때만 축어록 푼 걸로 얘기를 하더라구요.

부슈퍼바이저 슈퍼비전을 요약한 것으로 했으면 언어반응을 정확히 알 수 없었겠네요.

주슈퍼바이저 슈퍼비전은 상담자의 언어가 얼마나 상담적으로 유효했고, 그 언어가 치료적으로 도움이 되었느냐 이것을 슈퍼비전하는 거거든요. 상담자가 요약을 하는 거는 녹음기를 들어보지 않는 한 본인이 압축해서 써넣은 것이어서 현상을 볼 수가 없어요. 내담자의 현상, 언어적 반응, 현실을 구체적으로 우리가 보기가 힘들어요, 다 축약이 된 거라서. 그렇기 때문에 슈퍼비전을…

발표자 그러니까 이 전체를 가지고 뭐 사례개념화 면에서 원인이 뭐고 상담을 어떻게 이끌어갔나 이래서 이랬다 그러면 앞으로 이랬으면 좋겠다. 근데 제가 그때 두 분에게 받았는데 두 분 다 축어록 얘기는 안하시더라고요. 그래서 제가 사례 제출 때만 공식적으로 푸는 걸로 그렇게…

주슈퍼바이저 그래요, 그거는 조금… 슈퍼비전이 약간, 그 적용에 있어서 저는 그래요. 사람들이 이렇게 요약해서 한 걸 가지고 얘기하는 건 사실 현실을 다룰 수 없다고 보여져요. 그래서 몇 장이라도 개인 슈퍼비전시, 한 5장, 3~4장 정도라도, 상담 현장을. 내담자에게 어떻게 개입하고 있는가, 상담적 반응을 하고 있는가, 이런 부분들을 보는 게 중요한데 그런 의미에서 보면 이 10회기의 내용 중에서 가장 중요한 게 9회기예요. 9회기에서 이제 여과없이 선생님의 언어반응이 나오고 있는데, 대부분은 인지적인 질문이나, 내담자 입장을 공감하는 그런 언어적 반응보다는, 여기에 없는 내담자가 싫어하는 그 쪽의 어떤 입장을 자꾸 생각해보게 하는 반응들이 많았고 그리고 그런 것들이 이 내담자한테 세세한 마음을 접촉하는 질문이라고 보여지지 않거든요. 그래서 저는 다른 뭐 정리보다도 이 9회기가 어떻게 보면 선생님, 선생님께서 그래도 현실적으로 상담을 하는 그런 아주 구체적인 내용이 아닌가. 중요한 자료거든요. 그래서 이 부분에 대해서 잘 검토하고 배우셨으면 해요. 이게 워낙에 긴 내용이잖아요, 1시간 내내, 그죠? 그리고 이 사람이 커피를 자꾸 요구하는 것은 제가 보기에는 불편하게 느껴져요. 9회기에서는, 커피를 자꾸 요구하는 장면이 있거든요? 대화가 안 될 때. 상담자에게 마음이 불편할 때, 그래서 뭔가 커피를 조급한 마음으로 자꾸 요청한다는 생각이 들거든요. 우리가 왜 담배도 초조할 때 피우잖아요?

발표자 꼭 보면 중간에 한 잔을 마시고, 회기마다 저래서 저는 그것까진 생각을 못했어요.

주슈퍼바이저 네, 그래서 아까 말씀하셨듯이, 어느 장면에서 커피를 요청하는지, 혹시 불편한 마음이, 초조하거나 불편한 마음이 없는지. 봐야 해요. 저는 이 9회기의 선생님의 언어반응에 주목이 되고, 이 부분이 중요한 슈퍼비전의 거리라는 생각이 들어요. 내담자가 공감을 충분히 못 받았다. 라는 점이 있고. 우리가 너무 얘기를 많이 했죠? 우리가 열심히 뭔가를 하나라도 더 알려드리려다 보니까. 이제 참가하신 선생님들도 얘기하시고, 도움 주셨으면 좋겠어요.

부슈퍼바이저 저 먼저 한 마디, 이게 이제 선생님이 하시는 접근이 인지행동 접근이잖아요. 이 인지행동 접근이면 이 접근에서 얘기하는 바가 있잖아요, 그 사람의 부정적 행동이 있고, 그 행동 앞에 자동적 사고가 있고, 자동적 사고 앞에 핵심 신념이 있고, 그리고 그런 것들이 작동하는 데 있어서 내담자가 가지는 삶의 전략들이 있었고 그런 것들이 이제 그런 것들이 사례개념화로 생기고… 그래서 선생님이 이제 실제로 인지행동적 접근을 한다는 얘기는, 그렇게 뭐 핵심신념에 대한 변화, 이런 것들을 시켜주고 그리고 이렇게 행동을 좀 더 적절하게 하게끔 도와주고 하는 거잖아요, 그죠? 선생님이 인지행동적 접근을 한다고 얘기해서 정말 좀 많이 궁금했어요, 선생님은 이 내담자의 핵심신념이 뭐고, 자동적사고가 뭐고, 부정적 행동이 뭐고, 이 사람이 어떤 삶의 전략을 통해서 그 신념을 강화해 왔는지, 그런 것들을 전반적으로 다 이해를 하고 계신건지…?

발표자 그게 인제 저는 어 그 일단은 뭐 비합리적인 사고를 몇 개 못 다뤘고요. (사실 비합리적인 신념이 가장 그 사람의 원 가족이라든지 핵심적인 것들과 연결되어 있어서 그것들을 좀 공감적이고 가장 따뜻하게 그러면서 이렇게 살펴봐줘야 하는데 그 비합리적인 사고라고 하는 게 그 핵심신념이 아닌 거 같아서 물어보는 거예요) 그러니까 그게 인제 제가 그거를 분명하게 파악을 못했고요. 이게 이제 작년 거잖아요. 작년부터 시작해가지고 그 부분을 음… 그 인지행동적인 이론에 접근해서 했다고는 할 수 없고. 못 했어요 그래서 예를 들어서 후배는 고참에게 말을 들어야 한다. 뭐 뭐 해야 한다. 당위적 사고 있잖아요. 그거를 중간신념으로 봤어요. 본인이 고참이니까 후배는 나를 좀 그것이 일종에 비합리적인 신념으로 봤거든요. 그래서 그런데 그렇게 대접을 받고자하는 중간신념의 밑에는 뭐 아무래도 어떤 열등감이라든가 있었을 텐데 거기까지는 사실 못들어갔다고 봐요. 그래서 어 상담전략으로 기본적으로 써야 하기 때문에 썼지만 그렇다고 다 적용을 못했다는 점. (그렇게 파악을 하셨다면 그거야 말로 어디서 온 것 같아요?) 예를 들어서 그 초중 고등학교 때 자기가 소외되고 '나는 힘이 있어야 된다' 그 열등감이 우월감으로 끌릴 수 있죠. 그런 게 아닌가 싶은데…

그러한 일환으로 그렇게 힘을 키워서 자기는 검소화된 전략도 해야 하고 책도 많이 읽어서 남들보다 많이 알아야 하고 이 분은 특이하게 자기 또래에는 소형차 타고 다닐 정도는 아닌데 일부러 이렇게 타고 다니는 거는 내가 이렇게 남들과는 달리 그거를 어떻게 보면 더 자랑스럽게 생각하는, 결국은 내가 너희들보다는 생각적인 측면에서 우월하다는 걸로 봤어요. 이런 열등감이라는 것이 다른 사람보다 더 우월하다 라는 것으로 생각되지 않았나…

주슈퍼바이저   네. 그렇죠. 내담자의 신념이라는 것은, 사실 지나친 거잖아요, 우리가 다루려고 하는 것들은 현재에 맞지 않고 지나친 거잖아요. 비합리적인 사고다, 비합리적인 신념이다. 이 신념은 어디서 생기냐 하면 상처로부터 오는 거거든요. 지나친 건 다 상처로부터 굳어지고 지나치게 발전된 거, 그 쪽으로 너무 많이 치우쳐가지고 문제가 되는 거죠. '내가 힘을 가져야 되겠다'는 비합리적 신념이 어디에서 생겨났을까. 그 힘에 대한 상처를 어디에서 받았을까 라는 부분이 여기에서는 잘 안 밝혀지고 있는 거죠.

발표자   아마 자기가 중학교 땐가, 고등학교 때.

주슈퍼바이저   에피소드가 안 나오잖아요?

부슈퍼바이저   그러니까 그 부분을 좀 더 자세하게 들어가면서, 그래서 내담자가 '아 내가 그 상황에서 그런 신념을 가질 수밖에 없었겠구나'라고 하는 거를 통찰을… 그 장면에서 공감적 이해를 하고…

주슈퍼바이저   그걸 마음에 두고 바라보면 선생님의 시선이 따뜻해지죠. 그런 이해를 충분히 하고 나서 바라본다면. 그래서 하여튼지 우리가 그 부분은 여러 부분으로 이렇게 좀 가설을 세워볼 수 있는데 구체적인 에피소드를 듣지 않으면 정말 가설로 끝나는 거예요. 구체적인 에피소드를 듣고, 그 장면을 따서 그걸 자꾸 추론을 해서, 그 힘에 대한 추구라든가, 자기가 열등하다는 의식이라든가, 그래서 그걸 누르려고 한다든가 자기가 거꾸로 그 힘을 행사하고 있다든가 그런 부분에 대해서 그 정황이 드러나지 않으니까 이해도 좀 힘든 것 같아요.

발표자   그런 부분을 제가 좀 더 훈련받아야 할 부분인 거 같습니다.

주슈퍼바이저   아무튼 한 사례에 대해서 몇 번이나 슈퍼비전을 받으시고 노력하시고 검토하시고 이런 부분들을 보면 좋은 상담자가 되시기 위한 지대한 노력을 기울이고 계시는데… 여러분도 한 마디씩 해주셨으면 좋겠습니다.

상담심리사 1급 준비생(위 공개사례발표시 참가자) 소견

　내담자는 대인관계에서 잘 보이고 싶고, 특히 직장생활에서 상대방보다는 더 괜찮은 사람으로 보이고자 하는 모습이 보였다. MMPI상에서도 9번 척도가 높은 것으로 볼 때 다른 사람에게 잘 보이고자 노력하는 모습을 뒷받침하고, 상담 장면에서도 상담자에게도 '나는 괜찮은 사람이야'라는 메시지를 수시로 보여주고 있다. 상담자도 내담자의 인정받고 싶은 부분을 지지함으로써 내담자와의 안정적인 관계를 이끌어 온 것 같다.

　하지만 6회기 이후부터 상담자가 내담자를 인정하기보다는 대인관계 내에서의 내담자의 모습을 직면시키는 모습을 보이고 있다. 내담자는 9회기 축어록 내41, 내47에서 내담자가 본인의 장점에 대해 직접적으로 인정해주길 원하고 있지만, 상담자는 놓치고 있어 아쉽다. 또한 내담자는 자기개방을 잘 하고 있어, 가족과 여자친구 등 가까운 관계에서 좀 더 탐색이 이루어지고 관계에서 경험하는 감정을 다루고, 점차 학교, 동료관계에 대해 확장하여 생각해볼 수 있는 기회가 있었다면 어땠을까라는 생각이 든다. 추후 상담이 이어진다면 내담자가 매 회기 커피를 달라고 요청하고 있는데, 어떤 질문(상황)에서 요청을 하는지 파악할 필요가 있어 보인다.

박연옥(정신보건임상심리사 1급)

PART

04

사례연구의 절차

독자들이 이미 알고 있듯이, 사례공부의 자료는 축어록 일부 포함의 상담과정 요약과 총론적인 논평 수준을 넘어서야 한다. 즉, 상담사례연구라는 명분으로 난해한 검사결과 및 진행과정의 분류·분석 자료만의 제시가 아니면서 내담자의 고민 및 관심사를 정확히 이해하고 상담자가 어떻게 도와주었는가를 사실 그대로 충실히 전달하는 것이 중요하다.

요컨대, 내담자 입장에 대한 정확한 이해와 상담과정의 충실한 전달이 사례보고서의 목적이고 이를 위해서는 상담사례의 구체적인 절차와 과정이 기록되어야 할 것이다.

3부에서는 상담사례 공부의 진행순서와 사례보고서의 기록 절차를 상세히 설명하고 관련 기록의 형식들을 예시하고 있다.

Chapter 01

상담사례를 연구하는 이유

사례연구의 의의: 상담사례를 왜 공부하는가?

상담사례 공부를 통해서 상담능력이 키워진다. 상담 및 심리치료 분야에서 이론이나 기법은 주로 실제사례들에서의 경험, 그리고 진행과정과 상담결과들을 연구함으로써 발달해 왔다. 다시 말해서, 상담이론이나 방법들은 어디까지나 상담현장에서의 경험들을 토대로 하여 틀과 내용이 구성되고 또 바뀌게 마련이다. 물론, 이론과 방법이 상담 및 심리치료의 접근방향이나 문제를 다루는 방식을 어느 정도 결정한다. 그러나 그러한 이론 및 방법들은 모두가 처음에는 상담자의 경험적 자료에서 종합되어 틀을 갖춘 것이고, 또 상담의 실제경험을 토대로 그 접근방향이나 처리방법이 계속 수정·보완되는 것이다. 따라서 이론과 실제가 서로 상호보완적인 밀접한 관계가 있는 것은 사실이나, 상담의 실제가 뒷받침하지 않는 이론이란 아무 소용이 없다. 흔히 '이론과 실제는 거리가 있다'는 말이 바로 여기서 나온다. 또한, 이론을 알아도 상담다운 상담을 하지 못하는 것과 이론 및 방법론적 개념들을 배우지 않고서도 꽤 성공적인 상담이 가능한 것도 모두 상담의 경험적 실제가 보다 중요함을 입증하는 것이다.

그러면 상담의 실제는 어떻게 이해되는가? 바로 다른 사람의 사례나 자기의 사례를 체계적으로 공부함으로써 상담의 실제가 가장 잘 터득된다. 물론 상담사례들을 의식적으로 공부하지는 않은 채, 상담의 경험을 많이 축적하면 실제를 어느 정도까지는 터득한다. 그러나 가장 좋은 방법은 사례연구라는 체계적인 공부를 통하여 상담의 실제를 익히는 것이라 할 것이다. 왜냐하면 사례연구란 '처음의 무엇이 나중에 어떻게 변했으며 상담자가 어떤 내담자의 무엇을 언제 어떤 식으로 이해하고 어떻게 자극을 주었는지'를 구체적으로 보여주기 때문이다. 그러므로 사례연구를 통해 상담자는 자기의 노력과 접근방법이 제대로 되고 있는지를 검토할 수 있고, 또 상담을 처음 시작하거나 관심이 있는 사람들에게 상담이 도대체 어떤 내용으로 진행되는지를 알려줄 수도 있는 것이다.

사례연구란 아주 단순히 정의하자면 개별 내담자에 대한 관찰결과와 상담의 진행과정을 연구하는 것이다. 따라서 사례연구는 주로 내담자에 관한 평가내용과 상담자-내담자간의 경험적 자료에 의존하게 된다. 그러므로 상담자의 관찰내용과 경험은 가능한 한 상세히 기록되어야 하며, 이 기록은 개별 내담자의 독특한 특성과 상담상황을 잘 반영하도록 구성되어야 한다.

사례연구는 다음과 같은 특성 때문에 상담이나 심리치료 분야에서 자주 사용되어 왔다. 첫째, 사례연구에는 한 개인에 대한 상세한 자료들이 집적되어 있으므로 현재의 행동과 관련이 있는 과거의 사건을 탐색하고 그 영향을 밝힐 수 있다. 즉, 현재의 행동을 설명하는 다양한 변인들을 밝힘으로써 문제 및 특정행동이 형성된 배경에 관한 가설을 제시할 수 있다. 둘째, 사례연구는 현재의 문제행동을 완화시키는 데 효과적인 상담의 접근방법에 대한 이해·정보를 제공해준다. 즉, 어느 기법이 특정 증상을 완화시키는 데 기여하는지를 밝힐 수 있다. 따라서 드물게 나타나는 문제행동이나 증상에 대하여서도 개별 상담자로서는 한정된 사례수밖에 경험할 수 없음에도 불구하고 사례연구를 통해서 그 증상의 발달과정이나 효과적 상담방법에 대한 깊이 있는 연구가 가능하다. 셋째, 사례연구를 통하여 실험이나 기타 여러 방법론에 의하여 일반화된 이론이 실제한 개인에게 적용가능한지를 살펴볼 수 있다.

이러한 의의 때문에 사례연구는 한정된 사례로부터 얻어진 결과는 일반화하기 곤란하며 자칫 연구자의 편견이 들어가기 쉽다는 일반적인 약점에도 불구하고, 상담의 중요한 연구방법으로서 받아들여지고 있다. 그리고 앞에서 말한 바와 같이 특히 깊이 있는 사례연구를 통하여 상담의 이론이나 기법을 발전시킬 수 있을 뿐만 아니라 상담자 개인으로서는 상담자로서의 전문적 성장을 도모할 수 있게 된다.

Chapter 02

사례연구의 절차

사례연구의 절차는 대체로 상담의 시작에서 종결에 이르는 진행과정에 관해서 상담자가 철저히 기록을 남기는 과정을 포함하게 된다. 다만 사례의 연구목적에 따라 각 상담회기 및 전체 과정에 관한 기록양식은 달라질 수 있다. 사례연구는 기록된 자료가 기초를 이루므로, 보다 생생한 자료를 남기는 것이 중요하다. 근래에는 녹음기나 비디오 등 각종 기기가 발달해 있으므로 상담에 방해가 되지 않는 범위에서 이들 기구를 적절히 이용하는 것도 하나의 방법이 될 수 있다. 그러나 어떠한 경우에도 상담자의 기록은 연구자료의 주요 출처가 되기 때문에, 상담자는 자신의 관찰 및 경험내용을 철저히 기록으로 남겨야 한다. 이 점을 염두에 두면서 사례연구의 절차와 그 내용을 살펴보면 대체로 다음과 같다.

01
기본정보의 수집

사례연구를 하고자 하는 상담자는 우선 내담자에 관한 기본적인 정보를 수집하여야 한다. 기본적인 정보란 내담자의 성명, 주소, 전화번호, 연령, 성별, 종교, 결혼여부, 교육정도, 직업, 직위, 봉급수준 등 인적사항에 관한 것이다. 그리고 기혼자의 경우 결혼시기, 결혼기간, 이전의 결혼경험, 이혼경험, 이혼사유 등과 현재 배우자의 연령과 직업, 자녀의 수 등도 함께 파악해 둘 필요가 있다. 또한 이전에 상담이나 정신과적 치료, 입원의 경험이 있는지, 어떤 종류의 경험을 가지고 있는지도 살펴본다.

이러한 기본정보는 내담자와 연락·접촉을 용이하게 할 뿐 아니라 내담자의 전체적인 모습을 추측하고 이후 꼭 필요한 정보가 무엇이며 어떠한 점을 더 고려해야 할지 등 상담의 시작단계에서 그 내용을 연구자(상담자)가 참고하기 위해서도 필요하다. 최근 대학 상담소에서는 학생들이 인터넷을 통하여 상담과 심리검사를 신청하는 경우가 많다. 이때 인터넷상으로는 간략한 형식으로 상담신청서를 기재하게 되어 있기에 실제로 내담자의 상태에 대한 보다 구체적인 관찰 및 면접정보가 필요하다. 따라서 본격적으로 상담을 실시하기 전에 30분~1시간 정도의 접수면접의 과정을 거쳐 내담자의 주호소문제, 호소문제의 배경(스트레스 원인, 가족사 및 개인사), 현재 적응수준, 내담자의 행동관찰, 자살위험 또는 응급상황에 대한 검토, 상담에 대한 기대 등 정보들을 검토하게 된다. 이를 위하여서는 첫 면접 시작 전에 상담신청서와 접수면접기록을 검토하고 빠진 것이 있는 경우 가능한 한 첫 면접에서 수집해 두어야 한다.

02

내담자 호소내용의 정리

기본적인 정보수집과 아울러 사례연구를 위해서는 내담자의 주된 문제가 무엇인지를 파악해야 한다. 이를 위해서는 우선 내담자가 직접 표현한 내용(주 호소)이 무엇인지를 정리하여야 한다. 내담자는 상담의 첫 면접에서 자신의 불편한 점을 직·간접적으로 표현하는데 그 중 무엇이 내담자의 주된 문제인지를 파악하여 가능한 한 주 호소 내용을 내담자의 표현대로 축어록으로 남기는 것이 좋다.

이때 상담자는 주된 문제가 시작된 시기, 주로 일어나는 상황, 내담자 자신이 생각하는 문제의 발생원인, 그리고 이를 완화시키기 위한 내담자 나름대로의 해결 또는 대처 방식 등을 함께 알아보아야 한다. 그리고 현재 호소한 내용 이외에 또 다른 문제 혹은 증상이 있는지도 알아보아 정리해 두어야 한다. 때로 내담자는 다른 증상들을 경시하고 어느 한 가지 증상에만 집착하고 있을 수 있으므로 내담자가 이야기하고 있는 주 호소 내용이 실제 주된 문제는 아닐 수도 있다는 점을 염두에 둘 필요가 있다. 예를 들어, 내담자 자신이 현재 전공하고 있는 학과가 적성에 맞지 않는 것이 가장 큰 문제라고 이야기할 때, 실제로는 학과활동이나 학교생활에서의 대인관계가 어려운 것이 이러한 문제를 불러 일으킨 보다 근본적인 문제일 수 있는 것이다. 그러므로 상담자는 내담자의 이야기를 경청하면서 상담자 나름대로 문제를 파악하여야 한다. 따라서 별도로 상담자가 판단한 내담자의 주된 문제, 문제가 일어나는 상황, 문제의 원인, 문제를 유지시키는 내담자의 내·외적 상황, 현재 시점에서 상담을 신청하게 된 계기, 현재 적응방식 등의 자료를 포함시켜야 한다.

03

내담자 가족관계의 자료수집

가족관계는 개인의 성장과정에서뿐 아니라 현재의 주요 생활장면이며 대인관계의 기본무대를 이루고 있다. 따라서 사례연구에서는 가족관계가 매우 중요한 부분으로 취급되고 있다. 가족관계에 관련된 자료는 가능한 한 상세히 수집하는 것이 좋다.

가족에 관한 자료로는 내담자가 현재 함께 살고 있는 가족들에 대한 사항뿐 아니라 성장과정에서 함께 있었던 가족과 주요 동거인에 관한 자료도 포함된다. 즉, 부모, 형제, 조부모, 현재 배우자, 자녀에 대한 가족상황과 주요 동거인, 현재의 동거 가족상황을 도표(참조: 접수면접 기록용지 및 상담사례자료)로 기록한다. 이는 내담자가 성장해온 환경에 대한 정보와 아울러 문제가 발생하고 유지되는 데 관계가 있는 가정적 영향을 밝히는 중요한 자료가 된다. 한국적 상황에서는 특별히 가족간의 유대가 강하므로 적어도 3대에 걸친 가족상황을 조사하여 기록해 두는 것이 유용하다.

이와 아울러 가족에게 유전적으로 나타나는 신체적·정신적 질병이 있는지 등 가계의 유전적 소인에 관한 정보도 수집하여야 한다. 예를 들어, 간질이나 자살한 사람 혹은 정신질환을 앓았거나 현재 앓고 있는 이가 있는지 등을 미리 파악함으로써 내담자 문제의 본질을 보다 정확히 이해할 수 있다.

가족관계에서는 또한 부모, 형제, 자매와의 관계, 성장기간 동안의 주요 사건, 현재의 문제상황 직전에 내담자가 처해 있던 환경, 결혼생활에서의 적응양식과 부모로서의 역할수행 방식에 관하여 파악하고 정리해 두어야 한다. 즉, 내담자와 부모의 관계, 형제·자매 관계에서 특히 애정을 느끼거나 경쟁하고 있는 대상이 있는지, 가족들과 관계를 맺는 양식은 어떠하며 특정사건이 내담자나 가족들에게 어떻게 영향을 미쳤는지, 그리고 기혼자의 경우 배우자나 자녀들과는 어떠한 양식으로 관계를 맺고 있는지 등 다각적인 측면에서 살펴보아야 한다.

내담자 개인 특성의 정리

상담자는 내담자의 현재상태를 파악하고 자신의 생각을 정리하여야 한다. 그러기 위하여 우선 내담자의 신체적, 성적, 정서적 성숙도가 어떠한지를 살펴보아야 한다.

예를 들어 유년기 혹은 청소년기에 키가 큰 편이었는가, 뚱뚱한 편이었는가, 2차 성징은 언제쯤 나타났는가, 성적 성숙이 빠른 편이었는가, 자신의 신체적 특성을 어떻게 받아들이고 있는가 등을 알아본다. 그리고 신체적 특징이 현재 자신의 자아상(자기에 대한 느낌)과 어떠한 관련을 맺고 있는지도 살펴보아야 한다.

한편 내담자가 현재까지 겪어온 주요 생활경험을 어떻게 소화하고 자신을 어떠한 존재로 인식하고 있는지도 조사하여 두는 것이 필요하다. 예를 들어, 입시에서의 실패, 가족의 죽음, 집안의 사업실패, 어린 시절의 도벽경험, 성경험(자위행위 포함) 등 여러 경험들을 어떠한 방식으로 소화(느낌·생각·행동)하고 있는지 주요경험에 대한 내담자의 반응을 수집할 수 있을 것이다. 또한 현재 자신이 가진 문제에 대하여 어느 정도 통찰(자각)을 하고 있으며 어느 정도로 해결하려 하는지 그 동기 수준을 살펴보아야 한다. 즉, 자신이 가진 문제가 어느 정도 심각한 것이며, 주로 자신의 성격 중 어떠한 측면이 그러한 결과를 초래하고 있는지에 대한 통찰의 수준과 자신의 문제를 해결하려는 노력을 실제로 얼마나 하고 있으며 어떤 방식으로 하고 있는지 등을 알아보아야 한다.

아울러 취미, 특기, 장래희망 등 내담자의 관심분야와 내담자가 환경 속에서 위안을 받을 수 있는 정서적 지지기반(특히 내담자를 이해하고 지원할 수 있는 사람들), 치료적으로 도움이 될 수 있는 내담자의 자원(지구력, 적극성, 자존심, 지능 등)은 무엇이 있는지도 파악해 두어야 한다. 다시 말해서 동성의 친구집단으로부터 혹은 이성친구로부터, 남편 혹은 아내·자식으로부터, 직업이나 학업에서의 성취감 등 어느 곳으로부터 위안을 받는가와 내담자의 어떤 경험이 치료적으로도 도움이 될 수 있는지 내담자가 가진 자산 혹은 강점을 살펴볼 필요가 있다.

개인적 특성에 관한 자료에서 빼놓을 수 없는 것으로 내담자의 성격구조 및 특성에 관한 자료의 수집이다. 여기에는 내담자의 권위인물에 대한 태도, 자아개념, 의존욕구로부터의 독립 정도, 갈등의 주된 해결방식 등이 포함되어야 한다. 예를 들어 권위인물, 즉 아버지나 상사·선배 등 윗사람과의 관계가 어떠한가, 자신을 끊임없이 남과 비교하는가, 해결하기 어려운 상황에서 혼자서 그 상황을 벗어나기 위해 어떻게 노력하는가, 합리화·투사·억압 등 특정 방어기제로 자신을 유지하려 하는가 등의 측면들을 살펴보아야 한다.

또한 내담자의 대인관계에 관한 정보를 정리하여야 한다. 친구는 얼마나 있는지, 그 친구들은 어느 정도의 깊은 관계를 유지하고 있는지, 어떤 형식으로 친구관계를 유지하는지 알아보아야 할 것이다. 한편 이성(또는 배우자)과의 관계는 어떠하며 깊이 있게 유대관계를 지속시킬 수 있는지, 그 관계의 특징이 무엇인지도 알아보는 것이 좋다. 그 이외에 교우, 동료, 선·후배 등 대인관계의 범위와 관계에서 어떤 특징이 있는지도 살펴볼 필요가 있다. 이러한 대인관계에 대한 정보는 환경에 대한 내담자의 적응양식이나 정서적 유대감 등을 이해하는 기본자료들이므로 사례연구에서는 필수적으로 정리해 두어야 하는 요소들이다.

05

심리검사자료 등의 정리

앞에서 말한 자료들과 함께 심리검사의 자료가 첨부되는 것이 좋다. 성격검사, 지능검사, 적성검사 이외에도 투사적 검사나 기질적 요인에 관한 정보를 줄 수 있는 여러 검사자료가 있다면 제반 자료와 함께 수집해 두어야 한다. 특히 일상생활을 영위하기 어려울 것으로 추정되는 내담자나 상담과정에서 특정한 병리적인 문제를 가지고 있을 것으로 의심되는 내담자의 경우, 내담자의 심리상태에 대한 정밀한 판단과 기타 발생할지 모르는 위험상황에 대비하기 위하여 심리검사가 선행되어야 한다. 또한 사례연구에서는 내담자에게 일어난 궁극적 변화를 객관적으로 측정할 필요가 있으므로 첫 면접 시작전과 종결시 내담자의 상태를 같은 심리검사로써 측정하는 것이 좋다. 이를 통하여 상담의 효과뿐 아니라 사례연구의 결과분석이 가능해진다.

또한 상담의 진행과정 중 교육지도(supervision)를 받았다면 그 내용도 함께 기록해 둔다. 이때 특히 상담자에게 도움이 되었던 내용과, 이후 그로 인하여 바뀌어지거나 강화된 상담자의 접근방법 등도 함께 제시하는 것이 좋다.

한편 상담초기에 상담자가 예측하였던 내담자의 예후(prognosis)에 관한 견해도 명시하여 둔다. 그리고 사례연구 과정에서 일어나는 변화를 객관적 척도로 측정하고자 할 경우 그 심리검사 등의 도구를 미리 준비하여 둔다.

대체로 사례연구의 필수적인 요소들과 절차를 살펴보았으나 현재 한국에 어떠한 연구척도, 심리검사 등이 있는지 여러 가지 궁금증이 있을 수 있다. 이에 대하여서는 상담자료집 등 다른 관련자료를 참고로 하면 도움이 될 것이다. 그리고 이제부터는 위에 기술한 내용들을 어떻게 기록하여야 하는지 사례연구를 위한 기록요령을 살펴보고자 한다.

06

상담의 진행과정기록 정리

앞에서 말한 바와 같이 내담자에 관련된 자료를 수집하고 기록해 두어야 할 뿐 아니라, 사례연구를 위해서는 상담이 진행된 과정에 대한 정리·기록이 중요하다. 왜냐하면, 사례를 제대로 이해하고 연구하기 위하여는 상담자와 내담자간의 상호작용을 포함하는 상담의 진행과정을 검토해야 하기 때문이다. 즉, 상담자와 내담자 두 사람 사이에 무엇이 어떻게 진행되었는지 상담과정에 관한 구체적인 기록이 필수적이다. 내담자에 관련된 정보만을 주로 정리하여 제시한다면, 그것은 '내담자 조사보고'라 할 수 있으며 진정한 의미의 '상담사례 보고'는 아닐 것이다.

상담진행과정을 정리할 때에는 첫째, 어떠한 상담기법을 적용하였고 상담의 빈도와 전체 횟수는 몇 회인지, 상담자에 대한 내담자의 반응은 어떠하였는지 등을 기록해 둔다. 예를 들어 내담자에게 정신분석적 해석기법을 사용하였다든가 혹은 특정 증상의 완화를 위하여 행동수정의 단계적 둔화기법을 사용하였다는 식으로 보고할 필요가 있다. 그리고 주 1회 혹은 주 2회, 총 30회 하는 식으로 매회 상담일자와 주요내용, 상담자의 개입 방법을 기록한다. 이와 함께 각 회기에 특징적인 내담자의 반응, 예를 들면 매우 저항감을 표현하였다든가, 몹시 울었다든가, 쉬지 않고 자기 증상만을 반복 호소하였다든가 하는 것을 기록해 둔다.

둘째, 상담 중 일어난 중요한 일들, 즉 상담전·후에 내담자가 꾼 꿈, 내담자가 상담자에게 표현하는 전이감정, 저항적 태도 등에 주의를 기울여 이를 기록해 두어야 한다. 상담전·후에 꾼 꿈의 내용을 이야기한다면 이를 기록해 두되 꿈에 관하여 상담자에게 표현하는 내담자의 말이나 행동의 특징이 있으면 이를 추가한다. 내담자의 전이감정의 기록은 그 유형(상담자를 애정 공급자로서 혹은 경쟁상대자로 보는 것 등)과 표출 정도 및 시기를 포함하며, 저항에 관한 기록에서도 유형(상담자에 대한 것 혹은 변화에 대한 회피 등)과 표출 정도 및 시기 등을 함께 제시하는 것이 바람직하다.

셋째, 상담의 효과로 어떠한 변화가 내담자에게 일어나고 있는지, 자신의 문제에 대한 통찰 정도는 어떻게 변화되어 가고 있는지 그 변화상황과 통찰한 내용이 얼마나 행동으로 실천되고 있는지를 기록해 두어야 한다. 이를 통하여 실제로 주된 문제는 어느 정도 해결되어 가고 있고, 자신이나 환경에 대한 태도와 행동에 어떤 변화가 있는지, 그리고 실제 대인관계에서는 어느 정도의 관계개선이나 변화가 이루어지고 있는지를 평가할 수 있을 것이다. 이때 가능하다면 중요하다고 판단되는 상담회기(시간)의 주요부분을 축어록으로 남기는 것이 좋다.

Chapter 03

상담사례의 기록

상담사례의 기록이란 상담초기의 내담자 상태와 개인적 사항 및 면접의 진행 상황, 그리고 상담종결시 내담자의 전반적 상태 등을 요약하여 남기는, 다소 구조화된 형식을 갖춘 기록을 말한다. 상담사례의 기록은, 상담의 내용을 집약적으로 파악하는 데 필요하고, 내담자를 성공적으로 도와주기 위한 시사점들을 발견할 수 있는 중요한 자료들을 확보해 두는 작업이다. 즉, 상담기록은 상담의 촉진적인 진행을 위해 필요할 뿐 아니라, 연구목적을 위해서도 필요불가결한 자료들이다. 그런데도 초심상담자는 물론이고 상담전문가들조차도 상담사례의 기록을 소홀히 하는 경향이 있는데, 그 이유는 대체로 상담사례 기록의 필요성에 대한 인식이 부족하고, 빡빡한 상담일정의 연속, 효과적인 사례기록방법의 무지에서 기인하는 것으로 여겨진다. 따라서, 여기에서는 상담사례 기록의 필요성을 다시 한 번 되새겨 보고, 그 다음에 상담사례의 기록방법을 제시하고자 한다.

01

사례기록의 필요성과 의의

상담사례의 기록은 대체로 상담자 개인의 소장자료로서, 혹은 소속기관의 보관자료로 보존된다. 이러한 보관자료는 우선 상담자가 내담자를 보다 잘 이해하기 위하여, 그리고 상담 진행과정의 적절성을 평가하기 위하여 필요한 기본적 자료로서의 역할을 한다. 첫째로, 사례의 기록이 없다면 상담과정의 특성과 내담자 문제의 핵심에 관한 이해, 그리고 상담전략의 적절성을 평가하기가 어려울 것이다. 둘째로, 앞에서 말한 바와 같이 상담사례의 기록은 상담의 진행과정에 대한 연구나 상담자의 훈련을 위해서도 필요하다. 잘 요약되어 있는 상담과정에 대한 기록은 상담에 임하는 상담자의 기본적 태도, 즉 상담자의 말투, 반응의 성격, 자세 등이 올바로 되었는가를 평가할 수 있게 해준다. 셋째로, 상담자가 상담의 흐름을 볼 수 있고, 다음 회기상담을 위한 준비작업의 역할도 해준다. 그리고 넷째로, 상담사례의 기록은 내담자를 다른 상담자에게 의뢰할 경우, 또는 성공적이든 성공적이지 않든 일단 종결된 내담자가 다시 상담을 하러 왔을 경우에 그 내담자의 배경에 대한 사전 정보를 상담자가 갖추게 함으로써 내담자를 보다 빨리 그리고 깊이 있게 이해하는 데 도움을 줄 수 있다.

02
상담사례의 기록방법

상담사례의 기록형식과 내용은 이를 사용하려는 목적에 따라 조금씩 달라질 수가 있을 것이다. 예를 들어, 접수면접 내용에 대한 기록은 내담자의 주요문제 및 현재의 상태파악을 위주로 기록할 필요가 있고, 종결시의 사례기록은 내담자 상태의 호전 혹은 변화상황과 상담의 효과에 대한 전반적인 평가에 초점을 맞출 필요가 있을 것이다. 따라서 상담사례의 기록은 사용목적에 맞는 형식과 내용을 적절하게 담고 있어야 한다.

이와 더불어 상담사례의 기록이 그 효과를 충분히 발휘할 수 있기 위해서는 간략하고 명료하게 그 내용을 기록해 둘 필요가 있다. 그러기 위해서 상담사례의 기록은 다소의 틀, 즉 구조화가 필요하다. 여기에서 구조화란 상담사례를 기록함에 있어 그 형식과 내용에 다소 고정적인 구조 혹은 형식이 필요하다는 것을 의미한다. 이렇게 구조화를 하면 상담사례의 기록내용을 사용하기가 편리해질 뿐만 아니라, 서로 다른 사례기록을 상호비교하기도 용이하다.

사례의 기록형식과 내용은 사례기록의 목적(내담자 이해, 상담계획의 수립 및 결과 평가의 근거, 개입된 방법의 효과 확인, 교육지도를 위한 축어록 중심의 자료, 사례연구회의 발표용 등)에 따라 그 초점이 달라진다. 그리고 같은 목적이라도 기록하는 상담자(연구자)의 취향 및 관심사의 향방에 따라 또 다소간의 차이를 보일 수 있을 것이다. 그러나 여기에서는 너무 복잡하고 자세한 방식을 여러 가지로 제시할 때 예상되는 혼돈을 피하기 위하여 가장 기본적인 것만을 제시하기로 한다.

(1) 내담자의 인적사항에 관한 기록

상담사례의 기록에 있어 먼저 빼놓을 수 없는 내용 중 하나가 내담자 신상에 관한 주요 정보들을 기록하는 것이다. 이는 대체로 내담자가 상담신청서에 기입한 것을 상담자가 접수면접이나 초기면접에서 추가로 파악하여 기록하는 것이다. 대개의 내담자는 상담신청시에 자기에 관한 자세한 생활정보를 노출(신청서에 기록하는 것 등)하는 것을 부담스러워 하기 때문에, 상담신청서는 될수록 간단한 형식이 좋다. 여기에 포함되어야 할 구체적인 내용은 다음과 같으며 이를 기록해 두는 구체적인 형식은 <별지 1>을 참고로 하면 된다.

　1. 내담자 성명, 주소와 전호번호
　2. 나이 혹은 생년월일, 성별, 종교
　3. 교육수준
　4. 직업(혹은 생계유지수단 · 수입원)
　5. 결혼여부, 기혼자인 경우 결혼기간 및 자녀의 수와 연령, 이혼경력 여부
　6. 배우자의 나이, 직업
　7. 병역관계
　8. 상담을 하게 된 경위(스스로의 내방인지 혹은 소개, 권유에 의한 것인지 등)
　9. 상담(의논)하고 싶은 주제
　10. 원하는 상담자의 연령 및 성별
　11. 상담에 대한 기대

(2) 접수면접 기록

접수면접을 할 때에 일반적으로 상담자가 고려해야 할 사항이 두 가지가 있다. 첫 번째는 내담자가 상담을 하러 온 이유를 확인하고 내담자의 현재상태를 평가하는 것이고, 두 번째로는 상담자나 그 상담기관이 내담자에게 필요한 도움을 줄 수 있는 준비가 갖추어져 있는가를 결정하는 것이다. 접수면접기록은 이러한 접수면접의 고유기능을 충분히 담고 있어야 한다. 아래에 예시된 접수면접의 기록내용은 내담자 문제의 확인과 정보탐색이라는 첫 번째 측면에 치중된 감이 다소 있기는 하지만, 비교적 두 번째 목적에도 가까운 것이라 할 수 있다. 접수면접의 기록형식은 <별지 2>를 참고할 것이다.

1. 내담자 인적사항
2. 내담자가 호소하는 주요문제
3. 내담자 문제의 발달과정
4. 현재의 적응정도
5. 가족관계
6. 이전의 상담경험
7. 성장배경
8. 내담자의 행동특성
9. 내담자의 현재상태에 대한 접수면접자의 평가
10. 자살위험 (또는 응급상황)에 대한 검토 및 생활과정상의 주요 결정사항
11. 접수면접내용의 요지
12. 기 타

가족관계에서는 조부모까지를 포함하는 3대의 가족구조(도표로 표시)를 기록
하되, 내담자와의 심리적 관계, 즉 가족 중 누구와 가장 대화가 잘 되는지 혹은
누구와 거리를 느끼거나 경쟁관계에 있는지 등을 밝히는 것이 중요하다. 이전의
상담경험에 있어서는, 누구와 몇 회 정도의 상담을 하고 그 결과에 대한 만족여
부 혹은 그 상담이 왜 중단(또는 종결)되었는지가 명시되는 것이 바람직하다.

(3) 상담면접과정에 대한 기록

상담자는 매회 상담면접에서 경험했거나 관찰한 내용을 가능한 한 상세히
요약하여 기록해 두어야 한다. 매 상담회기마다 상담자는 그 당시에 특징적으
로 관찰되는 내담자 상태의 변화를 포함시켜 기록해 두는 것이 좋을 것이다. 상
담면접의 기록에 포함시켜야 할 구체적인 내용은 다음과 같고, 편리한 형식은
<별지 3>에 나타나 있다.

1. 내담자 인적사항, 면접일자, 면접회기수 및 담당상담자 이름
2. 내담자 문제의 해결을 위한 접근방법 및 노력의 진전 정도
3. 면접과정에 대한 내담자의 느낌
4. 지난번 상담면접 이래 일어났던 내담자의 주요생활 사건
5. 면접내용의 요약
6. 면접중의 내담자 행동에 관한 관찰내용
7. 면접에 대한 상담자의 평가
8. 기타(과제부여 및 결과확인 등)

(4) 종결시의 기록

상담종결시에는 주로 상담초기단계와 비교해서 내담자 문제가 개선된 정도와 전반적인 상담과정에 대한 평가를 위주로 해서 상담기록을 하여야 할 것이다. 따라서 종결시 상담사례 기록에는 다음과 같은 내용이 포함되는 것이 바람직하다. 그 구체적인 형식은 <별지 4>에 나타나 있다.

1. 내담자 인적사항, 접수면접일, 종결면접일, 총 상담 면접횟수
2. 종결이유
3. 상담목표의 달성 정도
4. 종결시 내담자의 상태
5. 추수면접의 가능성에 대한 합의 여부
6. 전체 상담과정에 대한 내담자의 느낌
7. 전체 상담과정에 대한 상담자의 평가
8. 기 타

(5) 사례발표를 위한 전체과정의 요약기록

때로는 접수면접으로부터 종결까지 상담사례의 전체과정을 일목요연하게 기록해 둘 필요가 있다. 이러한 경우에는 초기에서부터 종결시까지 진행된 모든 면접사례들 중 특징적인 것이 모두 망라되어 있어야 한다. 상담사례연구회나 사례발표회에서 사례연구의 자료로서 제시되는 기록도 이에 준해서 행해지는 것이 바람직할 것이다. 여기에 포함되어야 할 구체적인 내용은 다음과 같으며 그 바람직한 형식은 <별지 4>에 제시되어 있다.

Ⅰ. 내담자의 기본정보
 1. 내담자 인적사항
 2. 이전 상담경험 및 상담신청 경위
 3. 내담자의 주 호소문제
 4. 내담자의 인상 및 행동특성
 5. 가족관계
 6. 심리검사 결과

Ⅱ. 내담자의 이해
 1. 내담자의 발달사 및 성장배경
 2. 상담자가 바라본 내담자의 문제 이해
 3. 내담자에 대한 상담자의 느낌
 4. 내담자의 자원

Ⅲ. 상담의 목표전략 및 접근방법
 1. 상담의 목표
 2. 상담의 전략 및 접근방법

Ⅳ. 상담의 진행과정 및 회기별 요약
 1. 상담의 진행과정
 2. 상담회기별 요약 및 축어록 제시

Ⅴ. 상담종결 및 슈퍼비전
 1. 종결시의 내담자의 상태
 2. 상담목표의 달성 정도
 3. 슈퍼비전의 내용
 4. 사례에 대한 상담자의 종합적 평가
 5. 기 타

<별지 1>   내담자 인적사항

작 성 일 :

면 담 자 :

의 뢰 자 :

성 명 :	성 별 : 남 ☐ 여 ☐
주 소 : ☎	
생년월일 : 년 월 일	연 령 : 세
보호자 성명 :	내담자와의 관계 :
연 락 처 : ☎	

종 교 :

최종학력 :

군복무경력 : 있다 ☐ 없다 ☐ (없다면 그 이유는 :)

현재의 직업 : 수입정도 : 월평균 원

수입원(실직 혹은 무직시) :

결혼여부 : 기혼 ☐ 미혼 ☐ 결혼기간 : 년 개월

이혼경력 : 없다 ☐ 있다 ☐ (있다면 언제 :)

배 우 자 : 연령 직업 수입정도

자 녀 : 남 녀 (총 명)

기 타 :

<별지 2>   접수면접기록

접수면접일 :

접수면접자 :

소요시간 :   분

성 명 :   성 별 : 남 □ 여 □

주 소 :   ☎

이전의 상담경험 : 없다 □ 있다 □

　　　있다면 (상담자 □ 정신과의사 □ 목사 □ 교사 □ 기타__)

　　　기간(_____)

내담자가 호소하는 주요 문제 :

현재 문제의 발달과정 :

가족관계 :

성장과정 :

행동특징 :

내담자 상태에 대한 평가 :

접수면접내용 :

<별지 3>　　　　　　　　　면접과정기록

기록일자 :
상 담 자 :
소요시간 :　　　　분

제　회　　성　명 :　　　　　　　　　성　별 : 남 □　여 □	

1. 내담자 문제의 해결 정도 :

2. 내담자의 느낌 :

3. 지난번 면접 이래로 일어났던 주요 생활사건 :

4. 행동관찰 :

5. 면접내용의 요약 :

6. 상담자의 평가 :

<별지 4>   종결면접기록

접수면접일 :

종결면접일 :

성 명 : 성 별 : 남 □ 여 □ 총상담면접횟수 : 총 회	

1. 종결이유 (1) 합의에 의한 종결 □
 	
        (2) 내담자의 약속 불이행에 의한 조기종결 □
 	
        (3) 상담자의 사정에 의한 조기종결 □	

2. 상담목표의 달성 정도 (1) 주요문제의 해결 정도 : (2) 주변상황에 대한 적응 정도 : (3) 대인관계의 개선 정도 : 3. 종결시의 내담자의 상태 : 4. 추수면접에 대한 합의 여부 : 5. 전체상담과정에 대한 내담자의 느낌 :	
6. 전체상담과정에 대한 상담자의 평가 :	

<별지 5>   상담사례 전체과정의 요약기록

상 담 자 :

접 수 면 접 일 :

상담진행 횟수 :

1. 내담자 인적사항
   (1) 개인적 정보 :
   (2) 가족관계 :

   (3) 이전 상담경험의 유무 :

2. 내담자가 호소한 주요문제 :

3. 내담자의 성장배경 :

4. 접수면접자의 접수면접내용 :
   (1) 내담자의 첫 인상 :
   (2) 접수면접 내용의 요지 :

5. 첫 면접시의 행동관찰자료 및 진행내용 :

6. 심리검사 실시내용 및 그 해석에 관한 내용 :

7. 상담목표
   (1) 내담자가 제시한 상담목표 :
   (2) 상담자가 판단한 상담문제 :
   (3) 합의된 상담목표 :
   (4) 상담계획 :

8. 내담자 측 자원(장점, 지지적 인간관계 등) :

9. 상담자가 주로 활용한 주요 면접기법
   (1) 초 기 :
   (2) 중 기 :
   (3) 종반기 :

10. 상담자가 주로 활용한 상담 과제별 전문기법 :
    (1) 실시절차 :
    (2) 내담자의 반응 및 성과 :

11. 사례의 처리경과 : 합의종결 □ 중도탈락 □
                     타 상담자 혹은 전문의에게 의뢰 □
                     기타 □ (그 이유는 :   )

12. 상담과정의 주요내용 요약 (축어록 별첨) :

13. 종결시의 내담자 상태

14. 상담목표의 달성 정도에 대한 평가

15. 교육지도의 내용

16. 사례에 대한 상담자의 종합평가

Chapter 04

사례발표와 슈퍼비전

실습상담자와 상담사례 발표의 중요성

자신의 상담사례에 대한 보고서를 작성, 사례연구회의에서 발표를 하면서 동료, 선배 상담자의 질문에 답하고 토론을 거치는 과정에서 실제적이고, 전문적인 학습이 이루어진다. 상담분야의 전공학점을 많이 이수하고도 상담실제에 관한 지식을 명확히 학습할 수 없기 때문에 우선 다른 선배 상담자의 사례기록을 많이 읽도록 권장하는 이유가 여기에 있을 것이다.

상담사례 발표는 여기서 한 걸음 더 나아가서 상담전공자가 앞으로 상담자로서 현장활동을 하기 위한 사전 준비과정일 것이다. 물론 상담활동 중인 현장 전문상담자들도 동료 전문가들과의 연구적 모임에서 자기 사례를 발표하고 다른 이들의 전문적 피드백을 들으며 자기 상담사례에 관한 인식을 보다 넓게 그리고 깊이 있게 통찰할 수 있고 보다 생산적인 사례관리를 위한 조언을 얻을 수 있다.

그런데 상담전공자가 상담활동 현장에 나서기 전에 자기의 상담 진행절차 및 사례관리를 포함한 실제 상담능력을 검증받고 상담자로서의 기본 자격을 인정받으려면, 이렇게 자기 상담사례의 발표와 선배 전문가로부터의 슈퍼비전 경험이 필수적 과정인 것이다. 다시 말하여 공인 상담전문기관에서의 상담사례 발표와 슈퍼비전 과정의 이수는 실습상담자 및 상담현장 진출 전의 초보상담자들이 반드시 거쳐야 하는 절차일 것이다.

슈퍼비전의 유형과 슈퍼바이저

슈퍼비전(supervision)의 뜻은 글자 그대로 윗사람(super)의 관찰 또는 조망 (vision), 즉 선배 전문가의 신입 활동가에 대한 지도적 감독인 것이다. 상담분야 에서의 슈퍼비전은 '전문 상담자가 되고자 하는 상담자에게 적절한 직업적 행 동을 습득할 수 있도록 슈퍼바이저(감독지도자)가 도와주는 계속적인 교육과정 이라고 정의될 수 있다'(방기연, 2003: 11).

한국상담심리학회 규정에 따르면, 상담심리사 2급의 개인상담 자격 요건으로 개인상담 50회에 10회의 슈퍼비전을, 그리고 상담심리사 1급은 개인상담 200회 이상에 슈퍼비전 30회 이상이다. 슈퍼비전은 상담자의 전문적 자격 요건으로서 이만큼 중요한 비중을 차지하고 있다. 슈퍼비전의 목적은 상담자의 자질향상 및 전문적 성장을 조장할 뿐만 아니라, 상담 내담자에게 믿을 수 있고 효과적인 상 담 서비스의 제공을 담보하는 내재적인 목적도 포함되고 있는 것이다.

(1) 슈퍼비전의 유형

슈퍼비전의 유형은 슈퍼비전의 목적에 따라, 상담자 발달 모형과 내담자 보 호 모형으로 나눌 수 있다. 그리고 주요 상담이론에 근거한 심리역동적 모형, 인간중심 접근적 모형, 인지행동주의적 모형 등으로 슈퍼비전 유형을 살펴볼 수 있을 것이다. 또한 슈퍼비전 유형은 상담기술훈련지향 모형과 상담자인성교 육적 모형 등으로 나누어 고찰할 수도 있을 것이다. 여기서는 분류 모형들의 구 체적인 내용에 관한 고찰은 생략하기로 한다.

(2) 슈퍼바이저의 역할수행 수준: 경험적 관찰

슈퍼바이저는 실습–후배 상담자의 상담활동을 지도, 감독하는 중요한 역할 수행자이다.

슈퍼바이저의 활동 모형은 교육적 모형, 자문역 모형, 상담자역 모형, 평가 자역 모형 및 절충–연합형 모형으로 대별하여 고찰할 수 있다.

우리나라 상담슈퍼바이저의 활동 현황을 편의상 초급수준과 중급 이상 수준 으로 나누어 필자가 살펴본 실정은 다음과 같다.

* 초급 수준의 슈퍼바이저 — 상담의 기본 절차 및 도식을 강조하며, 상담기술에 편중된 피드백을 하는 경향이 있다. 슈퍼바이저로서의 수행불안이 있으며, 상담사례에 대한 전체적 조망과 내담자의 인간적 복지 및 성장 측면에 관한 고려가 미약한 편이다. 슈퍼바이저로서의 이론적 훈련이 결핍되었고 자신이 이전에 지도감독 또는 교육분석(educational analysis)을 받은 경력이 부실하거나 철저하지 않은 경우이다.

* 중급 이상 수준의 슈퍼바이저 — 내담자 문제의 복합적 측면 및 상담자 — 내담자 관계의 역동적 측면을 고려하고 상담동기의 탐색과 상담과정의 흐름 및 상담성과에 역점을 둔 피드백을 한다. 슈퍼바이저로서의 역할수행 스트레스를 느끼지 않으며, 피지도자(supervisee)의 잠재력이 신장되도록 계속적 교육지도 관계를 유지한다. 충실한 이론적 훈련배경이고 전문가로서의 건실한 자기관리가 되고 있는 경우이다.

* 슈퍼바이저 역할수행에서의 경험적 교훈: 첫째, 슈퍼비전 관계의 안정적 구조화가 필요하며, 피지도자의 정서적 문제의 해결뿐만 아니라 슈퍼바이저 자신이 전문활동 상의 평정상태(스트레스로부터의 해방 등)가 유지되어야 한다. 둘째, 피지도자의 슈퍼비전 후 전문활동의 개척 및 신장과정의 조력, 지원 등을 함께 고려하는 자세가 필요하다. 셋째, 비록 정기적 대면 접촉이 불가능한 경우(타 교육기관 출신 및 타 지역 거주 등)라도 피지도자와의 지속적 연락관계가 유지되어야 한다. 넷째, 슈퍼바이저의 자체 연수과정을 통해 슈퍼바이저의 자질 향상을 도모하고, 슈퍼바이저급 상담전문가들의 연구협의체가 필요하다.

03
실습상담자 수준의 사례발표자와 슈퍼바이저의 유의사항

(1) 사례 자료의 미비성과 불충분한 발표발언

상담사례 자료기록의 미비성이다. 첫째, 내담자의 가계도 작성에 있어서 부모관계를 위시한 직계 가족구성만을 기록하는 경향이 있는데, 가능한 한 조부모 및 부모형제를 포함한 3세대 가계도를 작성하는 것이 바람직하다. 그리고 부모, 형제자매 간 사회적 교류관계의 '단절, 적대, 원활, 친근 등' 상호관계를 실선, 직선 또는 굴곡형 연결선 등으로 표시하는 동시에, 해당인물의 연령뿐만 아니라 학력과 직업을 측면 공간에 표기할 것이다.

이와 같은 3세대 가족구성도의 작성은 가족주의적 전통문화 배경의 우리나라에서 내담자의 성장배경 및 '문제역동 측면 이해'에 극히 유익하고 상담 초기단계에서 내담자로 하여금 자기문제의 인과관계를 통합하도록 하는 유력한 접근방법으로 활용될 수도 있기 때문이다.

둘째, 내담자 또는 상담관계에 대한 상담자 느낌의 기록을 빠뜨리거나 막연한 표현으로 간과하는 경향이 있다. 상담자가 내담자와 상담관계를 어떻게 지각하는가를 사례기록에 포함시키는 이유는 내담자에 대한 이해촉진과 상담과정의 생산적 진행에 주요 작용요인이 되기 때문이다.

셋째, 내담자 측 호소문제를 그대로 상담문제로 간주하거나, 막연한 표현의 상담목표만 있고 구체적인 접근방법의 제시가 결핍되는 경향이다. 상담문제에 대한 상담자의 개념화가 불명료한 수준에서 흔히 생기는 경우일 것이다. 요컨대, 내담자가 표현하는 '호소문제'를 바로 '상담문제'로 받아들이기보다 접근 가능한 구체적 정의로 재개념화가 필요한 것이며, 상담목표는 생산적 상담관계 형성을 포함한 '과정적 목표'와 내담자 측 대처가능 행동차원의 '결과적 목표'를 구분하여 접근하되 이를 상담목표 및 접근방법 기록부분에서 반영함이 바람직한 것이다.

넷째, 사례발표에 대한 발표자의 '안이한 태도'이다. 사례발표를 상담심리사 자격취득 요건을 이수하는 절차로만 인식하고, 발표자료를 성급히 형식위주의 준비 및 발표를 하고 슈퍼바이저 인증서명의 소정 횟수를 채우는 것으로 자족하는 듯한 인상을 주는 경우이다. 슈퍼바이저와 발표기관의 공동책임이기도 하지만, 가능한 한 같은 슈퍼바이저로부터 3회 이상 슈퍼비전을 받거나 한 상담사례의 초반-중반-종반 부분에 대한 2회 이상의 슈퍼비전을 받도록 노력할 필요가 있을 것이다.

(2) 슈퍼바이저의 바람직한 슈퍼비전 자세

첫째, 발표자의 상담자적 전문적 자세의 정립을 조력하는 의미에서도 위에서 언급된 사례기록의 미비성 및 불충분한 발표내용을 지적, 시정하도록 하는 교육지도자적 입장을 취함이 요구된다. 그리고 축어록과 녹음자료를 토대로 한 발표자의 실제적 사례관리 측면에 대한 구체적 가르침을 전달함이 바람직할 것이다.

둘째, 단순평가 및 비판형 피드백보다는 발표자의 잠재능력을 토대로 한 탐색-협의형 조언으로 발언하면서, 사례발표 당사자가 자율적으로 자기의 상담능력을 신장하도록 조력하여야 할 것이다.

셋째, 발표 상담자로 하여금 상담과정에서 내담자의 인격권과 인간 복지적 측면의 응당한 배려를 실천했는지의 여부에 주목하도록 한다. 이와 관련하여 발표사례에 관한 추수면접을 포함한 사후 서비스에 소홀함이 없도록 주의를 환기시켜 줄 책임이 있을 것이다.

넷째, 슈퍼바이저는 일회성 슈퍼비전 역할수행 완수에 자족하지 말고, 발표 상담자(supervisee)와 인간적-전문적인 '선배' 또는 지도자(mentor)로서의 지속적 유대를 형성하도록 유의할 필요가 있다.

PART
05

주요증상별 상담지침

내담자의 입장을 그의 눈높이로 이해하고 공감적으로 접근해야 함을 알고 있으면서도 내담자의 증상 및 문제별로 객관적인 탐색 및 접근방법들이 필요하다는 사실에 관한 인식이 비교적 소홀한 경향이 있다. 즉 상담사례를 공부하는 독자들로서는 문제영역별 접근방법에 관한 기초지식을 갖추어야 할 필요가 있다.

이 4부에서는 분열증, 강박경향에서 노인문제 등에 이르는 11개의 문제영역을 다루면서 증상 및 문제의 내용 풀이와 상담적 접근의 기초적인 윤곽을 설명하고 있다. 상세한 이론적 논의는 없고 윤곽 수준의 기초적 해설에 불과하다는 한계가 있을 것이나, 사례를 공부하는 입장의 독자들에게 다소의 도움이 되기를 기대한다.

Chapter 01

조현병 증상과 상담

01
조현병의 특징

여러 정신병적 장애들 중에서 정신분열증은 매우 심각한 장애 중의 하나이다. 실제 발생 빈도는 전체인구의 0.5~0.6%에 불과하나, 정신과 병동에 입원하고 있는 정신병 환자 중의 약 50% 정도가 조현병으로 진단받은 환자들이다. 또한 재입원율도 다른 정신병적 장애에 비하여 월등히 높으며, 증상이 경감되어 퇴원한 조현병 환자들도 거의 과반수 정도는 2년 이내에 재입원을 하는 것으로 보고되고 있다. 이러한 점에 비추어 볼 때, 조현병은 가장 흔하면서도 심각한 정신병적 장애라 할 수 있다. 조현병 환자들은 사고, 지각, 주의, 감정 혹은 정서 등 적응에 필요한 여러 정신 영역에 심각한 장애를 수반하게 된다. 조현병의 증상은 매우 광범위하고 다양하지만 몇 가지 특징적인 증상들이 있다. 여기에서는 먼저 조현병의 주요 증상들을 살펴보고 두드러진 특징에 따라 어떠한 하위유형들로 분류되고 있는지를 간단히 살펴보고자 한다. 그리고 조현병에 대한 치료적 접근방법들을 간략히 살펴보기로 한다. 그러면 우선 조현병에 대한 이해를 돕기 위하여, 증상적 특징을 우선 살펴보기로 하자.

02

조현병의 4가지 주 증상

조현병의 주된 증상은 대체로 다음 네 가지로 나누어 볼 수 있다.

첫째, 사고기능에 심한 장애를 보인다. 조현병 환자의 사고내용은 통합되어 있지 않아 지리멸렬 상태이고, 사고(생각)와 사고(생각) 간의 관계가 비논리적이며 조리가 없는 경우가 많다. 이는 생각을 선별하여 논리적이고 조리 있는 사고를 하는 능력에 결함이 오는 까닭이라고 본다. 따라서 조현병 환자의 말이나 글을 보면 현실을 지각하는 데 여러 가지 무관한 연상이 조리 없이 나열되어 있어 이해하기가 어렵고 기이한 느낌을 준다.

둘째, 현실을 지각하는 데 큰 장애를 보인다. 현실을 왜곡하여 보기 때문에 심한 경우 망상적 사고를 나타내기도 하며, 실제로 존재하지 않는 것을 지각하는 환각증상을 경험하기도 한다. 환각이란 실제로는 존재하지 않는 시각적, 청각적, 통각적 혹은 기타 감각적 현상을 지각하는 경우를 말하는 것인데, 흔히 나타나는 것이 환시와 환청이다. 그래서 때로는 무슨 일을 하라는 명령을 듣거나 자신을 비난하는 소리를 듣기도 하고, 이상한 냄새를 맡기도 한다.

셋째, 조현병 환자들은 감정표현 혹은 정서반응에 있어 장애를 보인다. 즉, 전혀 무감각하게 감정반응이 없거나 부적절한 반응을 보인다. 예를 들어 가족을 잃은 슬픈 이야기를 하면서 웃는다든지 즐거운 경험을 이야기하면서 아주 슬픈 기색을 보인다든지 하는 식으로 감정표현이 상황에 부합하지 않는다.

넷째, 조현병 환자들은 정상적인 대인관계를 유지하는 데 어려움을 가지고 있으며, 외부세계(현실적 환경)와의 접촉을 피하고 자기 세계에만 몰입하는 경향이 있다. 외부세계에 대하여 반응이 별로 없고, 자발적 행동이 드물며 매우 위축되어 있다. 때로 행동이 기이하여 정상적인 사람들은 도저히 취할 수 없는 기이한 자세를 취하고서 오랜 시간 동안 꼼짝 않고 있기도 한다. 요컨대 조현병의 주요 증상들은 사고의 장애, 외부세계에 대한 지각장애, 행동의 장애, 감정 및 정서의 장애 그리고 삶에의 적응기능이 정상적인 범주에서 크게 이탈되어 있다고 말할 수 있다.

03 조현병의 3유형

이러한 조현병적 증상들은 어떤 증상이 특징적으로 더 나타나는가에 따라 다음과 같은 세 가지 유형으로 나누어질 수 있다.

첫 번째로, 해리형 조현병(disorganized schizophrenia)은 사고의 연상작용에 있어서 심각한 장애를 보이며, 행동이 흐트러지고, 감정에 굴곡과 변화가 없는 단조로운 정서상태를 나타내 보이거나 혹은 상황적 맥락과 전혀 부합되지 않는 부적절한 감정의 표현 등이 특징적이다. 따라서 이러한 유형의 환자들은 산만하고 퇴행적인 증상들을 나타내 보인다. 또한 단편적인 망상이나 환각은 간혹 발견되나 편집형 조현병에서와 같은 체계적이고도 조직화된 망상은 찾아보기 힘들다.

두 번째로, 긴장형 조현병(catatonic schizophrenia)은 신체운동 영역에 있어서 현저한 장애를 보이는 것이 특징이다. 이러한 유형의 환자들은 긴장성 부동상태를 보이거나 과도한 흥분상태를 보이며, 때로는 이 두 가지 상태 사이를 왔다 갔다 하기도 한다. 이러한 긴장형 조현병은 비교적 갑자기 증상이 시작되는 경향이 있다. 극단적인 부동상태나 혹은 흥분상태에 있을 때에 자해를 하거나 남을 해칠 가능성이 매우 높으므로 이들에 대한 세심한 관찰과 주의가 요구되기도 한다. 그러나, 최근에 와서 이들에 대한 효과적인 약물치료 등이 가능해졌으므로 이 유형의 조현병 환자들은 과거보다 많이 줄어든 편이다.

마지막으로 또 한 가지 전형적 유형으로 편집형 조현병(paranoid schizo-phrenia)이 있다. 이 유형의 두드러진 특징은 체계적이고 조직화된 망상적 사고이다. 대개의 경우 이 유형의 환자들은 피해망상을 주로 나타내 보이는데, 때로는 과대망상, 대인관계 및 질투망상 등을 나타내 보이기도 한다. 또한 그러한 망상들과 더불어 단일 주제와 관련된 빈번한 환청을 경험하는 경우가 많고, 때로는 전반적인 불안, 분노, 말다툼 그리고 폭력행위 등이 수반되기도 한다.

04
조현병에 대한 심리치료

조현병은 그 원인적 요인이 복합적이니만큼 상담 및 심리치료에서도 복합적이며 총체적 접근을 시도해야 할 것이다. 주로 약물치료, 정신치료, 환경치료와 그 밖의 각종 사회적 개입방법 등 여러 가지를 결합하여 접근하게 된다. 어느 접근방법이 가장 효과적인가에 대한 많은 통계적 조사가 실시되었으나, 심리치료 혹은 환경치료의 어느 한 가지 방법으로는 충분한 치료성과를 거둘 수 없다는 점에 의견이 일치되고 있다. 즉, 약물치료와 심리치료 또는 약물치료와 환경치료 및 가족치료를 함께 하는 식의 복합치료가 가장 효과적이라고 말할 수 있다. 약물 단독치료나 약물과 심리치료의 병합치료 간에 차이가 없다는 보고도 있으나, 심리치료의 효과를 평가하는 방법이 미흡했기 때문에 보다 잘 짜여진 조사방법으로 장기간의 관찰을 목적으로 한 조사가 현재 진행중이다.

조현병의 심리치료에서는 학파간의 이론적 차이가 크게 문제되지 않고, 상담자(치료자)는 어떤 수단으로든지 내담자를 환상의 세계에서 현실사회로 데려와야 할 공통의 과제를 안고 있다. 그렇게 하기 위해서 상담자는 신화의 세계에 사로잡혀 있는 내담자를 현재의 인간적 현실차원으로 연결시켜 주는 매개자의 역할을 수행한다.

물론 과제는 같지만 심리치료의 치료적 접근방법에는 치료자마다 또는 학파마다 다소의 차이가 있다. 내담자(환자) 속에 남아 있는 건강한 자아기능을 최대한 살려 현실과 연결시키려는 지지요법(supportive therapy), 내담자의 무의식적인 성적 갈등의 소재를 밝히고 대담하게 이를 해석하여 깨닫게 해주는 직접분석(direct analysis), 내담자의 무의식 속의 창조적 기능을 가능한 한 촉진시켜 분열된 정신을 통일되게 하려는 분석심리학적 시도, 내담자의 현재를 중시하고 이른바 병든 세계의 가치를 받아들이는 실존적 접근, 그리고 환권 보상 치료나 강화 등을 이용하는 행동주의적 접근 등을 들 수 있다.

그러나 어느 경우에든 적어도 여러 달 이상에 걸친 치료적 노력, 인내 그리고 무엇보다도 내담자의 고통을 공감하며 그를 도우려는 전문가적 사랑이 요청된다. 치료자에 따라서 취향 및 강조점의 차이가 있는 것이 사실이나, 경험이 많은 치료자의 경우 앞에서 말한 여러 방법을 모두 융통성 있게 구사하고 있는 것이 사실이다.

조현병 내담자에 대한 심리치료에서는 정통 정신분석적 기법을 일률적으로 적용하지는 않고 여러 지지적 기법을 겸용하며, 만나는 시간, 장소 등 모두 내담자의 상태에 따라 융통성 있게 바꾸어 나갈 수 있다. 내담자의 양가감정 때문에 한편으로는 상담자와 가까이 하고 싶으면서 다른 한편으로는 상담자와의 밀착을 두려워하는 수가 있다. 이런 경우에는 짧게 자주 만나는 것이 좋고, 치료자는 너무 친절하지도 너무 냉담하지도 않은 중립적인 태도를 견지하고, 말은 단순명료하게 해야 한다. 상담자는 내담자와의 면담시간뿐 아니라 내담자를 만나는 곳에서는 어디서나 자신의 말과 행동 그리고 감정반응이 직접·간접으로 내담자에게 영향을 주고 있다는 사실을 알아야 한다.

상담자는 내담자가 성장기에 겪어보지 못한 것을 보충해주는 건강한 보조자아(auxilliary ego)의 역할을 수행한다고 말할 수 있다. 즉, 과거의 부모형제와의 비뚤어진 관계를 상담자에게 투사하는 전이감정을 감수하며 이의 처리를 도와주어야 한다. 내담자는 건강한 상담자 속으로 들어가 그와 일체가 되고 상담자의 건강한 부분을 닮고, 상담자는 내담자의 갈등 속으로 들어가 그의 복잡한 상징언어의 뜻을 파악하고 그와 함께 모든 성장의 책임을 나누어 가질 때, 내담자는 혼돈의 세계에서 빠져나와 사회현실로 발을 내디딜 수 있게 된다. 이 신뢰의 관계를 이루어나감에 있어 상담자는 솔직하고 허심탄회하여야 한다. 자신의 실수도 인정할 수 있고 내담자 속에 있는 잘못된 생각에 대한 자신의 견해도 명확하게 제시하는 것이 좋다. 그러나 처음부터 그의 병적인 판단이나 행동을 고치려고 할 것이 아니라, 우선은 내담자의 있는 그대로를 받아들이는 기본태도를 견지하는 것이 좋다. 그러나 치료(상담)과정의 중반 이후부터는 가끔 내담자의 미숙한 부분을 강하게 직면시키거나 해석해주는 것이 효과적일 때가 있다.

내담자를 상담해 나가는 데 있어서 상담자가 내담자의 발병에 관련된 각종 사회문화적, 심리적 배경을 이해하고 그가 겪고 있는 의식적, 무의식적 갈등의 근원을 파악해야 할 것은 말할 것도 없다. 그러나 치료자의 태도에 있어서는 환자의 배경을 단순히 캐묻는 태도보다는 환자와의 심리적 교류에 동참하는 참여적 관찰자의 입장을 취하는 것이 바람직하다.

Chapter 02

공포장애 증상과 상담

01

공포장애의 특징

공포장애(phobia)란 실제적으로 객관적인 위험이 전혀 없음에도 불구하고 어떤 특정한 대상 혹은 상황에 대하여 과도한 두려움을 느끼는 경우를 말한다. 많은 사람들이 죽음, 병, 어둠 등에는 공통적으로 두려움을 품고 있다. 그러나 공포장애의 경우에는 이러한 두려움이 비현실적이며 이성으로 설명되지 않고 또 그 대상이나 정도가 본인의 일상생활을 영위하는 데 지장을 주게 된다. 예를 들면, 승강기와 같은 폐쇄된 장소에 대한 폐쇄공포증, 건물 옥상 등과 같은 높은 장소에 대한 고소공포증, 밖에 나가는 것과 같은 공개된 장소에 대한 광장공포증, 다른 사람과의 모임, 혹은 여러 사람 앞에서 발표를 두려워하는 사회공포증 등은 비교적 널리 알려진 공포증들이다. 사실상 대부분의 사람들은 비록 치료를 받을 만큼 심각한 정도는 아니라 하더라도, 비합리적인 불안을 유발하는 특정한 대상 혹은 상황을 한두 번쯤은 경험한다. 이같이 공포장애에는 다양한 유형들이 있으나, 우리나라 상담실에서 자주 마주치게 되는 공포장애는 사회공포증(social phobia)이다.

02

사회공포증

사회공포증이란 일반적으로 타인들의 존재와 관련된 불안을 말한다. 예를 들어, 어떤 사람은 타인들로부터 비난 당하거나 조롱받을 것을 염려한 나머지 타인들 앞에 나서는 것을 아주 꺼려할 수도 있다. 타인들과 같이 식사하거나 이 야기를 주고 받는 것이 심한 불안을 유발하기 때문에 다른 사람들과 함께 식사 하거나 이야기하기를 피하게 되는 것이다. 그러나 보다 자주 마주치게 되는 유형은 남들 앞에서 발표를 하거나 책을 읽어야 될 경우 목소리가 몹시 떨리고 얼굴이 붉어지며 땀이 몹시 나고 호흡이 가빠져 본인 자신이 몹시 괴로워하는 경우이다. 심한 경우에는 이러한 특정 상황뿐만 아니라 일상생활에서도 남들과 시선을 마주치기가 두렵고 남들이 조롱을 하고 있다고 믿게 된다. 따라서 사람들과의 모임, 수업, 학교, 직장 등을 그만두려는 생각에까지 진전이 되고 사람들을 피해 다니게 된다. 이들의 고통은 남들이 보기에는 어리석게까지 보이나 본인들로서는 상상할 수 없을 만큼 고통스러운 것이다. 사실상 이러한 유형의 공포증은 외국에서는 그렇게 흔하지 않은 것으로 보고되어 있으나, 우리나라의 경우 문화적 특수성 때문인지 상담자들이 자주 접하게 된다. 이러한 증상으로 고통받는 이의 숫자는 실제보다는 훨씬 적게 보고된 것으로 보이는데, 대부분 불안을 유발하는 대상이나 상황을 의도적으로 피함으로써 외관상으로는 정상적인 삶을 유지하고 있는 것으로 보일 수도 있기 때문이다. 사회공포증의 경우 남자보다는 여자에게서 더 많이 발견되며, 대체로 청소년기에 발생한다고 보고되어 있으나, 사춘기 이전 혹은 그 이후에도 처음 증상을 느끼는 경우도 많이 있는 것으로 보인다.

03
공포장애에 대한 치료적 접근

공포장애의 치료에서 명심해야 할 것은 내담자에 따라 특유의 공포상황, 공포대상이 있어서 그런 상황에 노출되지 않을 때나 혹은 노출이 예상되지 않을 때는 대체로 불안증상이 없다는 사실이다. 따라서 두려움의 대상이나 상황이 무엇인지 잘 파악한 후, 우선은 이를 피하도록 함으로써 공포의 악순환을 차단시켜야 한다. '두려워할 것 없이 직면하라'는 식의 주문은 해서는 안 된다. 그런 주문대로 되지 않을 뿐 아니라 그런 식으로 지시하면 내담자가 상담자를 믿지 않게 되기 때문이다. 다소 두려움이 소멸되거나 견딜 만하게 되면 비교적 부담이 적은 상황에 직면하게 해보고, 그러다가 공포가 생기면 다시 피하도록 한다. 정신분석학적 접근을 하는 상담자들은 초창기에는 공포장애가 무의식계의 외디푸스 갈등을 의식계에서 깨닫게 함으로써 쉽게 치료된다고 생각해 왔으나, 그 뒤에 그런 분석이 충분히 이루어졌음에도 불구하고, 증상이 회복되지 않는 경우가 많다는 것을 경험하게 되었다. 그래서 정신분석자들은 무의식의 갈등을 분석함과 동시에 여러 생활경험을 통해서 증상에 관련된 불안 등을 거듭 해소해 나가는 훈습(working-through)과정의 필요성을 지적한 바가 있다. 공포장애자에게 정신분석 기법을 적용하려면, 내담자의 성격구조, 자아 강도, 생활태도 등을 충분히 고려해야 하는데, 최근에는 이 기법을 상당히 제한적으로만 적용하는 추세이다.

한편 지지적 접근에서는 다른 증상을 가진 내담자의 경우와 마찬가지로 상담자-내담자 관계를 중요시 하지만, 특히 공포장애의 경우는 상담자의 격려와 지시 및 암시를 필요로 한다고 보고 있다. 공포장애의 지지적 접근에 있어 유의할 점은 내담자가 공포상황에 노출되어 공포를 느낄수록 예기불안과 기피현상이 더욱 심해지고 실망과 자멸감을 더욱 느낀다는 점과, 반대로 공포상황에서 공포를 느끼지 않은 상황이 한 번 있으면 그만큼 자신감과 안도감을 느끼게 되어 더 심한 공포상황에도 직면해 볼 용기가 생긴다는 사실이다. 그래서 처음에는 공포상황을 가능한 한 피하도록 하고 점진적으로 노출해 보도록 권한다. 이 원리 이외에 전문가에 의해 적절히 사용된다면 최면과 근육이완훈련도 권장할 만하다.

행동주의적 접근에서는 체계적 둔감화(systematic desensitization)와 상호억제(reciprocal inhibition)를 병행하는 방법이 흔히 사용된다. 체계적 둔감화에서는 공포를 가장 적게 일으키는 자극에서부터 가장 심하게 일으키는 자극에 이르는 여러 단계의 자극(또는 장면)을 순서적으로 준비(목록화)하고, 가장 약한 자극부터 내담자에게 제시하거나 상상하도록 하여 이를 공포 없이 견디게 되면 차례로 심한 자극장면을 제시(연상하도록 지시)함으로써 공포에 대한 감수성을 낮게 하는 방법이다. 이 방법을 단독으로 시행하는 것보다는 약물투여, 최면술 혹은 근육이완법을 각 자극단계에서 사용하는 것이 보통이다.

상호억제는 공포상황에 노출시키면서 그 공포를 능가할 수 있을 정도로 강한 정반대의 감정(편안한 느낌 등)을 유발하도록 자극을 주는 방법이다. 공포와 반대되는 감정을 유발하는 방법으로는 여러 가지가 있는데, 항불안 약물투여,

최면술, 근육이완법 등이 있다. 최근에는 행동주의적 접근의 홍수법(flooding)과 내파법(implosion)을 사용하기도 한다. 홍수법은 상담자 앞에서 공포의 대상이 되는 자극을 일시에 강하게 주어서 내담자가 1회에 수십분 동안 극심한 공포(부담)를 경험하게 하는 방법이다. 내파법은 홍수법과 같은 원리이나, 실제의 공포 대상으로 자극하는 것이 아니라 상상적인 공포대상으로 자극하는 방법이다.

행동주의적 접근은 특히 공포장애에 효과가 크고 기간도 짧게 걸리는 방법으로 알려져 있다. 아마도 공포장애의 치료를 위한 최선의 선택은 행동주의적 접근방식이 아닌가 생각된다. 그러나 어떤 기법을 사용했느냐에 따라 상담효과의 차이가 나타나는 것은 아니고, 내담자의 협력자세, 상담자의 상담능력에 따라 보다 큰 차이가 나타나는 것으로 보인다.

Chapter 03

강박장애 증상과 상담

01
강박장애의 특징

강박장애(obsessive compulsive disorder)의 주요특징은 되풀이 되는 강박관념과 강박행동이다. 즉, 원하지 않는 생각(강박관념)이 자꾸 떠오른다든지, 그렇게 할 이유가 없는 데도 자꾸 어떤 행동(강박행동)을 되풀이 하려는 충동을 느끼는 것이다. 이러한 강박관념과 강박행동은 심한 불안감을 야기하고 시간을 낭비하게 하며, 개인의 정상적인 일상생활, 직업에서의 직무수행 혹은 원만한 대인관계를 저해하게 마련이다. 강박관념이란 이성적으로 통제 불가능한 돌발적이고도 되풀이 되는 생각과 사고 그리고 심상 등을 말하는 것이다. 때로 정상적인 사람들도 그러한 강박관념을 한두 번쯤은 경험할 수 있지만, 환자들의 강박관념은 그 힘과 빈도가 심해서 개인의 정상적인 기능을 마비시킬 정도이다. 예를 들어, 부모가 자기의 사랑스런 자식을 죽일 것 같은 생각이 끊임없이 떠오른다든가, 어떤 끔찍한 일이 일어날 것 같은 생각이 계속 떠올라 하룻밤에도 수십 번씩 자는 아이에게 가보고 확인해야 하는 경우가 있다. 혹은 손에 병균이라든가 쇳가루 등 무언가 묻었으리라는 강박적인 생각을 떨칠 수 없어 하루에도 수십 번씩 손을 씻는 강박행동까지 하는 경우도 있다. 또한 종교에 심취해 있는 어떤 사람은 되풀이 되는 불경한 생각들로 인해 정상적인 종교활동에 전념하지 못하기도 한다. 강박관념을 가지고 있는 사람들은 되풀이 되는 생각이나 충동을 무시하거나 억압하려고 시도하지만 그것이 쉽게 되지는 않는 것이다. 환자들에 있어서 가장 흔하게 경험되는 강박관념은 폭력과 관계된 생각(예를 들어, 자신의 자식, 부모, 배우자 등을 죽이는 것), 오염에 대한 생각(예를 들어, 다른 사람과 악수를 함으로써 병에 감염된다고 생각하는 것) 그리고 의심과 관련된 생각(예를 들어,

혼잡한 지하철역 구내에서 자신이 혹시 다른 사람의 발을 밟지 않았는지에 대해서 계속 염려하는 것), 성적인 내용(예를 들어, 자신이 누군가를 강간하거나 당할 것 같은 생각) 등이다.

강박행동이란 강박관념에 의해서 어떤 규칙성을 가지고 항상 특정한 방식으로 행해지는, 반복적이고 목적을 가진 의도적인 행동이다. 이 강박행동은 그 행동을 수행하지 않았을 때 야기되는 불편함과 불안을 상쇄시키거나 회피하는 수단이 된다. 강박행동이 심각하게 생각되는 것은 그러한 강박행동의 빈도 때문이다. 예를 들어, 어떤 중년부인은 손이 매우 쓰라릴 정도로 고통이 수반됨에도 불구하고 매일 50번씩 손을 씻는다. 이렇게 강박행동을 하는 사람은 자신의 행동이 과도하고 비현실적이며, 그 행동을 함으로써 즐거움이 따르는 것도 아니라는 것을 알고 있다. 그럼에도 불구하고 강박행동을 수행하지 않았을 때의 긴장감과 불안 때문에 그런 행동을 멈출 수가 없는 것이다. 주변에서 발견되는 가장 흔한 강박행동은 손씻기, 반복적으로 특정대상의 수를 세기, 확인하기 그리고 만져보기 등이다.

02
강박장애에 대한 치료적 접근

강박장애에 대한 정신분석적 접근에서는 어렸을 때의 지나치게 엄격한 배변훈련(toilet training)으로 인해 자아의 통제력을 벗어난 공격적인 본능적 충동 때문에 강박적인 관념과 행동이 야기되는 것으로 보고 있다. 환자들에 있어서 발견되는 강박적 증상들은 원초아(id)와 방어기제 간의 투쟁의 산물이므로, 강박장애에 대한 정신분석적 상담 및 심리치료 목표는 강박적 증상, 그 자체보다는 환자의 무의식 속에 억압되어 있는 본능적 충동들을 의식의 표면으로 떠오르게 하여 환자로 하여금 직면(자각)케 하는 것이다. 그러나 강박장애에 대한 정신분석적 접근의 어려움과 한계에 대해서 여러 학자들이 논의한 바 있으며, 대체로 강박장애는 다른 증상에 비하여 정신분석적 접근방식에 잘 반응하지 않는다는 점에 인식을 같이하고 있다. 일반적으로, 강박장애에 대하여 정신분석적 접근을 할 때에는 보다 직접적인 관여(involvement)와 직면시키기(confrontation)가 강조되고, 과거에 대한 해석보다는 현재(here and now)에 초점을 맞춘 현실적 행동

수행을 강조하는 것이 효과적이라고 말할 수 있다.

강박장애에 대한 행동주의적 접근에서는 강박적 증상들이 불안과 긴장을 일시적이나마 감소시키는 반복적인 경험 때문에 '강화된, 학습된 행동'으로 간주한다. 따라서 행동주의적인 치료는 단계적 둔화나 사고중지(thought stopping) 등의 기법을 사용하여 강박적 증상 자체를 감소시키는 데 역점을 두고 있다.

Chapter 04

신체화형 증상과 상담

01

신체화형 장애의 특징

신체화형 장애(somatoform disorder)의 주요 특징은 뚜렷한 신체적 원인을 발견할 수 없음에도 불구하고 두통이나 기타 통증, 혹은 신체적 생리적 기능의 마비증상 등을 경험하는 것으로 이를 통칭하여 신체화형 장애라고 한다. 이 중 전환형 장애의 진단에는 보통 다음 네 가지 조건을 고려하게 된다. 첫째, 청력·시력의 상실, 혹은 신체 일부의 마비 등과 같이 신체기능이 부분적으로 상실되거나 변화가 있다. 둘째, 증상을 설명할 수 있는 뚜렷한 신체적 근거를 발견할 수 없다. 셋째, 심리적 요인이 증상 형성에 관련되었다는 증거가 발견된다. 넷째, 꾀병과는 달리 환자가 임의로 조작한 것이 아닌 경우이다. 신체기관 그 자체는 온전함에도 불구하고 다리나 팔의 일부 혹은 전부가 마비되는 수도 있고, 감각기능이 마비되거나 통증에 대한 정상적 반응이 손상받는데 이를 전환형(conversion) 장애라 한다.

이러한 전환형 장애의 증상들은 그 성질상 심인성 통증처럼 심리적인 요인과 강하게 연합되어 있다. 사실상 이러한 증상들은 과도한 스트레스 상황하에서 어떠한 행위나 책임을 면하게 해주거나 타인의 주의를 끌려는 욕구가 매우 강할 때 갑작스럽게 나타나는 것이라고 볼 수 있다. 이외에 신체화형 장애에는 브리케 증후군(Briquet syndrome)이라 하여, 뚜렷한 신체적 장애를 찾을 수 없는데 두통, 복통 등의 통증, 현기증, 호흡곤란, 심장기능장애 등 갖가지 증상을 호소하면서 여러 병원을 찾아다니며 불필요한 수술을 받거나 많은 약물을 복용하게 되는 경우이다. 그리고 심인성 동통이라고 분류되는 장애 역시 여기에 속하는데 신체적 이유 없이 갖가지 동통을 호소하는 것이다.

전환형 장애에 대한 심리치료적 접근

전환형(conversion)이란 용어 자체는 정신분석학파의 원조인 프로이드로부터 유래한 것으로, 그는 전환형 장애가 억압된 본능적 에너지가 감각−운동적 채널 (통로)로 전환되어 그 정상적인 기능을 방해함으로써 발생하는 것으로 보았다. 즉, 한 개인의 내적인 불안과 심리적 갈등이 신체적 증상으로 전환된다는 것이다. 따라서 전환형 장애에 대한 정신분석적 치료의 골격은 자유연상과 같은 정신분석적 기법들을 사용하여 억압된 본능적 에너지를 의식화시키고 그것을 정화시킴으로써, 본능적 에너지가 신체적 증상으로 잘못 전환된 것을 해소하는 것이다.

한편, 전환형 장애에 대한 사회문화적 접근은 이 장애가 사회문화적 배경과 깊은 관련이 있다고 보고 있다. 즉, 성적인 욕구의 표현을 과도하게 억압하는 사회문화적 풍토에서 이러한 전환형 장애가 빈번하게 발생한다는 것이다. 실제로, 프로이드가 주로 활동하던 19세기 말 혹은 20세기 초의 유럽의 사회문화적 풍토는 여성의 성적인 욕구 표현을 심하게 억압하는 것이었다. 그래서 당시의 여성에 있어서 이 전환형 장애가 비교적 빈번하게 발생하는 편이었다고 말할 수 있다. 그리고 요즈음 성적인 태도가 많이 개방되면서부터는 이러한 장애의 발생 빈도도 감소하고 있는 추세이다.

이와는 달리 전환형 장애에 대한 행동주의적 접근은 크게 두 가지의 구성 요소들을 가정하고 있다. 첫째, 이 증상의 사람들은 이전의 개인적 경험이나 타인의 신체적 실제 증상들을 통해서 증상에 대한 자신의 병적인 의식 및 역할행동을 학습한다는 것이다. 둘째, 그러한 증상은 심리적 고통을 경감시켜주고 책임을 회피하는 핑계가 되어 주거나 타인의 관심을 끄는 등 2차적인 긍정적 보상을 받음으로써 강화된다는 것이다. 이러한 관점에서는, 전환형 장애 자체는 어떠한 목적을 달성하기 위해 의도적으로 증상을 가장하는 꾀병과 같은 맥락에서 이해될 수 있다. 전환형 장애에 대한 행동주의적 치료에서는 강화적 접근 (reinforcement approach)과 조작적 조건형성의 원리를 사용하여 환자들의 증상을 해소(또는 완화)시키는 것과, 단계적 둔화와 같은 기법을 사용하여 전환형 증상의 유발 요인에 대한 불안을 감소시키는 데 초점을 맞추고 있다. 여기에 덧붙여서 자기주장훈련 및 사회적 기술훈련과 같은 것을 병행하여 사용함으로써 증상의 유지로 생겨난 심리적 나약성과 의존성을 극복하도록 한다.

Chapter 05

우울증 증상과 상담

우울증이란 무엇인가?

(1) 우울증의 진단 기준

❶ 하루의 대부분, 그리고 거의 매일 우울한 기분이 지속된다. 이러한 우울한 기분은 주관적인 보고(슬프거나 공허하다고 느낀다)나 객관적인 관찰(울 것처럼 보인다)에서 드러난다. 다만, 어린이와 청소년의 경우는 과민한 기분으로 나타나기도 한다.

❷ 모든 또는 거의 모든 일상활동에서 흥미나 즐거움이 현저하게 저하되어 있다. 이러한 흥미와 즐거움의 저하는 하루의 대부분 또는 거의 매일 나타나며, 주관적인 설명이나 타인의 관찰에서 드러난다.

❸ 의도적으로 체중조절을 하고 있지 않은 상태에서 현저한 체중감소 또는 체중증가(예: 1개월 동안 5% 이상의 체중 변화)가 나타난다. 또는 식욕의 현저한 감소나 증가가 거의 매일 나타난다.

❹ 거의 매일 불면이나 과다수면이 나타난다.

❺ 거의 매일 나타나는 정신운동성 초조나 지체를 나타낸다. 이는 주관적인 좌불안석감이나 타인에 의해서 처진 느낌이 관찰될 수 있다.

❻ 거의 매일 피로감이나 활력의 상실이 나타난다.

❼ 거의 매일 무가치감 또는 과도하고 부적절한 죄책감을 느낀다. 이는 망상적일 수도 있으며, 단순히 병이 있다는 것에 대한 자책이나 죄책감이 아니어야 한다.

❽ 거의 매일 사고력이나 집중력의 감소, 또는 우유부단함이 주관적인 호소나 관찰에서 나타난다.

❾ 반복되는 죽음에 대한 생각(죽음에 대한 단순한 두려움 외), 특정한 계획 없이 반복되는 자살에 대한 생각, 또는 자살기도나 자살수행 관련 특정한 계획이 있다.

이러한 아홉 가지 증상 중에서 가장 기본적인 것은 우울한 기분, 흥미나 즐거움의 상실이다. 우울증의 사람들은 대부분 이 두 가지 증상을 지니고 있으며 아울러 다른 증상들 중에서 몇 가지를 함께 나타내는 것이 일반적이다. 동시에 이러한 증상이 상당한 기간 동안 지속적으로 나타나야 하고, 이로 인해 심각한 학업적, 직업적, 사회적 부적응과 고통을 초래하는 경우에 우울증이라고 진단할 수 있다. 우울증의 진단은 여러 요인을 종합적으로 고려해야 하는 매우 전문적인 일이기 때문에 반드시 전문가에 의한 진단이 필요하며, 함부로 자신이나 타인을 우울증으로 판단하는 일은 삼가야 한다.

(2) 우울증의 증상

1) 정서적 증상

우울증은 일차적으로 기분의 장애이다. 기분은 지속적인 정서상태를 뜻하며 일시적인 감정상태와는 구별된다. 즉 우울증은 우울한 기분이 지속되는 상태를 뜻한다. 구체적으로 우울한 기분은 슬픔을 비롯하여 좌절감, 불행감, 죄책감, 공허감, 고독감, 무가치감, 허무감, 절망감 등 고통스러운 정서 상태를 의미한다.

2) 인지적 증상

우울증 상태에서는 부정적이고 비관적인 생각이 증폭되어 자기비하적인 생각을 떨치기가 어렵다. 또한 평소와 달리 주의 집중이 잘 되지 않고 기억력이 저하되고, 판단에도 어려움을 겪게 되어 어떤 일에 결정을 내리지 못하고 우유부단한 모습을 보이게 된다.

3) 행동적 증상

우울증 상태에서는 행동상에 여러 변화가 일어난다. 우울한 사람은 어떤 일을 시작할 때 해야 할 일을 자꾸 미루고 지연시키는 일이 반복된다. 또한 아침에 잘 일어나지 못하고 쉽게 지치며 자주 피곤함을 느끼게 된다. 즐거운 활동에도 흥미를 잃고 긍정적 보상에 주의를 기울이지 못하기 때문에 사회적 활동을 회피하여 위축된 생활을 하게 된다. 또한 행동과 사고가 느려지고 활기가 떨어져 행동이 둔하고 처지게 된다. 때로는 초조하고 좌불안석의 행동을 나타내기도 하고, 심한 경우에는 자학적인 행동이나 자살시도를 할 수 있다.

4) 신체생리적 증상

우울증 상태에서는 여러 가지 신체생리적인 변화가 나타난다. 우선 식욕과 체중에 변화가 나타날 수 있고, 피곤함을 많이 느끼고, 활력이 저하되며 성적인 욕구나 성에 대한 흥미가 감소한다. 또한 소화불량이나 두통과 같은 신체적 증상을 나타내고, 면역력이 저하되어 감기와 같은 전염성 질환에 약해진다.

02

우울증을 어떻게 치료할 것인가?

(1) 인지치료

우울증을 치료하는 가장 대표적 심리치료법인 인지치료(cognitive therapy)는 우울증의 인지 이론에 근거하여 벡(A. Beck)이 개발한 심리치료법이다. 우울증의 인지 이론에 따르면, 우울증은 부정적인 자동적 사고, 인지적 오류, 역기능적 신념 등의 인지적 요인에 의해서 생겨나고 유지된다. 인지치료는 우울증을 유발하는 이러한 인지적 요인을 찾아내 변화시킴으로써 우울증을 치료하는 방법이다. 인지치료의 기본 원리는 내담자와 치료자의 협력적인 동반자 관계 속에서 내담자를 우울하게 만드는 부정적 사고와 역기능적 신념을 함께 찾아내어, 그러한 사고의 정당성을 평가하고 보다 현실적이고, 합리적인 사고로 대체하는 것이다.

인지치료는 우울증을 단기간에 치료할 뿐만 아니라 치료 효과도 우수한 것으로 확인되었다. 약물치료와 비교했을 때, 인지치료는 반응성 우울증의 경우 치료 효과가 동등하거나 더 우수하다는 것이 여러 연구에서 입증되었고, 부작용이 없으며 치료효과가 지속적이어서 재발률이 낮다는 장점이 있다.

(2) 정신역동적 치료

정신역동적(Psychodynamic) 심리치료는 우울증과 같이 특정한 장애에 초점을 맞추기보다는 일반적으로 자존감을 향상시키며 초자아를 조정하거나 자아를 강화하고 확장함으로써 우울증을 치료하고자 한다. 이를 위해서 정신역동적 심리치료자는 우울한 내담자가 나타내는 대인관계 패턴을 잘 탐색하고 관련된 무의식적 의미를 파악하여 내담자에게 자각시키고, 직면시켜서 이를 극복하도록 노력한다.

치료 초기에는 내담자와 굳건한 치료적 관계, 즉 '치료적 동맹'을 형성한다. 다음으로 내담자 문제를 탐색하는 과정에서 전이(轉移)가 나타나게 되고 치료자는 관련된 무의식적 갈등을 파악하여 내담자에게 적절한 방법으로 직면시키고 해석해 준다. 이를 통해 내담자는 자신의 무의식적 좌절과 대인관계방식을 이해하게 될 뿐만 아니라, '중요한 타인'에 대해 억압하고 있었던 분노 감정 등을 자각하게 된다. 치료자는 이러한 분노 감정 등을 공감적으로 잘 수용하여 해소하도록 도와주어야 한다. 아울러 내담자가 지닌 비현실적인 이상적 소망을 현실적인 것으로 대체시키고 이러한 소망을 성취하기 위한 새로운 생활방식과 대인관계방식을 찾도록 도와준다.

(3) 행동치료

우울증에 대한 행동치료는 내담자의 생활 속에서 긍정적 강화의 비율을 증가시키는 것을 주요 목표로 한다. 이를 위하여 우울한 내담자들이 어떻게 일상생활 속에서 즐거움과 긍정적 경험을 잃어버리게 되었는지를 정밀하게 분석하고, 이러한 분석에 기초하여 내담자가 생활 속에서 즐거움을 재경험할 수 있는 구체적인 행동목록을 구성하여 내담자가 실행하도록 돕는다. 긍정적 강화를 증가시키기 위한 구체적인 행동목록으로는 자기생활 관찰 기법, 계획적 활동 기법, 점진적 과제기법, 긍정체험평가기법, 사회적 기술훈련 등으로 매우 다양하다.

(4) 인본주의적 치료

인본주의적 치료에서는 우울한 내담자가 자신과 세상에 대해서 지니고 있는 생각이 왜곡된 것이라 하더라도 그것을 내담자의 주관적 진실로서 존중한다. 즉 내담자가 털어놓는 모든 생각과 감정은 내담자가 '지금 여기'에서 경험하는 주관적 현실이란 점에서 진실한 것으로 수용한다. 따라서 인본주의적 치료자는 내담자의 체험과 생각에 대한 수용적 이해를 통해서 내담자가 느끼고 있는 우울감과 좌절감을 공감하려고 노력한다. 이렇게 수용적이고 공감적인 분위기 속에서 내담자가 스스로 자신의 내면을 좀 더 깊고 솔직하게 탐색하게 된다. 이러한 과정에서 자신이 원하는 삶이 실현될 수 있는 좀 더 현실적인 방법을 모색하게 된다. 따라서 인본주의적 치료자는 자신의 가치관을 개입시키지 않고, 내담자의 우울한 체험에 대해서 수용적이고 존중적이며 공감적인 태도를 취해야 한다.

(5) 물리적 치료

1) 약물치료

약물치료는 우울증에 대한 가장 대표적인 물리적 치료법이라고 할 수 있다. 약물치료는 우울증의 뇌 신경화학적 이론에 근거하여 뇌의 신경전달물질에 영향을 주는 화학적 물질, 즉 약물을 통해 우울증을 치료하는 방법이다. 우울증의 약물치료에서는 삼환계 항우울제, MAO 억제제, 제2세대 항우울제 등이 사용된다. 약물치료는 우울증의 치료에 효과적이지만 약물치료를 거부하는 환자가 많고, 대부분의 약물이 부작용을 가지고 있으며 항우울제의 경우 치료효과가 나타나지 않는 사람들이 있고, 우울증의 증상을 완화시키는 효과를 지닐 뿐 근본적인 치료방법이 아니라는 등의 몇 가지 한계가 있다.

2) 전기충격치료

전기충격치료는 머리에 일정한 전압의 전류를 연결하여 의도적인 경련을 일으키는 방법으로 현재에는 항우울제의 약물치료가 효과를 나타내지 않거나 망상이 있는 우울증일 경우에 한하여 사용되는 것이 일반적이다.

3) 광선치료

광선치료는 눈에 아주 적은 양의 자외선을 포함한 빛을 노출시키는 방법으로 주로 계절성 우울증에 사용된다.

Chapter 06

불면증 증상과 상담

01
불면증이란 무엇인가?

(1) 만성불면증

국제수면장애분류와 미국수면장애학회에서는 불면증의 지속기간에 따라 6개월 미만을 단기불면증, 6개월 이상 지속되면 만성불면증으로 본다. 그 중 불면증으로 치료기관을 찾는 사람들의 대부분은 불면증을 수 년 동안 앓고 있다가 치료를 받으러 찾아오는 만성불면증 환자들이다.

1) 만성불면증의 진단 기준

- 수면에 대한 불편감을 주관적으로 호소해야 한다.
- 수면에 들거나 수면을 지속적으로 유지하는 데 어려움이 있어야 한다. 자리에 누워서 30분 이상이 지나도 잠들기 어렵거나 수면 중에 자주 깨는데, 그 시간이 합쳐서 30분 이상이 되어야 하고 수면효율성이 85% 미만이 되어야 한다.
- 수면의 어려움이 매주 3일 이상 있어야 한다.
- 불면증이 6개월 이상 지속되어야 한다.
- 수면장애로 인해서 낮 동안의 기능에 피로감, 수행능력의 손상, 기분저하 등의 어려움을 경험한다.
- 수면장애가 사회적, 직업적 기능에 두드러진 손상을 가져왔거나 심각한 심리적 불편감을 초래해야 한다.

2) 만성불면의 특징

① 불면에 대한 지나친 걱정

사람이 스트레스에 당면하면 긴장 수준이 높아지고 각성 상태가 유지되어 종종 수면곤란을 겪게 되는데, 불면에 대한 심한 걱정은 그 자체가 하나의 스트레스가 되어 각성수준을 높임으로써 불면을 더욱 만성화시키고 악화시키는 경향이 있다. 예를 들어 처음의 스트레스가 사라졌다고 해도 불면으로 인한 스트레스가 각성수준을 높여 불면을 지속시킨다는 것이다.

② 회피성 성향

만성불면증에 걸리기 쉬운 사람들의 성격적 특징을 보면, 심리적 갈등이 생기면 이를 적극적으로 해결하려 하기보다는 부인하거나 억압하고 혼자서 가슴 앓이를 한다는 점이다. 이들은 특히 분노 감정이나 공격성과 같은 화나는 감정을 잘 소화하지 못하고 자신을 탓하는 경향이 많다.

③ 건강에 대한 지나친 염려

만성불면증을 가지고 있는 사람들은 평소에도 건강에 조금이라도 이상이 있을까 자신의 몸 상태에 촉각을 곤두세운다. 잠을 제대로 못 자서 기분도 처지고 몸도 개운하지 않으니 건강에 대한 그들의 걱정은 더 심해지고, 이에 따라서 각성수준이 높아지며 쾌적한 수면은 방해를 받는다.

(2) 수면부족과 만성불면증

만성적인 불면증에 시달리고 있는 사람이 반드시 만성적인 수면부족을 경험하고 있다고 말할 수는 없다. 불면증을 진단할 때 가장 중요시되는 것은 절대적인 수면시간이 아니라, 자려고 자리에 누워있던 시간 중에서 실제로 잠을 잔 시간의 비율을 말하는 수면효율성이다. 만성적인 불면증 환자들은 주로 객관적으로 확인된 것에 비해서 자신들이 잠들기까지 걸린 시간과 수면 중에 깬 시간을 과대 추정하고 있었으며, 지속적으로 잠을 잔 시간을 과소평가하는 경향이 있다. 다시 말하면 많은 사람들이 불면에 대해 부정적인 견해를 가지고 있고, 이런 사람들은 불면 공포증 혹은 불면 노이로제에 걸려 있다고 말할 수 있다.

(3) 불면증의 종류

1) 원발성 불면증: 불면증 그 자체가 유일한 증후로 나타나는 경우
- 심리생리적 불면증
- 주관적 불면증(수면상태 오지각)
- 특발성 불면증(아동기 발병)

2) 이차성 불면증: 불면증이 다른 질환의 한 증상으로 나타나는 경우
- 정신과적 장애 관련 불면증
- 의학적, 중추신경계 장애 관련 불면증
- 알코올, 약물의존성 관련 불면증
- 환경적 요인 관련 불면증
- 수면무호흡증 관련 불면증
- 운동장애 관련 불면증
- 수면각성주기 관련 불면증
- 사건수면 관련 불면증

02

불면증을 어떻게 치료할 것인가?

(1) 행동치료

만성불면증에 대한 행동치료는 크게 두 가지로 나눌 수 있다. 하나는 불면증을 일으키는 부적응적인 수면습관을 수정하는 것이고, 다른 하나는 불면증 환자들의 만성적으로 높은 각성수준을 낮춰주기 위한 긴장이완 훈련이다. 부적응적인 수면습관을 수정하기 위해서 주로 사용하는 치료법으로는 자극통제와 수면제한법이 있으며, 긴장이완을 위해서는 제이콥슨(Jacobson) 박사가 개발한 점진적 긴장이완법과 슐츠(Schultz) 박사가 개발한 자율 훈련법이 가장 흔히 사용되고 있다.

  * 수면제한법과 자극통제법의 지침
  - 침대에 누워 있는 시간과 실제 잠을 잔 시간을 가능한 일치시킨다.

- 잠이 올 때만 침대로 간다.
- 침대에 누워서 10~15분 이내로 잠이 들지 않으면 침대에서 일어나 밖으로 나가고, 잠이 오면 다시 침대로 간다. 이것을 밤 동안 필요할 때마다 반복한다.
- 아침에 일정한 시간에 규칙적으로 일어난다.
- 침대는 오직 수면과 섹스만을 위해서 사용한다. 침대에서 TV를 보거나 음악을 듣지 말고, 음식을 먹거나 책을 읽어서도 안 된다.
- 낮잠을 자면 안 된다.

(2) 인지치료

인지치료는 잠자기 전에 머릿속에 떠오르는 걱정을 줄이면 그로 인한 부정적인 감정을 덜 느끼게 되고, 그러면 자연히 각성수준이 내려가면서 불면증이 완화될 것이라는 이론적 배경에 근거하고 있다. 특히 만성불면증 환자들은 일상적인 걱정보다도 불면증 자체와 관련된 걱정이 잠자기 전에 두드러지게 많으며, 이로 인해서 불안감이 높아져 잠을 못 이루는 경우가 허다하다. 이런 수면에 대한 걱정은 오히려 수면을 치명적으로 방해하기 때문에 부적응적인 걱정이라고 할 수 있다.

인지치료에서는 과장되거나 불면과 관련된 왜곡된 걱정이나 생각들을 보다 합리적이고 객관적인 생각으로 바꾸도록 환자를 돕고, 불면증 환자의 생각을 현실적으로 맞춰주는 작업을 꾸준히 반복해야 한다. 이렇게 바뀐 생각들은 불면에 대한 불안감이나 그 밖의 부정적인 감정을 줄여주게 된다.

(3) 수면위생교육

수면은 음식, 약물사용, 운동 등의 건강관리와 관련된 일상적인 활동에 의해서도 영향을 받고 채광, 소음, 온도, 이불 등의 환경적인 요인에도 영향을 받는다. 수면위생교육은 불면증을 극복하는 데 고려해야 될 치료적인 구성요소 중 하나이며, 제한된 치료 효과가 있을 뿐 이를 통해 불면증을 떨쳐버리려고 하는 것은 무리한 욕심이다.

* 수면위생의 지시사항

- 카페인은 흥분제이기 때문에 취침시간 4~6시간 전에는 카페인이 들어간 음식은 섭취하지 않는 것이 좋다.
- 니코틴 역시 흥분제이기 때문에 취침시간에 즈음해서는 담배를 피우지 않는 것이 좋다.
- 술은 처음에 잠들기는 쉽게 만들 수 있지만, 밤에 자는 도중에 잘 깨게 만들기 때문에 자기 전에 상습적으로 술을 마시는 것은 좋지 않다.
- 가벼운 간식을 먹는 것은 잠이 드는 데 도움이 될 수 있다. 그러나 자기 전에 너무 많은 양의 음식을 섭취하는 것은 수면을 방해한다.
- 취침시간 3~4시간 전에는 운동을 심하게 하지 않는 것이 좋다. 하지만 오후 늦게 규칙적인 운동을 하는 것은 숙면을 취하는 데 도움이 된다.

(4) 약물치료

대부분의 전문가들은 만성불면증에 대한 약물치료의 효과에 회의적이다. 또한, 수면제 복용은 치료 동안에 정상적인 수면단계에 변화를 가져와 수면의 질을 저하시키며, 낮 동안에도 수면제의 약효가 지속되어서 주간활동에 지장을 초래하기도 한다. 복용을 중단한 뒤에는 불면증이 더 심해지기도 하며, 약물의 존성이 생겨서 약을 쉽게 끊을 수 없게 될 수도 있다. 하지만 상황적인 스트레스로 인한 일시적인 불면증이나 장거리 여행으로 인한 시차적응에 어려움이 있어 겪게 되는 불면증 등에는 수면제가 도움이 되기도 한다. 최근에는 졸피뎀, 졸피돈과 같은 비벤조다이아제핀계 수면제가 개발되어 불면증 치료에 사용되고 있다.

Chapter 07

주의력 결핍 및 과잉행동장애 증상과 상담

주의력 결핍 및 과잉행동장애
(Attention Deficit and Hyperactivity Disorder : ADHD)란 무엇인가?

(1) ADHD의 주요 문제

'주의력 결핍 및 과잉행동장애(ADHD)'의 아동들은 전형적으로 부주의하고, 지속적으로 몰두하는 능력이 일반 아동에 비해 뒤떨어진다. 또한 행동하기 전에 자신이 하려는 것에 대해 잘 생각하지 못해서 충동적인 행동을 하고 실수를 많이 저지른다. 그리고 지나치게 활동이 많고 차분하지 못하며 들떠 있는 것처럼 보인다. 또한 규칙과 지시를 따르기 어렵고, 행동이나 기분변화가 심해서 이를 예측할 수 없다.

이런 문제들은 항상 일어나는 것은 아니고, 특별히 자신이 싫어하는 공부를 하거나 관심 없는 일을 할 때 더 자주 일어나며, 단순히 성장한다고 해서 없어지는, 일시적으로 나타나는 정상적인 발달과정이라고 보아서는 안 된다.

(2) ADHD의 부수적인 문제

위의 주요문제 외에도 ADHD 아동들은 주의 곤란과 집중 곤란, 그리고 충동성 때문에 여러 가지 부수적인 문제들을 보인다. 저학년 때는 부모가 잘 붙잡고 가르치면 공부를 잘 하기도 하지만, 학년이 올라갈수록 과제가 복잡해지므로 주의력과 집중력이 없으므로 체계적으로 문제를 해결하지 못해 실수를 많이 저지르는 등 학업수행이 떨어지게 된다. 그래서 지능이 보통 이상이면서도 학습장애가 될 수 있다. 주로 ADHD 아동들은 부모나 교사가 부드러운 말로 할 때에도 그 말을 잘 듣지 않기 때문에 야단을 맞게 되고, 욕을 듣거나 매를 맞고, 그로 인해 마음에 상처를 받게 되어 가까이에 있는 어른들과 사이가 점점 멀어지게 된다. 나이가 들면서 체벌에 반항하게 되고 다시 명령과 야단을 맞게 되는 악순환이 반복되며 결국에는 자포자기하고 아무렇게나 되는 대로 행동하게 된다. 이들은 흔히 불같이 화를 내고, 어른에게 따지고 덤비며 규율이나 규칙에 따르지 않고, 다른 사람을 고의로 괴롭히거나 자기 잘못인데도 남을 비난하는 등의 반항적인 행동들을 한다. 더 나아가서는 가끔 거짓말을 하고, 학교에 가지 않고, 물건을 부수거나 훔치고, 종종 남에게 싸움을 거는 등의 품행문제를 보일 수도 있다. 주의력결핍과 과잉행동 그 자체도 문제이지만, 그로 인해 부차적으로 생기는 이런 대인관계의 곤란이나 품행 문제, 자신감의 상실, 학습장애 등은 나이가 들수록 더 큰 문제가 된다. 이를 오랫동안 방치해 두면 영구적인 성격장애가 될 수도 있다. 최악의 경우에는 반사회적 성격으로 발전하여 범죄를 저지르기도 한다.

(3) 주의력 결핍 및 과잉행동장애의 진단 기준 (DSM-5)

1) 아래의 ① 또는 ② 중에 한 가지에 해당되는 경우

① 부주의에 관한 다음 증상 가운데 여섯 가지 이상의 증상이 부적응적이고 발달 수준에 맞지 않는 정도로 6개월 동안 지속될 때
- 세부적인 것에 면밀한 주의를 기울이지 못하거나 학업, 작업, 또는 다른 활동에서 부주의한 실수를 저지른다.
- 일을 하거나 놀이를 할 때 지속적으로 주의를 집중할 수 없다.
- 다른 사람이 말을 할 때 경청하지 않는다.
- 지시를 완수하지 못하고 학업, 잡일, 작업장에서의 임무를 수행하지 못한다(반항하기 위해서이거나 지시를 이해하지 못해서가 아님).
- 과업과 활동을 체계화하지 못한다.
- 지속적인 정신적 노력을 요구하는 과업(학업, 숙제)에 참여하기를 피하고 싫어하며 저항한다.
- 활동이나 숙제에 필요한 물건들(장난감, 학습과제, 연필, 책, 도구 등)을 잃어버린다.
- 외부의 자극에 쉽게 산만해진다.
- 일상적인 활동을 잊어버린다.

② 과잉행동과 충동성에 관한 다음 증상 가운데 여섯 가지 이상의 증상이 부적응적이고 발달 수준에 맞지 않는 정도로 6개월 동안 지속될 때이다.

- 손발을 가만두지 못하거나 의자에 앉아서도 몸을 옴지락거린다.
- 앉아 있도록 요구되는 교실이나 다른 상황에서 자리를 이탈한다.
- 부적절한 상황에서 지나치게 뛰어다니거나 기어오른다(청소년 또는 성 인에서는 좌불안석으로 나타날 수 있다).
- 조용히 여가 활동에 참여하거나 놀지 못한다.
- '끊임없이 활동하거나' 마치 '무언가에 쫓기는 것처럼' 행동한다.
- 지나치게 수다스럽다.
- 질문이 채 끝나기도 전에 성급하게 대답한다.
- 차례를 기다리지 못한다.
- 다른 사람의 활동을 방해하고 간섭한다(예 : 대화나 게임에 참견한다).

2) 장해를 일으키는 과잉행동 - 충동 또는 부주의 증상이 7세 이전에 있었던 경우

3) 증상으로 인한 장해가 두 가지 이상의 장면에서 존재(예 : 학교, 작업장, 가정 등)

4) 사회적, 학업적, 직업적 기능에 임상적으로 심각한 장해 초래

5) 증상이 광범위성 발달장애, 정신분열증, 또는 기타 정신증적 장애로 발생되는 것 이 아니며, 다른 정신장애(예 : 기분장애, 불안장애, 해리성 장애, 인격 장애)에 의해 서로 잘 설명되지 않음

02

주의력 결핍 및 과잉행동장애를 어떻게 치료할 것인가?

(1) 약물치료

ADHD 아동에게 가장 일반적인 치료는 약물이다. 약을 먹으면 아이가 눈에 띄게 차분해졌다는 것을 느낄 수 있다. 약물치료에는 주로 리탈린과 덱시드린 등이 사용되며 이러한 약물들은 중추신경계를 자극하여 ADHD의 많은 파괴적 인 행동들을 감소시키고 주의력결핍과 과잉행동을 완화시키는 데 효과가 있다. 약물치료는 아동의 주의력, 충동조절, 적절한 운동협응 그리고 반응시간 등을 개선시키고, 부주의나 주의산만 등과 같은 문제성의 대인관계 행동을 줄여주기

때문에 또래들과의 관계도 계선되어 전체적인 사회적응 능력이 향상된다.

한편, 약물을 복용할 때에는 식욕감퇴, 심장박동과 혈압의 증가, 불면증, 틱 (얼굴주위나 신체의 다른 부위에서 갑작스러운 근육경련을 보이는 것) 등의 부작용이 있을 수가 있으니 반드시 전문가와 상의해서 사용하여야 한다.

(2) 의사소통방식 교육

1) 의사소통의 기본자세

부드럽게 눈을 맞추고 편안한 자세로 상대방을 향한다. 그래야 원활한 대화 가 이루어질 수 있다. 그리고 상대방을 무조건 존중하고, 잘못한 행동에 대해서 말할 때도 '사람'이 아닌 '행동'에 초점을 맞추어 대화한다. 즉 "넌 왜 애가 그 모양이냐"라고 하기보다는 "지금 네가 한 일은 나쁜 일이야"라고 말하는 것이 좋다. 또한 부모의 뜻을 자녀가 따르도록 하고 싶으면 명령하지 말고 자녀의 의 견을 잘 들어준 다음에 부모의 의견을 말하고, 그 중에서 바람직한 것을 서로 합의하고 타협해서 결정하는 방식이 좋다.

2) 듣기기술

남의 말을 들어주는 것은 쉬워 보이지만, 상당한 노력과 기술을 요한다. 자 녀와 이야기를 할 때 중간에 끼어들지 말고, 경청하면서 상대방의 입장에서 공 감할 수 있어야 한다. 예를 들어 아이가 잘못한 일이 있다고 해서 야단부터 치 지 말고, 아이로부터 어떻게 된 일인지 우선 인내심을 가지고 차분히 들어주어 야 한다.

3) 말하기기술

자녀에게 말할 때 명령이나 해결책보다 정보를 많이 제공해 주고, 자신의 현재 느낌, 생각, 바람을 솔직하고 진지하게 '나 전달법'을 통해 이야기한다. 나 전달법과 너 전달법의 예를 보면 이해가 훨씬 쉬울 것이다. "조용히 안 하면 혼 난다."(너 전달법), "전화할 때 조용히 해주면 (내가) 고맙겠다."(나 전달법), "넌 정말 못 된 아이구나."(너 전달법), "엄마한테 또 거짓말을 하다니 엄마 마음이 아프구나."(나 전달법) 나 전달법은 화가 났을 때 사용해도 효과적이다.

4) 민주적인 갈등해결

갈등해결의 가장 효과적인 방법은 무패법(無敗法)이다. 이는 승자도 패자도 없는 해결방법으로, 가장 민주적인 방식이라 할 수 있다. 무패법은 다음과 같은 절차를 따른다. 먼저 서로의 다른 욕구를 명확히 정의하고 가능한 해결책을 차례차례 생각해 보고, 각 해결책들의 장단점을 평가하고 서로가 수용할 수 있는 해결책을 결정하여 결정된 해결책을 약속대로 실행하고, 일정한 기간이 지난 후에 평가한다.

(3) 행동수정기법

1) 칭찬과 보상

ADHD 아동으로 하여금 한 과제에 몰두하게 하고 싶다면 아동이 그 과제를 수행하고 나서 받을 보상을 미리 준비해 놓아야 한다. 일반적으로 잘못한 일에 대한 처벌을 많이 하게 되는데 처벌보다는 좋은 행동을 보상해 주는 것이 교육적 효과가 훨씬 크다고 한다. 보상을 할 때에는 강력하고 효과적인 보상을 다양하게 자주 하는 것이 좋다. 잘할 때마다 스티커를 공급하여 모으게 하거나 점수를 주어 일정선이 되면 아이에게 원하는 보상을 해주는 방법이 있다.

2) 순종행동 증가시키기

아이가 쉬운 명령에 순종하는 것부터 시작해서 순종행동을 했을 때에는 즉각적으로 칭찬이나 보상을 주고, 그렇게 함으로써 아동이 다른 어려운 지시들에 순종할 가능성을 키워나간다. 또한 명령하기 전에 아이의 주의를 끌고, 의미하는 바를 확실하고 간결하게 전달한다. 아이가 꼭 해야 하는 일은 사무적인 목소리로 말하고, 이해했는지 여부를 확인하며 일의 마감기한을 정해준다.

3) 교육적 처벌

처벌에 대해 부모와 자녀가 서로 합의해서 결정해야 하고 약속된 처벌에 대해서는 일관성 있게 처벌하며 부모의 감정에 따라 처벌하지 말아야 한다. 처벌의 방법으로는 앞에서 말한 스티커나 점수에 벌점을 부과할 수 있고, 그래도 개선이 되지 않을 경우 타임아웃(time-out; 생각하는 의자) 방법을 사용한다. 타임아웃은 버릇없는 행동이나 나쁜 행동에 대한 처벌로, 아이를 조용하고 격리된 장소에서 일정한 시간동안 앉아 있도록 하는 것이다. 이때 아이는 5분 이상 앉아 있게 하고 의자는 부모의 눈에 잘 보이는 구석진 곳에 놓도록 한다. 또한 처벌이 끝난 후에는 아이가 나타내는 적절한 행동을 주시하고 그에 따라 칭찬을 해주어야 한다.

(4) 자기통제능력 키우기

1) 체계적이고 단계적으로 생각하기

ADHD 아동의 특징 중 하나는 깊이 생각하지 않고 충동적으로 행동하는 것이다. 이 문제를 해결하기 위해 '문제가 뭐지? → 어떻게 해야 하나?(계획세우기) → 계획대로 세심하게 실천하기 → 계획대로 되었는지 확인하기' 등의 4단계를 거쳐 생각하는 방법을 훈련시켜야 한다. 4단계로 생각함으로써 자신의 행동을 미리 계획할 수 있어 실수를 줄이고 충동적인 행동을 방지할 수 있다는 것을 아동이 깨닫도록 도와주어야 한다.

2) 일단 멈추고 생각한 후 행동하기

아무 생각 없이 행동하고 나서 결과가 나쁜 경우를 예방하기 위해 이 방법을 쓸 수 있다. 그 과정으로는

- 먼저 어떤 행동을 하기 전에 "중지" 혹은 "스톱"이라고 외친다.
(처음에는 소리 내서 하다가 익숙해지면 마음속으로 말한다.)
→ 문제 상황을 정의한다. 즉 지금 문제가 무엇인지 생각한다.
→ 문제를 해결하기 위한 방법을 다양하게 생각한다.
→ 각각의 해결 방법에 대해 결과를 예상해 본다.
→ 그중에 가장 결과가 좋은 최선의 방법을 선택한다.

이 방법을 사용하면 충동적인 행동이나 실수를 많이 예방할 수 있지만 아동이 화가 난 상황에서 이렇게 체계적으로 생각하기는 쉽지 않다. 따라서 평소에 자주 연습시켜야 한다.

3) 조직화 훈련

ADHD 아동의 주된 문제 중 하나는 무엇을 해야 할지는 알지만 그것을 실천하기가 어렵다는 것이다. 이를 위해 생활계획표를 사용하는 습관을 들이면 좋다. 계획표를 짜고 그것을 지킴으로써 자기의 생활을 스스로 통제하고 조직화하며 시간을 효율적으로 사용할 수 있다.

이 때 계획표는 너무 길거나 지키기 어렵게 짜지 말고, 아이가 잘 지키도록 격려해주고, 함께 체크하며 보상해주어야 한다.

Chapter 08

학습장애 증상과 상담

01
학습장애란 무엇인가?

(1) 학습장애란?

학습장애는 읽기, 산수, 쓰기를 평가하기 위해 일 대 일로 검사하여 나이, 학교 교육, 그리고 지능에 비해 기대되는 수준보다 성취도가 현저하게 낮게 나올 때 진단된다. 학습장애의 문제는 읽고, 계산하고, 쓰기를 요구하는 학업의 성취나 일상생활의 활동을 현저하게 방해한다. 점수의 차이가 유의미함을 밝히기 위해 다양한 통계적 접근이 이용될 수 있다. 현저하게 낮다는 것은 표준화검사 성적과 지능지수 사이에 2표준편차 이상 차이가 날 때로 정의된다.

때로는 성적과 지능지수 사이에 작은 점수 차이가 판단의 근거가 되기도 하는데, 특히 개인의 지능검사 결과가 인지 과정과 연관되는 장애로 인하여 영향을 받았거나 개인의 정신장애, 의학적 요인 및 개인의 인종적 문화적 배경에 의해 영향을 받았을 경우에 그러한 기준이 적용된다. 만약 감각결함이 있다면 학습장애는 통상적으로 감각결함에 동반되는 정도를 초과해서 심한 정도로 나타나야 한다. 학습장애는 성인기에도 지속될 수 있다.

(2) 학습장애의 유형

1) 읽기장애

읽기장애는 글자를 정확히 발음하는 데 어려움이 있는 단어재인장애와, 글을 읽어도 그 의미를 정확하게 파악하지 못하는 독해장애로 나눌 수 있다. 단어재인장애의 증상으로는 글자 중 특별한 자음 또는 모음을 읽지 못하고 다르게 읽거나 단어의 한 부분을 아예 생략하는 것 등이다. 독해장애의 증상으로는 책이나 글을 보통 아이들처럼 읽기는 하나 누군가가 그 내용에 대해 물어왔을 때 이해를 하지 못해 대답을 하지 못하거나 이해하는 속도가 느린 것 등이다.

2) 쓰기장애

쓰기장애의 특징은 글씨를 쓸 때 철자법이 많이 틀리고, 글을 쓰는 속도가 매우 느리고, 글씨를 알아볼 수 없을 정도로 쓴다. 또한 글을 쓸 때 나이에 비해 단순한 문장만을 사용하고, 사용하는 어휘가 제한되어 있으며 받아쓰기를 못한다.

3) 산수장애

산수장애는 다양한 영역에서의 장애 때문에 발생할 수 있는데, 여기에는 언어기능, 지각기능, 주의집중기능 그리고 산수기능에서의 장애들이 포함된다. 언어기능 문제를 가진 아이들은 수식은 풀지만 글로 써진 문제들은 풀지 못하고, 문제 자체를 이해하지 못한다. 지각기능에 문제가 있는 아동들은 숫자나 산술부호를 잘못 보거나 빠트리고, 특히 도형이나 집합문제를 해결하는 데 어려움이 나타난다. 주의집중기능 문제의 경우는 아이들이 부주의해서 숫자나 도형, 공식기호 등을 잘못 보는 일들이 많이 나타난다. 산수장애의 특징은 수학과목의 성취도가 현저히 떨어지고, 블록 맞추기나 조립 같은 공간운동과제의 수행능력이 많이 부족하며 기억력이 떨어진다.

지금까지 학습장애 유형에 대해서 크게 세 가지로 알아보았는데 일반적으로 학습장애를 가진 아동들의 경우 어느 특정한 한 부분에서의 장애를 가지고 있는 것이 아니라 주로 복합적으로 장애증상들이 나타나게 된다. 예를 들어 대부분이 단어재인장애나 독해장애를 가지고 있고, 이에 산수장애나 쓰기장애가 동반된다.

학습장애를 가진 아동들은 주의 집중이 어렵고, 학업 능력이 떨어지며 그에 따른 학습동기가 낮게 된다. 또한 낮은 학습 성취도에 따라 다른 아동들에 비해 자신이 부족하다는 것을 느낄 수 있고, 언어장애를 가지고 있는 아동들은 말을 제대로 하지 못함에 따라 주위의 아동들과 잘 어울리기 힘들 수도 있다. 학습장애를 가져 공부에 흥미를 잃은 아동들은 나아가서 비행청소년의 길을 갈 수도 있고, 사회생활에 제대로 적응하기 힘들게 되는 경우도 생기게 된다.

학습장애를 어떻게 치료할 것인가?

(1) 조기발견과 훈련의 중요성

1) 초기개입의 이점

- 아동의 지능을 향상시키는 계기가 될 수 있다.
- 모든 발달 영역(신체, 인지, 언어와 말하기, 심리적 그리고 자조 기술 발달)에서 실질적인 이익을 촉진시킨다.
- 2차 장애를 예방하거나 막는다.
- 가족의 스트레스와 아동의 의존성을 줄인다.
- 학교에 들어가서 받게 될 특수교육의 필요성을 줄인다.
- 학습장애 아동을 교육시키고 치료하는 데 드는 비용을 줄인다.
- 학습장애의 특성상 시간이 지날수록 일반 아동들과의 격차를 줄일 수 있고, 장애아동의 다른 장점을 일찍 개발해 줄 수 있다는 점에서 장애아동에게 유익하다.

2) 학습장애 초기 개입 과정의 구성

- 심리적으로 긍정적 자기개념과 독립심을 향상시키는 자조기술을 가르친다. (혼자서 옷 입고, 혼자서 심부름을 다녀오는 것 등)
- 특히 쓰기장애의 아동들에게 필요한 대근육 운동 활동을 많이 하게 하고, 소근육 운동 능력을 키워준다.
- 읽기 과정의 가장 중요한 기술인 단어 소리의 자각과 소리를 듣고 구분하는 훈련을 촉진시켜준다. (끝말잇기, 단어 기억 게임 등)
- 시각변별, 시각기억 그리고 시각–운동 협응을 발달시켜준다. (숨은그림찾기 등)
- 의사소통기술을 습득한다. (타인의 지시에 반응하기, 설명하기 등)
- 분류하기, 비교하기와 같은 인지적 활동을 학습한다.
- 또래 친구들과 잘 어울리도록 사교기술을 가르친다. (역할극, 사회극 등)

(2) 심리적 접근

학습장애 아동들은 전반적으로 잦은 실패와 꾸중 경험 때문에 자신감이 없고 자신을 스스로 지키는 자존감도 비교적 낮다. 그러므로 이러한 아동들의 마음을 다룰 때에는 자신감과 자존감을 높여주는 방법이 가장 좋다. 이러한 방법으로는 아동이 쉽게 성취할 수 있는 과제들로부터 시작함으로써 아동의 자신감을 키워주는 것이 제일 첫 단계라고 할 수 있다.

그리고 실패는 자신의 잘못이 아니라 자신의 능력을 제대로 활용하지 못했기 때문이라는 점을 깨닫게 해주는 것도 중요하다. 아동이 학습에 대한 자신감을 갖게 되면 치료의 진전 속도가 빨라지는 것은 당연한 일이다. 그러므로 아동에게 학습의 기술을 가르치고 훈련시키는 것도 중요하지만, 아동의 학습동기를 격려하는 것도 다른 기술 못지않게 중요하다.

(3) 학습장애 아동의 생활지침

1) 정리하기

물건을 놓는 장소를 정하기, 시간표를 짜기, 포켓홀더를 사용하기

2) 계획하기

과제준비목록 작성하기, 숙제 적어오기, 숙제 확인하기

3) 주의력 향상시키기

과제를 작게 쪼개기, 조금씩 자주 하기, '조금만 더'를 요구하지 않기, 과제를 재미있게 만들기, 재미있는 과제와 재미없는 과제를 번갈아 하기

4) 듣기능력 향상시키기

지시는 짧고 분명하게 하기, 지시 반복하기, 아동의 주의 끌기, 시각자료 활용하기

5) 교과 과정 조절하기

흥미로운 자료 활용하기, 시각 보조자료 활용하기, 필답 대신에 듣고 말로 하는 시험으로 수정하기

6) 시간 관리

시간활용표 이용하기, 일과표 정하기, 해야 할 과제목록 만들기, 행동계약을 활용하기

(4) 부모의 역할

부모가 아동들에게 교과목을 가르치는 것은 바람직하진 않다. 이는 아동이 부모로부터 배워야 할 건전한 자기상 형성하기 등에 방해가 될 수 있고, 아동에게 부모는 또 하나의 교사로 인식되게 된다. 또한 부모는 자녀의 장점을 찾아서 잘 할 수 있는 부분에 대한 지원과 함께 아동이 그 부분을 꾸준히 발전시켜 갈 수 있도록 도와야 하며 아동이 할 수 없는 것에 대해서는 억지로 강요하지 말고 받아들이는 것도 중요하다. 학습장애의 아동들은 대부분 정상적인 지능을 가지고 있고, 다른 아동들에 비해 좋아하고 잘하는 부분이 있다. 아동이 그저 다른 아동들에 비해 학업 성취가 떨어진다고 하여 낙담하지 말고, 아동이 잘하고 좋아하는 분야를 찾아서 키워주는 것이 중요하다.

한편 부모는 교사, 아동과 함께 상담치료를 할 필요가 있다. 아동이 학습장애가 있고, 너무 어리다고 해서 계획수립 등의 과정에서 제외시켜 버리면 그 상담치료는 성공을 거두기가 어려울 것이다. 아동에게도 의견을 묻고 이렇게 하는 것이 좋을지 저렇게 하는 것이 좋을지를 함께 의논하는 것이 필요하다. 학습장애의 경우 교사가 부모보다 먼저 발견할 수가 있다. 이때 부모는 교사의 의견을 부정적으로만 받아들이는 것이 아니라 빠른 시간에 문제를 발견한 것에 대해 감사하는 마음을 갖고, 서로 의견을 모으고 자주 만나면서 아동을 위한 심리치료에 관해 협력하는 것이 바람직하다.

Chapter 09
섭식장애 증상과 상담

01
섭식장애란?

일반적으로 섭식장애란 음식을 섭취하는 데 있어서 평균이상의 심각한 장애를 나타내는 것이다. 크게 음식을 먹지 않는 거식증과 과다 섭취하는 폭식증으로 나눌 수 있다.

(1) 거식증

1) 진단기준 (DSM-5)
① 연령과 키에 비하여 정상 수준 이상으로 최소한의 기본 체중을 유지하기를 거부한다.
② 체중 미달임에도 불구하고 체중 증가와 살이 찌는 것에 대해 심한 공포가 있다.
③ 체중과 체형이 체험되는 방식이 왜곡되고, 체중과 체형이 자기평가에 지나친 영향을 미치며, 현재의 낮은 체중의 심각함을 부정한다.
④ 이미 월경이 시작된 여성이 적어도 3회 동안 연속적으로 월경주기가 없는 무월경증을 보인다(월경주기가 에스트로겐과 같은 호르몬 투여 후에만 나타날 경우도 무월경으로 간주한다).

* 하위유형
① **절제형**: 거식증 발생기간 중 규칙적인 폭식이 있고 하제를 사용하지 않는다(하제란 일반적으로 설사제를 가리키지만, 여기서는 보다 넓은 의미로 자발적인 구토, 설사제, 이뇨제를 모두 가리킨다).

② **폭식 및 하제 유형**: 거식증 발생기간 중 규칙적으로 폭식을 하고 하제를 사용한다.

2) 증상

거식증은 실제로는 매우 마른 상태임에도 불구하고 자신이 살이 쪘다고 지나치게 걱정하는 것을 주된 특징으로 하는 심리장애이다. 거식증 환자들은 체중을 더 줄이거나 살이 찌지 않도록 하는 계획에 집착하고, 그것에 대해 극단적으로 생각하게 된다. 이는 우리 사회에 만연해 있는 체중조절에 대한 극단적인 걱정형태이기도 하다. 거식증 환자들은 이런 걱정과 함께 우울한 기분, 초조함, 사회적 위축, 성욕상실, 음식절제에의 집착, 강박적인 사고반추, 그리고 주의력 및 집중력의 감소 등 심각한 심리적 증상들을 보인다.

① **음식 절제행동**

거식증 환자들은 음식섭취에 있어서 매스컴이나 대중의 영향을 많이 받는다. 이들은 기름진 음식과 육류 등의 고칼로리 음식을 피하고, 칼로리가 낮은 다이어트 식품들을 주로 먹는다. 또한 음식을 잘게 썰어서 아주 천천히 먹거나, 양념을 많이 넣어 먹거나 저칼로리의 음료를 많이 마신다. 이러한 행동들은 가족들과의 동반 식사를 피하게 되는 원인이 되기도 한다.

② **과잉운동**

거식증환자들은 칼로리를 소모하고 체중을 줄이기 위해 무리를 해서 과도한 운동을 한다. 주로 혼자서 에어로빅, 수영, 조깅 등의 운동을 하고 이런 운동을 못하게 되면 죄책감까지 느끼게 된다. 또한 몸이 야위어지면 거의 모든 환자들은 지속적으로 들뜨게 되고, 이는 환자가 신체적으로 매우 쇠약해지고 나른해질 때까지 지속된다.

③ **하제사용**

일부 거식증 환자들은 음식물을 적게 섭취하는 것으로도 부족하여 스스로 구토를 하거나 설사제 등의 하제를 사용하기도 한다. 이는 일시적으로 체중을 감소하게 해줄 수는 있지만 필수적 영양공급이 되지 않기 때문에 몸이 매우 약해지는 이유가 된다.

(2) 폭식증

1) 진단기준 (DSM-Ⅳ)

아래와 같은 폭식 에피소드의 특징을 반복하는 경우 폭식증으로 진단한다.

① ㄱ. 동일한 특정시간(예: 2시간 이내) 동안   대부분의 사람들이 유사한
   상황에서 동일한 시간 동안 먹는 것보다 확연히 많이 먹는다.
   ㄴ. 에피소드 동안 과식을 조절하는 감각이 부족하다.
   (예: 먹는 것을 멈출 수 없으며, 무엇을 또는 얼마나 많이 먹어야 할 것
   인지를 조절할 수 없다는 느낌이 있다.)
② 체중이 늘어나지 않도록 하기 위해 스스로 토하기, 약물(설사제, 이뇨제,
   관장제 등)의 남용, 굶기나 과도한 운동과 같은 부적절한 보상행동을 반
   복해서 한다.
③ 폭식과 부적절한 보상행동이 최소한 주 2회씩 3개월 동안 일어난다.
④ 체형과 체중에 따라 자기평가가 과도하게 영향을 받는다.
⑤ 이 장애가 거식증 에피소드 동안에만 발생되는 것은 아니다.

2) 증상

폭식증 환자들은 자기에게 섭식장애가 있다는 것을 알고 있고, 주로 스트레
스를 피하기 위한 수단으로 음식을 섭취한다. 폭식을 하는 기간에 다이어트를
하며 폭식을 자제해보려고도 노력하지만, 그러한 다짐이 무너지기 쉬우며 억제
할 수 없는 식욕을 다시 느끼게 된다. 이처럼 폭식증 환자들에게는 음식 섭취하
는 것을 참다가 그 자제하는 마음이 무너지면 반동적으로 많이 먹게 되는 현상
이 자주 일어나게 된다. 간혹 거식증 환자들 중에서 하제를 사용하고, 그러다
어느 순간 폭식을 하게 되는 경우도 있다. 이러한 폭식은 처음에는 가족들이 보
지 않는 밤에 몰래 먹는 등 비밀리에 진행되지만 나중에는 다른 사람들로 하여
금 자신의 폭식을 알게 하는데 이는 스스로를 컨트롤할 수 없다는 것을 알기
때문이다.

폭식증 환자들은 심리적으로 우울하고 불안과 긴장감, 무기력감을 많이 느
끼며, 자기비하적 생각을 많이 하는 것으로 알려져 있다. 또한 종종 자살에 대
해 생각하고, 자해하는 등 극단적인 행동을 하기도 하므로 주위로부터의 특별

한 관심을 필요로 한다.

02

섭식장애에 대한 심리치료

(1) 거식증

1] 정신역동적 심리치료

치료자는 환자들을 대할 때 중립적이고 수동적인 자세를 취하기보다는, 그들의 어려움을 공감하면서 버틸 수 있도록 도와주는 역할을 해야 한다. 거식증 환자들은 치료 중에도 치료자가 자신을 이해하지 못할 것이라고 생각하며 자신은 혼자라고 느끼게 되기 때문이다. 치료자는 질문과 탐색을 통해 환자가 거식증에 대해 새롭게 생각할 수 있는 기회를 제공해야 하고, 거식증을 벗어나야 하는 필요를 인식시켜주며 환자와 협력적으로 문제를 해결해 나가야 한다. 치료자는 환자의 기본적인 성격구조를 살펴보고 이를 토대로 치료방향을 결정해야 할 것이다.

또한 치료자는 환자의 저항에 대해 권위를 유지하면서도 최대한 솔직하고 우호적인 방식으로 언급해주는 것이 필요하다. 환자들은 대체적으로 일정한 양을 정해 놓고 그 이상은 먹지 않는 습관이 있기 때문에, 상담초기에 치료자가 환자에게 먹는 습관 등에 대해 물어 볼 필요가 있다. 이러한 질문 등을 통해 치료자는 환자 자신도 공감할 수 있는 라포를 형성하며 저항을 줄일 수 있게 된다.

2] 인지행동치료

인지행동적 접근에서는 거식증 증상이 체중과 섭식에 대한 특징적인 신념 세트에 의해 유지된다고 본다. 거식증 내담자의 핵심 전제는 '인간적 가치는 체중과 몸매에 의해 결정된다'는 것이다. 이런 신념은 자기에 대한 감각과, 체중과 인간적 가치 간의 복잡한 사회문화적 상호작용 맥락에서 생긴다. 이런 생각이 자리 잡으면 섭식장애 행동을 반복해서 하게 되고, 그러한 비합리적인 생각을 환자가 옳다고 믿게 되며 의식적으로 불편함을 갖지 않게 된다.

다음은 증상의 자아동조적(ego-syntonic) 성질, 신체적 요소와 심리적 요소 간의 상호작용, 음식과 체중에 관한 특이한 신념, 자기개념의 결함이라는 네 가지 특징에 초점을 맞추어 인지적 기법들을 살펴본다.

① 거식증 환자를 치료에 참여시키기

'협력적 경험주의접근'을 통해 치료에 환자를 능동적인 참여자로 개입시키는 것이 중요하다. 이는 환자가 치료자와 함께 자신의 신념과 행동들이 실제로 자신의 경험에 어떠한 영향을 미치는지를 스스로 발견하는 실험적 과정에 참여하도록 격려하는 것을 의미한다. 상담치료의 초기에는 환자에게 섭식장애가 무엇인가를 확인하게 하고 그것의 장·단점을 적어보도록 하는 것이 유익하다.

② 섭식과 체중 관리하기

굶거나 혼란스러운 섭식행동을 하는 환자는 치료과정에 능동적으로 참여하기 어려우므로 초기에 영양학적 상태와 체중상태를 정상으로 회복시키는 노력이 필요하다. 이를 위해 영양조건을 고려한 '계획된 식단'으로 환자가 규칙적 식사를 하도록 돕는다.

③ 체중과 음식에 대한 신념을 수정하기

인지행동치료의 핵심은 환자로 하여금 자신의 사고와 정보처리 양식의 타당성을 검증하도록 가르치는 것이므로, 신념평가의 기법을 가르치고 숙제를 통해서 연습하도록 한다.

첫 단계는 내담자의 특정 신념을 조작적으로 정의하는 것이다. 체중과 음식 관련 불안에 관한 연상망을 스스로 그려보도록 하고 자신의 가정을 어기면 무슨 일이 일어날지에 대한 기대를 명료화하도록 한다. 그 다음에는 연역법과 귀납법등에 의한 자기검색을 통해서 비현실적 인지과정 등을 탐색한다. 이때 선택적 주의, 이분법적 추리, 확증 편파와 같은 정보처리의 논리적 오류를 확인하고 논의한다. 또한 인지도식에 의한 정보처리과정에서 경험자료를 정확히 해석하는 능력을 손상시키는 때가 언제인지에 대해 경각심을 지니도록 가르친다. 스스로에 대한 기준과 타인에 대한 기준 간 차이를 인식하고, 자기 자신의 행동과 외모가 환경에 특정한 영향을 미칠 때를 결정하는 구체적인 준거를 세우도록 돕는다.

④ 자기에 대한 관점을 수정하기

치료가 진행되어감에 따라 치료의 초점을 부분적인 증상에서, 이 장애가 발달하도록 한 환자의 성향에 가까운 더 일반적인 측면으로 서서히 옮겨간다. 자기개념, 자기자각, 성취감과 도덕성에 대한 의식과정에서 특히 섭식장애로 인한 모순을 구별해 낸다. 치료 후기에는 자신의 인생목표를 성취하기 위한 새로운 방략과, 즐거움과 자부심을 경험하게 해 줄 긍정적 강화의 새로운 원천, 개인적 가치의 새로운 기준을 설정하여 시도해보도록 격려한다.

(2) 폭식증

1) 정신역동치료

치료자는 폭식과 하제 사용 행동에 영향을 줄 수 있는 환경적 요인들과 심리적 요인들에 대해 상세히 탐색해야 한다. 폭식이 일어나기 바로 이전 생각이나 감정, 상호작용들을 살펴보는 것이 치료의 첫 단계이다. 치료의 초기 목표는 내담자들로 하여금 자신의 불안을 회피하지 않고 직면하도록 하는 것이다. 내담자들은 주로 스트레스를 통해 폭식을 하게 되고, 폭식하지 않을 때 불안과 공포를 느끼게 된다. 따라서 치료자는 내담자들에게 이런 모든 소망들과 두려움들을 경험할 수 있는 '과도기적 공간'을 제공해서 내담자가 치료관계에 대해서 어떤 부담을 느끼지 않게 해주고 마음을 열 수 있도록 도와야 한다.

또한 치료자는 환자들이 음식에 대한 관심을 최소화하면서 진정한 치료적 인간관계를 맺도록 도와줌으로써 자신들이 여러 가지 심리적 측면들을 자유롭게 경험할 수 있도록 조력해주어야 한다.

2) 인지행동치료

인지행동접근으로 치료된 일련의 사례를 발표한 페어번(Fairburn)에 의하면 폭식증 환자에 대한 치료 절차는 다음과 같다.

첫째, 환자가 자신의 섭식에 대한 통제력을 다시 얻고, 규칙적인 식사 패턴을 세우도록 도우며 주로 행동적 기법과 교육적 기법을 사용해야 한다.

둘째, 좀 더 넓은 관점에서, 다이어트와 폭식을 일으키는 요인에 대해서 도전하는 절차를 도입한다. 또 문제가 되는 사고방식을 인지재구성 절차를 써서 수정한다.

셋째, 나아진 것을 공고히 하고, 변화가 미래에도 유지되리라는 확신을 심어준다. 이 단계에서 재발 예방 절차가 사용된다.

Chapter 10

노인상담

01
노인문제와 치료

우리나라는 65세 이상 노인 인구가 436만 5천명(2005년 통계청 인구센서스)으로 전체 인구에서 차지하는 비율이 9.3%에 달하는 고령화 사회이다. 2018년에는 전국이 고령사회에 2026년에는 초고령사회에 진입할 것이다.

이와 같은 우리 사회의 급속한 고령화와 더불어 노인문제와 노년층의 삶의 다양한 욕구들이 여러 영역에서 나타나고 있다. OECD국가 중 최상위의 노인 자살률, 병든 부모를 낯선 곳에 유기했다는 현대판 고려장 보도와 노인 아버지를 구타하며 토지매각에 의한 유산 물려받기를 강요했다는 패륜 보도 등은 우리 사회 노인문제들의 극히 일부만을 나타낸 것이라고 할 것이다.

한국노인의 전화 통계에 의하면 급속히 변화하는 한국사회에서 지난 10년간 노인들의 고민으로 가장 상담이 많았던 주제는, 1994년부터 1997년까지는 단연 취업문제였고, 1998년부터 2000년까지는 시설문의였으며, 2001년부터는 가족관계였다.

(1) 노인문제

노인의 문제는 '3苦'로 요약 된다. 즉 병고(病苦), 빈고(貧苦), 독고(獨苦)이다.

다음에 상담치료로 접근 가능한 우울증, 불안장애, 수면장애를 먼저 살펴보기로 한다.

1) 우울증

우울증은 노인들의 정신질환 중에서 가장 흔한 것이다. 지역사회 노인들에서 우울증의 유병률은 10~15%이고 남자들보다는 여자들에서 훨씬 많이 나타 난다. 그리고 특히 신체질환이 있는 노인들은 위험집단으로 알려져 있다.

노인에서는 슬픔, 죄책감, 죽음이나 자살에 대한 집착, 허무감, 무력감 등 우울에 따른 정서적 증상뿐만 아니라 질병망상, 허무망상, 빈곤망상 등의 정신병적 증상도 간혹 나타난다.

2) 불안장애

노인의 불안장애로 공포장애, 강박장애, 공황장애, 범불안장애, 급성 스트레스장애, 외상후 스트레스장애가 모두 일어난다고 한다. 가장 흔한 것은 공포장애로 노인의 4~8%에서 나타나고, 그 증상은 젊은 사람보다 덜 심하다. 강박장애는 노년기에 시작될 수 있으며 자아 이질적 의식과 강박사고가 특징이다. 외상후 스트레스장애는 노인들의 신체적인 쇠약 때문에 그 증상이 젊은 사람보다 훨씬 심각하다. 노인이 되면 강박증, 완전주의, 엄격함, 인색함 등이 더 강화되고 이러한 것들이 병으로 발전되면 정리정돈, 의식화, 동일성에 대한 요구가 심해진다. 또한 사물을 계속 확인하고, 융통성이 없고, 고집이 강해진다. 치료는 개인에게 적절한 생물정신사회적 모델에 따라 치료해야 된다.

3) 수면장애

노년기에는 불면증, 낮 졸음, 낮잠, 수면제 복용의 문제가 흔하다. 노인의 수면에서는 REM수면이 재배치된 것을 볼 수 있는데, 즉 REM횟수가 증가되나 짧아지고, 전체 REM은 감소하는 것이다. 3, 4단계 수면이 감소하고 1, 2단계 수면이 증가하되 중간에 자주 깬다. 별 할 일이 없는 노인은 일찍 잠들고, 아침까지 깊이 자지 못하고 밤중에 자주 깨며, 수면무호흡증, REM관련 수면행동장애 등이 나타난다. 노년기 수면장애는 정신장애, 신체적 질환(통증, 잦은 소변, 호흡곤란 등), 사회환경적인 요인 때문에 올 수 있다.

(2) 치료

노인환자들에 대한 심리치료는 큰 효과를 기대할 수 없을 것이라는 '편견'이 지배적이므로 환자 본인이나 가족은 물론 의사를 포함한 전문가들도 이러한 편견을 극복하는 것이 최우선이다.

노인에게서 흔히 보이는 심리치료의 주제는 ① 사랑하는 사람의 죽음, 직업

상실, 경제적 손실 등으로 인한 상실에 대한 적응, ② 새로운 역할을 찾아야 할 필요, ③ 죽음에 대한 대비 등이다. 또한 새로운 대인관계의 형성, 자존심 문제, 성문제, 분노, 고립 무원감, 삶의 가치결핍 등의 문제도 있다.

노인들을 대상으로 하는 개인 심리치료의 특징은 치료자의 역할이 적극적, 지지적이고 융통성이 커야 한다는 점이다. 통찰지향적 분석치료에 의한 인격의 재형성 또는 지지적이고 직접적인 의존처 상실 및 우울에 대한 대처, 신체적 건강이나 죽음 등 구체적 사안에 초점을 맞추는 접근방법이 요구된다.

02 노인치매와 대처방법

(1) 치매의 증상

치매(dementia)란 인지기능과 고등정신기능이 감퇴되는 대표적인 기질성 정신장애로서, 단기 및 장기기억장애가 특징적으로 나타나며, 추상적 사고장애, 판단장애, 고위 대뇌피지장애, 성격변화 등이 점차적으로 수반됨으로써 직업, 일상적 사회활동 또는 대인관계에 지장을 받게 되는 복합적인 임상증후군이라고 정의할 수 있다.

1) 기억장애

치매의 가장 특징적인 증상인 기억장애는 치매 초기단계에 특징적으로 나타나는데, 장기기억보다는 최근에 일어난 사건에 대한 단기기억의 상실이 현저하다. 이러한 기억장애로 인하여 치매노인들은 의사소통에서 같은 말을 반복하고, 익숙하지 않은 곳에서는 방향을 잊어버리며, 약속시간, 전화번호나 사람의 이름 등을 잊어버리고, 수도꼭지를 잠그지 않거나 가스불을 끄지 않은 채 그대로 내버려 두기도 한다.

2) 언어장애

뇌의 피질기능 장애로 인하여 모호하고 부정확한 언어를 사용하거나, 똑같은 말을 반복하기도 하고, 길게 이야기하기도 한다. 그리고 알쯔하이머형 치매나 다른 피질성 치매의 경우에는 초기에 건망성 실어증(anomia)과 착어증(paraphasias)으로 시작하지만, 치매가 진행될수록 대화중에 의미 없는 문장을 만들거나 자신이 읽은 것을 이해하지 못하기도 한다.

3) 사고장애

추상적 사고능력의 장애로 인하여 치매노인들은 새로운 과업에 대처하는 데 애로를 느끼며, 새롭고 복잡한 정보를 처리해야 하는 상황이나 과업을 회피하는 경향이 있다.

4) 일상생활 동작능력 장애

치매노인은 목욕, 식사, 화장실 이용 등을 제대로 하지 못하는 행동장애로 인하여 신체적 일상생활 동작능력의 제한을 받게 되어 자기보호능력이 저하된다. 치매가 진행됨에 따라 일상생활 동작능력은 지속적으로 저하되고, 말기에는 동작자체를 할 수 없게 되어 타인의 지속적인 원조를 받아야만 일상생활이 가능해진다.

5) 합병증

치매노인들의 경우 신체적 질병에 대한 저항력의 약화로 인해 절반 이상이 신체질환을 갖고 있으며, 고혈압, 뇌졸중, 신경통, 피부질환, 호흡기질환, 마비, 심장질환 등의 합병증을 일으키는 경우가 많은 것으로 알려져 있다.

(2) 간이치매사정도구의 사용법

다음 표에서 간이치매사정도구를 알아보자.

월 일	간이치매사정도구		상담자	
대상자 명		주민등록번호		
1-3. 오늘이 몇 년 몇 월 며칠입니까?			(0, 2, 3)	
4. 오늘이 무슨 요일입니까?			(0, 1)	
5. 지금 계시는 곳이 어디입니까?			(0, 1)	
6. 집이 어느 동네에 있습니까?			(0, 1)	
7. 나이가 몇 살입니까?			(0, 1)	
8. 생일이 언제입니까?			(0, 1)	
9. 현재 우리나라 대통령이 누구입니까?			(0, 1)	
10. 20에서 3을 계속 빼시오.			(0, 1)	
* 평가기준 8-10 : 정상 5-7 : 경증 3-4 : 중증도 0-2 : 중증				

> * 학력에 따라 평가점수를 가감하여 판정한다.
>   무학인 경우에 평가기준에 1점씩 감해 판정하고
>   고등학교 졸업 이상인 경우 평가기준에 1점씩 높여 판정한다.

(3) 치매성 문제행동의 관리 및 치매노인 돌보기/유의사항은 노인상담(이장호·김영경 공저, 시그마프레스, 2006, pp. 65~77)을 참조 바람.

(4) 상담자와 간병인이 주의해야 할 "치매노인과의 몇 가지 대화 지침"

① 대화를 하기 전에 노인의 주의를 끌도록 하고, 노인의 시력, 청력이 저하되지 않았는지 살펴보아야 한다.

② 치매노인의 말을 경청하고, 존경과 관심을 전달한다.

③ 상담자(또는 간호자, 부양자) 자신을 소개하고 치매노인의 이름이나 존칭을 부름으로써 대화를 시작하고, "저 아시겠어요?" 등 노인의 기억력 테스트를 하는 듯한 대화는 피한다.

④ 한 번에 한 가지씩 질문하거나 지시하며, 노인에게 질문을 한 경우에는 대답을 기다리고, 반응이 없을 경우에 다시 반복하여 질문한다.

⑤ 짧고 분명하며 익숙한 단어를 사용하여 간단한 문장으로 대화하고, 낮은 목소리로 천천히 부드럽게 이야기한다.

⑥ 노인이 실수를 저질렀을 때에 화를 내거나 따지기보다는 가벼운 웃음과 함께 넘길 수 있어야 한다. 단 노인을 놀리는 듯한 느낌이 들도록 웃어서는 안 된다.

03
노인상담

(1) 노인상담의 목적

노인상담의 목적은 노년기의 발달과업인 '자아통합'을 이루기 위한 조력이다. 이것은 문제 결과 치료목적의 전통적인 의료모델로부터 발달과업의 성취를 강조하는 현재중심의 상담이론 추세를 반영하는 것이기도 하다.

* 노인상담의 목적을 요약하면 다음과 같다.

① 필요한 의료적, 사회적, 정서적 지원을 효과적으로 이용하도록 원조한다.

② 신체적 자원을 강화하고 건강약화에 적응하도록 돕고, 적절한 자기보호를 위한 적응과 권리주장을 조력한다.

③ 보호 및 주거에 대한 생활욕구가 충족되도록 돕는다.

④ 지역사회에서 새로운 역할수행을 하도록 자문하고 원조한다.

⑤ 친족(손자녀, 친척 등) 관계와 지역사회 속의 인간관계를 수정하도록 원조한다.

⑥ 배우자 등 주요 주변인물의 상실과, 은퇴를 포함한 재정적 변화에 대처하도록 원조한다.

⑦ 필요 정보제공과 기술교육을 통해 노인 내담자로 하여금 삶의 통제력을 유지하도록 원조한다.

(2) 외래 노인 내담자의 제시문제와 의뢰경로

젊은 내담자의 경우처럼 노인상담에서도 우울, 불안, 인간관계 갈등 등이 대표적 문제이지만 그 원인과 배경, 그리고 의뢰 경로에서 확연히 차이가 있다. 즉 노인층의 우울은 신체적 쇠약화에 따른 생리적 배경이 관련되어 있고, 심리적 불안문제의 큰 원인은 역할 상실에 따른 정체위기감과 경제적 빈곤에 연계되며, 인간관계 갈등의 대상은 대체로 불화관계에 있는 자신의 성인 자녀들인 것이다.

* 제시문제순위는 대체로 다음과 같다.

① 성인 자녀들과의 갈등(부부관계, 주거형태 등)

② 간병인 및 수용시설 관리인 등과의 불협화음

③ 기억, 인지기능에 관련된 배우자 및 가족의 불평

④ 슬픔, 우울정서(배우자, 자녀의 상실 계기 등)

⑤ 생활기능 제약(결핍)에 대한 보상적 요구

⑥ 죽음 관련 불안 및 공포

외래노인상담의 의뢰경로는 첫째, 노인 내담자의 가족(성인 자녀들)과 사회복지관의 노인복지담당 사회복지사들이고, 둘째, (노인문제가 전문이 아닌) 정신과의사, 상담기관의 상담자들과 노인시설의 관리자들이며, 셋째로 배우자 또는 본인이 된다.

(3) 노인 상담시 유의점

1] 노인상담에서 상담자가 시정해야 할 것들

많은 환자들과, 전문 활동가 및 사회정책 입안자들에 이르기까지 노화에 관련된 신화를 아직 믿고 있는데 다음이 상담자가 시정해야 할 '신화'들의 예가 될 것이다.

① 늙어간다는 것은 병이고 노인은 병자나 다름없다.

② 질병과 불구는 유전적으로 결정된다.

③ 노인에게 기능장애는 피할 수 없는 현상이며 점점 더 심해진다.

④ 사회적 유대가 끊기면 노인은 고립된다.

⑤ 대부분의 노인은 우울증, 의존증 및 치매증상이 있다.

⑥ 고령노인들은 비슷한 욕구와 잠재력이 있다.

⑦ 노화와 죽음은 같은 말이다.

⑧ 환자(내담자)가 고령일수록 치료비가 많이 든다.

2] 성공적인 노인상담을 위해 상담자가 갖추어야 할 특성

① 국부적인 초점의 개입보다는 넓은 배경 접근의 위로가 필요하다.

② 고령노인의 건강 및 안녕에서의 사회적 요인들을 고려한다.

③ 노인층 내담자와의 접촉에서 소요되는 시간 및 관련된 복합적 속성들을 인내한다.

④ 노인가족의 자기중심적인 젊은 세대와 상담자 자신의 경험부족에 접했을 때, 당황하지 않는다.

⑤ 가족 및 다른 노인도우미들과의 협동적 활동 및 상호 지지의 준비가 되어있다.

⑥ 노인의 생존적 측면보다는 삶의 질, 재활 및 기능향상에 초점을 맞춘다.

⑦ 노인층의 생리학적 다양성뿐만 아니라 사회문화적 다양성 및 이질성을 인식한다.

⑧ 노인 내담자와 가벼운 신체적 접촉(스킨십)의 용의가 있고 구체적 '건강

충고'를 한다.

(4) 우리나라 노인상담의 실태와 향후과제

우리나라 노인상담에 관련 실태는 다음과 같다. 첫째, 조사대상 노인들의 49.8%가 노년기 문제에 대하여 가족과 상담한다고 응답했고, 혼자 해결이 36.2%, 친구, 친척, 이웃 등 비가족원이 14%로 나타났다. 둘째, 상담의 영역별로는 정서, 경제, 신체적 영역은 가족과 상담하는 경우가 대부분이나 사회적·법률적 상담문제는 혼자서 해결하는 노인들이 절반 정도 되었다. 이와 같은 조사결과는 노년기 문제해결을 가족 또는 본인이 전담하는 경향과 노년기의 다양한 욕구 및 문제해결에 필요한 사회적 지지망으로서의 상담체제가 부재한 실정을 나타내는 것이다.

한편 노인상담의 과제들을 몇 가지로 요약하면 다음과 같다.

첫째, 노인상담에 대한 사회 전체와 노인세대 자체의 인식이 제고될 필요가 있다. 우리나라가 OECD국가들 중 노인자살률 1위라는 사실에 비추어서도 국민 모두가 다시 한 번 생각해볼 필요가 있는 것이다. 둘째, 노인상담 전문기관의 양적 확대가 필요하다. 즉 노인복지관들에도 노인상담 전문요원들이 배치되어야 한다는 것이다. 셋째, 노인상담의 다양한 영역 서비스를 위한 통합적인 프로그램들이 개발됨으로써 이러한 서비스의 활용 및 노인층의 접근성을 높여야 할 것이다. 이것은 노인상담의 기본적 인프라 구축 부분이 될 것이며, 관계기관들과 연계해야 한다. 넷째, 노인상담을 담당할 전문 인력의 양성이다. 노인복지관 등에서 노인상담전문가 양성과정 등을 개설할 수 있고 이는 나아가 노인복지학, 노인상담심리학 분야의 팀워크 접근과 학제간 연구를 촉진하게 될 것이다.

Chapter 11

학교폭력상담

학교폭력이란?

(1) 학교폭력의 정의

학교폭력이란 일반적으로 학교 안팎에서 학생들 사이에 발생하는 의도성을 가진 신체적, 정서적 가해 행동을 말한다. 고의적 괴롭힘이나 따돌림, 상해, 폭행, 감금, 협박, 추행, 공갈, 재물손괴 등이 이 범주에 속한다. 또한 비록 타인의 입장에서 볼 때 하찮은 놀림이나 대수롭지 않은 행동일지라도, 그것을 당하는 사람(학생)이 그로 인해 심리적 또는 행동적 불편함을 느끼면 그것 역시 엄연한 폭력 행위가 된다. 대개 이러한 폭력 행위는 반복적으로 발생하며, 개인적으로 이에 대해 저항하기가 매우 어렵다.

(2) 학교폭력의 원인

1) 개인, 가정적 측면

① 고립감

오늘날 가정에서는 청소년기에 필요한 따뜻한 인간관계의 태도와 언행을 가르쳐 주지 못하고 있다. 가정의 구성원들은 각각 서로 바쁜 생활을 하고 있고, 특히나 자녀들이 사춘기에 접어들기 시작해서부터는 부모와의 대화 시간이 짧아짐과 동시에 학원, 과외, 집에서 홀로 시간을 보내는 시간이 많아지게 된다. 이것은 인간관계를 배우는 가장 기초집단인 가정에서 역할을 충분히 못해주는 것으로 학생 스스로는 세상에 홀로 고립되었다고 느낄 수 있다.

② 존중의식의 부족과 이기주의

청소년 학생들은 다른 사람들에 대한 존중의식과 태도를 배우지 못한 채 다른 이의 인격, 입장 등은 신경을 쓰지 않고 그저 자신의 즐거움만을 찾게 되는 경향이다. 일부 가정에서의 자녀 과잉보호는 자신만이 옳고, 뭐든 다른 사람들과 상관없이 자신들이 하고 싶은 대로 해도 된다는 생각을 갖게 한다.

③ 결손가정 증가

맞벌이, 이혼율의 증가와 함께 집에서 부모님과 대화를 나누고, 따뜻한 사랑을 받아야 할 시기의 많은 아동, 청소년들이 텅 빈 집에서 홀로 TV시청이나 컴퓨터 등으로 시간을 보내는 일이 많이 일어나고 있다. 이는 학생들로 하여금 사랑의 결핍을 느끼게 되고, 가정에서부터 배워야 할 기본적인 인간관계 형성의 자세를 모르는 채로 지내게 한다. 한편 이렇게 사랑의 결핍으로 인해 부모로부터 받아야 할 사랑의 대상을 또래에서 찾게 되고, 그들과 자주 어울리게 된다. 부모의 적절한 통제와 교육 등이 없는 상태에서 또래들과 어울리는 것은 자칫 옳지 않은 길로 치우치기 쉽다.

2) 학교, 교사의 측면

① 예방 및 대처방안의 부재

교사들은 학교폭력사태가 있다 하여도 잘 알아차리기가 쉽지 않다. 의심 가는 부분이 있다고 해도 가해학생, 피해학생이 하나같이 그런 일이 없다고 둘러 댈 경우 세심한 관찰이 없이는 이를 발견해 내기 어렵다.

한편 학교폭력사건을 발견하였다고 해도 학교 측에서는 주로 학교이미지 실추 등의 이유를 들어 일을 크게 만들지 않으려 하며, 당사자 간의 조용한 합의를 원하고, 신속히 사건을 처리하려는 모습을 보인다. 이는 또 다른 폭력사태 및 보복을 부르는 원인이 될 수 있고, 이러한 처리과정을 바라보며 학생들은 교사들에게 폭력행동 및 피해상황을 말하기 꺼려하게 된다.

② 교권실추

고소득, 고학력 사회화 등의 요인으로 학생과 학부모로부터 존경을 받아오던 교사들의 권위가 예전처럼 높지 않은 것이 사실이다. 이는 교사들로 하여금 학생들에게 관심을 갖게 하고, 진심으로 그들을 대하게끔 하는 동기를 저하시킨다. 또한 학생들로 하여금 교사가 믿을 수 없는 상대이며, 문제를 해결해 줄 수 없는 사람이라고 생각하여 폭력사건이 있다고 해도 도움을 청하거나 이야기를 꺼내지 않게 만든다.

3) 사회적 측면

① 대중매체의 영향

현재 우리사회에서 청소년들은 TV, 영화, 인터넷 등을 통해 폭력적, 선정적 장면들을 쉽게 접할 수 있다. 이는 아직 가치관이 확립되지 않은 청소년들로 하여금 그러한 것들을 당연시 여기게 되고, 쉽게 모방할 수 있는 기회를 제공하게 된다. 또한 발달한 인터넷문화를 이용해 지역 폭력서클 간의 연합을 꾀하기도 하고, 왕따를 당해 전학 간 학생이 적응하지 못하도록 그곳 학생들에게 온라인 상으로 알리는 등 학생들의 폭력사건들은 더욱더 확대되는 측면이 있다.

② 선도 시스템의 부실

아직까지도 학교폭력이 발생했을 때 가해학생을 선도하고, 피해학생을 보호하는 시스템이 부족한 상황이다. 부족한 시스템은 가해학생으로 하여금 더 깊은 늪에 빠지게 하고, 피해학생들은 더 깊은 피해를 입게 할 수 있고 이는 학생들로 하여금 불신을 낳게 하고, 또다른 학교폭력을 조성하는 이유가 된다.

③ 입시위주의 교육

우리 사회는 학생들로 하여금 진정 자신이 원하는 것을 찾아서 하도록 도와주지 못하고 있다. 획일화된 교육과 입시위주의 교육으로 인해서 대학진학 공부를 못하는 학생들은 낙오자가 되고, 학교나 가정에서조차 인정받지 못한 존재가 된다. 이러한 학생들은 사회에 불만을 가질 수 있고, 일찍부터 인생을 포기하여 사회적으로도 일탈자가 될 수 있다. 또한 학생들은 협동을 배우기 이 전에 경쟁을 배우게 되고, '다른 이의 성공은 나의 실패', '내가 살려면 남이 죽어야 한다'는 그릇된 생각을 하게 된다.

02 해결방안

(1) 가정 영역

청소년기에는 신체적 변화와 함께 지적 발달, 정서적 발달과 자아가 확립되는 시기이다. 이 시기를 잘 극복하면 자아의 성장에 도움을 주지만 그렇지 못할 경우 좌절의 악순환을 가져오고 결국 정당하지 못한 문제 해결 방법인 반사회적인 행동으로 나타나게 된다. 가정에서 충분한 대화를 통해 자녀가 올바른 가치관을 가질 수 있도록 도와야 하고, 적절한 인간관계 맺는 법을 가르쳐야 한다. 또한 다른 사람을 존중하는 마음가짐과 사랑하는 법은 집단생활의 기초인 가정에서 부모로부터 배워야 할 것이다.

부모가 바쁜 위치에 있더라도 자녀와 일주일에 한두 번이라도 형식적인 대화가 아닌 마음으로 나누는 대화를 할 수 있어야 하고, 자녀의 의견이나 생각이 부모가 보기에 옳지 않다고 해도 무조건 비판하는 것이 아니라 우선 수용하고 차차 부모의 생각을 말해야 한다. 이를 통해 자녀와 부모 간에 사랑을 전제로 신뢰를 쌓는 것이 중요하다.

(2) 교사 및 학교영역

1) 학교, 학급 문화의 순화

학급이 인간존중 환경이 되도록 가르쳐야 한다. 예컨대, 교사부터 학생들의 말을 경청하고, 막말을 자제하며 감정적인 체벌을 금해야 한다.

2) 상담지도의 강화

교사와 학생들 간의 꾸준하고도 지속적인 상담지도가 필요하다. 학업에 관한 것뿐만 아니라 개인적인 문제들도 쉽게 상의될 수 있도록 교사와 학생 사이에 신뢰를 쌓는 것이 중요하다.

3) 조직적 대응

각 학급의 담임교사 및 상담교사들이 서로 협력하여 정규적 회의를 통해 학생들에 대해 서로 알고 있는 정보를 공유하여야 한다. 자신들이 맡은 학생이 문제가 없다고 안일하게 대처하기보다는 학생들을 진정으로 생각하는 마음가짐을 공유하여야 한다.

4) 적극적인 대처

학교폭력 징후를 발견하였을 때 그냥 넘기거나 안일하게 대처하는 것이 아니라 세밀한 관찰을 통해 사실을 우선 확인해야 한다. 그것이 학교폭력과 관련이 있다면 학교에서는 체면을 이유로 방관하거나 덮지 말고 신속하게 조치를 취해야 한다. 이때 가해학생에게는 봉사활동 등과 같은 일을 통해서 보람을 느끼게 하거나 일정 교육을 통해 피해 받는 학생의 입장을 알게 해 주고, 그것이 얼마나 큰 잘못인지를 깨닫게 해주어야 한다. 또한 피해학생에게는 상담지도 프로그램을 통해 또래 집단과 어울리는 법을 가르치고, 특별한 문제가 없는지를 확인하고 적절한 대처 방안을 찾아야 한다.

(3) 사회적 영역

학교폭력의 문제는 사회적으로도 더 이상 방관해서는 안 되는 문제임에 틀림없다. 사회적으로 학교폭력 예방, 대책관련 선도시스템을 보완하고 발전시키는 데 앞장서야 한다. 구체적인 선도시스템을 통해 가해학생과 피해학생들을 교육하고 생각과 마음에 변화를 줄 수 있도록 도와야 한다.

현 실정으로는 학교차원에서 학생과 교사 간의 상담 지도활동이 이루어지기 힘든 것이 사실이다. 그러므로 학교에 교사들 외에 상담교사의 인력 배치를 증원하여 학생들과 교사 간의 상담이 원활히 이루어질 수 있도록 정부 및 사회차원에서 지원해야 한다.

한편 입시위주의 교육방식을 탈피하는 데 모두가 힘을 모아야 할 것이다. 학교라는 공간이 더 이상 진학을 목표로 학업과 학생들 사이의 경쟁만이 존재하는 장소가 아니라, 따뜻한 우정을 배우고 협동을 배우며, 청소년 시기에 가장 중요한 올바른 가치관 형성에 도움을 주는 곳이 되도록 사회 구성원 모두가 힘써야 한다.

참고문헌

강숙정·이장호 외(2007), 전문가 9인＋의 상담사례공부하기, 박영사.

권석만(2000), 우울증 ─ 이상심리학 시리즈 2, 학지사.

김정욱(2000), 섭식장애 ─ 이상심리학 시리즈 13, 학지사.

서수균(2000), 불면증 ─ 이상심리학 시리즈 14, 학지사.

송종용(2000), 학습장애 ─ 이상심리학 시리즈 29, 학지사.

신현균·김진숙(2000), 주의력결핍 및 과잉행동장애 ─ 이상심리학시리즈 28, 학지사.

이장호·김영경(2006), 노인상담, 시그마프레스.

이장호·최윤미(1993), 상담사례연구집, 박영사.

청소년폭력예방재단 편(1996), 학교폭력, 고통받는 아이들을 위해 무엇을 할 것인가?, 한울림.

저자 약력

강숙정

홍익대학교 대학원 심리상담전공 박사
현 한겨레심리상담연구소 소장, 한국상담심리학회 인간관계연구회장
가톨릭대학교 심리상담대학원, 글로벌사이버대 외래교수, SBS 심리상담전문가,
정부중앙청사 상담위원, 통일부 하나원 집단상담 전문강사 역임
상담심리전문가 1급, 부부가족상담전문가 1급, 인간관계지도자 1급, 기업상담전문가
저서: 집단상담의 기초: 원리와 실제(2016), 셀프파워 프로그램, 노인임상심리학 등

이장호

서울대 문리과대학 심리학과 및 동대학원 졸업
Univ. of Texas at Austin에서 철학박사(상담심리학 전공)
서울대 심리학과 교수, 한국 카운슬러협회장, 한국 심리학 학회 회장 등 역임
전 서울대 명예교수, 전 동신대 서울디지털대 초빙교수
저서: 상담심리학 5판(2014) 상담면접의 기초 4판(2016) 집단상담의 기초: 원리와 실제(공저)
     2판(2016) 등

손영미

현 건양대학교 심리상담치료학과 조교수
전 한겨레심리상담센터 부소장
한국상담심리학회 상담심리사 1급
고려대학교 대학원 심리학박사(임상 및 상담심리학 전공)
중앙대학교 대학원 심리학박사(사회문화심리학 전공)

상담사례공부하기

초판발행   2018년 4월 30일
중판발행   2025년 1월 20일

공저자   강숙정·이장호·손영미
펴낸이   노   현

편 집   전채린
기획/마케팅   이선경
표지디자인   조아라
제 작   고철민·조영환

펴낸곳   ㈜ 피와이메이트
            서울특별시 금천구 가산디지털2로 53, 한라시그마밸리 210호(가산
            등록 2014. 2. 12. 제2018-000080호
전 화   02)733-6771
f a x   02)736-4818
e-mail   pys@pybook.co.kr
homepage   www.pybook.co.kr
ISBN   979-11-88040-35-3   93180

정 가   20,000원

박영스토리는 박영사와 함께하는 브랜드입니다.